DIE CHEFIN

SONJA BECKER

DIE CHEFIN

DER WEG ZUR EIGENEN EXISTENZ

SOKRATES·VERLAG·MÜNCHEN

12. Auflage, April 2019

Die Chefin

ISBN: 978-3-9812912-2-3
Erstausgabe: 2006
Sokrates Verlag München
books@sokrates-verlag.eu
www.sokrates-verlag.eu

Graphic Design:
Wolfgang Rollmann, München
Herausgeber:
Volker Wendel
Printed in Germany

DANKSAGUNG

Auf dem Cover steht nur ein Name der Autorin, aber dahinter steckt ein ganzes Team.

Mein tiefer Dank gehört aus vollem Herzen zuerst meinen Eltern, Alfred und Tina Schaer, die mich friedlich und natürlich erzogen haben. Sie haben mich losgelassen und in die Welt ziehen lassen, wo ich dann so intensiv meine Reise als weibliche Führerin antrat und sie sagten oft: "Du bist ja mehr in Amerika als bei uns!"

Großer Respekt gebührt meinen Mentoren, Martin und Gigi Sage, die mein "natural leadership" geborgen haben. Mit ihnen durfte ich 12 Jahre die Prinzipien von Leadership erforschen, lehren und weitergeben. Als ein besonderes Trio haben wir die Evolution für mehr Frieden und Liebe in der Welt angeschoben und das Beste aus USA und Europa vereint.

Kniefall vor meinen Männern: Uwe, Eckhard, Volker, Sebastian und Chéfe, wo jeder von Euch mir mit seiner Liebe als Fels in der Brandung zur Seite steht.

Ihr liebt mich und habt mir immer geholfen, meinen innovativen Weg zu begleiten und alle Kinder, Enkel, Kunden und Team zu erziehen und zu beschützen. Es war nie leicht, aber dafür ist und bleibt es ein Abenteuer für uns alle!

Meinen 6 Kindern, Sebastian, Anneli, Christian Cyrill, Benjamin Moses, Konstantin und Joy danke ich, dass sie auch so neugierig sind wie ihre Mama, die das Familiensystem für die Welt geöffnet hat. Jederzeit bereit umzuziehen und egal, wer Euch groß zieht, ist willkommen, denn echte Liebe ist nicht moralisch und an Gesetze gebunden, sondern frei, fröhlich und heilend.

Besonders tiefe Bewunderung für meine älteste Tochter Anneli, die mit einer Hingabe immer da war und all die intensiven Phasen mit getragen hat.

Dank an all die vielen Kunden, die ich wachrütteln durfte und die sich auch getraut haben zu ihren individuellen Talenten zu stehen und damit eine Selbständigkeit bauen, die Freiheit anführt.. Das Neue Unternehmertum ist der Trend unserer Generation und Deutschland wird der Pionier im globalen Spiel sein.

Meine ganz besondere Anerkennung für das gemeinsame Lernen und Bauen gilt dem gesamten Team der „innovativsten Firma Deutschlands“ - Wailea.

INHALT

INTRO

Jacqueline Kennedy Onassis war ein aufgewecktes Kind. Schon im Alter von vier Jahren, auf einem Spaziergang im Central Park mit ihrer neugeborenen kleinen Schwester Lee und der Nanny, ging sie eigene Wege. Als Jackie sich verlief, entdeckte ein Polizist das allein herumlaufende Mädchen, und als sie ihn sah, sagte sie selbstbewusst: „Meine Schwester und meine Nanny haben sich verlaufen."

Als Jackie Kennedy an der Seite ihres Mannes in das Weiße Haus einzieht, beschließt sie, das Gebäude zu renovieren und zu einem „Grand House" zu machen. Leider ist kein Geld dafür da.

Die First Lady beschließt, es mit eigenen Mitteln zu bewegen. Und sie hat eine Idee: Sie will ihre eigene Vorliebe für Schönheit, Ästhetik und Geschichte einbringen und den Kindern das Weiße Haus lebendig zeigen.

Die Jungs sollen Geschichte erleben mit all den Dingen aus anderen Zeiten, die sie dort zu sehen bekommen. Die Mädchen sollen es schön und bewohnt finden, also müssen immer Blumen da sein und echtes Feuer in den Kaminen brennen. Das Weiße Haus soll einen Sinn haben und der soll wieder restauriert werden. Und diesen Sinn sollen alle Besucher und Kinder spüren und sehen. Jackie wehrte sich gegen das Dekorieren und betonte den Unterschied zum Restaurieren und sie wollte, dass alle vorherigen Präsidenten erlebbar werden. Sie selber liebte den Lincoln Room - er hatte all die Sachen von Lincoln, Dinge, die er angefasst hatte und die Stimmung war wie in einer Kathedrale, dieselbe Friedlichkeit und Andacht. Manchmal setzte sich Jackie alleine in das Zimmer und konnte richtig die Stärke von Lincoln spüren, als wenn sie mit ihm kommunizieren würde. Mit Jefferson hatte sie die größte Wahlverwandtschaft, doch Lincoln war derjenige, den sie liebte.

Dann wusste sie, dass jährlich etwa 2 Millionen Besucher durch das Weiße Haus wandern. Sie sind letztendlich die „Verursacher" für die schnelle Abnutzung des Gebäudes. Allerdings erhebt sie keine Eintrittsgebühr, sondern produziert einen illustrierten Führer durch das Gebäude, den die Besucher für einen Dollar erwerben können.

Für Jackie war klar, dass jeder Besucher nach einer Besichtigung selbstverständlich zur Erinnerung diesen Ein-Dollar-Führer mit nach Hause nehmen will. In kürzester Zeit ist das Geld für eine aufwendige, nachhaltige Renovierung zusammen. Mit Hilfe der National Geographic Society wurde der Führer seit 1962 über 8 Millionen Mal verkauft. Jackie Kennedy fungierte als Herausgeberin.

EINLEITUNG

Unternehmen und Geschäfte sind wie Menschen. Sie werden geboren, wachsen und sterben. Dazwischen gibt es mehrere Lebensabschnitte: Die naive, neugierige, spielerische Kindheit. Die wilde Sturm-und-Drang-Jugend. Die erotischen Zwanziger. Die entscheidenden Dreißiger. Die vernünftigen und midlife-crisis-geschüttelten Vierziger. Und so weiter .... bis zu Alter, Weisheit und Tod.

So wie Menschen, Bäume, oder Geschäfte physisch und organisch wachsen, gibt es auch ein mentales Wachstum, das meistens unterschätzt wird. Als Kinder sind wir zum Beispiel auf alles neugierig. Es gibt nichts um uns herum, was nicht neu wäre. Je mehr wir kennen lernen, um so mehr nimmt die Neugier ab. Dafür werden wir auf andere Dinge neugierig: In der Pubertät auf das andere Geschlecht, später auf Selbstverwirklichung, auf Liebe, auf Geld, auf den Erfolg, oder auf Ruhm. Und es gibt immer eine Sache in jedem Leben einer Person, die sie immer beschäftigen, immer neugierig machen und tragen wird: Ihre Brillanz. Mit ihrer Verwirklichung wird ein Mensch immer die größten Erfolge feiern und den größten Genuss im Leben haben. Durch Neugier wachsen wir mental. So lange es Geheimnisse gibt, müssen wir dahinter kommen.

Mentales Wachstum

Dahinter liegt allerdings die Erfahrung, die Erkenntnis einer unmittelbaren Wahrheit. Durch manche Erfahrungen werden wir im wahrsten Sinne ent-täuscht, desillusioniert, vielleicht sogar verbittert, melancholisch oder depressiv. Gewinnen wir die Neugier zurück, wachsen wir über uns hinaus. Wir entdecken Freude an dem, was wir tun, und erleben unser mentales Wachstum als Karriere.

Neugier ist die Triebfeder des mentalen Wachstums. Auf diesem Ansatz basiert unsere „Performance Scale". Sie zeigt die verschiedenen Stadien im mentalen Wachstum an. Ob Individuen, Familien, Unternehmen, oder Organisationen: Immer befinden sie sich mental auf einer bestimmten Entwicklungsstufe. Man kann oft von den Gesichtern eines Individuums, von Angestellten in Unternehmen, oder von einer Fußballmannschaft ablesen, auf welcher Stufe sie sich befinden, sobald sie „Performance" zeigen: Sind sie traurig, ängstlich, verkrampft, oder leidenschaftlich, von sich überzeugt, voller Enthusiasmus? Wenn wir die Neugier in Menschen wecken, werden sie mental wachsen. Und damit wächst auch Ihr Erfolg.

Die gleiche Art Wachstum gibt es in der Ökonomie. Ohne die Kenntnis vom mentalen Zustand eines Unternehmens oder Ihrer Unternehmungen wird sich nichts weiter entwickeln. Ohne das Wissen darüber, warum was nicht läuft, werden Sie auch nicht weiterkommen, um endlich schwarze Zahlen zu schreiben. Da unterscheidet sich ein Team im Unternehmen nicht von einer Fußballmannschaft.

Geschäfte leben – und wachsen.

Beobachten Sie nur einmal, wie viel Zeit die Menschen in Unternehmen damit verbringen, sich zu verständigen, wie die Stimmung ist und wie sich einzelne zu anderen verhalten und mit ihnen kommunizieren. Dieser Tatbestand beschäftigt heute die Manager fast mehr als die Umsatzzahlen. Kein Wunder: Jeder weiß, dass diese nur mit einem guten Team in die schwarzen Zahlen kommen. Da ist die Chefin gefragt, mit ihrem untrügerischen Blick für alles, was zwischen Menschen funktioniert.

Wenn Sie sich heute entschließen, Ihr eigenes Leben zu führen und in Aktion zu gehen, werden zu bestimmten Zeitpunkten Dinge auf Sie einprasseln, die Sie sich teilweise gar nicht erklären können, die aber im Konzept des mentalen Wachstums geschehen. Wir erklären diese Dinge für Sie und zeigen Ihnen, wie Sie weiterkommen. Das sollte Sie neugierig machen. Wie wir ein Leben leben, das uns zu unserer Brillanz führt, haben wir in „Lebe deinen

Freiheit. Andersheit. Brüderlichkeit.

Traum“ von Martin Sage dargestellt. Hier ist nun die „Chefin“ angesprochen - die Frau, die ihre Brillanz in die Hand nimmt und sich damit selbständig macht, um aus ihrem Leben eine Karriere zu machen. Die Zeit ist reif. Noch nie konnten Frauen so einfach und so selbstbewusst ihre eigene Organisation gründen und ein Geschäft machen wie heute. Nicht zuletzt Programme wie die Serie „Sex and the City“ hat zu einem Paradigmenwechsel geführt. Plötzlich orientieren sich Frauen nicht mehr an Männern, sondern drehen sich lieber um ihre eigene Achse. Was dann passiert, wenn man den Kompass neu ausrichtet, kann man nicht voraussehen - nur erleben. Das ist Neugier.

Meistens wird die Neugier im Laufe eines Lebens unterdrückt: Desillusionierung, Enttäuschung, vor allem aber das Bedürfnis nach Sicherheit bringt die meisten Menschen davon ab, ihre „Hauptbeschäftigungen“ in den Vordergrund zu stellen oder zum Lebensziel zu machen. Wenn Sie das tun, was Sie schon immer tun wollten, oder sich nun dazu entschlossen haben - Glückwunsch! Dieses Buch ist eine Anleitung für all jene, die diesen Schritt hinaus in die weite Prärie des selbständigen Unternehmertums wagen. Und es werden immer mehr. Vor allem immer mehr Frauen.

Can’t live with you, can’t live without you: Liebesbeziehungen sind Indikatoren für menschliche Energie. Liebe ist die höchste Energieform - was tut man nicht alles aus Liebe? Zu was ist man plötzlich in der Lage, wozu einem sonst die Energie fehlt? So etwa muss man sich den Neugier-Faktor vorstellen, der uns auf dem Weg durch dieses Buch immer wieder antriebt, bevor alles zur Gewohnheit wird.

Männer und Frauen können oft nicht mit- und auf keinen Fall aber ohne einander. Ihre Unterschiede sind ihr Kapital. In der Evolution war das schon immer so. Nur die Rollen waren anders verteilt.

Im Business liegt in den unterschiedlichen Qualitäten die Formel für eine erfolgreiche Zukunft. Unsere These: Die erfolgreichsten Teams sind jene mit einem ausgeglichenen Anteil zwischen Männern und Frauen und der Fähigkeit, ihre Unterschiede zu zelebrieren und zu einer gemeinsamen Strategie zu nutzen.

Männer und Frauen begegnen sich in Wirtschaft und Management auf gleicher Höhe. Nach Beendigung des „Geschlechterkampfes“ und dem Einzug der Frauen in die Wirtschaft sind sie wirklich gleichberechtigt und sorgen für frischen Wind im Unternehmertum.

Dort entsteht eine neue Energie zwischen Frau und Mann. Zum ersten Mal vergessen

Service - wieso gerade jetzt?

beide ihre gelernte Binnenperspektive auf das andere Geschlecht. Man wird neugierig aufeinander. Zahlreiche Bücher haben in der jüngsten Zeit die charmanten Unterschiede zwischen Männer- und Frauensichten herausgearbeitet - und gefeiert. Auch im „daily business“.

In der Tat gibt es eigentlich wenig, was Frauen nicht komplett anders machen und betrachten würden als Männer. Die „kleinen Unterschiede“ sind eines der spannendsten und unterhaltsamsten Themen unserer Zeit. Frauen sind nicht länger „auf dem Vormarsch“. Sie sind angekommen. In den Führungsetagen, als Spitze ihres eigenen Unternehmens, auch in der Politik wird weiblicher Einfluss hoch geschätzt.

Denn die integrierenden Fähigkeiten von Frauen, wie zum Beispiel Beziehungsmanagement, sind entscheidende Elemente einer Ökonomie, in der Service die wichtigste Rolle spielt.

Nie zuvor war es Frauen in dem Maße möglich, ihre Karriere in das klassische Familienleben zu integrieren. Befand sich Frau früher im Dilemma zwischen Küche, Kindern und Karriere, kann sie schon wegen der überragenden Möglichkeiten der Telekommunikation mit Handy und Internet alle Dinge, die ihr lieb und teuer sind, miteinander verbinden. Dies ist die erste Generation, in der diese Art von „Womanagement" möglich ist. Männer und Frauen werden nicht mehr auf Rollen fixiert. Jetzt wird geschwisterlich geteilt.

Das Informations- und Medienzeitalter liegt genau so weit hinter uns wie das Industriezeitalter. Seit Beginn des neuen Jahrtausends und seinem historischen Beginn am 11. September 2001 löst die Service-Ökonomie alte kapitalistische Machtverhältnisse ab, weil sie immer weniger den Menschen und immer mehr dem Kapital dienen.

Während die alten Wirtschaftstanker mühsam Kurs halten, sich durch Entlassungen sanieren und kein Angestellter mehr seines Arbeitsplatzes sicher sein kann, entwickelt sich parallel eine Ökonomie, die auf Selbständigkeit beruht und mit brillanten Ideen und Innovationen im Bereich Service neue Lösungen, neues Kapital und neue Karrieren erwirtschaftet.

Besonders in der „Servicewüste Deutschland“ ist noch jede Menge Brachland in Oasen zu verwandeln. Zu dieser Entwicklung passt der Drang nach Selbstbestimmung, Freiheit und der Entfaltung der persönlichen Interessen und Fähigkeiten. Selbst die Regierung legt nahe, seine eigenen Interessen zu

Alte und neue Service-Ökonomie

verfolgen und sich mit Ideen selbständig zu machen. Immer mehr Menschen entdecken, dass das größte Potenzial in ihnen selbst liegt: Ihr ganz persönliches Talent gilt es zu kapitalisieren. Wenn Frauen ein Unternehmen aufbauen oder führen, können sie innerhalb dieser Service-Ökonomie zum ersten Mal in der Geschichte ihr weibliches Talent einsetzen.

Dänische Forscher fanden in einer zehnjährigen Untersuchung heraus, dass Unternehmen, deren Leitung mit mehr Frauen besetzt war, rentabler arbeiteten. „In der Tat führen Frauen anders", kommentiert die Frankfurter Allgemeine Sonntagszeitung (5. Juni 2005, S. 39): „Mögen sie die männliche Konkurrenz anfangs durch ihre Ruhe und Zurückhaltung in Sicherheit wiegen, in der Sache verhandeln Frauen zäh und unnachgiebig, das Ziel stets im Blick. (...) Die Führungstechniken der Frauen, die meist nicht reflektiert, sondern intuitiv eingesetzt werden, gehen auch weit über vermeintlich freundliches Zuhören hinaus.

„Durch ihre häufig sehr intuitive Art der Führung jenseits aller klassischen Führungsinstrumente schaffen Frauen ein großes Näheverhältnis zu ihren Mitarbeitern", sagt Headhunterin Lammers. „Sie schaffen Bindungen, die Mitarbeiter verpflichten. (...) Deswegen sind sie so wertvoll."

Eine weitere Studie aus England vergleicht männliche und weibliche Führungsstile und komme zu dem Ergebnis: „Frauen führten viel informeller, beteiligten Mitarbeiter eher an Entscheidungen und inspirierten sie. Mehr noch: Frauen vergäßen in Führungspositionen weniger schnell, wie sich Mitarbeiter fühlen. Die Mitarbeiter verehrten ihre Chefinnen dafür", fasst Inge Kloepfer von der FAS zusammen. „Diese Art der Bindung ist ein weit differenzierteres Mittel der Machtausübung und Einflussnahme als der Druck über Hierarchien."

Service hat eine neue Definition. „Service" bedeutet nicht einfach Dienstleistung. Die Deutsche Post ist zum Beispiel ein klassisches Dienstleistungsunternehmen. Doch was wird geschehen, wenn sie im Bereich der Briefkommunikation demnächst ihren Monopolstatus verliert?

Sie bekommt eine Konkurrenz, die sie den Schrecken lehren wird: Vielleicht Postboten, die Briefe nicht nur bringen, sondern auch die Post abholen, Briefmarken verkaufen und durch andere Dienstleistungen den Weg zu den immer spärlicher werdenden Postämtern ersparen und den Briefkasten ersetzen - um nur einige Ideen

Der Einzug weiblicher Paradigmen in die Wirtschaft

zu nennen, die die Post nicht sehen will. Sie ist ein Service-Verhinderer - ein Dienstleister, für den es mit einer Dienstleistung getan ist. Oder ein Logistikunternehmen, das keinen großen Wert mehr auf Privatkommunikation legt, je nachdem, wie man es sehen will. Auf jeden Fall nichts ist in Zeiten der E-Mail mühsamer und hinderlicher, als einen Brief abzusenden. Vor dem langen Marsch zum Briefschlitz steht der Erwerb von Briefmarken, die Recherche der fünfstelligen Postleitzahl, die sich keiner mehr merken kann, die Besorgung von Briefumschlag und Papier.

Wenn der Brief nicht ganz zuklebt oder der Verschluss des Päckchens nicht hält, wird man neuerdings höflich gezwungen, vor Ort im „Shop" Schnur oder Tesafilm käuflich zu erwerben, was früher der Postbeamte noch selbstverständlich erledigt hat. Wohl dem, der hier für Abhilfe sorgt.

Der „neue Service“ bedeutet: Sich ganz in die Situation anderer zu versetzen und deren Bedürfnisse und Quellen der Neugier zu erkennen, um daraus Produkte zu machen und sie den richtigen Leuten anzubieten.

In dieser Service-Ökonomie stehen Frauen besser da als Männer, weil sie kulturhistorisch besser geschult sind. Schon in der Evolutionsgeschichte hatten Männer mit Jagen und Sammeln alle Hände voll zu tun, während die Frauen für Ordnung in der häuslichen und familiären Struktur sorgten. Auch in der Menschheitsgeschichte waren sie - von Amazonen und Pharaoninnen abgesehen - selten der „herrschende“ Part, der über den privaten Hof, Menschen und Imperien regiert. Männer, die Jäger, Krieger, Beschützer und Besitzer. Frauen, diejenigen, die alles zusammenhalten. Aber gerade dieser „Mangel“ wurde durch andere Fähigkeiten kompensiert. Was Frauen besser beherrschen, ist jede Form von Spiel, sei es das gesellschaftliche, das Machtspiel oder auch das erotische Spiel.

Was ist heute erfolgsversprechender - Imponiergehabe oder Team-Spirit? Dominanz oder Einfühlungsvermögen? Verführen oder Befehligen? Macht oder Networking? Womit kommt man langfristig weiter: mit Marschparolen oder Menschenkenntnis?

In der Evolution haben sich bestimmte Fähigkeiten bei den jeweiligen Geschlechtern verstärkt ausgebildet: Männer sind in Laufe der Evolution trainiert, zu gewinnen und Stärke zu zeigen, weil sie Sorge tragen mussten, die Existenz zu wahren - zum Beispiel durch Krieg, Fortpflanzung oder die Bewirtschaftung des Hofes, des griechischen „Oikos“, aus dem die früheste „Ökonomie" entspringt. Männer waren automatisch die „Herren" - und mussten dieser Rolle auch gerecht werden. Dafür wollen sie akzeptiert werden. Von Männern und Frauen. So wie Frauen „verstanden" werden wollen.

Heute gewinnt man durch beide männlichen und weiblichen Fähigkeiten: Verstehen, Klugheit, soziale Intelligenz auf der weiblichen Seite, Akzeptieren, Sorge tragen, Durchsetzung auf der männlichen Seite.

„Kinder, Küche, Kirche" lauteten früher bezeichnenderweise die Selbstverwirklichungsdomänen der Frau. „Klamotten, Kosmetik, Klatsch", spöttelte ein Kabarettist hinterher. Die Wahrheit liegt dazwischen: Frauen können das eine tun, ohne das andere nicht zu lassen. Sie können sich sowohl Kinder leisten als auch Karriere. Deshalb verdienen sie ihr Geld selbst und können sich davon kaufen, was sie wollen: Klamotten, Kosmetik... und in der Kommunikation sind sie nun einmal nicht zu schlagen. Macht und Erfolg nicht länger Männerdomänen. Der Mythos vom Porsche fahrenden Platzhirsch, der alles klar macht: ausgeträumt, wo Frauen sich selbst einen leisten und fahren können.

So auch in der Industrie. „Images" werten den Status von Produkten künstlich und oft ohne Legitimation auf. Unternehmen „fräsen" sich mit neuen Produkten in Märkte „hinein", vollziehen „feindliche Übernahmen" und verlieren durch weltferne und nicht mehr nachvollziehbare Kapitalaneignungsstrategien den Bezug zur gesellschaftlichen Situation oder sozialer Verantwortung.

Männer haben gelernt, sich durchzusetzen. Frauen suchen den Konsens. Männer wissen, was sie wollen. Frauen wissen auch, was andere wollen. Männer zeigen Macht. Frauen haben Macht. Oft mehr, als sie zeigen. Und manchmal ist alles genau umgekehrt.

Es gibt Frauen, die mit den Waffen der Männer Macht gewinnen - zum Beispiel Angela Merkel. Umgekehrt wollen Männer Frauen „erobern", und das gelingt ihnen manchmal ganz und gar nicht. Zumindest nicht mit den Mitteln, die ihnen geläufig sind. Den zukünftigen Markt beherrschen sie, wenn sie ihre mühsam trainierten Verführungskünste aufs Geschäft übertragen können. Sie müssen Frauen neugierig machen können. If you can make it there, you can make it everywhere.

Zusammen, oder miteinander, sind Männer und Frauen eine Magie für sich. Immer, wenn sie sich treffen, beginnt ein Spiel. Sie umgarnen sich. Sie entdecken immer neue Seiten. Sie lassen sich immer etwas Neues einfallen. Sie können sich gegenseitig immer neu überraschen. Sie sind neu-gierig aufeinander. Nicht nur in der Erotik. Auch im Geschäft. Weil

Früher Model. Heute „role model".

Frauen zum ersten Mal in der Geschichte der Menschheit die Gelegenheit haben, zu gewinnen, ist das moderne Business-Spiel wohl eines der Phänomene unserer Zeit. Die neue Ökonomie folgt nicht mehr nach den Regeln des Kriegs. Es herrschen zunehmend die Regeln eines freien Spiels- des Business-Spiels.

In diesem Spiel sind Fähigkeiten wie solche vorgesehen, sich in die Situation anderer Menschen zu versetzen und deren Wünsche und Bedürfnisse zu erkennen.

Das ist der Begriff der neuen „Service-Ökonomie". Sie funktioniert nicht nur mit Taktik, sondern auch mit Charme. Es herrscht nicht Diktatur, sondern Entertainment: Ein Publikum kann man zum Beispiel nicht mehr „erobern", nur „gewinnen". Nicht mit Propaganda, sondern mit Entertainment. Ein Produkt verkauft sich immer schlechter durch Werbung und Brainwash, durch seine Aufladung an Werten und Statussymbolen.

Sondern durch die Art, wie man dazu eingeladen wird. Eine Dienstleistung überzeugt dann am besten, wenn persönliche Anerkennung oder Zufriedenheit, wenn nicht gar Zufriedenheit von ihr erwarten kann. Unterhaltung, Anerkennung, Erotik sind Insignien der neuen Service-Ökonomie. Der Unterschied: Frauen können daran mit den gleichen Voraussetzungen teilnehmen. Sie müssen nicht männliche Stärken adaptieren, indem sie zum Beispiel als dominante „Karrierefrauen" auftreten, sondern können ihre eigenen Stärken einsetzen.

Im Zusammenspiel mit Männern entsteht dadurch eine neue, ungeahnte Energie. Wir können das in unserer täglichen Arbeit beobachten, vor allem natürlich in unseren Unternehmerinnen- und Power Couples-Seminaren. Oft geschieht es sogar, dass Paare, die im Training ihre Stärken entdecken, auf die Idee kommen, ein Geschäft daraus zu machen und gemeinsam ein erfolgreiches Unternehmen gründen.

Wurde Frauen früher nur in Bereichen eine Karriere zugesprochen, die sich aufs Häusliche beschränkte, kann heute jede Frau aus sich machen, was sie will. Wo Frauen entscheiden, sind „weibliche" Prinzipien immer gefragter und erfolgreicher.

Ihre historische Fähigkeit, als Muse, Geisha, den Männern zu dienen und sie zu beeinflussen, setzte sich zum Beispiel in der Politik fort. Oft standen und stehen hinter erfolgreichen Männern denkende und lenkende Frauen wie Napoleons Josephine oder Jackie Kennedy. Immer öfter treten sie aus dem Schatten großer

Männer heraus und besetzen selbst hohe Positionen: Condoleezza Rice oder Angela Merkel. Wenn auch mit mehr männlichen Mitteln, oder mit weiblicher Intuition, List und Tücke. Aber am Ende mit Erfolg. Und auch das spornt Frauen an.

Weibliche Leader sind Vorbilder. Waren erfolgreiche Frauen früher fast ausschließlich „Models", sind es heute die „role models". Sie nehmen Einfluss auf Betrachtungsweisen und Handelsweisen und krempeln dadurch Unternehmen und Wirtschaftszweige um. Frauen können in der Wirtschaft mit dem Einsatz ihrer Persönlichkeit große Erfolge erzielen. Von Anita Roddick (Body Shop) bis Carly Fiorino (HP) gibt es immer mehr Frauen, die nicht „ihren Mann stehen", sondern mit Erfolg ganz Frau sind: Christiane zu Salm, die den „Frauensender" TM3 zum belächelten Spielesender 9Live umfunktioniert, auf den niemand einen Cent setzt, und damit Millionen macht. Sie wird damit erfolgreich... und reich.
Friede Springer, das ehemalige Kindermädchen im Hause Axel Springer, die dessen angeschlagenen Konzern wieder zum größten Verlagshaus Europas führt.

Joanne K. Rowling, die vor „Harry Potter" von der Sozialhilfe lebte. Und viele andere Frauen, die wir Ihnen vorstellen möchten.
Was für einzelne Personen gilt, gilt auch für Organisationen. Die Teams mit der größten Energie haben den größten Erfolg. Mit emotionaler Intelligenz, Einfühlungsvermögen, Liebe und anderen „weiblichen" Ausprägungen wird unendlich mehr Energie freigesetzt als mit Autorität, Druck, Kommandos.

„Männliche" Chefs sind von Dominanzmustern geprägt. Sie sind geeicht, sich mit autoritären Mitteln Respekt zu verschaffen. Sie sorgen dafür, dass man sie nicht leiden kann. Welcher „Chef" möchte wirklich so sein?

Weibliche Chefs im modernen Sinne sind Persönlichkeiten, die man einfach nicht enttäuschen will: Mehr Coach als Manager. Ihr Ziel definiert sich weniger in Zahlen als in Zufriedenheit.

Dann stimmen die Zahlen von selbst. Coache dienen in Demut, Dankbarkeit und Verantwortung dem Ziel und gehen dem Team mit gutem Beispiel voran: Was im Sport die Trainer sind, ist im Business die „Chefin" - Leiter und Lenker.

Sie wird geachtet und geliebt und bereitet sich selbst damit die größten Erfolge. „Macht", sagt Christiane zu Salm, „bedarf natürlicher Autorität. Frauen wissen das. Und weil sie das wissen, ist die Macht bei ihnen in guten Händen." Na dann... gute Macht.
Wie man eine „Chefin" wird, davon handelt

dieses Handbuch - und davon, wie sie mit ihren Fähigkeiten das Business von morgen bestreitet. Nie in der Evolution ist es Frauen in diesem Maße möglich gewesen, Erfolg zu haben, Teams zu führen und eine große Karriere aufzubauen wie heute.

Was geschieht, wenn Business nicht mehr Krieg bedeutet, sondern Spiel? Es ist der Beginn Ihrer Karriere. Von den Anfängen, der Vision und den Ideen über den täglichen Trott bis zu höchster Inspiration, Innovation und Kreativität. Davon handelt dieses Buch. Ein Handbuch für die „Chefin". Für Sie.

MÖGE DIE MACHT MIT IHNEN SEIN.

Quellen:
Pease, Allan & Barbara. Warum Männer nicht zuhören und Frauen schlecht einparken.
Pease, Allan & Barbara. Warum Männer lügen und Frauen immer Schuhe kaufen.

Was soll ich tun?

IHR WEG

„Viele Menschen bekommen nicht, was sie wollen, weil sie nicht sagen, was sie sich wünschen.“

Madonna, in: SEX

Also... was ist Ihr Ziel? Wie sieht Ihre Karriere aus? Ihre Leidenschaft? Ihr Leben? Keine leichten Fragen. Aber der richtige Weg. Es gibt kein Glück. Sobald man es erreicht, wird man unglücklich. Aber es gibt Zufriedenheit. Wenn Sie diese Fragen leicht beantworten, können Sie zufrieden sein.

Zufriedenheit „erlangt“ man nicht. Viele Menschen gehen irgendwelchen Verpflichtungen nach und glauben, dass sie eines Tages ihr Glück erreichen. Andere Menschen glauben, eines Tages werde der Sinn ihres Lebens deutlich. Eines Tages... warum nicht gleich? Es kommt darauf an, hier und jetzt zufrieden zu sein.

Das wahre Glück besteht darin, seinen Leidenschaften nachzugehen. In diesem Moment lebt man sich in jedem Moment.

Zufriedenheit besteht nicht darin, den Sinn des Lebens zu finden, sondern sich lebendig zu fühlen. Hier und Jetzt.

Dafür haben Sie zwei Mittel: Zeit und Geld. Vergessen Sie den Gedanken, Sie hätten keine Zeit.

Vergessen Sie den Diskurs, dass Geld nicht glücklich macht. Sie haben alle Zeit der Welt, wenn Sie Ihr eigentliches Ziel verfolgen. Das bedeutet: Ihre Leidenschaft zum Leben machen. Dann bekommen Sie auch alles Geld der Welt. So einfach ist das. Und doch so schwer.

Die ersten kleinen Schritte

Wir alle haben einen Auftrag. Nämlich genau den, das Beste aus unserem Leben zu machen. Wir alle haben etwas Einzigartiges in uns: Unsere individuelle Brillanz. Diese beiden Gedanken führte schon der geniale Immanuel Kant in dem Satz zusammen: „Jeder Mensch ist Zweck an sich." Mit „Zweck" ist „Ziel" gemeint. Jeder Mensch ist demnach ein Ziel. „An sich", weil es einzigartig und unantastbar ist. Denn niemand darf andere zu seinem Zweck machen, also andere Menschen als Mittel zum Zweck benutzen. Das ist der Grundgedanke der Aufklärung, dem „Ausgang des Menschen aus seiner selbst verschuldeten Unmündigkeit" (Kant). Wer an diesem Punkt anlangt, wo das Ziel klar ist, hat sich entschieden, sein eigenes Leben zu führen. Dann stellen sich neue Fragen. Auch hier hat Kant die Grundfrage parat. Sie lautet: „Was soll ich tun?" Sie ist die Grundfrage der Ethik. „Ethos" bedeutet „Haltung".

Wir alle arbeiten, um zu leben. Aber was? Die Zeit, in der wir unser Geld verdienen, bestimmt unsere Lebensqualität. Wer in seinem Leben seiner Lieblingsbeschäftigung nachgeht und dabei Geld verdient, hat zu einer Haltung, zu sich selbst gefunden.

Diese Menschen dürfen sich zu den glücklichsten zählen. Man merkt das an ihrer Energie und ihrer Lebendigkeit. Kein noch so schöner und langer Urlaub, keine Weltreise gibt einen solchen Kick, wie die Berufung zum Beruf zu machen. Wer seine Karriere mit seinem Traum verbindet, genießt nicht nur das Ziel, sondern auch den Weg dorthin. Stellen Sie sich vor, Sie beschäftigen sich den Rest des Lebens nur noch damit, was Sie am liebsten tun. Ein Leben in Aktion, auf Wolke Sieben - nach Kant Ihre heilige Pflicht!

Viele Menschen kennen ihr Ziel, wissen aber nicht, wie sie es anstellen sollen, dorthin zu gelangen. Zu weit liegt es entfernt, und vor einem liegen nur Stolpersteine und Hindernisse, die einen davon abhalten. Sie müssen erst mal was erledigen. Sie sehen das Ziel vor lauter Problemen und Alltäglichkeiten nicht. Sie verlieren es wieder aus den Augen. Was sie nicht sehen, ist das, was unmittelbar vor ihnen liegt: Der erste Schritt. Um ihn zu machen, muss man sich den ganzen Weg vom Ziel zurück denken.

Sie müssen auf den Weg kommen. Das griechische Wort für „Weg" ist „Methode". Es gibt nur einen richtigen Weg: Den eigenen. Um ihn einzuschlagen, muss der Ausgangspunkt klar definiert sein. Dafür haben wir eine eigene Landkarte entwickelt: Die „Performance Scale". Wir gehen davon aus, dass ein Mensch genau so viel leisten kann, wie es seinem Stadium im mentalen Wachstum entspricht. Um zu wissen und zu erfahren, wo man als Individuum steht und wie es weiter nach oben geht, haben wir „Lebe Deinen Traum" geschrieben. Um zu begreifen, wie Ihre Existenz ein Riesenerfolg wird, wie Sie Heldin Ihrer eigenen Biographie werden, reiht sich die „Performance Scale" analog zu den folgenden Kapiteln auf. Und selbst, wenn Sie sich mit Händen und Füßen dagegen wehren wollen, viel Geld zu verdienen... wenn Sie Ihren Weg gehen, kommt es fast automatisch.

Sie können anhand der beschriebenen Situationen nachvollziehen, ob Ihnen dieses Stadium in der Entwicklung Ihres Geschäfts bekannt vorkommt und jeweils erfahren, wie es dort weitergeht: Von den Werten, die man für sich aufstellt, bis zum Service, in den man für andere geht. Es gibt allerdings kein Entrinnen: Jedes einzelne Phänomen wird in einer Geschäftsentwicklung durchlebt, jede Karriere ist auf diesen Stufen aufgebaut, jede Entwicklung ist eine Sprosse auf dieser Leiter. Und jedes Mal, wenn Sie in ein neues Stadium eintreten, ist es besser und wird es schwieriger. Es ist etwas anderes, ob Sie sich um die Organisation Ihres Alltags kümmern, Kunden finden, Teams zu selbstorganisierenden Einheiten entwickeln oder Dienst an der Menschheit tun müssen.

Unternehmertum bedeutet, Ihren Traum zu leben. Es bedeutet, dass Ihre Ziele im Einklang mit Ihrem Herzen stehen. Ob Sie nun freie Agentin, Lebenskünstlerin oder Leitende Angestellte in einem großen Unternehmen sind, Sie arbeiten im Prinzip immer in einer kleinen Einheit, in der Sie eine Leader-Rolle übernehmen. Es ist in unserem sozialen Umfeld gar nicht so leicht, sich mit seinen Träumen durchzusetzen. Unsere Gesellschaft preist das Mittelmaß. Unsere prägenden Einflüsse sind unsere Eltern und Lehrer gewesen. Sie alle predigen das Hohelied von der Sicherheit. Sie erwarten von ihnen, dass Sie sich in ein System fügen, „ein nützliches Glied der Gesellschaft" werden. Das werden Sie auch, aber nicht zu Beginn, sondern am Ende. Erst einmal werden Sie wild und unbändig sein, ihre eigene Neugier wieder entdecken, und damit Ihren Lebenstrieb.

Unternehmertum ist also ein steiniger und mühsamer Weg. Aber es gibt keine leichten Wege. Entweder Sie beißen sich durch, oder Sie kämpfen Ihr Leben lang gegen die Langeweile an, die ein Leben in Sicherheit und ohne Leidenschaft parat hält. Wir leben in Deutschland noch immer in einem Luxus, den wir uns kaum noch leisten können: vom Staat versorgt oder subventioniert zu werden. Daraus folgt nicht nur eine gewisse Bequemlichkeit, sondern auch Leidenschafts- und Leblosigkeit. Und schlechte Qualität.

Der etwas anarchische, aber lebensfrohe und leidenschaftliche Filmemacher Klaus Lemke ist der Meinung, dass Deutschland Europas Filmland Nummer Eins wäre, wenn die Filme nicht subventioniert würden. Nicht nur, weil man von vornherein Geld bekommt, sondern weil man vor allem einer Menge Geldgeber und Bedenkenträger ständig das Drehbuch zeigen, die Figuren erklären und anschließend alles umschreiben muss - „bis der Film gedreht ist, ist bereits alles zu Tode erklärt, da spielt sich im Film nichts mehr ab", sagt Lemke. „Ich würde den Filmleuten lieber sagen, mach' dein kleines, eigenes Ding ohne Geld, aber dann ist es wenigstens dein eigenes!"

Wir alle sind Kollege, Vater, Mutter, Sohn, Enkel. Selbst wenn wir unsere erwarteten Rollen im Leben hervorragend ausfüllen, werden wir immer etwas vermissen. Wir sind nicht auf der Welt, um Rollen auszufüllen oder uns der Macht der Gewohnheit zu ergeben. Unsere Körper wissen das sehr genau. Sie senden die Signale, die unseren Zustand verraten: Schmerzen, Krankheiten, Züge von Hoffnungslosigkeit, Verzweiflung, Enttäuschung. In vielen Gesichtern können Sie vor allem Enttäuschung ablesen, weil man den großen Traum seines Lebens irgendwann beiseite geschoben und sich dann irgendwo wieder findet, wo man nie landen wollte. Kein Problem. Heute ist der erste Tag vom Rest Ihres Lebens. Viele Menschen sind plötzlich viel glücklicher, wenn Sie den ersten Schritt in die Richtung unternehmen, sich vollkommen frei zu machen, um ihren Traum zu leben und ihre Ziele zu verfolgen. Oft sind es sogar Krankheiten, eine Entlassung, eine Scheidung oder eine Pleite, die Menschen die Augen öffnen, den Wert Ihres Lebens zu erkennen und auf die Zeit zu achten, die ihnen bleibt, um genau das Richtige zu tun. Dieses Erweckungserlebnis trainieren wir in unseren Self-Actualization-Seminaren. Wir forschen nach der Neugier in den Menschen, loten die Quellen aus und schlagen ihnen Projekte vor, aus denen kleine Unternehmungen und dann große Unternehmen werden.

Sie können ein Leben kreieren, das sich um ihre persönlichen Interessen und Herzensangelegenheiten herum gruppiert. „Die Chefin" führt Ihnen Ihre Karriere vor und zeigt, dass der

Weg sich lohnt. Wenn Sie die Dinge, die Sie am meisten lieben, in Produkte und Dienstleistungen verwandeln, die anderen zugute kommen, werden Sie schnell erfahren, was es für ein Gefühl ist, finanziell wirklich unabhängig zu sein und den inneren Frieden zu finden, der damit einhergeht. Ja, Geld macht glücklich. Und Karriere macht zufrieden.

„Die Chefin" ist kein „how-to"-Buch. Sie demonstriert, welche Regeln das Spiel des Unternehmertums bereithält und wann Sie den nächsten Gang einlegen, damit Ihr Weg nach vorne abgeht. Business ist nicht einfach, und so machen wir es uns auch nicht einfach, indem wir Ihnen tolle Tipps geben, die Sie im Alltag nicht ein- und umsetzen können. Wenn Sie Ihr Leben leben wollen, zeigen wir, wie man seine eigene Neugier dafür einsetzen kann. Sie ist sozusagen der Scout auf Ihrem Weg. Folgen Sie Ihrer Neugier, und Sie werden immer ein Licht vor sich sehen, ganz gleich, ob Sie sich gerade sammeln oder schon ein Produkt in den Markt schieben. Wo immer Sie stehen, es gibt eine Stufe, die vor Ihnen liegt. Sie werden sich schwer tun. Aber es gibt kein Zurück. Echter Erfolg ist kompliziert. „Die Chefin" ist für intelligente und motivierte Individuen geschrieben, die ihre Karriere als ein Spiel betrachten. Kein Glücksspiel, sondern ein Sport, in dem sie ein Leben lang lernen, trainieren und immer neuen Herausforderungen begegnen werden. Die wissen, was sie erreichen wollen. Wir zeigen, wie sie es erreichen können.

Den meisten Menschen fehlt für eine Karriere nicht der Mut, sondern der Halt und die Haltung. Wenn Sie keine Orientierung haben, ändern Sie öfter die Richtung. Das kostet jedes Mal viel Zeit und Geld. Weil wir Ihnen zeigen, wo es langgeht, lernen Sie, Zeit und Geld jeweils in Relation zu Ihren Vorhaben zu setzen und dadurch als Instrumente effektiv und erfolgreich für sich zu nutzen. Dies ist der richtige Weg. Denn während die Anzahl der Angestelltenjobs rapide sinken und sich die Arbeitslosenquote drastisch erhöht, wächst die Zahl der Leute, die sich selbständig machen - und nicht nur seit den Ich-AGs. Wer auf Veränderungen wartet, kann lange warten. Wer Sicherheit will, macht sein Schicksal von anderen abhängig. Wer seiner Neugier folgt, strahlt Freude aus und macht andere neugierig. Und gierig.

Gehen Sie einen anderen Weg. Finden Sie Ihren eigenen. Fallen Sie aus der Statistik. Machen Sie sich selbständig. Bieten Sie einen Service, der Ihrem Herzen entspricht, und Sie werden Millionen von Menschen finden, die darauf nur gewartet haben. Sie werden von Ihrer Begeisterung angesteckt. Ihre Karriere wird von Ups und Downs, Smiles and Frowns

WELCHE CHEFIN SIND SIE?

begleitet. Aber mit diesem Buch wissen Sie immer, was Sie dafür oder dagegen unternehmen können.

Dieses Buch ist das Resultat aus den Erfahrungen mit Tausenden von Klienten, die ich seit 1993 betreut habe. Aus diesen zahllosen Trainings haben wir gelernt. Und lernen immer noch. Daraus ergibt sich das Muster der „Performance Scale“, das Ihnen nun als persönliche Karriere-Landkarte zugute kommt. Eines muss jedoch von vornherein klar sein: Welcher Geschäftstyp sind Sie? Machen Sie folgendes Quiz. Die Auflösung wird Sie möglicherweise überraschen.

ZEHN NICHT GANZ ERNST GEMEINTE FRAGEN, DIE IHRE HALTUNG OFFENBAREN UND IHREN WEG EBNEN.

Zufriedenheit hängt davon ab, ob wir wissen, wer wir sind und was wir wollen. Dann können wir Dinge unternehmen, die unseren Talenten und unserem Temperament entsprechen. Wir alle wissen: Leader sind vom Charakter her unterschiedlich.

Wir haben drei Typen festgestellt, die uns immer wieder begegnen und die ihren Weg markieren. Und eine davon wird Ihnen am meisten ähneln.

Sie brauchen für Ihr Business alle drei, um erfolgreich zu sein. Sie haben von allen dreien etwas in sich. Sie müssen anfangs alle drei Rollen spielen. Aber für Sie ist eine Hauptrolle vorgesehen.

Wir wollen Sie hier übrigens nicht hereinlegen. Es gibt keine richtigen und falschen Antworten. Viel Spaß beim „Chefin“-Persönlichkeits-Test - und vor allem bei der Auflösung.

1. *Sie lesen gerade*
   a. *Der kleine Prinz. Immer wieder. Wirklich von einem anderen Stern.*
   b. *Harry Potter. Ich will wissen, was die Leute daran so fasziniert. Und wenn Sie's nicht weitersagen: Ich kann gar nicht mehr aufhören.*
   c. *Machiavelli für Frauen. Einfach, effektiv, wirksam.*

2. *Wie sind Sie zu Hause eingerichtet?*
   a. *Eine sexy Wohnung im Bauhaus-Stil mit viel Raum zur Meditation.*
   b. *Hip, bunt und lebendig. Bei mir bräuchte man für eine Party nicht umdekorieren.*
   c. *Klassisch mit einem Hauch Country Style. Eine andere Welt zum Abschalten und Wohlfühlen.*

3. *Was wollten Sie als Kind unbedingt werden?*

   a. *Diva*
   b. *Nobelpreisträgerin*
   c. *Kanzlerin*

4. *Was wäre für Sie von diesen Dingen am erstrebenswertesten?*

   a. *Silberne Hochzeit*
   b. *Multiple Orgasmen*
   c. *Steile Karriere*

5. *Sie sitzen vor einem Bailey's in Ihrer Lieblingsbar, und da kommt der Traumtyp herein und wirft Ihnen ein unverschämtes Grinsen herüber. Wie geht es weiter?*

   a. *Ich sehe uns schon morgens aufwachen. Ich spiele Sirene und bringe ihn dazu, sich zu mir herüberzusetzen.*
   b. *Ich lasse ihm vom Kellner einen Bailey's bringen, bevor er es tut.*
   c. *Ich bringe ihm Manieren bei. Wenn er artig ist, zahlt er meine Rechnung. Sonst kriegt er die Quittung.*

6. *Ihr schlimmstes Laster?*

   a. *Schöne Schuhe*
   b. *Weiche Drogen (Zigaretten, Alkohol)*
   c. *Männer*

7. *Was ziehen Sie am liebsten an?*

   a. *Prada, Etro, Chanel. In der Freizeit Esprit.*
   b. *Jennifer-Lopez-Jeans mit eingebautem Knackarsch, knappe Bluse von Helmut Lang: Freizeit ist immer...*
   c. *Jil Sander, Calvin Klein. Elegant und praktisch zu jeder Zeit.*

8. *Ihr ideales erstes Date sieht so aus:*

   a. *Er kommt als Prinz auf einem weißen Schimmel, um mich zu retten. Und beim nächsten Mal mit Picknickkorb.*
   b. *Bei einer Happy Hour steht er auf einmal neben mir, und wir beide spüren, dass zwischen uns etwas läuft...*
   c. *Brahms bei Kerzenlicht, und dann zaubert er noch ein Soufflé aus dem Ofen.*

9. *Auf welche Art machen Sie Schluss?*

   a. *Der „Mann meines Lebens" entpuppt sich als Volltrottel. Aber nach dem Spiel ist vor dem Spiel. Ich habe schon für Ersatz gesorgt...*
   b. *Ich flirte mit seinem besten Freund. Vor seinen Augen natürlich.*
   c. *Ich schütte ihm seinen Drink ins Gesicht*

Auswertung

und drehe mich auf dem Absatz um. Bei Betrugsdelikten drehe ich den Absatz durch sein Brustbein.

10. *Auf wen oder was verlassen Sie sich bei der Frage, ob es der Richtige ist?*
    a. *Auf die Frage, ob wir miteinander viele neue, schöne Dinge entdecken und ab wie viel Minuten, Stunden, Monaten, Jahren wir uns langweilen würden. Oder nie...*
    b. *Auf meine Intuition und meine besten Freundinnen.*
    c. *Auf Präzedenzfälle und Krawattenfarben.*

11. *Welches Adjektiv beschreibt Sie am ehesten?*
    a. *Romantisch*
    b. *Leidenschaftlich*
    c. *Selbstbewusst*

Zählen Sie die Buchstaben Ihrer Antworten zusammen. Der Buchstabe mit der höchsten Anzahl entspricht am ehesten Ihrem Typ. Und lesen Sie alle drei „Typen" durch.

TYP A: DIE VISIONÄRIN.

Sie sind eine Künstlerin, die sich ihre Welt macht, wie sie Ihnen gefällt. Ihre Visionen und Illusionen sind Ihr Kapital. Sie sind ein bisschen Pipi Langstrumpf und ein bisschen Dornröschen, das nur geküsst werden muss. Zur Not reicht der passende Schuh. Am besten von Manolo Blahnik, denn Ihre Ideen lassen Sie sich reich belohnen. Einmal wachgeküsst, sehen Sie mehr Dinge als andere und können etwas schaffen, das andere in ein Produkt, einen Service oder ein Unternehmen umwandeln.

Sie leben in der Zukunft. Sie können allein mit Ihrer visionären Kraft andere Menschen veranlassen, das zu tun, was Sie sich wünschen. Alltag und Realität können diese Kräfte allerdings schwinden lassen. Auf lange Sicht finden Sie aber immer eine perfekte Lösung, weil Ihre Frohnatur und Ihre inspirierte Seele Sie wach halten. Und hoffentlich die perfekten Partner: Hüten Sie sich vor falschen Freunden.

Visionäre lieben das Abenteuer. Sie lassen sich wahrlich von ihrer Neugier leiten. Denn

„alles beginnt mit Neugier", wie der Schriftsteller Gary Hoover sagt. Heidi Klum ist so ein Typ. Als echtes bergisches Mädchen, ohne mit einem silbernen Löffel auf die Welt gekommen zu sein, hatte sie nach einem gewonnenen Model-Wettbewerb die Ahnung, irgendetwas in New York reißen zu können. Heute ist sie eine der gefragtesten Frauen dieser Welt, Supermodel, Multimillionärin und mit einem Popstar verheiratet. Ein Buch hat sie auch herausgebracht. Unter den Regeln, die man auf dem Weg zum Weltstar beachten muss, findet sich auch ihr Motto: „Folge deiner Neugier".

Visionäre betreten für ihr Leben gern unbeschrittenes Terrain. Sie entdecken die Möglichkeiten. Sie fragen nie „Warum", sondern „Warum nicht?". Sie lieben das Chaos, das oft mit dem Start eines Unternehmens einhergeht. Denn jedes Unternehmen beginnt mit einer Vision. Hinter jedem Logo einer bekannten Marke steht ein großer Gedanke einer individuellen Person, die diese Vision verwirklicht hat.

Wie zum Beispiel Steve Jobs, der sein eigens ehemaliges Unternehmen Apple mit unglaublichen Ideen gerettet hat. Nachdem die Computer perfekt kinderleicht zu bedienen waren, hat er gesehen, was noch fehlte: Sex. Der Apfel ist schließlich das Symbol der Verführung. Inzwischen sind die neuen sexy Apple-Geräte Statussymbole. Nebenbei hat Apples „iPod" die gesamte Musikindustrie revolutioniert, weil sie das Marktpotenzial der von der jammernden Industrie als halbkriminell angesehenen digitalen Musik erkannte und mp3-Downloads salonfähig machte. Jobs hat nichts davon erfunden. Aber er konnte es sehen.

Visionäre spielen vor allem in der Anfangsphase des Unternehmens eine bedeutende Rolle. Sie sind die Kapitäne des Schiffes und sehen hinter dem Horizont einen neuen Kontinent. Auch wenn es noch keine Karte gibt, sie bestimmen den Kurs. Denn sie sehen mehr als andere. Vorstellungskraft und künstlerisches Talent sind die Geburtshelfer einer neuen Business-Idee.

Das liegt in der Natur von Visionären. Wenn sie allerdings komplexe Projekte managen müssen, kommt das Schiff auf Schlingerkurs. Im schlimmsten Fall heißt der Kapitän Ahab, und seine Mannschaft springt über Bord. Weil sie gut mit Widersprüchen umgehen können, bringt ihre Art oft witzige Varianten hervor. Beständigkeit halten sie für ein Zeichen von Mittelmaß. Sie dagegen nutzen ihren runden Kopf, damit das Denken die Richtung ändern kann.

Die meisten Visionäre sind getrieben von einer schönen, neuen Welt. Über ihr persönliches Ziel hinaus möchten sie für die Menschheit in den Service gehen, sie gerechter oder menschlicher werden lassen. Oft werden sie für verrückt gehalten. So wie es früher Maschinenstürmer gab, die Sähmaschinen für eine Sünde gegen Gott hielten oder gegen Waschmaschinen Sturm liefen, gab es vor dreißig Jahren kaum Menschen, die sich vorstellen konnten, dass ein Computer für jeden erschwinglich sein kann, dass er so handlich sein kann, dass er bequem auf einen Tisch passt, so einfach, dass Kinder damit umgehen können, und dass auf einen Chip so viele Daten passen, dass damals diese merkwürdigen Spulmaschinen damit einen Wolkenkratzer füllen würden. Selbst der Gründer von IBM schätzte seinerzeit die Anzahl von Computern, die in der Welt gebraucht werden, auf fünf bis zehn Exemplare.

Vision ist eine Art kreativer Zerstörung. Sie tritt Türen zu neuen Welten auf, wodurch sich andere Systeme verändern, wie das Beispiel Apple zeigt. Weltbilder fallen in sich zusammen, Dinge verändern sich fundamental, gewohnte Muster brechen auf, neue Wirklichkeiten entstehen.

Wenn sich die Kultur gegen visionäre Ideen stemmt - was ganz natürlich ist - laufen Visionäre Gefahr, den Faden zu verlieren. Wenn Visionäre davon abgehalten werden, ihr Ding zu machen, betrachten sie andere Menschen schnell als Hindernisse oder geben sich faulen Kompromissen hin, um ihr Ziel zu erreichen. Von allen drei Typen ist der Visionärstyp am gefährdetsten, am Ende mit leeren Händen dazustehen, auch weil sie sich zu sehr in ihre Ideen oder in sich selbst verlieben. Sie können so idealistisch sein, dass sie die anderen Leute um sie herum vergraulen.

Visionäre im positiven Sinne sind aber total neugierig darauf, was andere Leute beschäftigt, und stecken andere mit ihrer Kreativität an. Wirtschafts-Visionäre erkennen Muster und Bedürfnisse im Markt, die andere nicht sehen. Ihre Ideen sind so klar wie verrückt. Das macht sie für viele so sympathisch, von anderen werden sie belächelt. Aus Rache krempeln sie selbst die Ärmel hoch und machen aus ihren Ideen Wirklichkeit. Sie sind im wahrsten Sinne „hinreißend" und können viele Leute mit ihrem Enthusiasmus anstecken und mitreißen. Sie brauchen nur Leute, die sie erden. Allen voran Promoter und Manager.

TYP B: DIE PROMOTERIN.

In der Dreieinigkeit wären Sie der „Heilige Geist". Sie sind diejenige, die an Visionen und Menschen glauben und deshalb für beides etwas tun wollen. Sie wissen, was man dazu braucht: Menschen, die sich für neue Ideen begeistern, drinnen im Unternehmen wie draußen im Markt. Sie ergreifen dabei die Initiative selbst.

Was Sie begeistert, setzen Sie gleiche in eine Kampagne um und finden die Menschen, die auch mit Begeisterung dabei sind. Sie können Beziehungen knüpfen und tun das mit einem Gespür für die kleinen feinen Dinge im Leben, und einem Einfühlungsvermögen, das Ihre Mitmenschen oft in Staunen versetzt. Sie können Teams anführen, weil Sie gerne mit gutem Beispiel vorangehen.

Promoter sind Herdentiere, Genies darin, andere Menschen für etwas zu interessieren, sie miteinander zu verbinden und Netzwerke aufzubauen. Erst durch sie bekommt die Welt Wind von einer Idee oder einem Produkt. Sie sind vergleichsweise extrovertiert, gehen auf Menschen zu, charmant, witzig, mit Entertainer-Qualitäten.

Sie bringen viel Gespür für die passenden Dinge mit: Das richtige Design, die Leute, die das Produkt oder den Service verstehen und in das Unternehmen passen. Sie ziehen andere magisch an. Und wenn sie einmal an etwas glauben, können sie es auch glaubwürdig vermitteln. Die frohe Botschaft verkünden, das ist ihre Leidenschaft. Genau wie Verkaufen. Dank ihrer Sympathie und ihrer menschlichen Wärme bringen sie das richtige Produkt an den Mann oder die Frau. Sie üben keinen Druck aus auf Leute, die das Produkt nicht brauchen, sondern suchen die Leute, die zu dem Produkt passen. Das gleiche tun sie intern. Ihre Inspiration hält alle Leute im Team auf Trab. Ihr fester Glaube an Menschen ist die Energie, die die Business-Maschine am Laufen hält, weil sie gerne für andere in den Service gehen.

Promoter sind Macher. Sie verwandeln Träume in Taten. Sie handeln erst und denken später nach. Während Visionäre träumen, was die Menschheit braucht, fangen sie schon an zu telefonieren. Das tun sie mit Hingabe.

Wo andere regelrechte Scheu haben, Kontakt aufzunehmen, beginnen sie erst zu glühen, und mit ihnen das E-Mail-Postfach, das Telefon, das Faxgerät. Sie wollen Menschen erreichen und verkaufen. Das ist ihr Erfolgserlebnis. Verbindungen zu anderen Menschen sind ihr Universum. Wenn in einer Marketingabteilung nur echte Promoter sitzen, hat das Unternehmen nur Spaß und Gewinn.

Promoter sind neugierig auf Menschen, geborene Kommunikatoren, immer auf Zack. Sie spüren genau, wann sie auf andere Druck ausüben oder wie sie ihnen Raum geben können, sich zu entfalten. Wo viele von uns in zwischenmenschlichen Angelegenheiten versagen, haben sie ein Händchen für Diplomatie, können Konflikte lösen, wissen dank ihrer Menschenkenntnis genau, welcher Bewerber am besten für das Unternehmen ist. Oft sind Frauen hervorragende Promoter, weil ihre Fähigkeit, zu kommunizieren und soziale Ordnung herzustellen, evolutionär ausgeprägt ist.

Wenn es um Details geht, schalten die Promoter-Typen allerdings ab. Sie überlassen es gerne den Managern, zu überwachen, was funktioniert und was nicht. Aber ihre direkte Art ist erfrischend und immer eine Bereicherung für die Menschheit. Sie würden allerdings auch ihre eigene Großmutter verkaufen, wenn sie einmal in Fahrt sind.

Ihre Power geht über alle Bedenken und Probleme hinweg. Viele Promoter erkennen am Ende ihrer Karriere, dass sie wesentlich erfolgreicher geworden wären, wenn sie nicht so oft von einem auf das andere Pferd gewechselt hätten. Von diesem Handicap abgesehen, haben Promoter die größten Karrierechancen. Wenn sie Unternehmen anführen, kann es vor Erfolg explodieren.

Die Symbiose von Visionären und Promotern wie zum Beispiel bei Unternehmerbrüdern bringt oftmals astronomische Erfolge mit sich. Man stelle sich vor: Der eine erfindet, der andere verkauft es. Den ganzen Tag lang. Parallel. Die meisten Unternehmen werden von Visionären gegründet. Aber erst mit einem Promoter kann man die Welt erobern. Der eine träumt, der andere glaubt an diese Träume. Wenn das Schiff fertig zum Auslaufen ist, kommen die Manager an Bord.

TYP C: DIE MANAGERIN.

Hier haben wir Sie ein wenig reingelegt. Abschalten und Romantik kann schließlich auch ein Ersatz für die Strenge und Härte Ihres Alltags sein. Denn die meisten Managertypen verdrängen ihre Stärke, weil sie nicht so populär ist: Sie sind der Generalstyp. Sie schaffen Ordnung, machen den Weg frei. Das ist nicht schlimm, sondern realistisch. Ein Glück, jemanden wie Sie im Team zu haben.

Sie können hervorragend organisieren und Leute dazu bewegen, Dinge sorgfältig und pünktlich zu erledigen. Auch die Männer nehmen Sie sich, wie Sie sie brauchen. Ihre Erfahrung und Ihr analytisches Denken sind in Business und Buchhaltung unentbehrlich. Sie haben die Zahlen im Kopf, die Ziele im Visier und das Herz am rechten Fleck.

Viele der Visionäre brauchen diesen Typ, weil er ihnen das Korsett anlegt und sie täglich in den Hintern tritt, bis sie sich daran machen, ihr Talent auch einzusetzen. Ein Unternehmen, gegründet von einem Visionär und einem Manager, steht nicht unbedingt unter einem guten Stern. Der eine kommt vom Mars, der andere von Pluto. Kaum hat der Visionär eine Idee, kommt der Manager mit seinen Bedenken. Das saugt Energie.

Wenn Managertypen ein Unternehmen starten, fühlt man sich oft von Beginn an wie auf dem Finanzamt. Was fehlt, ist die vermittelnde Einheit des Promotertypen.

Der Managertyp hat viel Persönlichkeit. Schließlich muss er die launenhafte Visionärin zähmen und die vorpreschende Promoterin bremsen und beide ins Geschirr bringen. Das erfordert sehr viel Mut und Durchsetzungsvermögen. Der Managertyp muss Ideen und Kräfte in ein System umsetzen, also Regeln aufstellen, Abläufe dirigieren und zusehen, dass Ziele umgesetzt werden und sich auszahlen. Und, dass sie realistisch sind.

Manager sind die Champions, die die Dreckarbeit machen. Sie müssen das Business gegen die Konkurrenz schützen und von innen sichern. Sie führen Schlachten, entwickeln die Strategie und erringen Siege für das Unternehmen. Sie sind die seltenere Spezies unter den Leadern. Wo der Promoter Gelegenheiten sieht, sieht der Manager Probleme. Steve Jobs' Counterpart ist deshalb nicht zufällig Bill Gates. Er ist der perfekte Organisator, der mächtige Fadenzieher und Feldherr. Sein Genie besteht in seinem festen Willen und seiner Kraft, für sein System zu kämpfen.

Sein Mut und seine Brillanz, strategisch zu denken, haben ihn zum reichsten Mann der Erde gemacht. Diese Brillanz lässt ihn Herausforderungen annehmen, vor denen die meisten von uns panisch zurückschrecken würden. Er ist derjenige, der dafür sorgt, dass sein Computersystem bei IBM eingeführt wird und durch deren Aufstieg zur weltbeherrschenden Software wird.

Manager sind Strategen. Sie verstehen es, zu delegieren und Teams aufzubauen, die ihre Mandate ausführen. Es sind die Hardliner, die aus den Teams das Beste herausholen und sie fordern, Grenzen zu überschreiten. Daher auch der Begriff vom „Generalstyp". Generäle sind Manager.

Sie führen nicht Krieg, sondern kümmern sich um die Details und den siegreichen Ausgang. Sie scheuen nicht davor zurück, andere anzugreifen, auch wenn sie selbst dafür sorgen, dass es nicht dazu kommt. Sie bringen große Opfer dar, wenn es sein muss. Sie wissen, wie hoch der Preis ist, um Erfolg zu haben. Alle echten Managertypen sind knallharte Realisten, die die Wirklichkeit akzeptieren, wie sie ist - ganz im Gegensatz zu dem großen Illusionisten,

Leadership: Die Kraft der drei Herzen

dem Visionär, und seinem Idealisten in Gestalt des Promoters.

Produkte und Waren müssen vertrieben, geliefert und gelagert werden. Irgendjemand muss darüber Buch halten. Am Ende muss die Kasse stimmen. Hat daran mal jemand gedacht? Eben. Deshalb ist der Managertyp unentbehrlich. Die Anzahl idealistisch durchgestarteter Unternehmen mit raschem Einbruch sind Legion. Das reine Management besteht darin, Zahlen und Ziele zu verfolgen. Rationelle Dinge wie Logistik oder Buchhaltung sind oft Managerdomänen.

Manager sind also für die komplette Organisation zuständig. Es sind geborene Supervisoren, Steuermänner, -berater oder Juristen. Sie stellen die Regeln für das Business-Spiel auf und sorgen dafür, dass sich alle daran halten. Oftmals sind sie die Spielverderber in einer Organisation.

Und deshalb sind sie es, die den Erfolg verantworten. Abenteuer sind nicht ihre Sache. Franchises sind für sie wie geschaffen. Wenn sie allerdings auf ein Visionär-Promoter-Team stoßen, können diese sich bei ihm bedanken, wenn er den Laden in Ordnung bringt. Er erstellt die Handbücher und Gebrauchsanweisungen für den Erfolg - wenn sich jeder daran hält. Das ist nicht spannend. Aber Murphy's Law bewährt sich heute wie gestern: Alles, was schief gehen kann, geht schief. Stellen Sie sicher, dass der Manager alles gecheckt hat, bevor Sie Ihr Business starten. Visionäre gehen gerne Problemen und Bedenken aus dem Weg. Promoter gehen darüber hinweg. Manager gehen direkt darauf zu. Seien Sie diesen Bremsern dankbar.

Andererseits weiß ein Manager natürlich um sein ideelles Kapital in den beiden anderen Typen. Reine Manager-Unternehmen sind solche, die sich irgendwann nur noch selbst verwalten. Wenn die Regeln wichtiger werden als die Menschen, ist das kein gutes Zeichen. Dann wird das System zu starr und bricht irgendwann zusammen wie ein Baugerüst ohne Hausmauer.

Um es noch einmal zu wiederholen: Sie tragen etwas von jedem Typ in sich. Und das ist gut so. Denn zu Beginn sind Sie auf sich allein gestellt. Und Sie brauchen alle drei Typen, um erfolgreich Business zu machen. Je nachdem, welchem Typ Sie am ehesten entsprechen, müssen Sie sich später um die anderen beiden bemühen. Es wird eine wahre Wonne sein, wenn Sie sich von diesen Aufgaben lösen können und endlich nur noch das tun müssen, was Ihnen am meisten liegt. Logischerweise wird diese Ablösung eine große Wirkung auf Ihre Karriere haben. Aber jedes der drei Elemente sind wesentliche Führungsqualitäten. Die Synergie zwischen ihnen bringt jene Energie hervor, denen Kunden vertrauen. Umso besser, wenn sie sie anfangs in einer Person vereinen. Eines Tages wird Ihr Unternehmen so gewachsen sein, dass es auch ohne Sie funktioniert und Sie nur noch profitieren. Voraussetzung dafür ist es, dass Sie Ihr Business als Organisation betrachten, die Zeit ihres Bestehens lernt, das heißt ihrer Neugier folgt und alle Fähigkeiten beherrscht, die zum Erfolg führen und neue Leader an Ihrer Seite hervorbringt.

Glauben Sie uns, diese Art zu lernen macht Spaß. Während Sie lernen, was funktioniert und was nicht, lernen Sie sich und Ihr Team immer besser kennen. Mit Menschen zu arbeiten, ist wunderbar. Andere Leute auf Ihrer Reise nach Businessland kennen zu lernen, erweitert Ihre Perspektive und bringt immer mehr Leute und ihre Neugier ins Spiel. Es geht hier nicht um das Geschäft, sondern um ein Abenteuer. Und es heißt nicht umsonst „ein Abenteuer bestehen."

Finden Sie Ihre Rolle, und Ihre Sprache dazu. Visionäre sprechen gerne in großen Worten über Ihre Ideen und Pläne. Promoter benutzen Worte, um sofort zur Tat zu schreiten. Manager diskutieren gerne und „besprechen" alles Mögliche, um Details, Resultate und Ziele möglichst genau zu fokussieren. Je nachdem, welches Ihre Rolle ist, werden Sie in ihr die beste Performance abgeben.

Ihr Geschäftsprojekt startet mit Ihnen allein. Und es schlagen nun drei Herzen, ach, in Ihrer Brust. Wenn Sie diese drei Kräfte perfekt ausbalancieren, können Sie fast nur gewinnen. Wird Ihr innerer Visionär, Promoter und Manager geweckt und kommt gleichmäßig zur Wirkung, lernen Sie, sich selbst zu kontrollieren, sich auszugleichen und geradlinig durch Ihr Geschäft zu manövrieren. So werden Ihre Projekte Sprungbretter zu einer erfolgreichen Karriere. Ihre Kompetenz in diesen Bereichen wird automatisch Spezialisten für jeden Bereich anziehen. Notieren Sie deren Telefonnummer. Stellen Sie sie ein, sobald sich Ihr Erfolg einstellt und Sie sie bezahlen können. Es zahlt sich aus. Sie haben mehr Zeit als vorher und verdienen mehr Geld, als Sie gedacht hätten.

Wenn Ihr Geschäft wächst, müssen Sie schnell realisieren, wo Ihre Stärke liegt und welche Leute Sie brauchen. Betrachten Sie Ihre Projekte aus der Vergangenheit. Fragen Sie Ihre Freunde und vertrauensvolle Bekannte, wie sie Sie sehen. Schauen Sie, welche Jobs am einfachsten waren und welche am schnellsten Cash gebracht haben... und welche am meisten Spaß gemacht haben. Ihr Business ist wie ein

Sport. Bald brauchen Sie für jede Position einen Spieler, eine Idealbesetzung. Keine Frage, die gibt es. Sie finden die richtigen Leute für das richtige Team. Wenn Ihre Leute alle das machen, was sie am meisten lieben, wird Ihr Laden vor Harmonie und Energie bald aus allen Nähten platzen. Hauptsache, dass sich die drei Typen hervorragend verstehen, ergänzen und sich in ihren Kompetenzbereichen berühren. Dann haben Sie ein Team von Leadern. Dann können sich andere nur noch ducken, wenn Sie angerollt kommen.

Die mentalen Stärken und Schwächen in Unternehmen werden immer unterschätzt. Zwischenmenschliche Komplikationen sind die Traumkiller Nummer Eins in Unternehmen. Sie führen mittelfristig zum Untergang. Viele Unternehmer ziehen sich in solchen Fällen zurück, weil sie enttäuscht sind, dass sich ihre eigene Energie nicht auf die anderen übertragen hat. Ihre Träume materialisieren sich aber nur, wenn Sie ein energetisches, soziales Netzwerk in Ihrem Unternehmen etablieren. Die Herausforderung besteht darin, eine Organisation zu schaffen, die für Sie arbeitet - und nicht Sie für die Organisation.

Ein zu dominanter Visionär wird seine Promoter und Manager mit wirren Konzepten überrollen, die nicht von dieser Welt sind. Ein Promoter allein wird seine Mitarbeiter in eine unbestimmte Richtung antreiben, die ins Verderben führt. Ein Manager allein zieht eine Bürokratie auf, die unter ihrer eigenen Last zusammenbricht. Erfolg kommt von Teamplayern, die ihre Funktion und ihre Stellung in der Organisation kennen und den nötigen Respekt voreinander haben. Aber so weit sind wir noch nicht. Noch sind Sie allein. Ihre Neugier und Ihre Wünsche sollen Ihr Ansporn sein. Der Einzelgänger und Popstar Madonna, der sich der Musik verschrieben hat (Ihr eigens Label heißt übrigens „Maverick", „Einzelgänger") hat mit ihrem Eingangszitat recht behalten, wenn sie meint, dass die meisten Leute nicht sagen, was sie sich wünschen. Wenn auch in einem anderen Zusammenhang. Neben dem Text ist sie nackt mit einer Peitsche abgebildet.

Was sind Werte?

IHRE WERTE

„Live your life, as if you're gonna die."

William Shatner
(Sänger, Schauspieler
(„Raumschiff Enterprise")

Eine Frau sitzt vor einer Tasse Kaffee und hat nichts mehr zu verlieren. Geschieden, allein erziehend, kein Job, keine Unterstützung vom Ex-Mann, keine Kinderbetreuung. Sie bezieht jede Woche 69 englische Pfund von der Sozialhilfe. Sie betrachtet ihre schlafende Tochter. Sie kann ihr nichts geben. Sie kann gerade noch den Kaffee bezahlen.

Der Beginn einer einzigartigen Karriere. Sie ist heute eine der reichsten Frauen der Welt.

Hier geht es weder um Blutzucker noch um Ihren Wert als „nützliches Glied der Gesellschaft". „Werte" im hier gemeinten Sinne sind die Motive für unser Handeln. Wir alle leben in einem System von Werten, die uns mehr oder minder bewusst sind. Unsere Eltern und Lehrer, aber auch unsere Vorfahren und die Kultur, in der wir leben, haben Werte geschaffen, aus denen sich unsere Lebensführung ergibt. Kulturen sind komplexe Wertesysteme, die ein Handeln innerhalb eines sozialen Raumes überhaupt erst möglich machen. Alles, was aus diesem Rahmen herausfällt, ist das Ursprüngliche, Wilde in uns.

Es gibt absolute Werte und persönliche Werte. Absolute Werte sind diejenigen, die Generationen überdauern. Persönliche Werte sind die Gründe, aus denen Ihr Leben lebenswert erscheint. Sie sind die Ursprünge unseres Handelns. Man muss sehr tief schürfen, um sich dieser persönlichen Werte bewusst zu werden. Oder auch tief fallen.

Da wären wir. Im Auge eines Mahlstroms, der um Sie herum tost, während hier drinnen alles seelenruhig erscheint, während Sie von einer unsichtbaren Kraft unweigerlich nach unten gezogen werden. Denn die persönlichen Werte findet man nicht irgendwo da draußen, sondern nur tief in sich selbst. Wer die Werte gefunden hat, die einen im tiefsten Inneren

Persönliche Werte sind die Wegmarken Ihrer Karriere

bewegen, hat die Anleitung geborgen, mit der man höchste Zufriedenheit erlangen kann.

Am Anfang einer Wertefindung steht, wie das Beispiel oben zeigt, meistens eine große Krise. Erst in ihr werden wir uns unserer tiefsten Interessen bewusst. Dann aber finden wir die Richtschnur, nach der wir uns für den Rest unseres Lebens orientieren können.

Wann auch immer die alten Befürchtungen und Ängste auftreten: An unseren Werten können wir festhalten. Deshalb sind Werte der erste Schritt in die Aktion und der Beginn dessen, was man eine Karriere nennen kann.

Wer rein allgemeine Werte als die eigenen ausgibt, ist ein Heuchler. Natürlich wollen wir alle den Frieden, finden Krieg böse und Hunger gemein. Selbstverständlich wollen wir, dass es allen auf der Welt gut geht und sich alle prima verstehen. Es gibt nichts Schlimmeres und Geheuchelteres, als wenn jemand diese Werte als seine persönlichen ausgibt - wenn man sie nicht gerade als Papst vertreten muss.

Der Tod ist ein guter Maßstab, um seine persönlichen Werte kennen zu lernen. Nicht irgendein Tod - sondern Ihr eigener. Der Fundamentalontologe Martin Heidegger hat darauf hingewiesen, dass wir den Tod niemals als unseren eigenen erleben, sondern immer nur den anderer. Wenn wir uns jedoch unseren Tod einmal vergegenwärtigen, stoßen wir in eine andere Sphäre vor.

Wir lassen die gesamte Alltäglichkeit und Allgemeinheit mit ihren Ritualen, Konventionen und Floskeln hinter uns - was Heidegger die „Uneigentlichkeit des Man“ nennt - und betreten das Eigentliche unserer Person, erkennen, das was uns wirklich erscheint und wofür wir leben: unsere Werte.

Nicht zufällig steht oft eine tiefe, persönliche Erfahrung am Beginn einer vollkommenen Besinnung auf den Wert des Lebens. Eine schwere Krankheit, eine plötzliche Entlassung, die schwerwiegende Trennung von einem Partner, eine finanzielle Pleite können dazu führen, dass man sich erstmals über die wahren Werte im Leben Gedanken macht. Man fühlt sich möglicherweise enttäuscht, gelinkt, verlassen, bestraft. Aber wozu das Geheule? Dies ist der Beginn vom Rest Ihres Lebens. Und möglicherweise der eigentliche Beginn Ihres Erfolgs. Was sollen die Leute einmal über mich sagen, wenn sie an meinem Grab stehen? Die Antwort ist synonym mit dem Beitrag, den Sie für die Menschheit leisten wollen: Ihr Wert, die Attribute dessen, wofür Sie von Ihren Mitmenschen Dank und Anerkennung haben wollen.

Die Frage ist nicht, wovon man lebt. Sondern wofür.

Erst seit kurzer Zeit, möglicherweise seit Ende des Industrie- und zu Beginn des Service-Zeitalters, darf Arbeit sogar Freude bereiten. Wir müssen nicht mehr so hart arbeiten wie früher. Und wir können uns aussuchen, was wir tun wollen. Wer seinen eigenen Weg verfolgt, hat nicht das Gefühl, zu arbeiten. Man fühlt sich getragen von seiner Neugier. Sie beschäftigen sich nicht mit etwas, sondern etwas beschäftigt Sie. Besteht das „Hintergrundprogramm" aus den eigenen Werten, haben Sie Ihr Muster. Verbinden Sie dieses Muster mit Ihrer Neugier, zahlt sich Ihr Leben auch in barer Münze aus.

In unseren Breitengraden ist es nicht üblich, wirtschaftlichen Erfolg mit diesen Werten zu verbinden. Nein, es gilt geradezu als verwerflich, mit seinen persönlichen und sozialen Interessen Geld verdienen zu wollen. Harte Arbeit ist im Sinne der Protestantischen Ethik - eines der tragenden Hintergrund-programme der westlichen Zivilisation - der einzige Weg, um nach dem Tod erlöst zu werden und das ewige Leben zu empfangen. Arbeit in diesem Sinne ist mehr eine Strafe oder Bewährung: Die Vertreibung aus dem Paradies ist der Beginn der Notwendigkeit zur Arbeit, die Arbeit ist der einzige Weg zurück in den Himmel. „Erst die Arbeit, dann das Vergnügen", heißt eine berühmte Formel unseres gesellschaftlichen Wertesystems, die dieses Prinzip vulgarisiert. Oder auch „Dienst ist Dienst, Schnaps ist Schnaps". Arbeit im klassischen Sinne ist Martyrium: Es bereitet Schmerzen. Und es soll Schmerzen bereiten. Arbeit, das wusste schließlich schon Karl Marx im 19. Jahrhundert, ist Entfremdung vom eigenen Ich.

In unserer modernen Ökonomie ist es zum ersten Mal möglich, die historische Trennung von „Arbeit" und „Vergnügen", „9 to 5" und „5 to 9", Arbeitszeit und Urlaubszeit aufzuheben. Es gibt immer mehr Menschen, die die deutschen Ladenöffnungszeiten auch tatsächlich nutzen können, weil sie selbst nicht mehr in dieser Zeit gezwungen sind, zu arbeiten.

Aber Sie „arbeiten" gerne, wann immer Sie wollen, auch am Wochenende, oder in der Nacht, wenn Sie Ihren Weg gehen. Sie tun das, was Sie trägt. Und das machen Sie permanent und gerne. Wer ganz bei sich ist, kennt seinen Wert, seine Werte und seinen Preis, mit dem er sich verkaufen kann.

Um dorthin zu gelangen, müssen wir noch einmal zurück zum Sterben. Wie fühle ich mich beim Gedanken daran? Habe ich Angst davor? Warum widerstrebt es mir, zu sterben? Gibt es etwas, wofür ich mein Leben hingeben würde? Solche Fragen innerlich zu beantworten, ist alles andere als tödlich. Es veranlasst einen dazu, sich Gedanken über das Leben und seinen Wert zu machen. Wenn es etwas gibt, wofür man sterben würde, dann ist es auch wert, dafür zu leben.

Was beschäftigt Sie so sehr, dass Sie dem Ihr ganzes Leben widmen würden? Und warum tun Sie es nicht? Weil wir alle immer lieber auf Nummer sicher gehen.

Durch die klassische Trennung von Job und Vergnügen landen wir nach der Ausbildung in einem Job, der uns mehr oder weniger liegt, bekommen eine Entschädigung für die Zeit, die wir dort verbringen, anstatt Arbeit und Vergnügen miteinander zu verbinden. Wir müssten weniger leiden und würden uns nicht teilweise sinnlosem Zeitvertreib, Hobbys oder chronischem Partyrausch hingeben. Worauf warten Sie - auf Ihre Rente?

Benutzen Sie Fragen nach dem Tod, um die Möglichkeiten zu entdecken. Nehmen Sie sich dafür Zeit, ein bisschen Einsamkeit, einen Block und einen Stift. Keine Ablenkung, kein E-Mail in der Nähe, kein Mobiltelefon, nicht einmal ein normales Telefon. Mieten Sie eine Hütte auf der Alm. Nehmen Sie nicht Ihren Partner mit. Wenn ich noch ein Jahr zu leben hätte, was würde ich mit der verbleibenden Zeit anfangen? Was hätte Priorität? Wenn der Arzt sagt, Sie hätten noch dreißig Tage, worauf würden Sie sich konzentrieren? Was, wenn es ein Tag wäre? Eine Stunde? Und wie viel Zeit würden Sie damit verbringen, sich selbst zu bedauern?

Die Beantwortung dieser Fragen ist der Beginn einer lebenslangen Recherche nach dem wirklich Wichtigen in ihrem Leben - Ihrem viel zitierten „Sinn des Lebens": Ihrem Sinn, Ihren Werten.

Das Geheimnis: Hätten wir den Tod nicht, würden wir uns keine Gedanken um unser Leben machen. Wir haben den Tod, um unser Leben zu verstehen. Ein reiches, sinnvolles Leben erfordert deshalb eine Auseinandersetzung mit unserem eigenen Tod.

Dann spüren wir uns selbst. Je näher wir unseren eigenen, eigentlichen Werten kommen, umso lebendiger fühlen wir uns. Man kann seine Werte an der eigenen Lebendigkeit und Energie ermessen, die in uns hervorgerufen wird. Sie wird sich auch auf ihre gesamte Umgebung übertragen, inklusive auf Ihre Angestellten und Kunden, sobald diese Werte „gelebt" werden.

Sie sind tiefer und deshalb überdauernder als alles andere. Eine der größten und erfolgreichsten Hotelketten dieser Welt ist das Hyatt Regency Hotel. In seiner Autobiographie erklärt der Hotelerbe das Grundprinzip des langfristigen Hyatt-Erfolges: Die „core values" des Gründervaters werden von Generation zu Generation weitergegeben und von allen

Werte-Paradigma: Die „Performance Scale“

Teilnehmern gelebt. Es handelt sich dabei nicht um Reißbrettvisionen aus Wochenendtagungen, sondern um tiefe menschliche Werte, die nach Ansicht der Hyatt-Familie echt und dauerhaft sind. Allen voran: Der „spirit to serve“.

Die Möglichkeit, immer danach zu schauen, was den Gästen fehlt und was sie erwarten, sich voll und ganz in ihre Person und deren Wünsche zu versetzen, steigert automatisch die Qualität und befördert den Fortschritt, so dass bei gleich bleibenden Werten in der über 70jährigen Geschichte der Hyatt-Kette eigentlich kein Stein auf dem anderen geblieben ist.

Ihr Renomée als eine der führenden internationalen Hotelketten gibt diesen „core values“ recht, ganz nach dem Lampedusa-Motto „Es muss sich alles verändern, damit alles bleibt, wie es ist.“

Die folgenden sieben Kapitel beschreiben alle Stadien des Wachstums eines Geschäftes bis zu dem Moment, wenn aus einer ursprünglichen Beschäftigung ein Unternehmen wird. Über diese „sieben Brücken“ muss man gehen - es führt kein Weg daran vorbei.

Die einzige Alternative ist Stillstand oder Rückgang. Das ist kein Zwang: Man wird sich automatisch auf einer höheren Stufe wiederfinden. Das erkennt man an dem mentalen Wachstum des Unternehmens, der Verfasstheit und der eigenen Verfassung. Wenn man jedoch einmal den Weg zu einer selbständigen Karriere eingeschlagen hat, wäre es traurig, einen Rückzieher zu machen.

Betrachten Sie es als Ihre Vorbereitungszeit zu Ihrem persönlichen Big Bang, nach dem Sie in der Welt der Wirtschaft mitmischen und dabei Ihre persönlichen Ziele verwirklichen und immer zufriedener werden.

Die „Performance Scale“ (Abbildung 1) skizziert Ihr Leistungsspektrum. Die folgende Entwicklung bis zum Launch ist nicht nur der Planung gewidmet, sondern auch um Ihre Mission zu entdecken, sich Ziele zu setzen, das Verkaufen zu lernen und eine Reihe Projekte auszuprobieren, um zu testen, wie Ihre Träume in der wirklichen Welt da draußen ankommen.

Man könnte diese untere Hälfte der „Performance Scale“ auch Theorie, die obere Praxis nennen. Wir sprechen lieber von der Konzeptions- und der Aktionsphase.
Bei unserem Ansatz geht es nicht um Zahlen. Wenn Sie einen Businessplan erfüllen wollen, werden Sie hier nicht fündig. Obwohl wir dringend dazu raten, einen zu erstellen.

Ein großes Missverständnis in unserem modernen Diskurs liegt darin, dass zum Beispiel Künstler und andere „Traumtänzer“ unserer

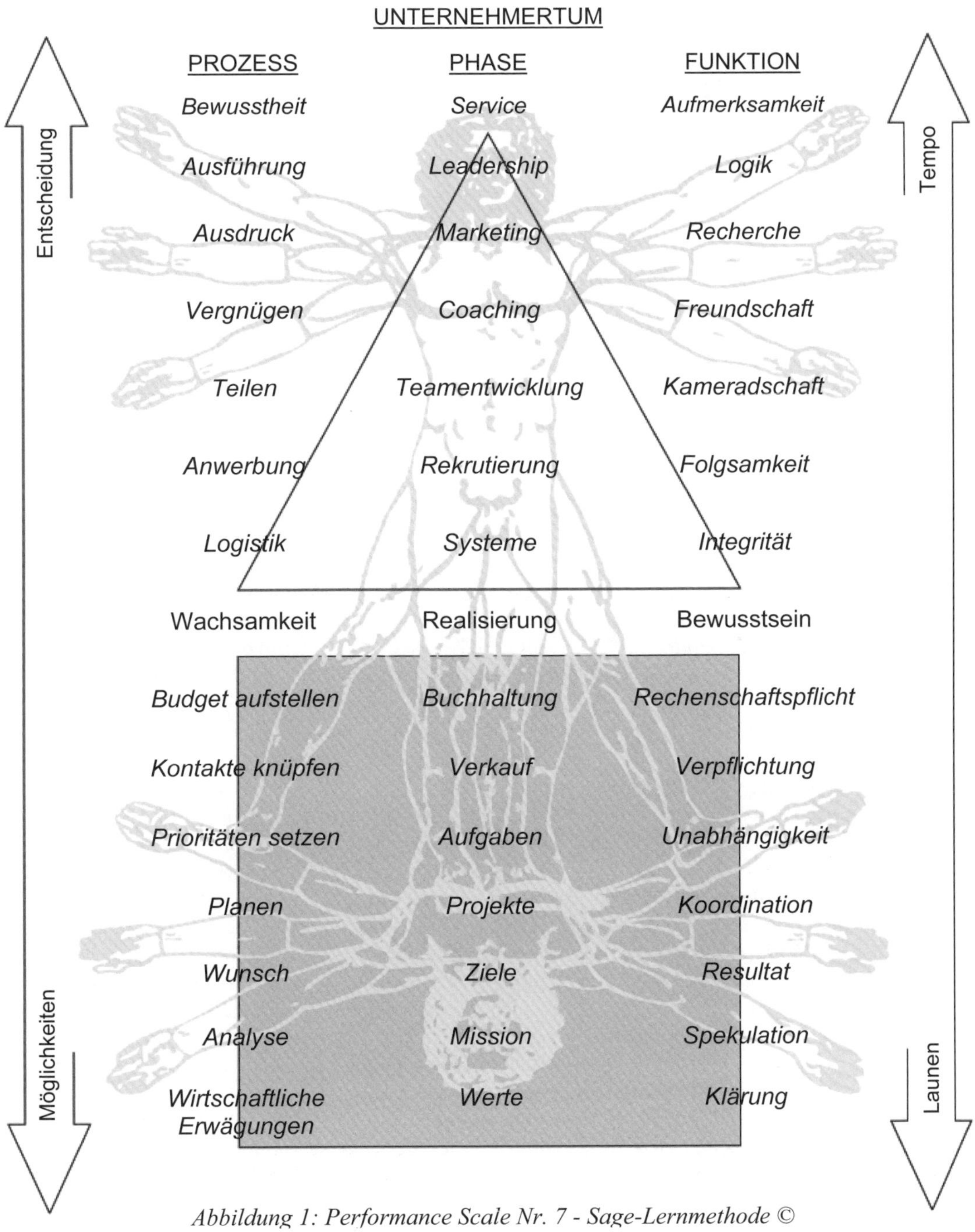

Abbildung 1: Performance Scale Nr. 7 - Sage-Lernmethode ©

Gesellschaft keine Geschäfte machen dürfen. Im Falle der Künstler, Schriftsteller oder Theaterleute macht sie kommerzieller Erfolg, etwa durch Entertainment, regelrecht fragwürdig. Dabei haben sich gute Künstler immer für Geld interessiert:

Andy Warhol hat Dollarscheine gemalt und meinte, er stelle eben das dar, was er am liebsten hat.

Heute ändert sich das Paradigma zum Glück: Sie müssen Ihre Ideen mit Geschäft verbinden, sonst werden Sie auf dem Markt nicht ernst genommen. Ihre Ideen, Pläne, Träume verenden als „Hobby" in Ihrem Hinterzimmer, oder Ihre Verwandtschaft finanziert Sie, den „großen Künstler" durch, indem sie einen Teil der Miete und die Supermarktrechnung begleicht. Kann das zufrieden machen? Nicht nur das.

Es folgt diesem sehr merkwürdigen Leitbild in unserer Kultur, in dem kreativ schaffende Leute und alle, die ihren Träumen und ihrer Neugier folgen, gefälligst darben sollen, um glaubwürdig zu erscheinen.

Dass Sie keine „Traumtänzerin" sind, können Sie an Projekten beweisen. Es wäre fatal, seinen Träumen zugunsten alles fahren zu lassen und sich nur noch diesem Ideal zu widmen. Sie verwandeln Ihre Ideen in Projekte, die zeigen werden, wie viel Energie man wirklich investiert und wie viel Tragweite diese Idee wirklich hat. Mit Projekten nehmen Sie Tuchfühlung mit der Wirklichkeit auf. Sie sind zeitlich limitiert und ergeben ein konkretes Resultat - möglicherweise auch schon echtes Geld ohne großartige Investition.

Diese Projekte sind echte Erfahrungswerte und geben Ihnen Feedback, ob Ihre Idee oder Ihr Business in die richtige Richtung geht.

Die „Performance Scale" hat keine dunkle oder helle Seite. Man muss sie sich wie einen Baum vorstellen. Jede Pflanze wächst nach oben, aber auch nach unten. Das Wurzelwerk, aus dem die Mineralien gezogen werden, ist genauso wichtig wie die Äste und Blätter. An ihnen kann man sehen, wie der Baum nach allen Seiten wächst und gedeiht.

So verhält es sich auch mit den Performance-Stadien. Sie sind Zeichen des Wachstums und der Gesundheit.

Die „Performance Scale" stellt den Weg von Individuen, Organisationen, Mustern und Systemen dar, indem er die in bestimmten Stadien auftretenden Phänomene skizziert. Bevor Sie damit beginnen, müssen Sie tief in sich hineinschauen, um die Gründe zu verstehen, warum Sie diesen bestimmten Weg einschlagen wollen.

Diese Gründe sind Ihre Werte. Von ihnen werden alle weiteren Stadien geprägt. Wir beginnen von unten. Jeder Begriff findet sich im

Werte sind die Grundlage klarer Wahrnehmungen und Entscheidungen

Folgenden als Kapitelüberschrift wieder. Jedes Kapitel ist einem speziellen Stadium gewidmet. Sie werden sich in einem dieser Stadien wiedererkennen. Möglicherweise ist es das erste, es kann aber auch ein anderes, weiteres sein, wenn Sie Ihre Geschäftsidee bereits weiter entwickelt haben. Dann ist es amüsant zu lesen, was Sie bereits hinter sich gebracht haben - und spannend, was noch vor Ihnen liegt.

Wir sind in dem Medium Buch gezwungen, die Business-Stadien in linearer Reihenfolge darzustellen. Das entspricht nicht der „Wahrheit" dieser Einzelstadien - in Wirklichkeit existieren sie nicht getrennt, sondern gehen ineinander über. Alles, was Sie „hinter sich gebracht" haben, verschwindet nicht. Viele Momente der Enttäuschung kehren wieder. Oft vergisst man, wofür man sich einmal auf diesen langen Weg gemacht hat. Momente der Überraschung, kleiner Erfolge und großer Dinge, die sich ergeben, lassen Sie das Ziel wieder erkennen und bringen Sie einen Schritt weiter, nach dem Sie die Dinge vollkommen neu ordnen müssen und Ihr System verändern.

Sie müssen sich die „Performance Scale" also als Hologramm vorstellen, in dessen Tiefendimensionen andere Prozesse wabern, die aus den einzelnen Stadien nach oben und nach unten bestehen.

Werte geben die Richtung Ihrer emotionalen und kreativen Intelligenz an. „Erkenne dich selbst!" steht über dem Orakel von Delphi. „Sei du selbst! Das bist du alles nicht, was du tust, meinst, begehrst!", ist das berühmte Zitat von Friedrich Nietzsche, das ein sehr guter Maßstab ist, sich selbst immer wieder aus den Angeln seiner Illusionen zu hebeln.

Nach welchem Maßstab, unter welchem Blickwinkel handeln und entscheiden Sie? Sich selbst zu erkennen, bedeutet weniger, zu wissen, wer man ist. Das führt in die Psychoanalyse. Sich selbst zu erkennen und zu kennen, bedeutet zu wissen, was einem wirklich am Herzen liegt und was man wirklich tun will.

Sie sind genau in dem Maße glücklich und zufrieden, wie Sie im Einklang mit Ihren Werten sind. Wer ganz bei sich ist und sich mit seinen Werten lebt, erlebt keine Enttäuschungen und ist der zufriedenste Mensch auf Erden, egal, wie viel Geld er hat.

Wenn Sie sich mit ihrer eigenen inneren Wahrheit perfekt arrangieren, also das tun, was Sie sind, wird Ihre Stimmung leicht und fröhlich sein - „Heiterkeit" nannte Nietzsche diesen Zustand, zu dem man nicht aus purer Naivität, sondern durch die Überwindung von Dogmen und Diktaten gelangt.

Um noch ein Tabu zu knacken: Viele moderne neurowissenschaftlichen Erkenntnisse

Wie findet man Werte?

kommen zu dem Schluss, dass die meisten Entscheidungen emotionaler Art sind. Ihre Gefühle entscheiden.

Dann kommen mentale Prozesse in Gang, die nach logischen Gründen für Ihre Entscheidungen suchen. Das ist der innere Dialog, den man mit sich führt: Manchmal hört man sie, die innere Stimme, die einem Recht oder Unrecht gibt. Platon spricht in diesem Zusammenhang vom Denken, dem „schweigenden Dialog der Seele mit sich selbst"; Sigmund Freud spricht vom „Über-Ich", Adam Smith vom „Impartial Spectator", dem „inneren Schiedsrichter".

Wenn Sie sich über Ihre Werte nicht im Klaren sind, begleiten unvorhergesehene Gefühle Ihr Leben.

Wenn Sie für sich klare, beständige Werte skizzieren, sind Sie wahrnehmungs- und damit entscheidungsfähig. Ihre Handlungen stehen dann im Einklang mit Ihrem Wesen. Erfolg entsteht immer auf der Basis von Klarheit. Solange Sie keine klare Wahrnehmung der Wirklichkeit haben, bleibt Ihr Business in Fantasie oder Pessimismus stecken.

Wer dagegen seine wahren Werte in sich findet, hat auf der konzeptionellen Seite der „Performance Scale" schon gefunden, was er auf der Aktionsseite ganz oben findet: Die Motive, aus denen Sie für andere Menschen in den Service gehen und für sich absolute Zufriedenheit finden. Aus diesem Grund ist die Überlagerung von totalem Scheitern und großer Selbsterkenntnis eine grandiose Erfahrung - oft der Anfang vom einzig wahren Leben.

Um im Alltag zu bestehen, entwickeln wir gerne Taktiken, mit denen wir uns selbst ein bisschen hereinlegen. Wir finden Notlösungen oder -lügen, wir spielen auf Zeit oder stellen uns dumm, obwohl wir es besser könnten. Im Urlaub, auf einer einsamen Hütte, oder auch nach einer desaströsen Geschäftserfahrung gibt es oft Momente, in denen es damit vorbei ist, sich etwas vorzumachen. In denen man zur Klarheit geführt oder gezwungen wird.

Hinter der grauen Tapete des Alltags erscheinen dann wieder die Gründe, warum Sie dieses oder jenes tun oder tun wollen. Oft erscheint uns am Morgen alles noch so klar und einfach. Wenig später gehen die Motive unseres Handelns wieder in die Pflichten des Alltags ein. Um sich seiner Werte zu besinnen, braucht man absolute Ruhe.

Was ist das Wichtigste im Leben? Was findet man am wünschenswertesten? Wofür leben Sie, und wofür lohnt es sich zu leben? Was ist für Sie begehrenswert? Oft kommen zunächst die einfachsten Antworten: Geld oder Liebe, ein erfülltes Sexleben, Ruhm und Ehre et cetera. Das sind abstrakte Werte ohne Inhalt. Sie haben nichts mit Ihrem konkreten Leben zu tun. Setzt man sich Geld als Wert, muss man reich einheiraten oder Lotto spielen. Ist das Ihr Leben? Ihre Werte zu erkennen, bedeutet, jenseits von Kosten oder Return-On-Investment zu denken. Viele Leute der Mittelschicht halten Wohlstand für einen echten Wert in ihrem Leben, nur um dann festzustellen, dass es mit ihrem eigenen Leben dann doch nichts zu tun hat, wenn sie sich mit viel Zeitinvestment und vielerlei Entbehrungen ihr Geld verdient haben. Das Leben zu genießen, dafür bleibt wenig Zeit.

Werte sind das Maß für Dinge, die für Sie bedeutender sind als Geld. Welche Werte sind für Sie bedeutend?

Welchen Wert messen Sie der Gesundheit zu? Wenn Sie eine Krankheit haben, erkennen Sie plötzlich Werte, auf die es ankommt. Dann ist Ihnen alles Geld der Welt egal, Hauptsache, Sie können wieder gesund werden. Menschen sind keine Serienwagen. Jeder Mensch hat ein eingebautes Temperament. Es gibt große Unterschiede in Sensibilität, Charakter und dem Aktiv-Level. Aktive Menschen finden ihr Heil in Bewegung, passive Menschen lieben die Ruhe und Kontemplation. Aber allen gleich ist die Disposition. Hoffnungen und Ängste formen unsere Persönlichkeit. Unser Bedürfnis zu wachsen und mit anderen Menschen verbunden zu sein, ist ein fester Bestandteil unseres Systems. Unbewusste Gefühle steuern unser Bewusstsein. Viele Leute, die in Armut aufgewachsen sind, werden zum Beispiel nie ihre Verlustängste los, egal, wie viel Geld sie besitzen.

Persönliche Werte sind das geheime Gewürz in der Rezeptur des Wohlstands. Wer sich darin trainieren kann, Mut, Demut und Aufgewecktheit zu entwickeln, ist in der Lage, auf die Gewinnerseite zu wechseln.

Viele Menschen, die in erfolgreichen Unternehmerfamilien aufgewachsen sind, saugen gewisse Werte mit der Muttermilch auf. Andere - die meisten von uns - suchen sich Vorbilder, die uns helfen, Perspektiven zu entwickeln. Aber die meisten Menschen trainieren ihr Gehirn, Entschuldigungen für ihr Dasein zu finden oder einen Schuldigen für ihre Situation zu finden, wie etwa Politiker oder den Chef. Wenn sie nur die Hälfte der Zeit, die sie zum Bedauern und Gründe-Fürs-Scheitern-Suchen brauchen, versuchen würden, Ergebnisse zu produzieren, wären sie reich.

Jedes Mal, wenn Sie einen persönlichen Erfolg erzielen, droht immer wieder ein Fehler in Ihrem persönlichen System, Ihre besten Pläne kaputtzumachen: Eitelkeit, Stolz, Arroganz, Überheblichkeit, Hochmut kommen vor. Ihre

Person, Persona, Persönlichkeit

Macken kommen spätestens heraus, sobald Sie mit anderen Leuten enger umgehen. Die Lebenszeit reicht einfach nicht aus, um alle Macken glatt zu bügeln. Das macht nichts. Die Herausforderung besteht darin, dass Sie Ihre charakterlichen Vorteile und Nachteile kennen. Es handelt sich um Ihre positiven wie negativen Werte. Daraus ergibt sich Ihr Talent. Sie können sie in Ihre Charakterstruktur einbauen, während Sie Geld verdienen.

Oft sind es sogar die negativen Seiten, die zu einem Geschäft führen. Ein Mandant von uns war privat ein Loser, aber öffentlich ein Sieger. Wo immer er auftrat, riss er die Klappe auf, um zu zeigen, dass er der Größte war - zum Leidwesen seiner Mitmenschen, die ihn besser kannten. Für sie war er ein reiner „Showtyp", der so lange nervte, bis alle Augen auf ihn gerichtet waren - mit allen Mitteln und jeder Menge Mogelei. Er scheiterte regelmäßig bei Bewerbungen, weil er sich bitten ließ und Forderungen stellte, die in keiner Relation zu seinen vorzeigbaren Leistungen standen.

Die Coache wussten davon natürlich nichts. Aus der Sitzung ging hervor, dass er in seinem Metier - die Medien - auf der falschen Seite stand: Er war ein totaler Schauspieler, der nicht hinter, sondern vor die Kamera gehört - eine Rampensau! Kaum hatte er dies selbst erkannt, fand er nach vielen Jahren wieder eine ehrliche, tiefe Beziehung. Nun arbeitet er an einem persönlichen Projekt, das er eines Tages auf der Bühne aufführen wird und für das er hart und gerne arbeitet, um seinen verdienten Applaus zu bekommen.

Ihr Talent bestimmt Ihren persönlichen Erfolg. Die Persönlichkeit bestimmt die Ziele. Die Persönlichkeit ändert sich oft, wenn man durch eine tiefe Krise geht - wie das obige Beispiel zeigt.

In einer Krise begegnet man seinem Selbstbetrug und entdeckt, was man im tiefsten Inneren seines Unterbewusstseins für richtig hält. Viele Menschen haben eine Dichotomie in sich, die sie ihr Leben lang begleitet und viel zu sehr beschäftigt, ohne dass sie es merken. Da gibt es den einen, der immer andere ausfragt, ihr Handeln kritisiert und kommentiert - und nie etwas von sich preisgibt. Er weiß nämlich wie kein anderer um die Gefahr darum und muss bittere Erfahrungen damit gemacht haben. Nun zahlt er es anderen heim, indem er sie ausquetscht und nach den Gründen für ihr Tun und Lassen fragt - ohne es selbst zu merken. Er hat ein besonderes Talent darin, immer nach den Fehlern zu suchen und noch mehr Salz in die Wunde zu streuen. Die Gesprächspartner in seinem Leben sind auf diese Weise ständig zur Rechenschaft gezwungen, und es erweckt den Anschein, dass sie das falsche Leben führen und er das Richtige. Viele ziehen sich von ihm zurück - nicht zuletzt, weil er sich ihnen gegenüber niemals öffnet, also genau das nicht zulässt, was er von seinen Mitmenschen verlangt.

Ein Kunde von uns erzählte von seinem Kunden, der einen hochseriösen, hochdeutschen Geschäftsjargon pflegte, um im Außergeschäftlichen in die wildesten sprachlichen Ausschweifungen abzustürzen - es konnte gar nicht vulgär genug zugehen.

Als er sich nach einem bierseligen, schulterklopfenden Duz-Abend in der nächsten E-Mail sprachlich auf diesen Jargon einließ, war sein Kunde fassungslos über seine Lockerheit und fand seinen persönlichen Stil vulgär und anbiedernd. Es war das Letzte, was er von ihm hörte.

Dies ist die pathologische Seite der Werte. Solche Leute sind wahrlich nicht ganz bei sich. Sie vereinen Widersprüche, ohne sie zu bemerken. Die inneren Spaltungen in Menschen müssen erst einmal entdeckt werden, um sie entweder zu analysieren und eliminieren - die Aufgabe eines Psychoanalytikers - oder um auf sie zu stoßen, ohne davon zu wissen und sie möglichst fruchtbar zu machen - der Job eines Coaches. Normalerweise geht man immer davon aus, dass man Recht hat und jeder andere Unrecht. Dies ist ein sehr kostspieliges Argument. In Amerika gibt es das Sprichwort „You can be right or you can be rich". Sie sind entweder reich, oder Sie haben Recht.

Persönlichkeits-Werte sind meistens besonders hartnäckig, weil unsere Dickköpfe uns lieber so erscheinen lassen, wie wir gerne wären. Sie sind überzeugt, ein netter Mensch zu sein und schenken ihrer eigenen Presse großes Vertrauen. Unbewusst erwarten Sie, dass andere Menschen Sie deshalb auch gut behandeln und toll finden. Sie wissen aber nicht, wie andere Leute über Sie denken und reden. Die wenigsten Leute geben sich Mühe, das herauszufinden, sondern verlieben sich lieber in ihr Spiegelbild. Es wird dann unangenehm, wenn eine „Persönlichkeit", die sich gibt wie Ludwig XIV., jedoch in Wirklichkeit total unbeliebt ist, seine Mannschaft aus einer Krise führen soll. Dann kommen erst die wahren Werte zum Vorschein, die sich hinter der Maske des Egos verbergen.

„Public virtue, private vice", benannte der Arzt und Philosoph Bernhard Mandeville im 18. Jahrhundert das Phänomen, dass selbst die Bösartigsten im Rampenlicht der Gesellschaft als Gutmenschen erscheinen wollen. Diese Ego-Werte glänzen auf der Oberfläche und verbergen das Innere der Person. Sie basieren auf Eitelkeit, auf falschem Stolz oder falscher

Selbsteinschätzung. Natürlich macht es auch Spaß, sich chic zu machen und auszugehen, um Männer um den Verstand zu bringen. Oder Geschichten zu erzählen, in denen wir ganz zufällig als charakterfeste Helden hervorgehen. Aber andere Ego-Werte sind einfach ätzend. Grundsätzlich ist das Ego immer bemüht, Leute um sich zu scharen, die denken wie wir und eine Fangemeinde zu bilden und gleichzeitig Leute auszuschließen, die nicht so denken wie wir. Diese Denkweise kann eine Karriere zugrunde richten.

Die Griechen nannten die Masken, die in den Tragödien vorgehalten wurden, „personae". Sie täuschen einen Charakter vor, der im ursprünglichen Gesicht nicht zu finden ist. Manche Kulturen waren in der Lage, an solche Masken zu glauben. Es gibt melanesische Völker, die kennen keinen Tod, weil ihre Verstorbenen in Dämonen weiterleben, kleinen geschnitzten Figuren, die im Dämonenhaus liegen. Sie stellen nicht den Ahnen dar. Sie sind der Ahne.

In unserer Kultur kommt es nur darauf an, ob wir die Maskerade durchschauen oder nicht. Wir alle tragen in der Gesellschaft oberflächliche Werte vor uns her und stellen uns dar, wie wir gerne sein würden: Tolle Typen, gute Menschen, „the social mask", unser Image. Viele Leute nutzen die Gesetze des Marketings, um eine andere Persönlichkeit aus sich aufsteigen zu lassen, durch überzogene Darstellung einer Kunstfigur jemand zu sein, der ständig auf der Bühne steht. Wenn die „persona" die Maske ist, die wir in der Gesellschaft zeigen, dann ist das Ego das Make-Up. Wir streichen uns nette Farben ins Gesicht, um interessanter und wichtiger zu erscheinen und unser wahres Gesicht zu verbergen. Es ist die kindischste Art, auf sich aufmerksam zu machen. Um zur Person zu reifen, braucht man sich die Charakter-Kosmetik nur von der Backe streichen und sich einmal die Blöße geben, sich zu sehen, wie die anderen Sie sehen. Der Spiegel, der Sie zeigt, wie Sie wirklich sind, ist die Gesellschaft.

Man braucht Mut, um seine eigenen Werte zu finden und auszudrücken. Denn oftmals sind es andere Werte, nach denen wir unser Leben ausrichten. Möglicherweise haben wir ein Studium eingeschlagen, auf das unsere Eltern stolz sind - aber nicht wir selbst. Vielleicht haben wir einmal in einem Fach geglänzt, so dass wir gefördert wurden, ohne es wirklich zu wollen. In dem Moment, in dem man mit seinen eigentlichen Werten und Zielen herauskommt - oftmals nach einer Tragödie - werden viele Umstehende schockiert reagieren. Aber wenn dieses Puzzleteil einmal passt, beginnt Ihr Traum. Sie haben die ersten Wurzeln im Baum der „Performance Scale" geschlagen. Dann kann es eigentlich nur weiter nach oben gehen.

Geldwerte Partner

Wenn Sie ein Netzwerk von Leuten aufbauen, schauen Sie sich nach Leuten um, die die gleichen Werte vertreten wie Sie selbst - was nicht zu verwechseln ist mit einer „peer group", die Ihnen nach dem Munde redet und alle anderen ausschließt. Die gleichen Werte zu teilen, bedeutet, die gleichen Wünsche und Vorstellungen zu haben.

Daran erkennt man die zwischenmenschliche Kompatibilität. Wenn Ihre Werte, Wünsche, Vorstellungen nicht mit denen von potenziellen Partnern zusammenpassen, passen Sie grundsätzlich nicht zusammen. Sympathie hat viel mehr Kraft, als man denkt. Die Zusammenarbeit geht in der Regel nicht lange gut, wenn man nicht auf der gleichen Wellenlänge liegt.

Um die richtigen Leute zu finden, müssen Sie Ihre wahren Werte kommunizieren - die Werte Ihrer Persönlichkeit! Erklären Sie, was für Sie wichtig ist - ohne dabei zu heucheln. Lassen Sie jeden wissen, wo Sie stehen, oder Sie riskieren es, andere tief zu enttäuschen. Mit den falschen Leuten um Sie herum - Leute, die andere Werte vertreten als Sie selbst - können Sie keine erfolgreiche Karriere aufbauen oder ein zufriedenes Leben führen.

Eine gute Methode, zu untersuchen, mit wem Sie es bei einem Geschäftspartner oder neuen Mitglied in der Mannschaft zu tun haben, ist der sprichwörtliche Wert: Geld. Die Art, wie Leute mit Geld umgehen, verrät extrem viel über ihren Charakter. Geschäftsgebaren, Zahlungsmoral und Generosität sind Gradmesser der Unternehmenskultur, und je nachdem werden sie es entweder schwer mit Kunden und Kollegen haben, oder mit ihnen auf einer Welle surfen.

Gerade, wenn neue Spieler in die Mannschaft kommen, ist deren Charakter ausschlaggebend für die Aufstellung. Da kommt jemand, der das Kaufmännische erledigen soll und gleichzeitig der Meinung ist, man müsse mit einem 7er BMW beim Kunden vorfahren, um Eindruck zu schinden - lange bevor man das Geld für ein solches Fahrzeug erwirtschaftet hat. Erst mal muss der schicke Anzug her, weil man erst dann Kunden gewinnt. Im Restaurant geht er kurz vor dem Zahlen zur Toilette und taucht wieder auf, wenn die Rechnung beglichen ist. Andere halten das Geld zurück, bis es nicht mehr geht - zum Leidwesen ihrer Lieferanten.

Andere wiederum sind so großzügig, dass sie nicht merken, wie sie sich darüber ruinieren... Meistens handelt es sich dabei um eine Form, andere für sich zu gewinnen. So gibt es unzählige Möglichkeiten, die vom handgreiflichen Wert Geld auf die inneren Werte eines Menschen schließen zu können. Machen Sie den Test.

Schützen Sie sich auf diese Weise vor großen Enttäuschungen. Und auch vor sich selbst. Mit

Universelle Werte: Vertrauen und Sympathie

den richtigen Leuten an Ihrer Seite bauen Sie automatisch einen Schutzwall um sich herum auf, der Sie vor äußeren und inneren Bedrohungen bewahrt.

Wenn Sie gerne spendabel sind, können Sie froh sein, einen Kassenwart zu haben, der Ihnen sagt, was man von der Steuer absetzen kann und was nicht. Andere Teamplayer sagen Ihnen, wenn Ihr potenzieller Geschäftspartner ihnen windig vorkommt. Wenn Ihr größter Wert Ihre Familie ist, für die Sie sich tagtäglich aufreiben, und Sie abends zu müde sind, um noch mit ihren Kindern zu spielen, müssen Sie den Job auf verlässliche Schultern delegieren. Wenn Sie früh genug und bewusst Ihre Prioritäten kennen, entwickeln Sie langsam einen Lebensstil, der zu Ihnen passt und schützt, was Ihnen wichtig ist.

Zwei Werte stehen ganz am Anfang einer erfolgreichen Karriere: Vertrauen und Sympathie. Bevor Sie Geld verdienen, müssen Sie das Vertrauen Ihrer Kunden verdienen. Vertrauen im Business bedeutet Zuverlässigkeit.

Niemand gibt jemandem Geld, dem er nicht vertraut. Jeder Kunde muss als erstes spüren, dass er sich auf Sie verlassen kann.

Sobald Geld fließt, investiert jemand Vertrauen in Sie. Aufrichtigkeit und Zuverlässigkeit sind die Grundlagen von Integrität. Korrupte oder betrügerische Unternehmen sind wesentlich mehr davon bedroht, böse den Bach herunterzugehen.

Wer privat unaufrichtig ist, wird auch ein unaufrichtiges Unternehmen führen. Wer sich nicht gewisse Regeln hält, die die Märkte von Dörfern, Stämmen, Basaren und Börsen über Jahrtausende hinweg entwickelt haben, hat schlechte Karten. „Business is sympathy", eine Regel, die leider immer wieder ignoriert wird. Sympathie bedeutet, sich an die Stelle eines anderen versetzen zu können.

Allzu gerne folgt man der neoliberalen Vulgärthese, dass Kapitalanhäufung mit allen Mitteln zu rechtfertigen sei, weil das gesamt Erwirtschaftete durch Steuern wieder dem Wohl aller zukommt - aber das kann jemand glauben, der Adam Smiths „Wohlstand der Nationen" nur von fern kennt. In Wirklichkeit muss man den Markt mit den Augen des „unparteiischen Zuschauers" sehen, der genau die Moral vertritt, die vor den Augen der Gesellschaft Stand hält. Sie funktioniert nach der guten, alten Goldenen Regel: „Was du nicht willst, das man dir tu', das füg' auch keinem anderen zu."

Wer seine Mitmenschen so behandelt, wie man auch selbst behandelt werden möchte, vertritt nicht nur eine gute Philosophie, sondern auch ein gutes Unternehmen. Wie die Leute Ihr

Unternehmen und Ihr Team wahrnehmen, entscheidet darüber, ob Ihr Produkt oder Service in Anspruch genommen wird. Noch nie zuvor war der Sympathiefaktor so entscheidend für wirtschaftlichen Erfolg.

Keiner hat es in der modernen Ökonomie mehr nötig, jemandem Geld zu geben, den man nicht leiden kann. Das trifft für den Gemüsehändler an der Ecke genauso zu wie für den Autohersteller. Beide sind nur Attraktoren für Leute, die die gleichen Werte vertreten. Wir alle wollen gute Produkte und etwas Sympathie.

Wenn unsere elementarsten Bedürfnisse befriedigt sind, ist die Seele dran. Dann sind wir wie Babys: Dann brauchen wir Anerkennung, Zuwendung und Streicheleinheiten. Der Mensch ist nun mal ein durch und durch soziales Wesen. Fiese Menschen bekommen die Quittung meistens dadurch, dass sie am Ende allein dastehen - die größte Strafe, die es gibt.

Menschen, die wirklich gut dastehen, ohne es behaupten zu müssen, gehen für andere in den Service und ernten dafür mehr, als man tragen kann.

Menschen brauchen fühlbare Geschenke und gefühlte Wirklichkeiten wie die Luft zum Atmen. Deshalb gibt es so viele Hollywood-Filme. Sie basieren einzig und allein auf dem Mitfühlen: Sympathie. Und Unterhaltung ist immer gut für die Seele.

Höhere Werte: Qualität und Service

Unsere moderne Kultur ist endlich nicht mehr von dem Gedanken der Ausbeutung bestimmt, sondern von dem Gedanken von Qualität und Service: Unternehmer von heute beschäftigen sich tagaus, tagein mit der Frage, was anderen Menschen fehlt und welchen Service sie dafür in die Welt setzen können. Statt anderen zu erzählen, was wir wollen, lernen wir, größere Werte für andere zu schaffen.

Bessere Lebensqualität erhöht unsere Lebenswerte. Wir führen ein gesünderes, bewussteres und würdigeres Leben als unsere Vorfahren. Wenn Sie Ihre Werte ermittelt haben, erkennen Sie, welchen Service oder welches Produkt Sie anbieten können, auf das die Menschen oder die Menschheit gewartet haben.

Um an diesen Punkt zu gelangen, müssen Sie sich ein paar harte Fragen gefallen lassen: Die Frage nach dem Tod, was andere über Sie sagen sollen, und wie es sich mit Ihrer wahren und nicht Ihrer konstruierten Wirklichkeit verhält.

In diesem neuen, positiven Umfeld streben wir nach Perfektion. Wir erwarten überall perfekten Service, sonst gehen wir woanders hin. Wir suchen nach Qualität und zahlen dafür auch gerne einen höheren Preis. Humanität in dem Sinne, sich in die Situation anderer zu versetzen, setzt einen neuen Standard an Exzellenz.

Nur der beste Service zählt. In Japan ist beispielsweise der Service wesentlich höher als in der „Servicewüste Deutschland". Bei uns fühlen sich Japaner oder auch Amerikaner etwa so wie wir früher in manchem Balkanland. Die Service-Ideen liegen auf der Straße. Es gibt viel zu tun. Packen Sie's an.

Wer nach seinen höchsten Werten lebt, kennt keine Furcht. Man mag zwar noch Momente der Angst erleben, aber man kann ihr ins Auge sehen. Sie stehen nicht vor einem gähnenden Loch.

Werte sind das Drahtseil, auf dem man alle Konflikte, Gefahren und Hindernisse im Leben traumwandlerisch übergehen kann. Man sagt, wenn wir an der Schwelle zum Tod stehen, läuft ein innerer Lebensfilm vor uns ab. Sie können der Regisseur sein. Es muss ja nicht immer gleich der Tod sein. Existenzangst reicht vollkommen aus. Mittelmäßige Nöte wie finanzielle Engpässe sind allerdings nicht zugelassen. Sie sind auch mit Übergangslösungen zu beheben und fordern nicht heraus, zu überlegen, worauf es Ihnen im Leben wirklich ankommt.

Not macht erfinderisch. Unsere Mutter am Anfang des Kapitels ist am Ende. In diesem Moment steht sie am Anfang. In dem Moment, als sie eine Geschichte zu erzählen begann, entdeckte sie das größte Talent, das das Leben ihr geschickt hat. Diese Geschichte setzt sich bis heute fort und hat sie zur einer der reichsten Frauen der Welt gemacht. Es handelt sich um Joanne K. Rowling. Sie schreibt angeblich heute noch gerne in Cafés.

Quellen:
Marriott, J.W. Jr. & Brown, Kathi Ann. The Spirit to Serve. Marriott's Way.
Smith, Adam. Der Wohlstand der Nationen.
Smith, Adam. The Theory of Moral Sentiments.
Mandeville, Bernard de. Die Bienenfabel.

IHRE MISSION

*„Roll out your guns,
let's pretend,
it's fun to lose."*

(Nirvana, „Smells like teen spirit")

Meine sehr geehrten Damen, wenn wir eines können, dann ist es reden. Während Männer täglich etwa 2000 Worte verwenden und versuchen, sich dabei kurz zu fassen, bringen wir es spielend, fließend und schnatternd auf lockere 9000. Sicherlich kann man dafür wieder evolutionsbiologische Gründe finden.

Wir finden aber, wir sollten diese Fähigkeit und noch ein paar andere genießen und kapitalisieren. Wie sang Lisa Stansfield doch so nett? „I'm no classy lady, but I'm all woman." Im modernen Business kann man Lady oder auch ganz Frau sein. Warum das so ist und wie das funktioniert, das stellt sich in dieser etwas pragmatischeren Phase heraus, in der Sie Ihre Mission finden werden.

Was ist eine Mission? Das hat die Engländerin Anita Roddick vermutlich am Anfang ihrer Karriere auch nicht genau gewusst. Aber sie hatte eine nette, kleine Idee, die zunächst amüsante Konsequenzen hatte: Kaum eröffnete sie ihr erstes eigenes Geschäft, zog sie sich den energischen Protest der zahlreichen in der gleichen Straße ansässigen Bestatterunternehmen zu.

Dabei hatte ihr Laden nicht das Geringste mit Leichen zu tun, eher im Gegenteil: Sie hatte ihn „The Body Shop" genannt, weil es hier um lebendige Körper gehen sollte. Das allein wäre nicht neu. Sie brachte zwei Dinge zusammen:

Mission und Melancholie

Ihre Vorstellung von einer mit der Natur vollkommen harmonierenden Welt, was damals recht revolutionär und avantgardistisch war, kombiniert mit dem Naturwesen Mensch, zu allen Produkten, die ihm und ihr auf alle möglichen Weisen gut tun.

Das nennen wir eine Mission. Diese hat sich bekanntlich nicht nur erfüllt, sondern auch Frau Roddick zu einer der reichsten Frauen Großbritanniens gemacht.

Wieso Mission? Gerade erst die Werte ermittelt, die für einen persönlich entscheidend sind, und schon soll man wieder eine „Mission" erfüllen? Und... ist das nicht ein bisschen viel Pathos? Fragen wir einmal jemand, der sich damit auskennt: den Missionar Albert Schweitzer.

Seiner Meinung nach führt man ein glückliches Leben, wenn man eine bestimmte Absicht in seinem Leben verfolgen will. Wenn Sie Ihre Werte auf eine herausfordernde Absicht umlenken und konzentrieren, dann erscheint Ihre Mission. Und dann sind Sie glücklich, schon während sich Ihre Mission erfüllt.

Aber wie die meisten Menschen verleugnen wir oft, was wir gerne wirklich hätten. Das „Ich will das" unserer Kindheit ist uns ausgetrieben, dabei würde es Entscheidungen zum Beispiel viel leichter machen.

Bevor Sie nicht Ihren fundamentalen Antrieb kennen, können Sie nicht in das Spiel einsteigen. Langweilig wäre allein, wenn Sie versuchen würden, gegen diese Regungen menschlicher Natur anzukämpfen.

Versuchen Sie lieber, sie in den Griff zu bekommen. Ehrgeiz ist der Antrieb, der die Größe Ihres Ziels bestimmt. Falsche Demut unterdrückt diesen Ehrgeiz. Wer sich vor diesen Herausforderungen wegduckt, wird es daran merken, wie sich die Sinne vernebeln und Sie in eine merkwürdige Form der Lethargie geraten - jene Melancholie, die entsteht, wenn man es im tiefsten Inneren bereut, ein Ziel nicht in Angriff genommen zu haben, und deshalb nun mehr oder weniger ziellos umherdümpelt.

Das sieht dann etwa so aus: Sie wissen nach dem Aufstehen nicht, was Sie tun sollen. Aber Sie kommen schon über die Runden. Jede Ablenkung kommt Ihnen recht. Und sei es das Frühstücksfernsehen. Sie verabreden sich mit Ihren gleichgesinnten Freunden zum Frühstück, um sich gemeinsam ins Jammertal hineinzureden. Es dauert nicht lang, bis es diskursiv auch keinen Ausweg daraus gibt. Darauf erst mal einen Prosecco. Einen kleinen. Derart geschwächt, und auch, um nicht an vergangene, ruhmreiche Zeiten erinnert zu werden, legen Sie

Charisma: Die Macht der Frauen

sich nach dem Mittagessen erst einmal kurz hin. Schließlich waren es dann doch drei „kleine" Prosecco.

Danach schleppen Sie sich an den Computer, um nach E-Mails zu schauen. Selbst wenn der Typ von neulich wieder solch eine schwärmerische Mail geschickt hat, werden Sie niemals mit Ihrer Post zufrieden sein. Eher sind Sie ein E-Mail-Junkie. In den Abend hinein kommen Ihnen ein paar tolle Gedanken, besonders, was den Sinn Ihres Lebens ausmacht. Sie machen sich ein paar Notizen dazu, und schon ist die Energie wieder verschwunden. Sie entstand auch eigentlich mehr aus dem schlechten Gewissen heraus, dass Sie sonst den ganzen Tag nichts Vernünftiges gemacht haben! So aber schmeckt das erste Bier in der anbrechenden Dämmerung schon wieder herrlich. Sie treffen sich erneut mit ihren „peers", weil Sie dort sicher sein können, dass Ihnen alle zu Munde reden. Was für ein anstrengender, ermüdender Tag. Obwohl Sie nichts getan haben.

In seiner Doktorarbeit zu „Melancholie und Gesellschaft" beschreibt der Autor Wolf Lepenies das Phänomen der Melancholie dergestalt, dass sie nicht von innen, sondern von außen kommt: Melancholie, die wie Liebeskummer oder andere mentale Symptome bis ins neunzehnte Jahrhundert hinein medizinisch behandelt wurde (meistens durch Aderlass), ist für Lepenies eine Erscheinung in Gesellschaften, deren beste Zeit hinter ihnen liegt. Allen voran sind es gescheiterte Revolutionäre, verarmter Adel und andere, die sich nutzlos in den Salons des späten 19. Jahrhunderts herumfläzen, ohne wirklich eine Aufgabe zu haben. Denn diese Aufgabe haben sie, sprichwörtlich, aufgegeben, oder sie wurde ihnen entzogen.

Im modernen Sinne ist diese Art von Melancholie anderer Natur: Ein Ereignis in Ihrem Leben, das in Ihnen nachwirkt, wie eine Trennung oder eine Scheidung, das Gefühl, von jemandem oder einem Mann schlecht oder ungerecht behandelt worden zu sein. Das schüchtert ein. Es raubt Ihnen die Kraft, nach vorne zu schauen. Aus dieser dunklen Ecke des schläfrigen Salons müssen Sie heraus.

Frauen haben Männern gegenüber einen starken Karrierevorteil. Am Ende der „Performance Scale", also am Gipfel der Zufriedenheit, befindet man sich in einem Buddha-ähnlichen Zustand: Die Dinge geschehen um Sie herum, allein, weil Sie es so wollen. Sie selbst tun nicht mehr - Sie wirken. Ihre magnetisch-magische Anziehungskraft, Ihr

Bannkreis des Charisma sorgt allein dafür, dass alles so in Erfüllung geht, wie Sie es sich wünschen. Sie kennen diesen Zustand. Sie müssen nur allein auf einer Party stehen und ein paar Signale aussenden, mit Ihren weiblichen Reizen spielen, damit Männer wie Pawlowsche Hunde um Sie herumscharwenzeln und, ja, „Männchen" machen. Männer können ja bekanntlich immer. Aber wenn Frauen nicht wollen, haben sie keine Chance. Und alles, was Männer tun, tun sie nur, um die Frauen zu kriegen, selbst wenn sie es nicht merken. Wenn das nicht ein Anreiz ist, um diese wunderbaren weibliche Eigenschaften auf Ihre Karriere anzuwenden, wissen wir es auch nicht weiter. Das ist zumindest das Ziel dieses Kapitels: Zu zeigen, wie Frau ihre Ziele bestimmt.

Was soll mit den schönen Werten passieren, wenn sie nicht in Aktion gesetzt würden? Bevor Sie einen Treffer landen können, benötigen Sie natürlich ein Ziel. Ein Ziel braucht wiederum ein Spielfeld, ein Koordinatensystem, in dem die Zeitspanne und die Herausforderung eingezeichnet sind. Dann werden Ihre Werte zu einer Mission. Denn eines hat in unseren Aufzeichnungen bisher gefehlt. Dieser Faktor kommt in diesem Kapitel hinzu: Andere Menschen. Ihre Mission ist Ihre persönliche Vision, wie Sie Ihre Werte in die Tat umsetzen. Diese Vision kann großartig, bombastisch, herausfordernd, oder auch einfach süß, menschlich und zart sein: zwischen der großen Joanne K. Rowling mit ihrem Imperium und Mutter Theresa herrscht im Prinzip kein Unterschied. Manche Menschen möchten die Welt verändern, andere ein schönes Leben haben und eine Familie großziehen. Und manche beides.

Ihre Mission ist ein Lebensspiel. Eine Strategie, die auf jeden Fall andere, nämlich gleichgesinnte Menschen faszinieren und anziehen wird. Wenn Sie mit dem hantieren, was Sie neugierig macht, und das herausbringen wollen, was in Ihnen steckt, werden Sie nicht lange allein sein. Sobald Sie Ihre Werte in eine kohärente Mission umfüllen, bekommt Ihr Leben eine Richtung. Sie werden die Mitstreiter bekommen, die Sie lieben und die gleichen Werte mit Ihnen umsetzen wollen. Nur: Die anderen müssen auch merken, dass man diese Werte gemeinsam umsetzen kann.

Wir haben bisher über allgemeine Werte gesprochen, die für Sie wichtig sind. Das sind abstrakte Werte, die Sie als Ihre persönlichen wahrgenommen haben. Aber bisher war nicht die Rede von konkreten Dingen, persönlichen Zielen, Inhalten. Das Leben ist kein Kirchentag. Es ist schön, für den Frieden zu sein, aber das bringt Sie Ihren Zielen noch nicht näher. Denken Sie individueller, egoistischer, materieller: Was

Was macht mich neugierig?

kann ich für den Frieden tun? Was habe ich vor? Womit will ich erfolgreich sein? Nicht: Was will ich sein, sondern: was will ich erreichen? Hier geht es nicht um Dank und Anerkennung für große menschliche Leistungen, sondern um Erfolg. Schluss mit den Streicheleinheiten, was Sie brauchen, ist eine großartige Idee - von der Sie allerdings auch vollkommen überzeugt sein müssen. Dann, und nur dann, wird Ihr Erfolg nicht mehr aufzuhalten sein.

Die Grundfrage Ihrer Mission lautet: Was macht mich neugierig?

Was ist es, das mich trägt, welches Thema spiele ich auf der Klaviatur herunter wie Mozart, wofür habe ich ein Händchen, was nehmen mir die Leute ab, was trägt mich, welche Dinge, die andere nicht sehen, kann ich merkwürdigerweise in Öl malen, wenn es sein müsste? Was fällt mir zu, was fällt mir so leicht, dass ich mich wundere, dass es anderen nicht auch so geht?

Die Antwort ist ganz einfach: Es ist Ihr Genie. Es sind genau die Dinge, für die sie andere bewundern, und sei es, dass Sie als einzige weit und breit jeden Dosendeckel knacken können. Und deswegen entwickeln sich Missionen aus Dingen, die man sehen kann. Ihre Mission ist kein mentales, abstraktes Bild mehr, sondern eher eine Fähigkeit, die in der realen, physischen Welt die Aufmerksamkeit anderer auf sich zieht. Sie tun etwas, was Sie neugierig macht, oftmals, indem Sie zwei Ihrer fundamentalen Interessen auf merkwürdige Weise vereinen - siehe Anita Roddick - und plötzlich dreht sich alles nach Ihnen um. Entscheidend ist, dass Sie diese Dinge in aller Klarheit sehen. Bilden Sie sich nichts ein auf Dinge, die Sie gerne wären oder hätten, oder auf vermeintliche Komplimente. Dann läuft Ihre Karriere in eine vollkommen falsche Richtung. Das können Sie an zwei Dingen feststellen: Zum einen bereitet Ihr Weg Mühe und Schmerzen, zum anderen wird Ihre Leistung nicht in vollem Maße anerkannt. Eine wahre Mission erfüllt sich, wenn die Leute zuhauf, durch Mundpropaganda und aus Begeisterung zu Ihnen kommen. Weil sie sehen, dass Sie die Beste darin sind, was Sie machen!

In Ihrem ureigenen Bereich haben Sie ein großartiges Talent: Sie können die Wahrheit sehen. Sie sind schließlich ein Profi auf dem Gebiet. Wie ein Erstliga-Coach kennen Sie jeden Spielzug, jede Taktik, jedes Vorgehen aus dem Eff-Eff und aus Erfahrung. Ihnen kann keiner etwas vormachen. Deshalb können Sie teilweise amüsiert zusehen, was andere in Ihrem Metier da so an Blüten treiben. Sie sind professionell und realistisch. Sie sehen die Dinge, wie sie sind.

Deshalb kennen Sie auch Ihre Grenzen. Es hätte wenig Sinn, sich vorzustellen, man sei Marlene Dietrich, wenn man es nicht ist. Was einer kann, kann der andere besser.

Finden Sie ganz genau, in welchem ganz spezifischen Bereich Sie die Allergrößte sein können: Und sei es eine selbst organisierte Weltmeisterschaft im Weiblichen Dosenknacken, an der sich womöglich weltweit Tausende beteiligen würden.

Sich selbst in einem zu großen Spiel als kleinen Mitspieler zu betrachten, wird nicht nur Sie selbst enttäuschen, sondern auch niemanden hinter dem Ofen hervorlocken, weil Sie selbst nicht glaubwürdig, schon gar nicht faszinierend erscheinen. Also: Frau Schuster, bleib' bei deinen Leisten - und gehe in die Quantität! Strebe nach hohen Zielen. Mach' aus deiner Mission eine ganz große Sache! Wie? Indem man sie visualisiert. Jetzt ist es vorbei mit Theorie.

Wer eine Vision hat, kann etwas sehen: Das Ziel. Es wird visualisiert. Sie sehen eine Million Menschen, die weltweit vor dem Fernsehen und dem Internet sitzen, um die globale Dosenknack-Weltmeisterschaft zu verfolgen, die Sie als ehemaliger Champion ausrichten! Sie sehen, wie Sie bejubelt werden, auf Händen getragen, geehrt, geschätzt und... geliebt von Millionen.

So sieht eine Vision aus. Plastisch. Mit Händen greifbar. Nur etwas fern. Wenn es dabei bleibt, hat Helmut Schmidt Recht. Wer Visionen hat, soll zum Arzt gehen. Stecken Sie dabei auf keinen Fall zu kleine, realistische, erreichbare, kurzfristige Ziele. Das sind keine. Leben Sie Ihr Leben lieber als eine Serie erstaunlicher Begebenheiten, und sorgen Sie selbst für die Überraschungen: Schmeißen Sie Partys. Unternehmen Sie aufregende Reisen. Packen Sie Stiere bei den Hörnern: Treffen Sie zum Beispiel Leute, die Sie schon immer treffen wollten.

Ein uns bekannter Journalist hatte immer eine Liste von prominenten Persönlichkeiten, die er am liebsten alle treffen wollte, vor allem Architekten, Musiker, Philosophen, Zukunftsforscher und Visionäre. Aber wie? Ganz einfach: Er hat selbst eine Zeitschrift dafür ins Leben gerufen. Nein, nicht selbst finanziert: Er hat den Chef einer PR-Agentur von der Idee überzeugt, zu diesen Themen ein Kundenmagazin zu machen, wodurch sich das Unternehmen einen Namen als Vorreiter machen kann. Es hat geklappt. Er war sogar erstaunt, wie leicht es war, eine Zusage von diesen Leuten zu bekommen, sobald man ein Medium vertritt. Die nächsten Jahre fuhr er kreuz und quer durch die Welt, traf alle, die er treffen wollte, und noch einige mehr. Und wurde für sein Interesse fürstlich bezahlt.

Es ist doch ganz einfach: Werden Sie die Person, die andere bewundern und von der Sie

Kommentare sind Killer

immer geträumt haben, sie zu sein... schließen Sie die Augen und sehen Sie sich selbst in Ihren kühnsten Träumen. Das ist Ihre Mission.

Selbstverständlich ist die Straße Ihres Erfolgs, Ihre „Road to Mandalay" nicht immer bis zum Horizont sichtbar. Oftmals sperren sich Hindernisse in den Weg. Es sind gut meinende Freunde, die ihr Vorhaben kaputtkommentieren. Die Ihnen zeigen wollen, dass sie das richtige Leben führen und Sie das falsche. Und die noch nicht einmal böse Absichten damit verfolgen. Sondern aus eigenem Frust nicht einsehen, dass es anderen anders ergehen soll. Weil sie sich mit ihrem Schicksal abgefunden haben.

Damit sind wir bei der negativen Seite der Mission: Der Melancholie. Im Rückspiegel Ihres Lebens erscheinen dessen Höhepunkte, und sie sind unwiederbringlich, Sie bewegen sich immer weiter von Ihnen fort. So lange Sie nicht in Aktion gehen mit Ihrer Mission, bleiben diese Bilder präsent. Es gibt Menschen, die überhaupt nur von der Vergangenheit zehren. Man erkennt sie daran, dass sie ständig Anekdoten und „Schwänke aus dem Leben" erzählen, die mit einem „Weißt du noch...?" beginnen. Sie begnügen sich damit, mit einem Partner und einer Pension „alt zu werden". Hallo? „I want to live while I'm alive" ist ein großartiger, simpler Songtext, und so nah an der Wirklichkeit. Wie viele Menschen können von sich behaupten, tatsächlich lebendig zu sein in ihrer Lebenszeit? Stattdessen haben sie sich an einem bestimmten Punkt in ihrem Leben mit demselben abgefunden. Dafür haben meistens andere die schuld, und sie lassen diesen Umstand jeden Tag anderen Leute spüren - ohne es zu merken. Sie könnten es am wenigsten ertragen, wenn andere an ihnen vorbeipreschen. Lieber bestätigt man sich gegenseitig in seinem Elend.

Deutschland ist ein sehr melancholisches Land. Das merkt man zum Beispiel an der merkwürdigen Einhelligkeit des Nörgelns. Es ist den meisten Deutschen befremdlich, von jemandem freundlich auf der Straße angesprochen zu werden, einfach so. Es ist dagegen vollkommen in Ordnung, sich lautstark über irgendwelche Missstände aufzuregen, und man kann mit einem ganzen Chor Unzufriedener rechnen, die darauf einfallen, seien es Verspätungen der Bahn oder Versäumnisse der Regierung. Sie übergeben die Verantwortung höheren Mächten, anstatt selbst Verantwortung zu übernehmen.

Lassen Sie sich von solchen Dingen einfach nicht einnehmen. Behalten Sie lieber Ihre Mission für sich oder wählen Sie die Menschen sorgfältig aus, denen Sie davon erzählen. Schon

Mission bedeutet, Ihre Werte zu leben

allein Kommentare und Hinterfragungen zu Ihren Bildern, Visionen, Vorhaben sind ein Killer. Zum Beispiel: „Ach ja, das gibt's doch bestimmt schon." Oder „Na super, und wo willst du das Geld dafür hernehmen?" Das sind berechtigte Fragen, aber sie sind meistens nicht konstruktiv gemeint. Lassen Sie sich durch hartnäckiges Bohren nicht von Ihrem Weg abbringen. Sobald Sie davon abkommen, wird es schmerzhaft. Das werden Sie physisch zu spüren bekommen. Andererseits ist es der Beweis, dass es der richtige Weg ist. Man stelle sich vor, Sie haben einen ausgezeichneten Plan, mit dem Sie selbständig werden, und finden sich dann doch wieder in einem stickigen Büro einer Versicherungsvertretung wieder. Diese Schmerzen meinen wir.

Solange Sie auf Ihrem Weg bleiben, erleben Sie viel Schönes, auch wenn es manchmal steinig wird. Je mehr Sie überzeugen können, umso mehr angenehme Impulse kommen von außen herein, die Ihre Aktivität bestätigen. Und das ist ein verdammt gutes Gefühl. Was überzeugt, ist Ihre Neugier und Ihr Selbstbewusstsein bei dem, was Sie tun.

Was Sie so gut beherrschen wie keiner, begeistert Sie selbst, und Sie können frank, frei und voller Begeisterung davon erzählen. Sie werden ihre eigene PR-Maschine. Diese Ausstrahlung zieht immer mehr Menschen an.

Wenn Sie Ihr Hauptaugenmerk auf Ihre Mission legen, werden Sie zum Glück nicht mehr viel Zeit für Zweifel und Konflikte haben. Sie sind hell, wach und immer auf Zack. Diese, nämlich Ihre Art macht Sie zu einem besseren Menschen. Ihr Engagement inspiriert andere Leute. Sie werden so lebendig, wenn Sie auf einmal Ihre Werte leben und Ihre Absichten ernst nehmen, dass Sie sogar die Karriere anderer Leuten beflügeln. Weil Sie sich plötzlich selbst leben und auf erfrischende Art hin- und mitreißend werden! Diese Art, Ihr Charisma, Ihr persönlicher Magnetismus steigert sich in proportionalem Maße zu dem Rahmen, den Sie Ihrer Mission geben.

Eine zündende Mission erzeugt Aktion und Attraktion. Ihre Absichten bestimmen Ihren Lebensstil, qualitativ wie quantitativ. Sie definieren ein Spiel, in das immer mehr Leute einsteigen und das diese ermutigt, anderen von Ihrem Business zu erzählen. Das liegt allein daran, dass Sie Ihre Ideen vollkommen überzeugend herüberbringen, ohne Fragezeichen zu hinterlassen. Je weiter der Rahmen Ihrer Mission gespannt ist, umso mehr Ruhm werden Sie ernten. „Ruhm" bedeutet Unvergänglichkeit. Ihre Ziele können ohne weiteres über Ihren Tod hinaus gesteckt sein - umso mehr werden Sie Ihr Leben bereichern und Sie lebendig machen. Eine Familie ist im

Mit ein paar Sätzen auf dem Sprung zum Ziel

gewissen Sinne solch eine Mission: Sie geben Nachkommen an die Zukunft weiter, mit Engagement, Verantwortung und Liebe. Diese Liebe bekommen Sie zu Ihren Lebzeiten bereits zehnfach und auf eine wundervolle Art zurück.

Visionäre sehen klar und weit. Menschen, die ihren Weg gehen, kann man schon von außen erkennen. Sie bewegen sich, als würden sie gerade auf etwas zugehen. Sie gehen aufrecht, sehen klar nach vorne, als hätten sie eine Landkarte vor sich, die ihnen den Weg vorgibt. Andere Leute schauen zum Beispiel ständig auf den Boden oder wirken in sich zusammengesackt. Sie mäandern so durchs Leben. Und dann gibt es natürlich noch Leute, die lachen können und solche, die eine Fresse ziehen. Wer von einer Riesenidee geleitet wird und bereit ist, ihr nachzugehen, der strahlt über beide Backen.

Beginnen Sie Ihre Business-Reise am besten, indem Sie sich Ihre eigenen Absichten vergegenwärtigen oder sich das Bild aufrufen, das Sie von sich haben und andere von Ihnen haben sollen. Wie sollen andere mich und mein Geschäft sehen? Was soll jemand anderes über mich erzählen? Um Ihrem Geschäft Struktur zu geben, müssen Sie solche Fragen für sich beantworten. Versuchen Sie, ihre Mission in ein paar prägnante Sätze zu fassen: zum Beispiel in einem privaten Businessplan. Ihre Mission, wohlgemerkt, ist nicht das künstliche Credo kollektiver Unternehmen. Diese Sätze müssen Ihre ganze Leidenschaft entfachen - jedes Mal, wenn Sie sie lesen. Allein, daran zu denken, was Sie vor sich sehen, lässt Ihr Herz höher schlagen und macht Ihren Tag zu einer reinen Freude. Wenn Sie diese Mission formulieren, handelt es sich nicht mehr um Ihre „Grabrede", sondern um etwas, das Sie frank und frei mit anderen teilen können. Sie ist sozusagen der „Heilige Geist" Ihrer Geschäftsreligion: „Go and tell it from the mountains." Sie soll andere begeistern, wenn Sie formulieren, was Ihnen in Ihrer Karriere wichtig ist. Schreiben Sie Ihr Ziel in ein paar kurzen, klaren, knappen und rein positiven Sätzen auf. Wie soll Ihr Projekt oder Geschäft anderen Menschen Nutzen bringen? Wie wollen Sie Ihr Ziel erreichen? Warum sollen andere inspiriert sein, bei Ihnen mitzumachen?

Trotzdem ist es ratsam, zunächst nur vertrauenswürdige Personen in Ihr „mission statement" einzubeziehen. Leute, die auch Ihren Respekt haben. Diese Leute sind für den Test da. Wenn Ihre Mission Bedeutung hat, zündet sie auch bei anderen Leuten. Diese Mission besteht aus dem, was für Sie am wichtigsten ist, was Sie am meisten tun, lieben und genießen im Leben.

Ihr Stil ist Ihr Image

Man kann es also anfassen und spüren. Je definierter Ihre Mission ist, umso glücklicher wird Ihr Leben.

Eine gelungene Mission basiert auf Ehrgeiz. Sie erfordert ein starkes Ego. Sie wollen ein Business Leader werden, und solche Menschen werden vor allem von drei Faktoren angetrieben: Wohlstand, Ruhm und Gewinn. Stellen Sie sich vor, Sie hätten Ihr Leben nicht ausgeschöpft, es wäre mehr drin gewesen - das ist der Gewinn, der Mehrwert, der Ihr Leben durch die Erfüllung einer Mission hat. Stellen Sie sich vor, Ihre Werte überdauern Ihr Leben - das ist Ruhm. Stellen Sie sich vor, Sie können zu Lebzeiten vollkommen locker und unbeschwert von dem leben, was an Geld hereinkommt, und sich deshalb um mehr kümmern als nur ums Geschäft - das ist Wohlstand, und es klingt nicht schlecht. Entrepreneure sind deshalb keine besseren Menschen. Sie gehen aber ihren eigenen Weg, wie glückliche Kinder, die auf ihre unschuldige Art viel verlangen.

Welcher der drei Faktoren beflügelt Sie am meisten - Wohlstand, Ruhm oder Gewinn? Bei welchem Gedanken spüren Sie den meisten Drive? Träumen Sie von Ruhm? Scheint für Sie finanzielle Unabhängigkeit das Wichtigste zu sein? Möchten Sie einfach immer als Sieger hervorgehen? Diese Fragen mit Ja zu beantworten, ist gemeinhin tabu. Tun Sie es. Sehen Sie sich ins Gesicht, um Ihre Werte zu finden. Sehen Sie sich selbst in Ihren Träumen, um eine klare Mission vor Augen zu haben. Tabus gibt es nicht. Logik gilt nicht. Sehen Sie, was Sie am ehesten in helle Begeisterung versetzt. Es wird Ihnen ein wenig Angst machen. Es ist so weit von der Realität entfernt. Lassen Sie sich nicht beirren. Wenn Sie diesen positiven Befürchtungen ins Gesicht sehen, entsteht Energie. Danach folgt die Arbeit: Zehn Prozent Inspiration, neunzig Prozent Transpiration. Aber bei dem richtigen Ziel schwitzt man gerne.

Sobald Sie hinaus aufs Business-Spielfeld gehen, werden Sie Ihren schüchternen Charakter abwerfen. Sobald Sie nämlich für Ihre Mission aufstehen, werden andere Leute Sie in einem neuen Licht betrachten.

Hören Sie einmal zu, wie andere Leute Sie sehen. Wie andere Leute über Sie reden. Das ist Ihr persönliches Image. Machen Sie sich zu einer unverwechselbaren Marke, bevor andere Sie dazu abstempeln. Welchen Charakter wollen Sie spielen? Welche Kostüme gehören zu Ihrer Rolle? Und welche Rolle ist es, die Sie auf der Business-Bühne spielen wollen? Noch haben Sie freie Auswahl dazu. Das Image einer Person ist das einzige, woraus andere Menschen Ihre

Karriere-Barrieren: Hektik, Panik, Taktik

Absicht herauslesen. Man kann an Ihren Klamotten ablesen, ob Sie gerade Milch holen gehen oder zu einem Geschäftstermin. Hoffentlich zumindest. Ihr Stil, und damit meinen wir längst nicht Ihre Kleidung, muss in Verbindung zu Ihrer avisierten Zielgruppe stehen, zu Ihren Kunden und Geschäftspartnern. Dieser Stil (und bitte niemals „Style") ist Ihre Art, Ihr Mutterwitz, Ihr Humor, Ihr Charakter, alles, was Sie selbst wirklich aus- und einmalig macht. Ihre eigene Natur entdecken Sie, indem Sie sich lassen, wie Sie sind. Erst wenn sich alles Gehabe gelegt hat und Sie vollkommen (ohne Prosecco) entspannt sind, können Sie sich relaxt beobachten wie in einem Spiegel. Da stehen Sie. Hoffentlich sind Sie die Person, die Sie kennen, und nicht die Unbekannte, der Sie zurufen: „Guten Tag, kennen wir uns?"

Das Image, das Sie haben, strahlen Sie ab. Es ist die direkte Projektion Ihrer Absichten oder Nicht-Absichten. Wenn Sie erfolgreich sein wollen, erzeugt dieses Image bei anderen das Bedürfnis, mit Ihnen zu arbeiten. Das bedeutet nicht, dass Ihr jetziges Image schon das passende ist. Spielen Sie „Trial and Error", aber spielen Sie nicht die Diva, eine verkannte Göttin auf Erden, der alles zu Füßen liegen soll. Je natürlicher und entspannter Sie werden, umso ehrlicher und standfester wird Ihr Business. Das merken Sie an dem Zulauf, den Sie haben. Sie strahlen eine Energie aus, aus der andere schöpfen können. Das wird sich später förmlich bezahlt machen, wenn es ans Verkaufen geht. Entwickeln Sie also ein Image, das Sie leben wollen und Sie selbst sind. Wenn Sie nicht Sie selbst sind, ziehen Sie auch die falschen Leute an. Es ist spürbar, wie viel Kraft und Nerven es kostet, wenn Sie Kunden haben, die Sie innerlich abstoßen, die überhaupt nicht „Ihr Typ" sind. Verstellung ist der falsche Weg. Damit wird alles, was Sie unternehmen, nicht nur beschränkt wachsen, sondern auch in die falsche Richtung gehen.

Eine Mission ist ein guter Grund, warum Sie etwas tun, und in welche Richtung Sie arbeiten.

Sie setzt unglaublich viel Energie und Dynamik frei. Sie spüren plötzlich Power. Und das ist gut so: Sie werden Ihre ganze Überzeugung brauchen, um Hindernisse zu überwinden, die unweigerlich den Weg versperren. Da wären zum Beispiel Ihre eigenen Fehler. Einer der Hauptgründe für passive Melancholie besteht ja darin, dass man nichts falsch machen kann, wenn man nichts tut. Eine weit gefehlte Annahme, aber das braucht uns hier nicht zu interessieren. Entscheidend ist, dass Sie Fehler machen, sobald Sie etwas beginnen.

Gute Trainer lassen Fehler zu, damit man sie studieren kann. Dann kann man auch mit ihnen umgehen, wenn sie passieren - sonst nicht. Der zweite Grund besteht darin, dass Ihr Image fast nie vollkommen kongruent zu Ihrer Person ist. Sie können sich ändern, während andere noch immer das gleiche Bild von Ihnen haben. Das werden Sie oft erleben, wenn Sie mit Personen zu tun haben, die Sie länger nicht gesehen haben. Dann ist man noch immer auf dem alten Stand, den Sie schon weit hinter sich gelassen haben. Denn auf dem Weg zum Erfolg ist man ständig dabei, sich zu korrigieren.

Jeder Kontakt, jedes Gespräch bringt eine Erfahrung mit sich, die Sie in Ihre Geschäftsstrategie einbauen, für das nächste Mal. Immer perfekter wird deshalb Ihr Auftreten. Wenn da nicht die Taktik wäre: der dritte Grund. Ihr Wille, es jedem recht und bloß nichts falsch zu machen, kann dazu führen, dass Sie ihre Mission aus den Augen verlieren: Sie sind alles Mögliche, nur nicht mehr Sie selbst.

Verlieren Sie lieber einen Kunden, als Ihren Charakter. Denn wenn Sie keiner mehr richtig einordnen kann - zum Beispiel wenn Sie sich als die berühmte „eierlegende Wollmilchsau" präsentieren - nimmt Sie keiner mehr ernst. Der Markt zeigt, dass Sie viel erfolgreicher sind, wenn Sie sich sehr stark spezialisieren. Denn dann haben Sie genau die richtigen, treuen Kunden für Ihren Service. Trotzdem schadet es natürlich nicht, wenn Sie sich regelmäßig updaten, um zu zeigen, wer Sie sind.

Jeder Mensch befindet sich in einer permanenten Entwicklung, und es macht Spaß, diese Entwicklungen zu demonstrieren. Nichts ist trauriger, als die Neigung, Menschen in ein Klischee zu pressen. Es ist andererseits ein Hilfsmittel, um die Beziehung zu einem Menschen zu fundieren, so, wie man sich den Namen zu einer Person merkt. Aber jeder Mensch lässt sich gerne überraschen, vor allem, wenn es um den „neuesten Stand der Dinge" bei Ihnen geht. Bringen Sie sich regelmäßig in Erinnerung, zum Beispiel in Form von Rundschreiben, Newsletter, Updates, Weihnachtsbriefen, Neujahrsglückwünschen. Wenn jemand noch einen „Alten Zopf" von Ihnen kennt, sind Sie selbst Schuld!

Wenn Sie mit Ihrem Image im Einklang sind, sehen Sie auch die Wirklichkeit klarer. Seien Sie darauf vorbereitet, dass nicht alles so toll ist, was Sie da sehen. Zum einen werden manche Ihrer Fähigkeiten die Feuerprobe nicht bestehen. Zum anderen wird die Entscheidung, eine Richtung einzuschlagen, Sie vielleicht zu der Erkenntnis zwingen, dass es die falsche Richtung war - das ist aber immer noch besser, als gar nicht erst loszugehen. Vielleicht haben Sie zu wenig Geduld. Oder Sie steigen zu schnell wieder aus. Vielleicht sind Sie sogar so drauf, dass Sie unbewusst anderen Leuten nicht das Leben gönnen, das sie haben. Ohne es zu merken, finden Sie immer das Haar in der Suppe, hinterfragen Sie alles, beleuchten nur die negativen Seiten. Wenn Sie diese Symptome an sich feststellen, befinden Sie sich immer noch im dunklen Salon der Melancholie: Sie haben unbewusst das Gefühl, dass andere an Ihrem Schicksal Schuld haben müssen. Sie haben jedoch nicht selbst Schuld, Sie haben überhaupt nicht Schuld. Suchen Sie nicht weiter nach Gründen, sondern gehen Sie in Aktion. Sobald Sie Ihr Business starten, werden Sie das Problem bekommen, auftretende Fehler und Eigenschaften sozusagen im Fluss zu unterdrücken. In jedem Business-Gespräch werden andere Leute Fragen stellen, an denen Sie sich selbst messen und erkennen können. Das ist wunderbar. Wenn alles so einfach und statisch wäre, würde die ganze Angelegenheit keinen Spaß bereiten. So ist alles im Fluss, und Sie arbeiten permanent an einem fahrenden Schiff. Jeder Schritt bringt Sie weiter. Statt herumzusitzen und stundenlange Gespräche über sich und Selbsterkenntnis zu führen, treten Sie aus dieser Melancholie heraus und erfahren Sie sich in der Aktion.

Ein weiter, wichtiger Schritt, in der Aktion Ihre Stärken und Schwächen kennen zu lernen, ist die Hilfe von Leuten, die Sie mögen und zu schätzen wissen. Bitten Sie sie, ehrlich zu Ihnen zu sein. Höflichkeit ist hier fehl am Platz. Die netten Freundinnen mit dem Prosecco stoßen stets nur auf Ihr Elend an, das Sie weiter hinunterzieht. Wir meinen die Leute, die es gut mit Ihnen meinen, deren Meinung Ihnen gar nicht passt, und weswegen Sie immer etwas anderes vorzugeben versuchen, was diese aber durchschauen: Ihre Mutter. Ihr Ex-Freund. Ihr Bruder. Ein simples Feedback - statt Kritik, Ratschläge oder Rezepte - wird Ihnen bereits weiterhelfen, auf den Weg zu springen, der der einzig richtige ist - ihr eigener. Fragen Sie sie, ob es Dinge gibt, die nicht mit Ihren wirklichen Absichten übereinstimmen: ob Sie sich anders geben, als Sie sind. Dabei kann es nur um korrekte Darstellungen von Verhaltensmustern, Arten der Selbstdarstellung und des Auftretens gehen, die deren Meinung nach nicht zu Ihnen passen. Zum Beispiel: „Sobald Du in die Gesellschaft von Leuten kommst, die Dir nützen könnten, spielst du dich auf wie ein Superstar, der erwartet, dass sie für Deinen Auftritt Eintritt bezahlen. Der erste Teil kommt gut an, der zweite nicht.“ Stellen Sie entsprechende Regeln auf, um in Zukunft eine Rolle zu spielen, die sich bezahlt macht. Ihre eigene. Alles andere ist Vergeudung von Energie. Manche Dinge, die Sie hier lesen, geben Ihnen einen leichten Stich.

Nehmen Sie sich einfach Zeit, um sie hintereinander durchzugehen und Ihre Wahrnehmungen nach ein paar Tagen selbst zu beobachten. Wie bin darauf gekommen? Was stimmt daran und was nicht? Wo stehe ich? Wo will ich hin?

Das menschliche Gehirn ist gerne bereit, auf der subjektiven Seite zu bleiben. Deshalb ist es ungeheuer schwer, von selbst über den eigenen Tellerrand zu schauen. Andere Personen haben immer einen gewissen Eindruck von Ihnen. Menschen, die Sie gut kennen, geben durch Ihr Feedback genau wieder, was zu Ihnen passt und was nicht. Probieren Sie es aus. Lassen Sie sich von Menschen, die kein Interesse dabei verfolgen, erzählen, wer Sie sind, wie Sie sich geben, und wie, wo und warum diese zwei Dinge voneinander abweichen. Es muss ja nicht unbedingt heißen, dass Sie ein in sich selbst vernarrter, arroganter Mensch sind. Vielleicht machen Sie sich sogar klein, stellen Ihr Licht zu sehr unter den Scheffel, und haben in Wirklichkeit viel mehr Größe und Schönheit in sich, als Sie vorgeben. Wie auch immer: Wenn Ihr Image mit Ihrer Persönlichkeit zusammengeht, werden Sie unbesiegbar.

An diesem Punkt Ihrer Karriere müssen Sie einfach so objektiv wie möglich über sich denken. Sie sind an dem Punkt, wo Ihre Visitenkarte mit Ihrer Person zusammenfällt. Wenn Sie bisher die Dinge so aus Spaß getan haben, haben Sie auch sich selbst nicht ernst genommen. Wie sollen dann andere Sie ernst nehmen?

Wenn Sie diese Hürde genommen haben, offenbaren sich andere Perspektiven. Plötzlich können Sie sehr gut einschätzen, was okay ist und was nicht. Sie hören auf, ironisch zu sein. Sie meinen, was Sie sagen. Man hört Ihnen zu. Man akzeptiert und respektiert Sie. Solch eine realistische Sichtweise wird an jeder Schwelle zu einer neuen Stufe des Business wieder auftauchen. Im Laufe der Zeit legt sich immer der Schleier der Routine auf Ihr Tun, und wenn Sie aufwachen, dann nur durch eine fundamentale Erkenntnis über sich selbst und Ihre Situation.

Mit einem klaren, realistischen und durchaus kritischen Blick auf sich selbst können Sie auch viel von anderen Menschen lernen und erfahren. Zum Beispiel Menschen, die ganz anders denken als Sie selbst. Es ist unglaublich, welche Dimensionen andere Sichtweisen haben, und das nicht nur bei der Begegnung mit anderen Kulturen. Schon der Einblick in die Welt des Nachbarn kann unglaublich viel Neues für Sie enthalten. Weiterhin haben Sie nun die Fähigkeit, sich Szenarien zu überlegen, in denen Sie selbst auftreten. Sie werden unweigerlich spüren, ob Sie sich in der Rolle wohlfühlen, in der Sie sich gerade erleben. Ihre Vernunft wiederum wird Ihnen signalisieren, was auf Ihrem Weg liegt und was nicht. Sobald Sie einen Weg betreten, wird es Wegelagerer geben. Wenn Sie ein realistisches Bild von sich und Ihren Zielen haben, wird Ihre Vernunft Ihnen mitteilen, was und wer gut für Sie ist und was nicht. Ihr logischer Verstand lotet die Ungereimtheiten schnell aus. Er ist das Bollwerk gegen die mentale Neigung, zwischen Optionen hin- und herzuspringen, Ihre Ansicht als die einzig wahre anzuerkennen und andere Interpretationen nicht zuzulassen.

Stehen Sie zu sich selbst. Das Feedback anderer ist Kontrolle genug. Hören Sie auf, sich zu entschuldigen und zu rechtfertigen. Fragen Sie nicht ständig, warum Sie dieses oder jenes getan haben. Sie dürfen auch ruhig mal alles in einen Topf werfen, was sich bei Ihnen an Zweifeln zusammengebraut hat. Hauptsache, Sie akzeptieren diese Dinge. Die Resultate sprechen für sich. Auch, wenn Sie in der Halbzeit 2:3 zurückliegen. Gratulieren Sie sich zu Ihrer realistischen Sicht der Dinge. Nur dann können Sie überlegen, was Sie in der zweiten Halbzeit anstellen.

Verbindungen sind alles in unserer immer produktloseren Dienstleistungsgesellschaft. Zur Erfüllung Ihrer Mission arbeiten Sie täglich an dem engen Kontakt zu Ihren Mitmenschen, Partnern, Freunden, Kollegen, Mitarbeitern, Bossen, Dienstleistern etc.

Und an Ihrem Cashflow. Die Qualität beider bildet das Barometer für Ihre Lebendigkeit. Wenn Sie ohne diese wesentlichen Qualitäten arbeiten, sind Sie möglicherweise in Ihrer subjektiven Interpretation des Lebens festgefroren.

Klarheit bekommen Sie, wenn Sie sehen, was bei ihren Aktivitäten herauskommt. Jede Erfahrung wird Sie entweder bereichern oder ausrauben. Der Rest ist Erklärung und Rechtfertigung. Wenn Sie wirklich etwas daraus lernen, steigt Ihre Vitalität. Ihr Verstand wird manchmal verwirrt sein. Das bedeutet, dass Sie gerade neues, mentales Territorium betreten. Ihre Mission kann in Erfüllung gehen, wenn Sie aus den Schatten der Melancholie heraustreten und zum großen Spiel des Lebens eingewechselt werden. Dann gehen Sie in Aktion.

Oftmals, wenn Ihre Pläne zusammenzubrechen drohen oder Ihr Leben eine Wende ins Negative nimmt, werden Sie beim Blick in den Spiegel erkennen können, ob Sie diesen Herausforderungen gewachsen sind und sich mit Hilfe Ihrer eigenen Persönlichkeit aus diesem Sumpf herausziehen können. Ist Ihre Mission klar, kann Sie nichts mehr nach unten ziehen.

IHRE ZIELE

„Die Nordsee wird eher Wasser suchen, als dass eine Frau keine Worte findet."
(Jütländisches Sprichwort)

Werte geben einer Vision ein Fundament. Missionen geben diesen ein Koordinatensystem. Ziele sind die Definition Ihrer Vorhaben in konkreten, messbaren Resultaten - das Wort „definieren" leitet sich vom lateinischen „finis" (Ende, Ziel) ab. Eine De-finition ist eine Vorbestimmung eines endgültigen Vorhabens.

Wenn sich Ihre Mission entwickelt, wird Ihr Business-Spiel plötzlich ungeheuer aufregend und attraktiv - auch für andere. Ihr Unternehmen ist eine einzige Party, und „parties are meant to last", wie schon Prince in seinem Song „1999" betonte. Selbst dieses einst utopisch wirkende Jahr ist inzwischen schon eine Weile her, und wir müssen ehrlich und aufrichtig realisieren: Es gibt nichts Furchtbareres als eine ewig dauernde Party. Nicht nur weil wir älter werden. Nicht wegen der damit verbundenen Anstrengungen. Sondern, weil wir uns darin verirren und nicht weiterkommen. Sie hat keine Perspektive und „dauert", ohne sich oder etwas zu verändern. Zum Glück führt jede Party irgendwann zu einem gewissen Grad der Erschöpfung. Wie auch Ihre Business-Party, denn ihr fehlt etwas Entscheidendes: Energiereserven.

Wenn sich Ihre Mission schrittweise erfüllt, wird Ihr Business-Spiel im gleichen Verhältnis immer größere Dimensionen annehmen. Das liegt vor allem an der Begeisterung, mit der Sie die Sache verfolgen. Ihr Enthusiasmus ist der

Business und Beziehungskiste

Attraktor Ihres Geschäfts. Ihre neue Ausstrahlung und Ihr Interesse wird das Interesse anderer Menschen auf Ihre Tätigkeiten lenken. Wenn Sie hinter dem stehen, was Sie tun, werden Sie Ihre Leistungen automatisch besser an den Mann bringen.

Sie setzen sich Ziele, sobald Sie beschließen, Ihr eigenes Ding zu machen. Aber manchmal sind Sie sich dessen gar nicht bewusst. Das Problem ist die Party. Sie dauert, aber sie hat kein Ziel. Kein Ende. Keine Definition. Wo keine Vorstellung von dem herrscht, was aus Ihren Vorhaben resultieren soll, herrscht gähnende Leere. Ist Ihr Business auch so gestrickt?

Wir könnten jetzt ganz einfach fragen: Was ist Ihr Ziel? Es handelt sich dabei um eine der elementaren Fragen im Coaching, und sie kann selbstverständlich unterschiedlich beantwortet werden. Zunächst aber vergegenwärtigen wir uns, was es heißt, kein Ziel zu haben.

Die durchschnittliche deutsche „Beziehung", eine Erfindung der ehelosen, problemorientierten und freiheitssuchenden Achtziger Jahre, zeichnet sich im Allgemeinen durch ihre Bindungs- und Ziellosigkeit aus. Sprache und Sprüche entlarven dies auf wunderbare Weise: „Seit ich wieder in einer Beziehung bin, lösen wir gemeinsam Probleme, die ich vorher nicht hatte." Gängige Ausdrücke sind „Gib' mir Zeit", „Wir müssen reden" und dergleichen. Reden? Lieben!

Eine Sprachregelung, die jegliche Leidenschaft im Keim ersticken kann. Eine junge, sehnsuchtsvolle Liebe stellt man sich anders vor als unselige, von Rotwein getränkte, nicht enden wollende Abende, an denen Missverständnisse bereinigt werden, indem das Gesagte analysiert und kommentiert wird, worauf wieder etwas gesagt wird, was nicht so gemeint war, was wiederum erklärt werden muss, und so fort. Um es noch mal mit Prince zu sagen: „revolving every word that is being spoken."

Oder der Schauspieler Vincent Gallo, der eine Beziehung in drei Phasen einteilt: „Hysterie - Selbstaufgabe - Erschöpfung".

Oder nehmen wir den Satiriker Wiglaf Droste, dessen Charakterisierung einer Beziehung sich in dem Tätigkeitswort des „Versöhnungsvögelns" (VV) widerspiegelt, das einer dieser künstlichen, oftmals heftigen Streitereien folgt. Was haben wir in unseren „Beziehungskisten" schon an Psycho-Spielchen und merkwürdigen Verhaltensformen erlebt - und wollen es eigentlich nicht wieder erleben. Eine leidenschaftliche, schwärmerische, pardon, Liebe, sieht jedenfalls anders aus. Wie schnell

Ziele sind Versprechen, die gehalten werden

kann sie zerredet werden. Solch eine in Durchschnittlichkeit und Künstlichkeit herabsinkende Konstellation befindet sich deshalb in solch einer verzweifelten Lage, weil sie keinen Zweck, also kein Ziel hat.

Immanuel Kant definiert den Menschen als „Zweck an sich“, was zugrundelegt, dass jeder Mensch sich dadurch von anderen unterscheidet, dass in ihm ein eigenes, einmaliges, großes, unverwechselbares Ziel steckt, dessen Verfolgung die Lebenszeit umfasst.

Niemand anderes hat dieses eine Ziel, denn alle haben ein anderes. Dieses zu entdecken und zu fördern, bestimmt nach Kant das individuelle Leben. Wenn eine Beziehung ein Ziel hat - viele wehren sich gegen diesen Gedanken, weil dann angeblich keine Emotionen mehr im Spiel sind! - oder beide Partner sich in ihren Zielen ergänzen, dann handelt es sich um ein „Power Couple“, ein unschlagbares Team, das sich aus der größten humanen Energiequelle speist, die es gibt - die Liebe. Im Unterschied zur mediokren „Beziehung“, die ständig von Stimmungen abhängig ist.

Was immer Sie unternehmen, also wirklich anpacken, Sie tun es, weil Sie damit ein Ziel erreichen wollen. Manchmal ist das nicht so ganz klar. Die Partystimmung, in der Sie sich befinden, verrät allerdings jede Menge Emotionalität. Christoph Columbus ist auch nicht einfach in See gestochen, um sich mal ein bisschen umzuschauen. Er wollte den Seeweg nach Indien finden. Diese Idee gab ihm Kraft.

Mit anderen Worten: Es geht jetzt nicht mehr um Spielen, sondern um die strategische Planung Ihres Business. Sie stecken sich Ziele, sobald Sie beschließen, ein eigenes Unternehmen zu starten. Aber in diesem Stadium rücken die Ziele in das Zentrum Ihrer Überlegungen - sonst kommen Sie aus dem Partytrubel nicht mehr heraus.

In diesem Abschnitt Ihrer Karriere formulieren Sie die Versprechen, die Sie sich machen und die Sie im Laufe Ihrer Karriere halten müssen. Sie bezahlen ja auch nicht andere Leute, damit sie mit Ihnen spielen, sondern damit sie für Sie gewinnen. Wie auch Sie von Leuten bezahlt werden, die sich davon versprechen, dass Sie Wort halten und ihnen helfen, ihr Spiel zu gewinnen.

Wie also wollen Sie Ihr Leben füllen? Was wollen Sie in der nächsten Woche, im nächsten Monat, in diesem Jahr und in zehn Jahren erreicht haben? Über welche Ziele können Sie sich mit Ihrem Team verbindlich einigen? Ziele zu haben ist wichtig. Sich um diese Ziele sichtbar zu bemühen, ist wesentlich vertrauenswürdiger. In dieser Phase geht es um Ihre Integrität.

Zuverlässigkeit ist das Erste Gebot des Selbständigen. Sind Sie nicht zuverlässig, sind Sie schnell weg vom Fenster. Verbindlichkeit zeigt sich aber auch in der Formulierung Ihrer Ziele. Erst dann wissen andere, wo sie bei Ihnen dran sind. Dazu gehört, dass Sie ganz bei sich sind. Ihre Integrität verhält sich proportional zu dem Maß zwischen dem Geld, das Sie verdienen, und ob Sie sich dabei treu bleiben. Niemand kann Ihnen Integrität definieren oder diktieren außer Sie selbst. Wenn Sie authentisch sind, werden Sie polarisieren. Sobald Sie sagen, was Sie wollen, und tun, was Sie sagen, werden Sie die eine Hälfte der Menschheit für sich haben und die andere Hälfte gegen Sie. Aber die erste Hälfte reicht. Diese Leute wollen Ihr Produkt oder Ihre Dienstleistung in Anspruch nehmen.

Wie sehen diese Ziele aus? Manche Ziele kann man anfassen, manche nicht. Sie wollen beispielsweise dreihunderttausend Euro verdienen, um sich ein eigenes Haus leisten zu können. Andere Ziele sind abstrakt. Sie brauchen den guten Willen Ihrer Kunden. Was erzählen Ihre Kunden über Sie, wie beurteilen Leute Ihre Leistung, deren Meinung Ihnen wichtig ist? Das ultimative Ziel Ihrer Tätigkeiten besteht darin, dass man über Sie und Ihr Produkt spricht. Es gibt auch andere Leute, die Vergleichbares anbieten. Der Unterschied macht's. Wenn Sie einen Metzgerladen haben, wollen Sie einfach die besten Weißwürste jenseits des Weißwurstäquators anbieten. Wenn Sie ein Plattenproduzent sind, haben Sie die einzige Nase für weißen Hip Hop weit und breit - und die Leute sollen es erfahren. Oder Sie sind möglicherweise genau die Fachfrau für Hochzeitskleider, auf die die Welt gewartet hat - bis endlich auch Angelina Jolie davon Wind bekommt und ihr nächstes Brautkleid nicht in Beverly Hills, sondern bei Ihnen in Oberammergau bestellt! Wir haben und hegen unterschwellig Ziele, die anderen Zielen zu Grunde liegen. Wir haben über den Tag das Ziel, nicht zu verhungern und zu verdursten, und machen uns einen Plan, wo wir etwas zu essen bekommen. Ihr Geschäftsziel läuft darauf hinaus, dass Sie sich auch andere Ziele setzen können. Manchmal setzt man sich Ziele, die allzu leicht erreichbar sind - und wenn wir sie dann erreicht haben, merken wir, dass es das nicht gewesen sein kann. Ein hübsches Haus oder ein flotter Flitzer sind zwar nett, aber es gibt Ziele, die viel näher am Herzen verortet sind. Es ist nichts Falsches daran, geschäftsführende Direktorin zu werden und sich entsprechend hochzuarbeiten. Aber unsere wahren Wünsche und Träume sind psychologische Bedürfnisse, die unsere Existenz ausmachen und uns einen Grund liefern, warum wir leben. Ziele sind es, die uns lebendig machen.

Zielsetzung in der Praxis

Wir sind zum Glück nicht allein auf dieser Welt. Es sind andere Menschen, die uns glücklich machen können. Eines der wesentlichen, profunden Ziele unserer Existenz besteht darin, mit Menschen verbunden zu sein, die mehr Licht in unser Leben bringen. Unsere Kinder, unsere Partner, unsere Coache, unsere Freunde, alle Menschen, die uns dankbar sind oder denen wir vertrauen und uns anvertrauen können. Das sind die Leuchtfeuer in unserem Leben, denn sie lassen uns aufleben. Sie geben Ihnen Auskunft, ob wir uns auf dem richtigen Weg befinden. Wenn Sie sich über das freuen und für das dankbar sind, was Sie Ihnen geben, wenn Sie sie zum Lachen oder Strahlen bringen können mit dem, was Sie tun, dann gehen Sie definitiv in die richtige Richtung! Sie wollen offenbar, dass Sie ein guter Mensch sind - oder noch besser werden. Und Sie fühlen sich in deren Umgebung wohl. Ziel und Glück liegen dicht beieinander. Und Glück ist vielleicht das herzerwärmende Glas Rotwein am Abend im Kreise guter Freunde, die es mit Ihnen gut meinen. Sie sind der Kompass in Ihrem Leben.

Millionen von Menschen begeistern sich für Sport, weil sie den Thrill lieben, Leute dabei zu beobachten, wie sie ihr bestimmtes Ziel erreichen wollen: Tore zu schießen, Erster zu werden, zu siegen. Ziele zwingen uns, der Wirklichkeit ins Gesicht zu sehen: Wo stehe ich, was kann ich, wie bin ich in Form? Seine Leistung kann man nicht vortäuschen. Sie erreichen Ihr Ziel, oder Sie erreichen es nicht.

Ziele sind eine öffentliche Erklärung dessen, was Sie wollen. Wenn Sie das richtige Ziel kennen, werden Sie von selbst die richtigen Leute anziehen. Das sind junge Menschen, die von Ihrer Idee und Ihrem Wunsch, diese in die Tat umzusetzen, begeistert sind. Indem Sie deren Wünsche erfüllen, konstruieren Sie ein Netzwerk, das Millionen abwerfen kann.

Ihre „offene Erklärung“ macht Sie glaubwürdig, liebenswürdig, attraktiv. Es gibt nicht Besseres, als zu wissen, was man will, und für klare Verhältnisse zu sorgen. Dann wissen auch andere, wo sie dran sind. Ihr Erfolg hängt entscheidend davon ab, was andere, einflussreiche Leute über Sie erzählen.

Neben unseren elementaren, täglichen Bedürfnissen hegen wir Wünsche, die für uns persönlich von großer Bedeutung sind. Diese Ziele sind eine Reflektion unserer Sehnsüchte. Wir sehen uns dann oft in einem Ambiente oder in einer Zeit, in der wir uns wohlfühlen. Oftmals träumen wir davon.

Diese Träume gilt es zu erkennen und zu bewahren. Sie offenbaren, was wir wirklich

Mit dem Ziel kommt Spaß ins Spiel

wollen. Meistens werden sie von den täglichen Bedürfnissen bedeckt. Konsumbedürfnisse sind die heimtückischsten „Ziele". Tagtäglich wachen wir mit dem Gefühl auf, dass wir heute unbedingt dies oder jenes benötigen, um überhaupt weiter existieren zu können, und machen uns entsprechend auf den Weg. Wenn wir unsere Beute erlegt haben, sind wir kurzfristig „satt" und spüren dann unsere Unbefriedigtheit. Man kann sich natürlich auch das ganze Leben von Bedürfnis zu Bedürfnis hangeln, vom Essen und Trinken über materielle Dinge, soziale Anerkennung bis zum Sex. Aber richtig weiter kommt man damit ohne Orientierung nach vorne nicht. Nageln Sie sich den berühmten Spruch an die Wand: „Die meisten Menschen geben Geld aus, das sie noch nicht verdient haben, um Dinge zu kaufen, die sie nicht haben wollen, nur um damit Leute zu beeindrucken, die sie nicht mögen." Ihre wahren Ziele sind nicht dazu da, um anderen Leuten zu gefallen. Sie sind dazu da, um Ihnen selbst zu gefallen. Begierde ist Besessenheit. Begierde ist wichtig. Sie zu ignorieren, würde bedeuten, genau die Dinge zu unterdrücken, die für uns am wichtigsten sind. Wir müssen unseren wesentlichen Bedürfnissen den größten Raum geben, aber unsere Begierden, Wünsche und Ziele sollten wir trotzdem verfolgen. Diese Wünsche fallen in zwei Kategorien: Persönliche und professionelle Ziele. Lernen Sie, diese Ziele zu unterscheiden: Einerseits für Ihr persönliches Wohl zu sorgen, andererseits Ihre professionellen Ziele im Auge zu behalten. Viele Dinge im privaten Leben regulieren sich übrigens durch erfolgreiches professionelles Vorgehen. Erfolg macht zufrieden, und diese Zufriedenheit strahlen Sie dann auch gegenüber Ihren Partnern, Kindern, Freunden aus. Umgekehrt ist es durchaus sinnvoll, sich in Krisenfällen „in Arbeit zu stürzen", als sich permanent mit privaten Problemen zu beschäftigen - immer vorausgesetzt, das, was Sie tun, ist das, was Sie wirklich tun wollen. Die privaten Probleme lösen sich durch Zufriedenheit bei der „Arbeit" oft sogar von selbst. Weil Sie darin zufrieden sind und sich die Energie zurückholen, die Sie für den Rest der Zeit benötigen.

Formulierte Ziele definieren unsere wahren Absichten.

Sie bringen eine ungeheure Intensität mit sich: Sie richten uns innerlich auf und bringen den „spirit" in unser Leben. Ziele vereinigen die Dinge, die wir tun, mit den Dingen, die wir tun wollen. Die falschen Ziele hingegen üben Druck auf unser Leben aus. Echte Ziele beflügeln. Sie sorgen für positiven Eu-Stress, vergleichbar mit

Was will ich?

der Anspannung, die man bei dem Spiel seiner Lieblingsmannschaft spürt.

In dem Moment, in dem Sie ins Strahlen kommen und Energie in Ihnen aufsteigt, wissen Sie, dass Sie die richtigen Ziele verfolgen. Seien Sie sich sicher, dass Sie ein Resultat anstreben, das Sie wirklich zufrieden stellt. Ziele unterscheiden sich von einer Mission und persönlichen Werten dadurch, dass man sie anderen Leuten auf keinen Fall vorenthalten sollte. Allein, wenn Sie sie aussprechen, wird Ihr Gegenüber merken, ob Sie diese Ziele glaubwürdig vertreten oder nicht.

Solange Ihre Ziele nicht spontanen Enthusiasmus auslösen, macht es keinen Spaß, ihnen nachzugehen. Eine Menge Leute bekommen alles, was sie niemals wollten. Sie kapieren nicht, dass sie schnell ins Nichts laufen, bis es zu spät ist. Die Anzahl der reichen, unglücklichen Leute, die finanziell alles gewonnen und menschlich alles verloren haben, ist Legion. Obwohl Geld glücklich machen kann - aber eben nur dann, wenn man es mit dem verdient hat, was den eigenen Zielen entspricht.

Einige Ihrer Ziele sind möglicherweise vollkommen abgedreht. Sie haben vielleicht das Gefühl, Sie sind ein verkanntes Genie auf dem Gebiet der Beziehungskittung, weil Sie die Beziehungen Ihrer Freundinnen immer in Ordnung bringen. Oder Sie sind eine hochtalentierte Schlangenbeschwörerin. Egal, wie ausgeklinkt Ihre Ideen klingen mögen: Wenn sie wirklich echt und authentisch sind, müssen Sie sie hoch in Ehren halten. Alles, was Sie begeistert, ist ein Element Ihrer Zufriedenheit, ein Puzzleteil im Gesamtbild ihres Lebens. Wenn Sie alles beisammenhaben, wird sich das Gesamtziel konturieren. Dann wissen Sie, was Sie zu tun haben. Aber wie findet man es heraus?

Zielsetzungen funktionieren am besten, wenn man sie in absoluten positiven Termini formuliert.

Die Grund- und Kernfrage lautet einfach: Was will ich? Beginnen Sie damit, exakt auszudrücken, was Sie wirklich wollen. Denken Sie nicht einmal daran, was Sie auf keinen Fall wollen. Was Sie umgehen wollen, liegt direkt vor Ihnen. Wenn Sie einen Konflikt vermeiden wollen, kommt er direkt auf Sie zu. Wenn Sie nur arbeiten, um zu verhindern, dass Sie auf der Straße sitzen, lauert die Gefahr hinter jeder Ecke.

Durch diese negativen Dinge schränkt sich ihre Perspektive zu sehr ein und lässt das große Ziel gar nicht zu. Wie heißt die schöne CD von Al Jarreau? „Accentuate the positive." Haben Sie den Mut, das Positive in Ihrem Leben herauszustellen. Wenn Sie Ihre Arbeit richtig organisieren, werden die erwünschten Resultate für sich sprechen. Das ist wichtig, weil Sie sonst der Zeit und den Zielen hinterherhecheln und Frustration kreieren. Wenn Sie sich andererseits verkrümmen und verbiegen, um ein bestimmtes Resultat zu erzielen, verlieren Sie Ihr Ziel schnell aus den Augen. Das merkt man daran, dass das monetäre Ergebnis Sie gar nicht so besonders interessiert.

Machen Sie's wie die Cowboys: Zielen Sie scharf, und lassen Sie Ihr Objekt nicht aus den Augen. Erklären Sie öffentlich, auf wen oder was Sie es abgesehen haben - dann können Sie sich selbst in Ihrer Aufrichtigkeit kontrollieren und gleichzeitig andere „Bandenmitglieder" anwerben, die sich für ihre Idee begeistern können. Peilen Sie einen akkuraten Kurs an. Wie in jedem echten Western liegt ein weiter Weg vor Ihnen, um das Ziel zu erreichen. Und wenn es nicht gerade der Schurke ist, den Sie zur Strecke bringen wollen, dann ist es möglicherweise die Belohnung, die Sie dafür bekommen.

Geben Sie Ihrem Gehirn ein Spiel, das spielenswert ist, und ein Kopfgeld als Zielsetzung, damit Sie Ihre Belohnung vor Augen haben. Vergessen Sie nicht, Ihre angeheuerten „Kameraden" zu bezahlen. Statt sich zu wünschen, einmal in Wohlstand zu leben, setzen Sie sich eine konkrete Summe als Ziel und eine bestimmte Zeit, in der Sie dieses Ziel erreicht haben wollen. Und schon beginnt die Reise nach Laramie.

Setzen Sie Ziele, die andere Menschen in ihren Bann ziehen. Sie brauchen Mitstreiter. Wenn Sie kein Buchhalter sind, schauen Sie sich nach einem solchen um, auf den Sie sich verlassen können.

Wenn Sie ungern verkaufen, begeistern Sie einen Kaufmann von Ihrer Idee. Oder setzen Sie Ziele, bei denen ein Kaufmann gefordert ist. Wenn dessen Ziele mit den Ihrigen zusammentreffen, entsteht eine dynamische Kooperation. Deshalb ist es wichtig, bei Einstellungsgesprächen die Leute nach Ihren Zielen zu befragen.

Ausgeglichene Zielsetzungen geben allem in Ihrem Leben eine Balance: Geld, Partner, Privatleben, Konsum, Sex, alles hält sich wunderbar die Waage. Auf einmal ist ihr Leben kein Herumeiern und -irren mehr, sondern ein aufregendes Abenteuer. Lassen Sie Ihr Denken von Ihrer Lebensfreude leiten, nicht von Ihren Bedenken. Wenn Sie Hilfe brauchen, haben Sie keine Angst, zu fragen. Fragen kostet nichts. Niemand kann seine Ziele allein erreichen. Finden Sie die Leute, die Sie unterstützen. Um Ziele zu erreichen, braucht es eine Mannschaft, sonst spielen Sie allein ein Spiel. Wenn das Spiel aufregend genug ist, dann findet sich das richtige Team zusammen.

Der erste Schritt der Zielsetzung besteht in Brainstorming. Schreiben Sie alles nieder, was Ihnen auf- und einfällt. Vermeiden Sie an diesem Punkt, zu analysieren, zu interpretieren oder irgendetwas zu erklären. Sie sollen spinnen! Wenn Sie Gründe für Ihre Ideen suchen, hören Sie auf, bevor Sie begonnen haben. Einige Ziele sind bedeutender als andere. Mit der Zeit werden diese Ziele sich selbst organisieren. Sie bilden ein Netzwerk, in dem ihre Wichtigkeit eine bestimmte Stellung einnimmt. Sie merken, wie wichtig Ihnen ein Ziel ist, wenn Sie es in ein Versprechen verwandeln. Damit legen Sie sich verbindlich fest - und Sie wissen, dass Sie das Ziel erreichen wollen und können. Um zu wissen, wie wichtig Ihnen diese Ziele sind, machen Sie den Test, indem Sie damit in Aktion gehen (mehr davon in dem folgenden Kapitel „Projekte"). Wenn Sie anfangen, zu tun, was Sie lieben, tauchen selbstverständliche Ziele auf, bei denen Sie sich gefragt haben, warum Sie das nicht schon immer gemacht haben. Sie träumen beispielsweise von einem Ort, an dem Sie früher waren, und der Sie wegen seiner Schönheit nicht mehr losgelassen hat. Fahren Sie hin - sofort! Dort angekommen, werden Sie entweder ernüchtert feststellen, dass es sich um eine Luftblase gehandelt hat. Oder Sie haben plötzlich die Idee und den Wunsch, an Ort und Stelle ein deutsches Restaurant oder ein Hotel zu eröffnen, um Ihre Leidenschaft für diesen Ort mit anderen Menschen zu teilen und gleichzeitig hier bleiben zu können.

Halten Sie Ihre Ziele auf einem einfachen Niveau. Wiederholen Sie sie gegenüber unterschiedlichen Leuten. Wenn Sie sie wieder und wieder anderen Menschen erklären, werden sie im Laufe der Alternierungen anderen Leuten und Ihnen selbst viel klarer. Wenn Sie damit Schwierigkeiten haben, schreiben die Leute Sie ab. Und Sie können sicher sein, dass irgendetwas mit ihrer Begeisterung nicht stimmt. Dann kommt man plötzlich ins Röcheln, ins Stottern, oder schlimmer: Ins Erklären und Begründen. Betreiben Sie stattdessen so lange Ihre Zielbeschreibung, bis Sie eines Tages ein Feedback hören: „Diese Frau hat etwas wirklich Tolles vor, so was habe ich noch nie gehört, und ich unterstütze sie dabei. Dabei handelt es sich um folgende Idee..." Zu diesem Zweck sollten Sie sagen, was Sie sehen. Was wirklich in Ihnen vorgeht. Was Sie nicht loslässt. Seien Sie spontan und legen Sie los, bevor Sie schon wieder darüber nachdenken. Sie werden erleben, wie sehr das Spaß bereitet. Auch anderen. Wenn sich Ihre wahren Ziele auf diese Weise herauskristallisieren, dann verfolgen Sie sie mit all ihrer verfügbaren Energie, die Sie davon beziehen. Handeln Sie sofort, sonst betrügen Sie sich selbst auf eine Weise, dass Sie auch andere mit hineinziehen. Wenn Sie einmal ein Versprechen abgegeben haben, dann dürfen Sie auch andere nicht enttäuschen. Solche Dinge zu verschleppen, ist ein sicheres Zeichen, dass die Ziele die falschen sind. Bei den richtigen Zielen wird Sie nichts und niemand aufhalten oder davon abbringen. Sie werden jedes Hindernis nehmen, das sich Ihnen in den Weg stellt. Die Aufrichtigkeit Ihrer Ziele können Sie daran feststellen, ob Sie diese Ziele erreichen wollen oder versuchen, diese Ziele zu erreichen. Wenn jemand versucht, Spaß zu haben, ist er verloren. Wenn jemand nett sein will, ist er nicht unbedingt nett. Diese Dinge passieren entweder nicht, oder sie passieren von selbst. Das Gleiche gilt für Ziele, die erreicht werden wollen. Entweder Sie überlegen mal, oder Sie gehen direkt auf Los. Das ist nicht mit Hektik zu verwechseln. Lassen Sie sich Zeit, lassen Sie Ihren Zielkatalog öfter mal Revue passieren. Gehen Sie in Aktion, aber verfallen Sie nicht in Aktionismus. Sie kommen sonst schnell in eine Spirale, die zu gar nichts führt. Ihre Intelligenz macht die Arbeit. Sie ist der Verbund ihrer psychischen, physischen und emotionalen Vitalität. Lassen Sie Ihrer Vorstellungskraft freien Lauf. Sortieren können Sie später.

Schreien Sie Ihre Ziele heraus!

Viele Menschen scheitern an ihren Zielen aus dem einfachen Grund, weil sie nicht in der Lage sind, sie zu formulieren. Dadurch geraten diese Vorstellungen immer wieder in Vergessenheit und kommen nur an Sonn- und Feiertagen mal wieder an die Oberfläche. Wie viele Dramen sind geschrieben worden, in denen tragische Helden von anderen daran erinnert werden, was sie einmal vorhatten! „Krapp's last Tape" ist Beispiel dafür, wie der Protagonist sogar sich selbst Tonbänder aus vergangenen Zeiten vorspielt, in denen er von gewaltigen Vorhaben spricht, von denen der gealterte Krapp überhaupt nicht mehr weiß, was sie zum Inhalt hatten.

Andere natürliche Feinde der Ziele sind Angst und Bedenken. Angst macht beklommen und sorgt für ein ausgeprägtes Sicherheitsstreben. Bedenken werden meistens von Menschen geäußert, die Ihnen Ihre Ziele nicht gönnen und es noch nicht einmal merken.

Sie machen Ihre Ideen unbewusst kaputt, weil se selbst melancholisch und depressiv sind - was bedeutet, dass sie anderen nichts gönnen, weil sie es selbst schon vergeigt haben. Sie wollen Ihnen klar machen, dass Sie das falsche Leben führen. Solche Dinge führen zu Enttäuschungen, natürlich auch menschlicher Art. Wenn Ihnen die Wünsche im Halse stecken bleiben, haben Sie selbst Angst. Und tatsächlich macht sich dieser

Männer und Frauen

Zustand physisch durch ein Würgen im Hals bemerkbar. Sie bekommen keine Worte mehr heraus. Sie haben Angst vor dem, was Sie sagen wollen. Auf lange Dauer kann dieser Zustand selbst in Melancholie und Depression führen - genau dorthin, wo sich jene befinden, die Ihnen ihre Ideen madig machen wollten.

Machen Sie es wie Demosthenes: Schreien Sie Ihre Ziele vor dem offenen Meer mit Kieseln im Mund heraus, damit Sie den Mut haben, auch vor einem Publikum die richtigen Worte zu finden.

Ihre Ziele sind das Manuskript für Ihr Leben, deshalb sollte man mit ihnen weder hinter dem Berg halten, noch sie nur leise vor sich hin flüstern. Wenn Sie nicht darauf bestehen, gehört zu werden, werden Sie niedergebrüllt.

Der ökonomische Erfolg der Vereinigten Staaten im 20. Jahrhundert ist besonders darauf zurückzuführen, dass im Geschäftsleben Strategien angewendet wurden, die einem Spiel entsprechen. In jedem Spiel gibt es ein Zusammentreffen mehrerer Akteure, die sich auf ein Ziel und bestimmte Regeln festlegen. Und schon kann es losgehen.

Diese Parameter sind allerdings wesentlich. Sie dürfen nicht fehlen. Einen Ball in der Gegend herumzukicken, ist auf Dauer etwas langweilig. Bestimmt man ein Spielfeld, zwei Mannschaften, und stellt am jeweiligen Ende des Spielfelds zwei Pfosten auf, schauen plötzlich Millionen Menschen fasziniert dem Versuch zu, den Ball jeweils an der anderen Mannschaft vorbei in das gegenüberliegende Tor zu schießen - worauf die ganze Welt „Goal!" brüllt. Weise Wirtschaftsmenschen betrachten ihr Business ebenfalls als ein solches Spiel. Wenn Menschen vollkommen mit einem Spiel beschäftigt sind, vergessen sie all ihre Sorgen und Ängste. Was kann es da Fantastischeres geben, als seine Ziele als Spiel zu organisieren, wo sie doch schon nach den gleichen Regeln funktionieren!

Auch hier unterscheiden sich Männer und Frauen fundamental. In männlichen Spielen wird Krieg und Kampf simuliert. Jeder will zeigen, dass er der Stärkere oder Geschicktere ist. Es gibt immer Gewinner und Verlierer. In jedem Spiel muss einer über andere triumphieren. Sport, Computer- und Brettspiele wie Schach fallen in diese Kategorie.

Weibliche Spiele ähneln eher Geschichten. Sie haben es weniger darauf abgesehen, andere Leute in einem Spiel zu schlagen. Frauen sind besser in der Lage, über Verbindungen zwischen Menschen zu sprechen oder sie zu organisieren. Sie legen es auf Einheit und Kooperation an und bringen Menschen zusammen, wenn sie davon

Sex and the Business

eine fruchtbare Synthese erwarten. Sie hassen Ausschließung oder Ignoranz. Sie entwickeln Win-Win-Situationen. Das trifft nicht unbedingt auf alle Frauen zu oder schließt alle Männer aus. Aber es handelt sich um das, was wir als „weibliches Prinzip" bezeichnen.

In der Tat ist es so, dass weibliche Prinzipien ein wichtiger Bestandteil der modernen Service-Ökonomie sind. Männlich orientiertes Business nimmt höhere Risiken in Kauf, wächst schneller, und scheitert öfter. Weiblich orientiertes Business vermeidet Risiken, wächst langsamer, und scheitert seltener. Wo immer eine Leistung angeboten wird, die andere wirklich brauchen und dafür gerne bezahlen, braucht es kommunikative Fähigkeiten wie Höflichkeit und Diplomatie. In diesen Dingen sind Frauen schon aus evolutionstechnischen Gründen besser ausgestattet. Moderne Unternehmerinnen sind viel aufmerksamer, wenn es darum geht, was andere wollen - im Gegensatz zu Verkäufern, die ihr Produkt mehr als Waffe betrachten, die sie auf Menschen ausrichten, die es gar nicht haben wollen. Wenn die Kunden gewinnen, gewinnen auch Sie. Sensibilität zahlt sich mindestens genau so aus wie Penetranz. Die Wirtschaft wird freundlicher werden, und die Freundlichkeit beginnt damit, dass Sie sich die Kunden suchen, die Sie für Ihren Service oder Ihr Produkt haben wollen. Diese neue Service-Ökonomie ist nicht mehr subjektbezogen. Sie verkauft nicht, was andere nicht haben wollen. Sie braucht keine Brainwash-Werbung, die so lange penetriert, bis die Menschen glauben, sie bräuchten es wirklich. Der Service selbst ist so gut, Ihre Ausstrahlung und Begeisterung so überzeugend, dass sich Ihr Produkt selbst seine Abnehmer sucht. Der Markt besteht aus mehreren Milliarden Menschen. Durch Telekommunikation und Internet sind Sie überall auf der Welt erreichbar. Service setzt bei der Rezeptivität der Kunden an, überzeugt statt zu überreden, und weiß Bedürfnisse genau so zu schätzen wie Geld und Rohstoffe in der alten Ökonomie.

Durch die Kombination von Win-Win-Situationen mit Geschäften entstehen konstruktive Spielsituationen, die jeden Teilnehmer zum Gewinn führen.

Hohe Werte und niedrige Ausschlachtung von Ressourcen sind ein weiterer Nebeneffekt.

Die Vereinigten Staaten sind in dieser Hinsicht die Leader, während man sich in Europa noch immer neu ordnet und lernt, Selbständigkeit zu akzeptieren, statt den Staat für alles verantwortlich zu machen. Männer- und Frauenprinzipien werden in Amerika immer stärker miteinander verwoben - im gleichen

Maße, wie Frauen und Männer personell immer ausgeglichener besetzt werden. Wenn Frauen nicht mehr aus dem Spiel ausgelassen werden und schlecht bezahlt sind - wie es in den meisten Ländern noch immer der Fall ist - wird auch der Wohlstand der Nationen zunehmen. Die Energie von Männern und Frauen, zusammengenommen, kann nichts anderes bedeuten, als dass Sex in die Wirtschaft kommt. Das wird der nächste große Boom der Weltökonomie werden. Es gibt einige Jobs, die Männer besser beherrschen als Frauen. Aber es gibt unzählige Jobs, die Frauen besser machen können als Männer. Wo mehr Sensibilität als Power und Kraftanstrengung gefragt ist, können Frauen all ihre Trümpfe ausspielen. Deshalb müssen Männer wie Frauen lernen, ihre Ziele durch ein anderes Objektiv zu betrachten, als es bisher der Fall war. Erst war es nur Männer. Dann war es Frauen für Männer. Dann Frauen gegen Männer. Nun sind es Frauen mit Männern zusammen, die nicht gegenseitig Kompromisse eingehen, sondern ihre Stärken zusammenlegen und dadurch eine ungeheure kreative und produktive Energie entfalten. Wir nähern uns mit großen Schritten der Praxis. Ihre Ziele erreichen Sie am effektivsten, wenn Sie Ihnen mit Blatt und Stift zu Leibe rücken. Bringen Sie Ihre konkreten Ideen und Vorstellungen zu Papier - Ihre abstrakten haben Sie ja bereits niedergelegt. Allein der Akt des Schreibens wird Sie in einer Weise erfüllen, die Sie fühlen lässt, wie sehr Ihnen plötzlich diese Idee Spaß macht.

Beginnen Sie, Ihre wichtigsten Ziele zu notieren. Die Frage lautet: Was macht mein Leben vollkommen? Die Ziele zweiter Ordnung bestehen in den Fragen, wie viel Sie verdienen wollen und was Sie damit machen wollen - sprich, wozu Sie es überhaupt brauchen. Man macht sich keine Vorstellung, wie wenige Menschen sich ein konkretes summarisches Ziel machen in ihrem Leben. Die meisten wollen entweder reich werden, und wissen nicht warum, oder sie leben und arbeiten immer von der Hand in den Mund mit der Hoffnung auf bessere Zeiten. Besser ist es, Ziele zu haben. Jedes Ziel ist heilig, wenn es von Ihnen kommt.

Wenn Sie bei ihren Zielen keinen Enthusiasmus spüren, sind es nicht die richtigen. Wenn Sie diese Ziele trotzdem verfolgen, werden Sie merken, wie schnell Ihre Akkus herunterbrennen. Auch die Ergebnisse werden nicht besonders begeistern. Wenn Ihre Ziele Sie nicht begeistern und Sie vor Freude nicht auf dem Tisch tanzen, sind sie möglicherweise nur eine Ausgeburt Ihrer Sorgen. Einerseits sollten Ihre Ziele realistisch sein, andererseits aber herausfordernd. Die Versuchung muss groß genug sein, Ihre verborgenen Talente zum Vorschein herauszulocken. Setzen Sie in allen wesentlichen Lebensbereichen Ziele. Klar umrissene Ziele in allen Bereichen, die Ihnen wichtig sind, runden Ihre Karriere, Ihre Gesundheit, Ihr Familien- und Privatleben ab. Um bei dem Beispiel der „Beziehungskiste" zu bleiben: Wenn Ihre Partnerschaft kein Ziel, keine Perspektive hat, wird sie sich irgendwann nur noch um sich selbst drehen. Verständnisfragen, Miss-verständnisse, Erklärungen und wiederkehrende Rituale wie der Hochzeitstag, Geburtstage und Weihnachten wären dann das einzige, was es nach einer Partnerschaft aussehen lässt. Solche eine Partnerschaft dreht sich nur um sich selbst. Ziele verleihen Ihrer „Beziehung" eine ganz andere Dynamik: Sie verfolgen das, was Sie an Ihrem Partner neugierig macht. Dann lieben Sie ihn/sie auch so sehr, dass Sie auch an deren Zielen interessiert sind. Auch sexuelle Energie ist ein gewaltiger Motor, der Ihre Energie und Ihre Motivation, Ziele zu erreichen, in die Höhe schraubt, wie das Beispiel eines berühmten Feldherrn beweist, dem in folgender Passage ganz offenbar sehr an dem Wohlsein seiner Partnerin gelegen ist, wenn er in die Schlacht zieht:

„Bonaparte platzte in den oberen Salon und setzte sich. Ich wusste, was sein kleines Lächeln zu bedeuten hatte. Ich sagte zu meiner Küchenmagd: „Agathe, vielleicht könnte ich mit meinem Mann sprechen - allein." Bonapartes verknittertes Leinenhemd war ausgezogen, bevor wir noch das Schlafzimmer erreichten. „Junot und Murat werden in fünfzehn Minuten eintreffen."

„Da bleibt nicht viel Zeit."

„Ich kann schnell sein", sagte er, als wäre dies eine Leistung. Ich drehte ihm den Rücken zu, damit er die Knöpfe an meinem Kleid öffnen könnte. Er fuhr mit seinen kalten Händen über meine Brüste, presste sich an mich. Ich drehte mich zu ihm um und küsste ihn. Er ist ein kleiner Mann, aber kräftig. Und schnell, wie er gesagt hatte.

„Ich möchte, dass du dich wäschst", sagte er, als er sich aus den Pantalons schälte.

„Das hatte ich gerade vor."

Seine soldatische Unverblümtheit überraschte mich.

Nackt (kleiner Körper, großer Kopf) stieg er ins Bett, zog das Bettlaken über sich und sah mich erwartungsvoll an.

Ich ging in meinen Ankleideraum und kam mit meinem mit violetten Bändern verziertem Gazenachthemd wieder heraus.

„Zieh das aus", befahl er.

Ich gehorchte widerwillig (Bonaparte ist sechs Jahre jünger als ich) und legte mich neben ihn.

„Stellung Nummer Zehn?" neckte ich.

„Dreiundzwanzig." Er ließ seine Hand über meine Brust, meinen Bauch gleiten. „Ich habe

einen Sprung nach vorn gemacht."
Ich lächelte. Scherzte er? (Es ist so schwer, ihn zu durchschauen.)
Dann setzte er sich auf und sagte: „Schließ' die Augen. Lieg einfach nur so da."
Ich tat, wie mir geheißen. Ich spürte, wie er ans Bettende kroch, spürte, wie seine Hände meine Beine öffneten, spürte die Wärme seines Atems, seine...
Mon Dieu. Ich schluckte, zog scharf die Luft ein. Bonaparte hatte es seltsamerweise nicht eilig. Eine sinnliche Wärme überkam mich. Ich krallte meine Finger in seine Haare, als Wellen der Lust in meinem Blut aufwallten.
Danach lag ich einen Augenblick da, rang nach Atem und trocknete meine Wangen an der Bettdecke. Bonaparte saß in der Hocke und betrachtete mich ehrfürchtig. Dann grinste er. „Nun denn, du bist die bisher Beste", sagte er und schwang die Füße auf den Boden.
„Komm wieder her", sagte ich und griff nach seiner Hand.

Und nun ran an die Projekte.

Quelle:
Gulland, Sandra: Joséphine und Napoléon

Ziel und Zickigkeit

IHRE PROJEKTE

„Où femme y a, silence n'y a"
„Wo Frauen sind, ist niemals Ruhe."
(frz. Sprichwort)

Der Weg ist bekanntlich das Ziel. Wenn man es einmal formuliert, gibt es kein Zurück mehr. Oder doch?! Die Angst davor, diesen Weg zu betreten, ist oft groß. Je näher das Ziel rückt, umso widerspenstiger wird man plötzlich. Man stellt sich mental auf die Hinterbeine, verweigert sich und lässt dadurch andere auflaufen, die sich an Sie gehängt haben.

Kein Wunder: Sie befinden sich gerade mitten in der Pubertät Ihrer Unternehmungen. Sie haben Angst, loszulassen, verletzt zu werden und Angst davor, keinen Erfolg zu haben. Mit anderen Worten: Sie können ganz schön zickig werden. Ihre Androhung, einen Rückfall in die Pubertät zu inszenieren, basiert vor allem methodisch auf der Strategie des Sich-Dumm-Stellens und durch starrsinnige Passivität die Entscheidungen an andere zu übergeben - besonders an jene, die Ihnen Feedback geben: Wenn du es so gut meinst, dann mach's doch besser. Ihr Zweifel wird auf diese Weise zur Verzweiflung anderer.

Zickigkeit, das ist der Boss-Baldessarini-Spot unter den Verhaltensmustern: „separates the women from the girls". Was denn nun... Frau oder Mädchen?! Um das Schwert aus dem Felsen, das Eisen oder die Kartoffeln aus dem Feuer zu holen, fehlt es an Kraft und Entscheidungsfreude. Sie schrecken vor sich selbst zurück - ein Phänomen, das besonders oft bei neuen Partnerschaften auftritt. Zu schön, um wirklich zu sein, zu groß die Angst, verletzt zu werden, zu nett der Kerl, da kann was nicht stimmen - also lieber mitten in der Fahrt die Handbremse gezogen, oder lieber gleich selbst austeilen. Das Problem besteht nur darin, dass niemand damit umgehen kann. Das freiwillige Sich-Begeben in den Zustand der Fass-Mich-Nicht-An-Verweigerung ist ein Symptom der scheinbaren Ausweglosigkeit. Die Kerle fragen sich indes: Was wollt ihr eigentlich damit erreichen? Das ist die richtige Frage, denn die Antwort lautet, „keine Ahnung, nur nicht das, was gerade da vor mir auftaucht". Er soll bitteschön etwas machen, ein Bekenntnis ablegen, heulen oder so etwas. Kaum ein Prinz wird jedoch bei viel emotionaler Verweigerung von seinem Schimmel herabsteigen und sich zum Deppen machen. Er wird innerlich mit dem Kopf schütteln und das Ganze bis zu einem gewissen Punkt ertragen. Oder Ihr Depp sein, mit dem Sie nichts mehr anfangen können. Schon Marlene Dietrich meinte: „Erst bearbeiten wir die Männer, bis sie so sind, wie wir sie haben wollen, und dann wollen wir sie nicht mehr haben..."

Zurück zum Geschäft. Ihre Verweigerung, ein Ziel als Ihr Ziel anzuerkennen, kann viel damit zu tun haben, dass andere es Ihnen zerredet oder ausgeredet haben, bis so viel Unsicherheit in Ihnen produziert wurde, dass Ihnen auf der Zielgerade gerade die größten Zweifel auftauchen. Dabei haben gerade diese negativen „Ratschläge" endlich für eine gewisse, wenn auch negative Bestätigung Ihres Vorhabens gesorgt. Endlich mal jemand, der die Dinge realistisch sieht und mich mit der Wahrheit konfrontiert! Zickigkeit ist der Rückfall in das Bedürfnis, väterlich behandelt zu werden und auf jemandem eindreschen zu dürfen, der Ihnen trotzdem verzeiht. Es ist der Appell an das Erwachsensein in anderen Menschen - denn Sie selbst stehen kurz davor, es zu werden. Aber es gibt kein Zurück. Schluss mit dem Mädchendasein. Spielen Sie nicht weiter die unschuldig Verfolgte. Nutzen Sie lieber Ihre Energie. Werden Sie wütend. Neugier und Wut sind die beiden Faktoren, mit denen man endlich aus seinem Schattendasein heraustritt. Wenn Ihnen etwas nicht passt, dann machen Sie nicht andere dafür verantwortlich. Sie allein müssen handeln. Sie sind selber „Schuld". Oder auch imstande, selbst für Resultate zu sorgen.

Projekte sind Prüfsteine

Für alle, die sich nicht sicher sind, die ihre Ziele prüfen wollen und trotzdem der Praxis nahe sein wollen, gibt es etwas Wunderbares: Projekte. Das Schöne an ihnen ist ihr Preis. Es kostet mehr Arbeit als Geld, ein Projekt in die Wirklichkeit umzusetzen. Sie sind der Prüfstein Ihrer Ernsthaftigkeit. Wenn alles klappt, dann trennt ein Projekt das Mädchen von der Frau und Sie erlangen die Reife einer Unternehmerin, die mit ihrer Idee auf den Markt geht. Aber eins nach dem anderen.

Was ist ein Projekt? Ein zeitlich begrenztes Business-Spiel, bei dem Menschen und Ressourcen zusammenkommen, um gemeinsam ein höheres Ziel zu erreichen. Projekte weiten Ihre Werte, Missionen und Ziele aus, indem die Spiel-Strategien auf einem höheren Level angesiedelt werden. Sie bieten Gelegenheiten, etwas Geld zu verdienen, während man entscheidende Fehler begehen kann. Projekte sind dazu da, um von Fehlern und Irrtümern zu lernen. Ein Projekt kann ein Theaterstück sein, das man gemeinsam erarbeitet, inszeniert und choreographiert. Oder ein Dokumentarfilm, an dem man seine Leidenschaft und Belastbarkeit testet. Denn ein Projekt teilt Ihnen sofort mit, wie viel Energie wirklich in Ihnen vorhanden ist. Es gibt jede Menge Coachings, die vermitteln, dass Ihre wahren Talente woanders liegen als in dem, was Sie gerade machen. Und jeder glaubt das gerne. Aber in Projekten zeigt sich erst der wahre Jakob: Zum Einen, ob Sie die Passion aufbringen, zum Anderen, ob Sie wirklich talentiert sind. Das merkt man spätestens am Applaus. Ist es ein höflicher „Golfapplaus" einer versammelten Gemeinde von gut meinenden Freunden, der am Schluss Ihrer Performance ertönt, oder prasselt ein wahrer Begeisterungssturm auf Ihr Ensemble ein? Nimmt Ihnen jemand das ab, was Sie da gemalt, fotografiert oder komponiert haben? Gehen die Leute mit, wenn Sie sie aufrufen, bei Ihnen einen Toskana-Töpferkurs nie geahnter Möglichkeiten zu belegen? Das Schicke an Projekten: Sie zahlen sich aus. Mit Gewissheit. Aber vielleicht verdienen Sie sogar Geld damit! Geld ist der Gradmesser der Qualität, die Ihr Projekt hat. Mit „Projekten" meinen wir jedoch nicht das, worüber Millionen von Freiberuflern täglich in den Cafés erzählen - nicht die tollen Ideen und Optionen, aus denen dann doch nichts wird. Projekte sind die kleinen Feldversuche, die Ihren Ideen entspringen. Projekte ebnen Ihnen den Weg ins Geschäft, aber sie sind nur der erste, unverbindliche Schritt. Hier ist also der Rückzieher erlaubt, sobald sich herausstellt, dass Ihre geschäftliche Zurückhaltung, Ihre „Zickigkeit" ihren Grund hatte. Dann heißt es zurück auf Los, sich neu sammeln und erneut einen Versuchsballon starten. Projekte sind Trial-And-Error. Sie bilden die Bausteine, aus dem sich das Mosaik Ihrer Karriere zusammensetzt, und werden nur dort eingesetzt, wo sie passen. Sie können alles ausprobieren, ohne dass es ernst wird, und andererseits schon ein bisschen an dem Geruch des Erfolgs schnuppern, eine Aktivität ausprobieren, die man jederzeit variieren, bemessen und bewerten kann. Sie können sehen, ob es passt oder ob es vollkommen daneben ist, was Sie gerade versuchen. Sie können beobachten, ob alles in eine andere Richtung geht oder ob es Ihren Vorstellungen entspricht, was Sie da angefangen haben. Sie können prüfen, ob Sie mit dem Metier, dem Markt und den Menschen, die dort agieren, klar kommen oder nicht. Und Sie bekommen schnell ein Gespür dafür, ob Sie etwas besser beherrschen als alle anderen. Sie werden sehr schnell merken, ob es das ist, was Sie sich vorgestellt haben, oder ob Ihre Träume sich auf einem Irrweg befunden haben. Am Ende haben Sie die Gewissheit, wie die Elemente Ihrer Karriere zusammenpassen. Das Entscheidende: Ein Projekt ist ein Spiel, das Sie zum Spaß machen. Das unterscheidet es von Wirtschaftsprojekten, etwa, wenn sich ein Unternehmen in einen neuen Markt hineinfräsen will. Was Sie veranstalten, ist kein Himmelfahrtskommando, sondern eine Party. Eine Show. Eine Performance.

Das Projekt muss einen Umfang haben, der zwar einige Zeit in Anspruch nehmen kann, aber nicht ins Geld geht. Die Achse von Zeit und Geld verhält sich also überproportional. Sie nutzen in einem Projekt die klamme Situation, indem Sie das mangelnde Geld mit der überschüssigen Zeit kompensieren, die Sie haben.

Mit anderen Worten: Sie haben Zeit übrig und damit die Gelegenheit, endlich mal was vollkommen anderes auszuprobieren! Sie haben ein Faible für Gastronomie? Sie lieben Gerüche, Geschmäcker, guten Wein und gute Gerichte? Schön. Suchen Sie sich einen Nebenjob in der Gastronomie, gehen Sie in den Service, erleben Sie, wie es in der Küche zugeht, lernen Sie zu dienen, zu kommunizieren, höflich zu sein - und zu bleiben. Wenn Sie sich dafür aufgrund Ihrer Bildung zu fein sind, stimmt schon mal etwas nicht. Wenn Ihnen der Stundenlohn von 8 Euro nicht passt, haben Sie die Idee des Projekts nichts verstanden. Wenn Sie aber durchhalten, wenn Sie lernen, wie man in der Küche funktionieren muss, wie schnell und zuverlässig man sein muss, warum man brüllen muss, und wenn Sie am Ende des Tages Ihren Lohn ausbezahlt bekommen, dann halten Sie plötzlich bares Geld in der Hand und haben die Gewissheit, dieses Geld verdient zu haben. Das ist etwas ganz anderes, als in einem Büro zu sitzen, auf das Ende des Monats zu warten, um endlich eine Zahl auf Ihrem Kontoauszug zu sehen, hinter der ein Plus steht und Ihre Ausgaben mal eben so ausgleicht. Dieses bare Geld ist sinnlich. Es ist das Ergebnis Ihrer

Erfahrung, Ihres Projekts. Und das Ergebnis Ihrer Aktion. Anstatt Ewigkeiten darüber zu reden, haben Sie es getan, und stehen am Ende mit einer Gewissheit und etwas Geld da, das Sie stolz machen wird. Das nennen wir ein Projekt!

In unseren Seminaren führen wir Projekte durch, die die Teilnehmer oft an ihre Grenzen bringen, oder darüber hinaus. Leute, die an einer Filmproduktion interessiert sind, müssen zum Beispiel einen Film drehen - was bedeutet, dass sie von der Idee über das Script bis zur Aufführung, den Ticketverkauf und die Beschaffung des Kinos alles machen müssen - und zwar bis zur Aufführung am letzten Seminartag. Das trennt die Frauen von den Mädchen. Am Ende weiß man sehr genau, ob man sich zu dieser oder jener Tätigkeit wirklich berufen fühlt. Manche reagieren erschöpft, manche mit einer nie gekannten Begeisterung. Andere behaupten, sie könnten alles, und scheitern kläglich. Wieder andere sind erstaunt, dass sie 24 Stunden durcharbeiten können. Das liegt nicht an ihrer körperlichen Verfassung oder Konzentrationsfähigkeit, sondern an der Energie, die diese oder jene Idee in ihnen hervorruft. Ein guter Dirigent kann oft arbeiten, bis das ganze Orchester vollkommen erschöpft ist, nur, weil er sich so intensiv in den Komponisten und dessen Notenwerk hineinsteigert, weil er etwas zwischen diesen Zeilen erahnt, was heraus muss. Das Medium ist die Message - und der Job, den man hat, ist nichts anderes als ein Medium. Und am Ende sollte die Kasse stimmen.

Bei einem Projekt muss man nicht viel vorinvestieren, sonst ist es kein Projekt. Ihr Startkapital sind Talent und Intelligenz. Der springende Punkt ist: Sie starten kein Projekt, das Ihnen nicht liegt. Sie gehen genau mit Ihrer Vision, mit Ihrer Mission und ihrem ganzen Willen an eine Sache heran, die in ihrer Natur liegt und das Sprungbrett zu einer neuen Karriere sein kann. Geld darf auf keinen Fall der ausschlaggebende Faktor sein.

Die Freude daran ist es, worauf es ankommt. Es darf auch in diesem Leben, das wir hier meinen, nie darauf ankommen, dass Sie mit irgendetwas Geld verdienen, das Ihren Lebensstil finanziert, sondern dass Sie einen Lebensstil finden, der als Geldquelle funktioniert. Für die meisten Leute sind Luxusgegenstände ein Kompensat für ihren miesen Job. Sie dagegen haben so viel Spaß an Ihrem Job, dass der Porsche irgendwann von alleine und abbezahlt vor der Tür steht.

Wie man ein Projekt startet

Im Wesentlichen sind Projekte Geschäftsübungen, die Sie zwingen, auszuprobieren, was Sie wirklich mit Ihrem Leben anfangen wollen. Das Schöne daran: Wenn Sie bisher mit Ihren Ideen und Vorstellungen herumgedruckst oder sich sogar blamiert haben, so können Sie nun frank und frei über Ihr Projekt sprechen: Die graue Theorie ist vorbei, und Scheitern ist schließlich erlaubt! Sie reden nicht mehr unentwegt darüber, dass Sie eigentlich dieses und jenes tun müssten... Kurz gesagt, Sie tun es. Ihr erstes Projekt sollte einfach gestrickt, kurzweilig, leicht zu bewerkstelligen sein und dabei ein kleines Einkommen generieren. Entscheidend sind die Grenzen, die dem Projekt gesetzt sind, vor allem zeitlich und finanziell. Hat ein Projekt keine terminliche Grenze, hat es auch keinen Zug dahinter. Es ufert aus und kommt nie zustande. Kostet ein Projekt zu viel, wird es Ihnen so mulmig, dass Ihnen tatsächlich irgendwann das Wasser bis zum Hals steht.

So kann man zum Beispiel einen „Spielplan“ ansetzen, um einen speziellen Service zu gestalten und anzubieten. Hauptsache ist, es bereitet Ihnen Freude und wird dadurch auch für andere attraktiv. Sie werden womöglich Ihre Bekannten sehr überraschen. Sobald Sie beginnen, werden Sie schnell sehen, was funktioniert und was nicht. Im nächsten Schritt eliminieren Sie alles, was Ihnen nicht passt, ändern Sie das Projekt in eine Richtung, die Wert auf die Dinge legt, die für Sie wichtig sind. Vielleicht sind Sie doch nicht die Regisseurin des Bühnenstücks, weil Sie es bald leid sind, mit allen möglichen Teilnehmern zu diskutieren. Aber Sie sind möglicherweise die Produzentin, die im Hintergrund die Fäden zieht, oder die Realisatorin, die während der Performance darin aufgeht, dafür zu sorgen, dass jeder Schauspieler richtig kostümiert zum richtigen Zeitpunkt auf die Bühne springt, und dass dabei auch die richtigen Scheinwerfer auf sie gerichtet sind. Es muss auf jeden Fall jede Menge Spaß bringen, sonst wird es eine Qual für Sie.

Projekte haben aufgrund ihrer Unverbindlichkeit eine ganz eigene Magie. Wenn man ein Spiel ansetzt, treten alle Teilnehmer in eine bestimmte Kommunikation ein und erzählen sich gegenseitig Geschichten. Auch Geschäfts-Abenteuer leben von dieser Atmosphäre. Sie fordern unser Engagement und bilden eine Einheit unter den Teilnehmern. Wir alle haben eine geschäftliche und eine künstlerische Seite in uns. Unsere Projekte haben im besten Fall ein monetäres Ziel, das auf kreative Weise erreicht werden soll. Dann macht es am meisten Spaß.

Projekte sind „milde Obsessionen“

Oftmals nehmen bei uns Leute an einem Projekt teil, die sich davon versprechen, direkt sehr viel Geld zu verdienen und nie mehr arbeiten zu müssen. Solch eine Einstellung wird nie zu Erfolg führen. Wenn Sie es nicht in vollen Zügen genießen, was Sie in einem Projekt verwirklichen, sondern nur ans Geld denken, das man damit verdienen könnte, haben Sie sich bereits um den Spaß dabei gebracht und rennen Ihren eigenen Zielen hinterher, ohne es zu merken. Das gilt auch für das wahre Leben: Hat man immer nur Geld und Unabhängigkeit im Hinterkopf, rennt man sein ganzes Leben einer Zufriedenheit nach, die sich nicht einstellen will, bis schließlich der Sensemann dem Ganzen ein Ende bereitet. Oftmals schneller, als man es will: Stress, Angst, Entfremdung von der Arbeit sind die weichen Faktoren, die oft zu ungesunder Lebensweise oder Krebs- und Herzerkrankungen führen.

Will man in seiner Karriere Lebensfreude erfahren, dann entwickle man ein Projekt, das Ihnen gedanklich schon immer Freude bereitet hat. Sie sollten dabei schon eine gewisse Herausforderung annehmen und dabei das Gefühl bekommen, dass Ihr Leben einen Sinn hat. Dieser Sinn ist, wie es der Psychoanalytiker Joseph Campbell einmal gesagt hat, nicht die Erkenntnis über den tiefen Grund unserer Existenz, sondern ganz einfach die Erfahrung, lebendig zu sein. Seien Sie so oft lebendig, wie Sie können. Ein Projekt, das Ihre komplette Kraft, Kreativität oder Intelligenz erfordert, verleiht Ihnen auch eine bestimmte Identität. Sie können endlich mit einem Projekt über sich hinauswachsen und es anderen zeigen! Das Projekt bringt Ihr inneres Genie hervor. Ein großes Projekt ist eine „milde Obsession“: Ihre Passion in Aktion.

Was man durch unabhängige Projekte lernen kann

Projekte werden Sie durchs ganze Geschäftsleben verfolgen. Sie werden daran bemessen, wie Sie Ihre Projekte gestalten und managen, und haben je nachdem mehr oder weniger Erfolg. So lange es noch nicht so Ernst ist, können Sie in kleinen, feinen Projekten trainieren, was das Zeug hält.

Das Lernen ist ein wesentlicher Bestandteil in einem Projekt - weniger jedoch, was man lernt, sondern wie man lernt. Bei Ihrem ersten Projekt sammeln Sie vermutlich Erfahrungen, ähnlich wie in der Schule. Sie blasen sozusagen innerlich die Backen auf, wenn sich Ihnen eine neue Herausforderung stellt. Aber es handelt sich hierbei nicht um einen Test, bei dem Sie im Prinzip sogar Dinge wiederholen können, die Sie gar nicht verstanden haben. Hier geschehen gerade Dinge in der Wirklichkeit, die Sie managen müssen. Projekte fordern Ihnen Dinge ab, die Sie von Ihrer Erfahrung ableiten: Im Prinzip wissen Sie, das Sie es können, Sie haben es aber noch nie ausprobiert. Sie können Millionen von Stunden mit Musikhören verbracht haben, Sie haben oft gedacht, das eine oder andere Stück ist so schlecht aufgenommen, das müsste man doch besser machen können.

Aber die Welt sieht ganz anders aus, wenn es darum geht, dass Sie selbst mit jemandem Musik produzieren sollen! Wenn erst einmal alle Augen auf Sie gerichtet sind, und Sie merken, dass es ohne Sie nicht weitergeht, dass Sie handeln, retten, improvisieren müssen... das sind mitunter die schönsten Momente im Leben! Wenn Sie Ihren aufgeregten Musikern, gelangweilten Toningenieuren und nervösen Managern endlich erklärt haben, was Sie wollen und sich dabei selber Dinge sagen hören, über die Sie sich selbst wundern, können Sie mit Stolz behaupten, etwas gelernt zu haben.

Eine wesentliche Absicht in einem Projekt besteht auch darin, sich selbst zu überraschen und zu amüsieren. Es ist wie beim Karten- oder Ballspielen: Sie konzentrieren sich, vergessen aber alle Sorgen und lassen es einfach laufen. Es geschieht einfach. Es ist keine Prüfung. Diese wunderbare Leichtigkeit macht das Lernen so einfach und natürlich. Sie lernen, wie man Hindernissen begegnet und wie man Widerstände aufbricht, die sich Ihrem Projekt entgegenstellen. Darüber darf man allerdings nicht vergessen, dass jedes Projekt eine gewisse Verantwortung mit sich bringt.

Während Sie jetzt noch ausprobieren können, wird die Verantwortung immer mehr. Wenn Sie verantwortlich handeln und sich an die Regeln halten, bleibt jedoch der Spaß an der Sache erhalten. Und es lohnt sich: Je mehr Verantwortung Sie an den Tag legen, umso intensiver wird das Projekt. Ansonsten zerbröckelt das Ganze unter Ihren Händen. Ohne Verantwortungsbewusstsein hat ein Projekt schnell den Charakter von gemeinsamen Hausaufgaben, wenn draußen die Sonne scheint. Wenn keiner sich anschickt, Zug in die Sache zu bringen, wird das Ganze immer lustloser und zieht sich immer weiter in die Länge.

Oder, noch schlimmer: Die Verantwortung wird hin- und hergeschoben, so dass am Ende etwas Schreckliches herauskommt. Dabei gehen auch die Spielregeln flöten, und das Ganze wird ein einziges Chaos. Tun Sie sich den Gefallen und seien Sie der Boss in der Angelegenheit. Man wird es Ihnen danken, wenn Sie sich vorher Gedanken gemacht haben, die Sie nun auch exekutieren wollen. Nichts ist schlimmer als ein Spiel ohne Spielleiter.

Normalerweise werden Projekte neben einem regulären Job durchgeführt, so dass man nicht

Aktion und Sozialisation: Was ist es, was mich trägt?

auf das Geld angewiesen ist, das möglicherweise dabei herausspringt. Wenn aber so viel Ertrag im Spiel ist, dass man das Geld nicht benötigt, legen Sie es für Ihr „ernsthaftes" Vorhaben an, das Sie mit dem Projekt verfolgen. Oder belohnen Sie sich und kaufen sich ein Paar Manolo Blahnik-Schuhe - von Geld, das Sie „on top" verdient haben! Wenn da keine Freude aufkommt...

Auf jeden Fall muss es das richtige Projekt für Sie sein.

Und das ist ein solches, dass Sie „in Fluss" bringt, in den „Flow" oder auch „in-the-zone" wie die Sportler sagen: in jenen Zustand, der erst nach einer gewissen Überwindung oder langen Anstrengung eintritt, nämlich dann, wenn plötzlich alles von selber läuft. Wenn Sie das Beste aus sich herausholen, werden Sie in einem Projekt diesen Zustand erleben. Es kommt darauf an, dass Sie genau das machen, was Ihnen am meisten liegt.

Projekte finden nicht statt, indem Sie auf die graue Tapete Ihres Bewusstseins starren. Aktion und Sozialisation sind zwei Schlüsselbegriffe, die Menschen von der passiven in die aktive Seite des Lebens bugsieren. Entweder Sie gehen in Aktion, oder Sie gehen unter Menschen... oder am besten beides. Wenn Sie gerne im Mittelpunkt oder auf der Bühne stehen, schmeißen Sie eine Party und treten Sie in diesem Rahmen in einer Show auf. Projekte sind nämlich eine wunderbare Art, herauszufinden, was Sie am liebsten tun.

Suchen Sie nach den Aktivitäten, die Sie „in-the-zone" bringen - die in Ihnen so viel Adrenalin und Endorphine produzieren wie bei einem Langestreckenläufer. Dann wandeln Sie diese Tätigkeiten in ein Projekt um, um zu sehen, wie es in der wirklichen Welt da draußen mit echten Menschen funktioniert. Was könnte es sein, was Sie trägt? Wo und wie fühlen Sie sich am wohlsten? Sind Sie lieber draußen als drinnen? Bewegt Sie Musik? Erzählen Sie gerne Geschichten? Sind Sie glücklich, wenn Sie andere zum Lachen bringen können? Ziehen Sie sich gerne toll an - oder bewegen Sie sich vielleicht gerne nackt? Alles ist möglich.

Wenn Sie nicht auf Anhieb herausfinden, welches Projekt Ihnen zusagt, fragen Sie Ihre Freunde und Bekannten, was Sie am meisten an Ihnen schätzen und lieben. Wenn Sie einmal einen Service gefunden haben, der Sie in vollstes Verzücken versetzt, setzen Sie ihn auf den Kalender und verteilen Sie Flyer, um Fans für Ihre Idee zu finden.

Dann sind Sie von selbst gefordert. Es gibt kein Zurück mehr. Sie werden anfangs fundamentale Fehler machen, daraus lernen - und dabei Geld verdienen. Wenn Sie fallen, stehen Sie wieder auf und bleiben Sie leichten Herzens - es ist nicht der Ernstfall, es ist nur ein Projekt, aus dem Sie genau die Lehren ziehen sollen, die ein Projekt Ihnen anbietet.

Der Trainer einer Nationalmannschaft absolviert keine Test- und Freundschaftsspiele, um sie zu gewinnen, sondern um seine Mannschaft Fehler machen zu sehen und sie zu beheben, das Team zu verbessern und zu perfektionieren. Das funktioniert nur, wenn sie auch Fehler machen dürfen. Schon ist der ganze Krampf aus dem Team heraus. Diese Maßnahme hat schon so manchen beflügelt.

Wenn etwas gar nicht klappt, dann lassen Sie sich von der Enttäuschung nicht unterkriegen. Lachen Sie, wenn Sie können, und weinen Sie, wenn Sie müssen. Aber geben Sie auf keinen Fall auf, denn alles, was Sie erleben, gehört zum Spiel. Ihr Verstand wird Ihnen zurufen, dass Sie aufhören sollen, zu träumen, aber Ihr Gefühl sagt Ihnen, Sie sollen weiter an Ihre Vision glauben. Hören Sie auf Ihr Herz. Es hat schon Lektionen gelernt, die man nicht mit Worten ausdrücken kann.

Egal, wie groß Ihr Unternehmen angelegt ist: Projekte werden immer ein integraler Bestandteil sein. Einige werden scheitern, andere müssen zurückgestellt werden, bis die Zeit reif ist. Aber die paar Projekte, die Früchte tragen, erzeugen so viel Begeisterung und Energie, dass die anderen davon mitgetragen werden. Der Erfahrungsschatz, den man aus Projekten zieht, ist ohnehin unermesslich. Daher sollte man sie zu schätzen wissen, was vielen schwerfällt, die sich zum ersten Mal mit Projekten beschäftigen.

Die meisten Leute haben sehr unrealistische Einschätzungen, wenn sie nie den Ernstfall geprobt haben, bevor er eintritt. Sie verwechseln oftmals mögliche Szenarien mit echten Plänen und verfallen in einen merkwürdigen Aktionismus.

Projekte sind Lerninstrumente, mit denen man nicht auf einem Minenfeld agiert, sondern auf sicherem Terrain, ein Manöver, in dem man Dinge ausprobiert und dabei auch Fehler macht. Vor allem aber kann man sich sehr gut die Konsequenzen ausmalen, wenn man bei einem solchen Manöver in die falsche Richtung marschiert.

Wir alle haben nicht nur brillante Gedanken, sondern auch alle möglichen Vagheiten, Ungewissheiten und Flusen im Kopf. In Projekten erleben wir, wie unser Denken in der Wirklichkeit funktioniert. Egal, wie sie ausgehen, es ist wichtig, dass man sie durchführt, sonst bleibt alles, was man sich erträumt hat, genau dort: im Kopf. Reduzieren Sie die möglichen

Schriftliches Denken und andere Dinge, die man bei einem Projekt beachten sollte

Missverständnisse auf ein Minimum, indem Sie eine möglichst klare Ansage treffen. Sie können nicht konzeptionell alle Probleme beiseite räumen, aber Sie können die Anzahl ihres Auftretens mindern, indem Ihre Vorstellungen möglichst ausgereift sind, so dass Sie sie klar und deutlich artikulieren können.

Aus einem erfolgreichen Projekt wird schnell ein großes Geschäft. Und wo Geld ist, hört die Freundschaft auf.

Einige der Teilnehmer werden unrealistische Ziele haben, andere sich als unzuverlässig herausstellen - und andere wiederum werden Ihr Projekt bereits mit einem realen Geschäft verwechseln, aus dem sie Gewinne ziehen wollen. Committen Sie sich frühzeitig mit Ihren Projektpartnern auf die Konsequenzen Ihres Schaffens. Aber es reicht nicht, Ihnen Ihre Absichten verbal mitzuteilen, denn jeder hört nur das, was er hören will.

Projekte sind auf dieser Stufe nichts anderes als Lerninstrumente. Bei einem Projekt befindet man sich in einer sicheren Umgebung, um alle möglichen Dinge auszuprobieren und Fehler zu machen. Sie haben die einmalige Gelegenheit, zu beobachten, was passiert, wenn Sie dieses oder jenes ausprobieren. Es werden jede Menge Irrwege aufkreuzen, die Sie zum Glück wieder verlassen können. Schließlich kann niemand von sich behaupten, er/sie hätte nur klare, stringente Gedanken im Kopf. Im Gegenteil: Das meiste, was wir denken, ist herrlich chaotisch und unrealistisch. Das ist ja auch das Schöne daran - und nur ein Beweis unserer Fähigkeit, zu träumen, unserer Brillanz! Hier, in Projekten, testen wir aus, was daran mit der Wirklichkeit in Einklang zu bringen ist.

Um Missverständnissen zwischen Ihnen und Ihren Projektpartnern vorzubeugen, müssen Sie Ziel und Zweck des Unterfangens so klar und deutlich formulieren, wie es irgend geht: Also schriftlich. Das wird die Anzahl an Problemen auf ein Minimum reduzieren.

Schriftliches Denken ist ein sehr probates Mittel, um Geschäfte intern flüssig ablaufen zu lassen. Denn: Gesagt ist noch nicht gehört, gehört ist noch nicht verstanden, verstanden ist längst nicht getan - und schon gar nicht so, wie Sie es sich vorgestellt hatten.

Hinzu kommt, dass Geschäfte eine spezielle, nämlich sehr präzise Kunstform darstellen. Business hat kein Mensch in der Schule gelernt. Für die meisten beginnt es erst ernst zu werden, wenn man sich schon mittendrin befindet und eine ständige Art „Learning by Doing“ vorherrscht. Männer, unsere Jäger und Sammler, nehmen das gerne als

Herausforderung. Sie tendieren dazu, sich möglichst kurz und klar zu fassen, während Frauen die Dinge sehr gerne bis ins Detail durchsprechen und alle anderen möglichen Aspekte einbeziehen.

Aber wer soll es ihnen übel nehmen: Schließlich mussten die Männer früher einen Mammut zur Strecke bringen, da blieb weder viel Zeit, noch konnte man es sich leisten, sich im Job lange zu verfransen. Die Frauen dagegen hatten in dieser Zeit viel Muße, sich mit ihren Verbindungen, der häuslichen Ordnung, ihren Kindern und ihrem Einfluss auf Männer zu befassen.

Männer wollen gerne aus dem Hinterhalt kommen und allen anderen voranpreschen, um zu beweisen, dass sie die Stärksten sind und das größte Recht auf Frauen haben.

Es ist erstaunlich, wie dominant solche Archaismen heute noch sind. Noch heute denkt ein Großteil der Männer, man müsste ständig demonstrieren, der Größte zu sein.

Projekte im Sinne von Experimentierfeldern? Kinderteller! Es geht sofort ans Eingemachte, es müssen sofort Resultate auf den Tisch. Es müssen Erfolge her.

Nur über Erfolge kann sich ein Mann definieren. Das ist schon immer so gewesen. Männer setzen sich deswegen gegenseitig viel stärker unter Druck. Klar. Die Verlierer müssen Angst haben, keine Frau abzubekommen. Früher, wie es heute noch bei Urvölkern zu beobachten ist, wurden potenzielle Nebenbuhler auch gerne mal umgebracht, um eine Frau zu bekommen und für Nachwuchs und Arterhaltung zu sorgen.

Wenn die Mitglieder eines Teams einmal „fremdeln", ist das Projekt und alle anderen, die möglicherweise folgen würden, mit diesen Teilnehmern zum Scheitern verurteilt. Frauen können sehr gut starke Verbindungen aufbauen, und das ist es, worauf es in einem Projekt ankommt. Sie können das ganze Projekt-Spiel als Win-Win-Situation in einem Umfeld ohne Stress inszenieren. Sie legen die Ziele oft erst fest, nachdem sie die Mitspieler genau kennen und die Ziele nach deren Kompetenzen abgestimmt haben.

Die Fähigkeit, ein Team zusammenzustellen, um ein Projekt zu vollenden, ist die wichtigste Fähigkeit eines Entrepreneurs. Ihre Fähigkeit, mit einem Team an einem Projekt zu arbeiten, ist essenziell für den Erfolg Ihres Vorhabens.

Nur, wenn Sie den Willen haben, freiwillig die Zeit und Energie aufzubringen, die es neben all Ihren anderen Beschäftigungen benötigt, ist das Projekt es wert, angegangen zu werden.

Am besten, Sie legen einige Dinge zusammen schriftlich fest, um Missverständnisse, nicht nur zwischen Männern und Frauen, zu vermeiden:

1. Ein Projekt ist ein zeitlich begrenztes Business-Spiel in kleinem Umfang.

2. Das Projekt basiert niemals auf Stress oder Druck. Es ist ein Feldversuch, um eine Leistung oder ein Produkt für den Markt zu testen.

3. Alle Ausgaben, auch die Verantwortung darüber, werden mit allen Teilnehmern besprochen. Mögliche Einnahmen werden nach einem vorher festgelegten Schlüssel umverteilt.

4. Da sich ein Projekt Schritt für Schritt entwickelt, sollten alle Teilnehmer vorher darüber im klaren sein, wie viel Zeit oder auch Geld sie bereit sind, zu investieren.

5. Mögliche Änderungen des Projektes, wie etwa das Engagieren weiterer Teilnehmer, bedürfen der Zustimmung der Beteiligten.

Selbstverständlich muss sich niemand sklavisch an diese Punkte halten, Sie können sie ganz nach Ihrer Façon einsetzen oder auslassen. Auf jeden Fall sollten Sie aber diese Dinge ansprechen, bevor sie zum Problem werden können, zum Beispiel mangelndes Engagement, unterschiedliche Vorstellungen vom Geld, vom Umfang, der Ernsthaftigkeit oder von den Ideen, die an dem Projekt haften. Wichtig: Ein Projekt darf scheitern.

Aber auch das Scheitern ist ein Lernen, und die Erfahrung, dass etwas nicht funktioniert, ist im Rahmen eines realistischen Projektes kein herber oder existenzgefährdender Verlust. Man darf darüber nicht enttäuscht sein.

So kann sich beispielsweise bei Ihnen, der Projektleiterin selbst, das Gefühl der Lustlosigkeit einstellen, wenn Sie merken, dass es mit der großen Idee doch nicht so toll bestellt war, wie vielleicht ursprünglich angenommen. Dann haben Sie sich wenigsten endgültig von einer Illusion getrennt, die Sie ein Leben lang aufgehalten hätte.

Geheimoperationen - Projekte neben der Arbeit

Unternehmen bieten im seltensten Falle einen Rahmen, in dem man etwas ausprobieren und auch negative Resultate erzielen darf. An Universitäten ist das schon viel öfter der Fall. Da werden schließlich ständig Experimente mit ungewissem Ausgang veranstaltet.

Ansonsten gibt es nur einen einzigen Ausweg: Nebenbei arbeiten, harte Nachtschichten einlegen, vielleicht sogar das Equipment nutzen, um damit etwas anderes auszuprobieren. Solche „Geheimoperationen" haben immer den Vorteil, dass man den Erfolg für sich allein verbuchen kann. Wenn die Unternehmen schon zu kurzsichtig sind, um eine Vision zu teilen, kann man mögliche Erfolge schließlich auch für sich allein einheimsen. Es gibt weniger Beispiele dafür. Aber es werden im Zuge der Notwendigkeit, sich selbstständig zu machen und selbständige Ideen zu entwickeln, mit Sicherheit immer mehr.

Anfang der Siebziger Jahre gab es in der ruhigen Kurstadt Baden-Baden eigentlich nur zwei national bekannte Institutionen: Den Südwestrundfunk, damals noch „Südwestfunk" genannt, und die Kosmetikfirma Juvena.

Am Südwestfunk arbeitete in der Abteilung Unterhaltungsmusik ein junger Mann namens Karlheinz Kögel, der sich seine Stellung als Moderator mit Sprechübungen und Know-how hart erarbeiten musste. Eines Tages bekam er mit, dass die Kosmetikfirma Juvena sich als eine der ersten Unternehmen in dem Städtchen einen Computer angeschafft hat, was damals mit Sicherheit noch ein sehr großer, langsamer und komplizierter Apparat war.

Kögel aber hat eine Idee. Die ganzen Musterplatten, die täglich willkürlich bei ihm auf dem Schreibtisch landen, um gespielt zu werden, einfach zu registrieren und aus der Anzahl ihrer gespielten Frequenz Charts zu basteln - so etwas gab nämlich bis dato nicht. Er besorgte sich von Juvena die Genehmigung, die Computer nachts „füttern" zu dürfen, wie man damals sagte, und baute mit der Erfassung aller Daten kontinuierlich ein System auf, mit dem er in unterschiedlicher Weise hantieren konnte: Anzahl der Abspielungen, in der Folge bessere Kontrolle der GEMA-Gebühren ...

Kurz und gut: Aus der „Geheimoperation Juvena" wuchs das Unternehmen „media control", das bis zum heutigen Tage die offiziellen Popcharts für ganz Deutschland ermittelt, und seit 28 Jahren Marktführer im Bereich der Ermittlung von Abverkaufszahlen des Unterhaltungssektors in Deutschland, der Schweiz und Österreich ist.

Kögel, sicherlich einer der größten Innovatoren Deutschlands, hatte da auch noch ein paar andere Ideen: Seine erste Billigfluglinie nach Brasilien ist heute mit „L'Tours" zu einem der wichtigsten Teilnehmer am Markt geworden. Sein „Medienpreis" bringt Jahr für Jahr die prominentesten Player aus Politik, Sport und Entertainment ins beschauliche Baden-Baden. Man muss eben nur Ideen haben...

Innovation ist der Sprit für Entrepreneure, der Stoff, durch den aus Träumen Wirklichkeit wird. Projekte gehen oft mit Unternehmensgründungen einher, wenn sie funktionieren. Dann steht eine echte Herausforderung ins Haus. Man wird sie jedoch meistern, und in den meisten Fällen steigert sich nur die Intensität, mit der man eine Sache verfolgt, die offenbar neu und erfolgsversprechend ist.

So lange es aber ein Projekt ist, kann man mit Trial und Error hantieren, bis man auf dem richtigen Wege ist. Oftmals kommen dann außergewöhnliche Dinge dabei heraus. Plötzlich erlebt ein Produkt einen Marktdurchbruch, oder das Zusammenführen zweier Markttechnologien löst eine Revolution aus - man denke nur an Business und Internet, an Unternehmen und Coaching, an Unterhaltungsmusik und Kosmetik-Computer... kommt Ihnen eine Idee?

Dann lassen wir Sie mal einen Augenblick in Ruhe. Ihr Projekt reift, was nichts anderes heißt, als dass Sie selbst gerade reifen. Sie fühlen Ihr Ziel gerade in beträchtliche Nähe kommen, da der Projektcharakter Ihrer Vorstellungen den merkwürdigen Pathos annimmt, den große Ideen immer haben.

Bei Visionen kann Ihnen jeder in die Suppe spucken, zum Beispiel, dass man dringend zum Arzt gehen muss, wenn man sie hat. Lassen Sie sich nicht beirren. Niemand wird Sie für verrückt erklären, wenn Sie ein Projekt realisieren. Und wenn Sie Recht behalten, wird man Sie noch kennen lernen. Nun habe Sie endgültig Ihre Zickigkeit verloren. Das Ziel liegt greifbar vor Augen. Wenn auch in der Nussschale.

Was haben wir da bloß angefangen?

IHR JOB

*„My daddy's rich,
and my mama's good looking."*

(aus dem Song „Summertime", „Porgy and Bess")

Was waren das noch für Zeiten, was waren das noch für Parameter, an denen die Rollen von Mann und Frau gemessen wurden?!

So selbstverständlich, wie es in George Gershwins Oper „Porgy and Bess" festgehalten wurde, klingt es heute eigentlich wie eine Unverschämtheit: Der Vater muss möglichst reich sein, die Mutter möglichst gutaussehend. Statussymbole von einst - oder noch von heute? Zugegeben: Es wäre nicht schlecht, wenn es zutrifft, dass unser Kindchen das von seinen Eltern sagen kann. Aber ein paar Dinge haben sich fundamental geändert: Mama kann nicht nur gut aussehen, sondern auch reich sein. Papa kann sich auch mal schön um die Kinder kümmern, während Mama das Business schmeißt. Sämtliche Werteparadigmen sind im Topf der Emanzipation und Postmoderne gelandet, um dort kräftig umgerührt zu werden. Heraus kommt: Mama kann alles.

Die drei klassischen K (Kinder, Küche, Kirche) sind den modernen K (Kinder, Karriere, Kommunikation) gewichen. Mama soll's einfach zugeben: Es funktioniert auch alles zusammen, wenn sie es nur will. „My mama's rich, and my daddy's good looking." - Warum nicht?

Eine große Karriere entfaltet sich aus Projekten, die aus einzelnen Aufgaben bestehen. Die Vollendung von Aufgaben vollendet Ihre Projekte, diese wiederum kommen Ihren Zielen näher, die Ihrer Mission und Ihren Werten entsprechen.

In der Natur von Unternehmen liegt es, dass sie wachsen müssen. Von vornherein ausgewachsene Unternehmen gibt es nicht. Am Anfang ist es in der Tat nichts anderes als ein kleines Baby, das nach Hilfe schreit. Wenn Sie ein Kind auf die Welt bringen, stellen Sie sich seine Zukunft vor - nicht unbedingt, dass er oder sie es einmal besser haben wird oder Ihre Zukunft sichert, aber Sie wünschen dieser kleinen, kreischenden Person einfach alles erdenklich Beste und tun aus Liebe alles, was in Ihrer Macht steht, damit dieses Kind es bei Ihnen gut hat.

So ähnlich ist es mit Ihrem Business-Gedanken bestellt. Auch hier geht es um jede Menge Gefühle, denn hier liegt der Wunsch zugrunde, dass Sie genau das tun und verwirklichen wollen, was in Ihrer Brillanz liegt. Obwohl Sie einerseits eine große Vision im Kopf haben, liegt andererseits vor Ihnen auf dem Schoß ein kleines schreiendes Kind, das erst einmal Nahrung fordert. Obwohl Ihr Projekt jung ist, Ihr Geschäft gerade seine Geburt erlebt, haben Sie schon eine wesentlich komplexere Zukunft vor Augen.

Wenn Sie Ihr Projekt erfolgreich absolviert und daraus jede Menge Selbstbewusstsein gezogen haben, wird es jetzt langsam ernst. Keine Experimente, sondern Erfahrungen stehen jetzt im Raum. Die Liebe zu Ihrer Beschäftigung gibt Ihnen viel Kraft. Und die werden Sie jetzt brauchen. Es geht ans Eingemachte. Jetzt kommt echte Arbeit und die Herausforderung, das in den täglichen Bedarf umzusetzen, was Ihnen an Werten, Missionen, Zielen vorschwebt, und was Sie als Projekt erfolgreich - und zu Ihrer eigenen Überraschung und Begeisterung - durchgesetzt haben: Echte Aufgaben.

Aufgaben sind ein wichtiger Bestandteil in jeder Phase des Business. Aber jetzt, in diesem jungen Stadium Ihres Unternehmens, brechen die Jobs nur so über Sie herein. Sobald Ihre Ziele klar sind, kommt auch schon Chaos auf. Nur sehr engagiert und konzentriert behalten Sie die Oberhand über die galoppierenden Ereignisse. Nur wenige, sehr intelligente Leute können ihre Jobs ohne Supervision erledigen. Die Aufgaben, die vor Ihnen liegen, tragen weniger das Pathos der vorhergegangenen Themen. Sie sind der Beginn harter Arbeit. Die alte Binsenweisheit, dass Business aus fünf Prozent Inspiration und 95 Prozent Transpiration besteht, bewahrheitet sich jetzt auf prachtvolle Weise. Denn nun geht es nicht allein um Dinge, die Spaß bereiten oder einfach zu bewerkstelligen sind. Sie befinden sich jetzt in dem Stadium, in dem Sie die Dinge wahr machen, von denen Sie bisher nur geträumt haben. Hier geht es um Ihre Selbstdisziplin. Von hier ab können Sie nur Fortschritte machen, wenn Sie die tägliche Routine lieben, die Ihr Job mit sich bringt und die andere nicht ertragen könnten. Sie werden es daran feststellen, dass diese anderen Sie bald bewundern werden - wenn Sie durchhalten.

Die meisten Projekte und Unternehmungen scheitern, und zwar aus dem Grunde, weil wir Menschen einen ausgeprägten Überlebensinstinkt haben. Sobald etwas nicht mehr so ganz sicher erscheint, greifen die meisten Menschen nach einer rettenden Lösung und bringen sich in Sicherheit. In unserem Zusammenhang bedeutet das, Sie suchen sich wieder einen Job als Versicherungsvertreter oder Sekretärin, nur um die notwendige Kohle zusammenzubekommen, die sie Monat für Monat für Ihre Lebenshaltung abdrücken müssen. Entrepreneurship aber ist Risiko. Da ist das Leben kein langer ruhiger Fluss, und im Grunde ist es gerade das Spannende dabei, dass man nicht immer weiß, wie es genau weitergeht. Sie müssen jedoch einen langen Atem beweisen. Schwere Aufgaben veranlassen obendrein viele Leute, die Biege zu machen. Dabei ist es ein wenig naiv zu glauben, es würde alles so easy laufen. Im Gegenteil, und das wollen wir bereits vorweg nehmen: Wenn alles so richtig schön ins Laufen kommt, wenn Ihr Unternehmen wächst und wächst, dann tragen Sie immer mehr Verantwortung für Geld und für Leute und auch das damit verbundene Risiko. Es wird deshalb niemals mehr einfacher, sondern immer wieder ein bisschen schwerer und immer anders schwer. So ist das Leben. Um bei unserem Beispiel zu bleiben: Wir kommen irgendwann einmal in die Pubertät. Eine schwere Zeit. Aber wir erleben unsere Sexualität. Eine schöne Angelegenheit. Dann aber machen wir wieder schwere Erfahrungen mit unserem Partner, unserer Reife, dem Leben um uns herum. Alles Mögliche geschieht da, fast schneller als wir es begreifen können. Noch dazu müssen wir immer mehr selbst verantwortungsvoll für uns und andere Menschen entscheiden. Erwachsenwerden heißt dieser Prozess. In unserer Zeit ist es zwar ein Trend, dass man bis zu seinem 35. Lebensjahr eigentlich Kind bleiben will. „Tu nicht so erwachsen“, heißt es in einem Autospot und wirbt mit einem betont infantilen Wagen. „Erwachsen sein können wir immer noch“, ist das Credo des „stern“-Ablegers „Neon“ speziell für junge Leute. Sie machen leider nicht die Erfahrung, dass das Leben immer schöner wird, je mehr Verantwortung man übernehmen kann.

Bleiben Sie im Training

In Ihrem Fall wäre es traurig, jetzt einen Rückzieher zu machen. Wir haben nie davon geredet, dass es nicht mit Arbeit verbunden sei, wenn man sein eigenes Unternehmen initiieren und führen will. In der Natur der Arbeit liegt es, dass sie nicht einfach ist. Aber sie kann auch einfach Spaß bereiten.

Nur zuerst muss man „durch“. Am Ende der Arbeit steht Erfolg und nur durch Arbeit kommt man zum Ziel. Aufgaben, die sich nun stellen werden, können bedeutende oder gar ehrenhafte Züge tragen, aber es ist im seltensten Falle glamourös, sie zu erledigen. Nur wer Durchhaltevermögen beweist, wird am Ende erfolgreich sein. Bei jeder sportlichen Aufgabe zeigt sich dieser Sachverhalt. Sport bedeutet Training, Training, Training. Irgendwann geht es zum Wettkampf. Und der ist im Prinzip schon durch das Training entschieden. Der siebenfache Tour-de-France-Sieger Lance Armstrong hat einmal gesagt, er hätte die „Tour“ nicht in den vier Wochen, sondern in den restlichen elf Monaten des Jahres gewonnen. Bei der Performance wird nur noch die Leistung „abgerufen“, die man sich beim Training erarbeitet hat.

Wer wissen will, was Leistung bedeutet, kann zum Beispiel regelmäßig laufen oder Fahrrad fahren „trainieren“: also nicht ab und zu joggen, um eine gute Figur zu machen, sondern regelmäßig und aufbauend trainieren, um zu einem bestimmten Termin eine bestimmte Leistung abzurufen. Am Tag X weiß man, was man vorher getan oder versäumt hat.

Setzen Sie sich einen „Judgement Day“, an dem die Frucht Ihrer Arbeit sichtbar wird. In dieser momentanen Entwicklungsphase handelt es sich um den Launch Ihres Unternehmens, auf den wir später noch ausführlich zu sprechen kommen. Denn Sie können jetzt einen entscheidenden Fehler machen: Nur noch zu arbeiten ohne Ziel. Die meisten Menschen fallen auf diesen Tatbestand herein. Man spricht dann von „Angestellten“, deren Ziel vielleicht in der nächsten Gehaltserhöhung und in einigen privaten Dingen liegt. Sie haben aber keinen Einfluss darauf.

Aber auch als Unternehmer, als Businessmensch fällt es leicht, der Arbeit und nichts als der Arbeit zu erliegen, weil man kein Ziel hat. Die Symptome dafür sind Überlastung, Hektik oder Aktionismus. Rollen, in denen man sich sogar gefallen kann. Dazu gehört zum Beispiel der „Ich-habe-keine-Zeit“-Narzissmus, der die eigene Wichtigkeit und Unentbehrlichkeit unterstreichen soll.

In Frauenzeitschriften ist es Mode geworden, vom „ADS-Syndrom“ zu sprechen, wenn man bzw. frau immer drei Dinge auf einmal erledigen soll. Überhaupt: Wie soll ich das alles schaffen,

Werden Sie Diener, um König zu werden

ein Geschäft aufzuziehen, Kinder großzuziehen und möglicherweise noch einem Partner zu gefallen? Alles Ausreden. Und ADS ist etwas vollkommen anderes, auch wenn es die gleiche Wurzel hat: Das „Aufmerksamkeits-Defizit-Syndrom" zeigt sich an mangelnder Konzentrationsfähigkeit, die sich in Hysterie äußert. ADS tritt häufig bei Kindern auf, die beispielsweise auf dem Tisch stehen, wie am Spieß brüllen und um sich schlagen. Inzwischen weiß man, was oftmals die Ursache für dieses Verhalten ist: Orientierungslosigkeit. Stellen Sie sich vor, mit Ihnen würde etwas unternommen, was Sie vorher nicht genau wissen. Und das die ganze Zeit lang.

Gute Pädagogen gehen dazu über, ihren anvertrauten Kindern immer genau minutiös anzukündigen, was sie an diesem Tag mit ihnen vorhaben. Mit diesem konkreten Tagesplan können sie sehr gut leben und sich auch auf die nächste Tätigkeit freuen oder vorbereiten. Nichts aber ist schlimmer als das Ungewisse, was irgendwie auf sie lauert und auf das sie sich nicht vorbereiten können.

Um auf unseren Business-Alltag zurückzukommen: Arbeit ohne terminliche Zielsetzung verursacht auch bei Ihnen eine „gewisse Ungewissheit". Daher sollten Sie in Aktion treten und sich ständig eine Grenze setzen, an der Sie es geschafft haben sollten. Es kommt nicht darauf an, dass Sie diesen Zeitpunkt einhalten, sondern dass Sie ihn setzen. Nur dann, wenn Sie wissen, was wann fertig sein soll, können Sie arbeiten, ohne verrückt zu werden.

Zurück zur Arbeit. Langweilende Details gehören leider zu jeder Beschäftigung dazu, die Erfolg verspricht.

Wenn Sie Ihre Leistungen an terminlichen und pathetischen Zielen ausrichten, wird es viel leichter, damit umzugehen. Sie sehen diese Details nur als kleine Holpersteine, die Sie mit dem Mountainbike auf dem Weg auf den Gipfel eben „überfahren" müssen. Das erfordert die Entschlossenheit, dort fortzufahren, wo andere aufhören. Am besten begreift man gerade die stupidesten Verrichtungen als Zen. Gerade die Arbeiten, die so langweilig sind, beanspruchen von Natur aus nicht unsere Intelligenz. Deshalb laden sie zur Meditation ein. Freuen Sie sich auf Jobs, bei denen Sie nicht denken müssen, sondern innerlich abschalten und Musik hören können, wie etwa die Buchhaltung oder das Aufräumen des Schreibtischs.

Aufgaben zu erledigen lernt man am besten auf einer viel tieferen Ebene: im Service. Service bedeutet „Dienen". Dienen lernen bedeutet, Arbeit wertzuschätzen. Denken Sie an die

Verrichtungen, die in buddhistischen Klöstern teilweise verlangt werden. Es geht dabei nicht um Erniedrigung, sondern um die Erfahrung, Dinge zu tun, die jemandem oder etwas „dienen", indem man selbst dient. Bevor Sie eine höhere Position einnehmen, lohnt es sich, wenn Sie gelernt haben zu dienen. Schon wird einem der Wert der Arbeit deutlich. Dienen bedeutet möglicherweise körperlich zu arbeiten, oder kommunizieren zu müssen, um ein Ziel zu erreichen. Dienen hat nichts damit zu tun zu knechten. Das denken nur die Dummen. Schon Hegel hat gewusst, dass der Knecht der wahre Herr ist, weil der Herr gar kein Herr ist, wenn er keinen Knecht hat, und weil er ohne den Knecht gar nicht klarkommt.

Bevor Sie eine höhere Position einnehmen, müssen Sie es lieben lernen, Kaffee zu kochen, zu putzen und den täglichen Papierkram zu bewältigen. Das wird niemals aufhören. Viele Unternehmer machen den Fehler, dass sie Probleme an andere Leute delegieren, um mit ihrer Karriere fortzufahren. Aber Karriere besteht zum größten Teil gerade in dem Umgang mit diesen Menschen und ihren Problemen, wie etwa Kommunikationsprobleme untereinander. Wenn Sie lernen, sich mit Details und den Problemen Ihrer Leute zu befassen, haben Sie den größten Stolperstein überwunden, der Ihnen in der Karriere im Wege steht. Denn wenn die Leute Sie lieben, werden Ihre Teams Sie befördern, wo immer sie können.

Unerledigte Arbeit produziert die größten Unternehmensverluste überhaupt. Wer seine Arbeit nicht anständig erledigt, sprich an seiner Aufgabe scheitert, trägt zu einem erheblichen Teil zum Scheitern eines Unternehmens bei. Leider gibt es zu viele Ausreden, die dieses Scheitern begründen. Aber Wohlstand hängt von der Energie ab, mit der die Aufgaben erledigt werden. Wenn Sie oder Ihre Leute „keinen Bock" haben, stimmt etwas anderes nicht. Wenn Sie sich an einer Aufgabe abarbeiten, die Ihnen die letzte Puste nimmt, wenn Sie sich langsam überfordert fühlen und ständig erschöpft sind, müssten Sie nochmals zurück gehen und nach Ihrer Idee fragen, die dahinterstecken sollte. Denn dann stimmt etwas nicht. Selbst das erfolgreichste Projekt kann, in seiner Realität angekommen, dann doch zu einer Enttäuschung werden, sobald die Dinge einen breiteren und ernstzunehmenden Umfang bekommen. Auf jeden Fall sollten Sie genau wissen, wofür Sie morgens aufstehen!

Eine einfache Aufgabe kann Ihren Tag verschönern, wenn Sie das richtige Arrangement treffen. Da gibt es auch eine Menge Schlupflöcher. Sehr beliebt ist es zum Beispiel, private Erledigungen höher einzustufen als die großen Business-Herausforderungen. Schnell wird das Besorgen eines Blumenstraußes für die Schwiegermutter extrem wichtig, und diese Besorgung sorgt für zeitweilige Entspannung, weil wir der größten Herausforderung gerne ausweichen bis zuletzt. Die „wohlverdiente Mittagspause" steht zeitlich wie auch sonst im Mittelpunkt des Tages, dehnt sich gerne über zwei Stunden und lässt uns träge an den Arbeitsplatz zurückkehren. Und wer kennt nicht das berühmte Diplomarbeits-Gefühl: Man sitzt zu Hause und muss unbedingt noch das Ofenrohr von innen reinigen, bevor man den ersten Satz zu Papier bringen kann?

Der Trick: Beginnen Sie Ihren Tag, mit der interessantesten Aufgabe, die sich an diesem Tag stellen wird. Tun Sie das Angenehmste zuerst, um sich mit diesem Job in den Tag „einzugrooven".

Wenn Sie einmal warm gelaufen sind, erledigen sich die anderen Dinge oftmals wie von selbst. Denn meistens sind es nur die Gedanken an die Arbeit, nicht die Arbeit selbst, die uns vom Anfangen abhalten. Oftmals hätten wir in der Zeit, in der wir über eine unangenehme Arbeit geredet oder nachgedacht haben, selbige längst erledigt.

Werden Sie professionell!

Bisher war Business Theorie. Jetzt sind wir in der Praxis angelangt.

Als tätiger Mensch fühlen Sie sich in Wahrheit nur bestätigt, wenn Sie „Ihren Tag gemacht" haben, wie man im Amerikanischen sagt. Sie wollen arbeiten, weil Sie auf diese Weise am Ende des Tages zufrieden sind und ein Erfolgserlebnis haben. Deshalb ist es entscheidend, in Aktion zu gehen, bevor sich die Theorie, der Kopf, überhaupt meldet. Gehen Sie nach dem Aufstehen direkt joggen oder unter die Dusche, bevor Sie beginnen sich Gedanken zu machen, wie es denn wäre, wenn man jetzt joggen würde, oder doch lieber duschen, oder... Sie befinden sich jetzt in dem mentalen Stadium, in dem Sie Herr über sich selbst werden. Sie wollen dominieren, trauen sich aber nicht, es zu zeigen, weil Sie autoritär wirken könnten. Das hat damit jedoch nichts zu tun. Es geht darum, dass Jobs gewissenhaft und zuverlässig erledigt werden. Gute Entrepreneure machen ihre Arbeit, indem sie Aufgaben in produktiven Projekten zusammenfassen: Du machst diesen Job, Du erledigst das, und Du jenes! Sie selbst müssen lernen, Jobs in Erholung zu transformieren, indem Sie sich das Ziel setzen, am Ende des Tages zufrieden zu sein.

Wenn Sie einen Plan aufstellen, nach dem die Dinge Schritt für Schritt minutiös abgearbeitet werden können, erreichen Sie an einem Tag mehr, als Sie je für möglich gehalten haben. Das klingt banal, wird aber im seltensten Falle praktiziert. Es handelt sich dabei einfach um Professionalität.

In der Werbebranche macht man teilweise einen Sport daraus, die Dinge so lässig wie möglich anzugehen, um Kreativität und Spontaneität zu beweisen - zum Beispiel mit der Arbeit zu einer Präsentation möglichst spät zu beginnen. Das Spiel ist dabei immer das gleiche: Böse Überraschungen angesichts großer Leerstellen im Briefing, Fluchen auf den Kunden, Angst, Kreativ-Blockade, Hektik, Aktionismus, Nachtschichten, in letzter Sekunde fertig, Präsentation, Erfolg: Werber-Romantik. Dieses Spiel funktioniert jedoch umso schlechter, je professioneller auch die Ansprüche seitens der Kunden werden. Sie wollen wissen, wofür sie ihr Geld ausgeben und was dafür getan wird. Der „Schulterblick", der vor einigen Jahren eingeführt wurde, ist ein Symptom dafür, dass Kunden die Initiative ergriffen haben, um ihre Agenturen zu kontinuierlicher Arbeit zu erziehen, die auf dem Weg zum Ziel noch korrigiert werden kann.

Denn im Laufe eines jeden Jobs zeigen sich Fallen und Probleme, die im fertigen Produkt gelöst sein müssen. Peinlich ist es daher allemal, wenn man ohne Timing arbeitet, zu spät beginnt oder möglicherweise gar keinen Plan hat, um seine Jugendlichkeit unter Beweis zu stellen. Handeln Sie strategisch und konsequent. Denken Sie sich in Jobs so hinein, bis Sie das fertige Resultat schon in Öl malen können. Danach können Sie eine „To-do-Liste" erstellen, auf der nichts fehlt. Und Sie wissen genau, was Sie zu tun haben. Tag für Tag. Stunde um Stunde. Vielleicht sogar Minute für Minute. Sie werden feststellen, wie wohltuend ein Zeit-Korsett ist, im Unterschied zu einem langen Tag, der vor Ihnen liegt und den Sie nicht zu gestalten wissen. Wenn Sie sich am Abend eine Liste machen mit den Dingen, die morgens zu erledigen sind, werden Sie gut schlafen. Und wissen, wofür Sie morgens um 7 Uhr aufstehen. Das „ADS-Syndrom" der Ungewissheit angesichts der zu erledigenden Jobs verschwindet.

Versuchen Sie, Ihre To-Do-Liste als Spiel für andere zu gestalten, wie eine Art Schnitzeljagd, ein Puzzle, oder als Kette, wo der eine auf den anderen wartet, bis er mit seinem Part zu dem Gesamtkunstwerk beitragen kann. Schließlich dürfen wir nicht übersehen, dass viele Arbeiten eintönig sind. Hinter einem Tresen zu stehen, oder vor einem Computer zu sitzen, ist auf Dauer eine äußerst langweilige Angelegenheit. Die meisten Leute trocknen aus, weil sie bei ihrer Arbeit keine Herausforderung mehr erleben. Überlegen Sie sich, wie man solche Arbeitsprozesse variieren kann: Zum Beispiel

Performance = 1. Leistung, 2. Show!

indem man dabei Musik hört, sich abwechselt, sich bewegt, zwei Arbeiten miteinander teilt. Das menschliche Gehirn kann eigentlich nur neunzig Minuten wirklich effektiv operieren, dann braucht es wieder einen anderen Bezugspunkt. Physische Beanspruchung sollte eigentlich bei jedem Job irgendwie eine Rolle spielen, weil wir automatisch abschlaffen müssen, wenn wir eine Arbeit nur sitzend oder anderweitig unsportlich verrichten. Durch regelmäßigen Sport, Workouts oder andere sportliche Tätigkeiten kommt mehr Balance in Ihre Aktivitäten.

Das Training ist vorbei, jetzt geht es an die Vorführung. Zu zeigen, was wir können, ist eine universelle menschliche Eigenschaft, weil wir dadurch in Kommunikation treten und anerkannt werden können. Anerkennung ist das Salz unseres Lebens. Wenn wir uns artikulieren oder schreiben, können wir unsere Intelligenz unter Beweis stellen. Wenn wir auf der Bühne stehen, können wir uns als Entertainer beweisen und entwickeln dabei unseren eigenen Stil. Aber Üben und Proben liegt nicht in unserer Natur. Das ist uns zu monoton. Auch wenn wir nichts gegen Sport haben, wollen wir Ihnen empfehlen, Ihre Aufgaben nicht als Studien oder Übungen zu betrachten. Sie sind der Ernst des Lebens, und wenn Sie ernst genommen werden wollen, haben Sie korrekt erledigte Aufgaben als Gelegenheit dazu. Klavierstunden sind öde. Aber wenn ein Auftritt in Sicht ist, werden Sie sich ganz schön reinhängen in Ihr Spiel. Dann benötigen Sie keine Übungsstunden, sondern Erprobungen. Das einzige, was wir Ihnen erlauben, sind kleine Einheiten, in denen Sie sich allerdings auch schon beweisen müssen. Das ist auch sinnvoll. Bestreiten Sie mehrere kleine Triathlonveranstaltungen, bevor Sie einen „Ironman" absolvieren, dann wissen Sie um die Details, die im Ernstfall auftreten. Und das Adrenalin rauscht nur so durch Ihren Körper. Wenn man seinen Job als eine Art Performance betrachtet, wird jeder ehrbare Arbeiter zum professionellen Athleten, Artisten, Akteur. Auch Ihre Kunden werden mehr Spaß daran haben, wenn sie beobachten können, wie Sie sich für sie ins Zeug legen. Solche Jobs sind kein Mühsal, sondern Komponenten eines großen Spiels. Gute Unternehmer sind in der Lage, die große Herausforderung in viele kleine strategische Alltagsspiele zu inkorporieren. Plötzlich findet sich jeder Teilnehmer auf einer Bühne wieder und ist Kritik wie Applaus ausgesetzt. Hören Sie auf zu „arbeiten". Sie haben Besseres zu tun. Entwerfen Sie stattdessen eine aufregende Mission und mischen Sie diese mit der Mission anderer ab. „Führen" Sie Ihre Jobs mit

Machen Sie's - jetzt

Enthusiasmus „auf" - denn Aufregung ist ansteckend. Die Idee, Business wie eine Bühne zu betrachten, macht Ihre Aktivitäten viel intensiver. Umgekehrt gibt es ein paar Branchen, die von der „Performance" leben und in denen sich deshalb auch massenweise Leute tummeln, die nach Anerkennung lechzen (die sie vorher oder früher nie bekommen haben ...): Die Medien, die Werbung, Film, Presse, kurz alles, wo man etwas produzieren muss. „Produzieren" bedeutet nichts anderes als „hervorholen": Sie arbeiten nicht mehr im Verborgenen, sondern treten vor aller Augen auf. Dann müssen Sie Ihren Willen unter Beweis stellen, Ihren Job zu erledigen. Denn alle Zuschauer werden immer wieder fragen, wie es denn so läuft mit Ihren Vorhaben - und werden an den richtigen Stellen applaudieren. Wer auf diese Weise seinen Job vorführt statt erledigt, wird sein Einkommen steigern und viel mehr vom Leben haben. Das ist etwas anderes, als im stillen Kämmerlein Gutes zu tun, was aber keiner merkt. So arbeiten die meisten Unternehmen. Nicht aber Ihres. Ihr Laden ist eine ständige kleine Party, inklusive Partyspielen. Je herausfordernder die Spiele, umso wacher Ihr Team.

Der Erfolg eines jeden großen Business-Abenteuers hängt davon ab, wie gut Sie Ihr Team strukturieren und die Aufgaben präsentieren.

Jobs sind Hier-und-Jetzt-Aktivitäten, die Ideen in Wirklichkeit verwandeln. Das Tempo und der Rhythmus Ihrer Jobs werden von Ihrer Orchestrierung beherrscht - von Ihrem Temperament. Wenn Sie jeden Job mit Eifer bearbeiten, werden Sie lebendig. Ihr Team zischt nur so durch den Korridor. Wenn Sie in der Lage sind, kleine Drecksjobs so zu gestalten, dass sie wie die großen Herausforderungen wahrgenommen werden, dann erhält jede Aufgabe eine gewisse Würde. Die Gestaltung dieser Jobs hängt allein von der Art und Weise ab, wie Sie Ihr Briefing präsentieren. Wenn Sie sich anmerken lassen, dass es Ihnen unangenehm ist, jemandem diesen Job zu geben, dann werden Sie entsprechendes Feedback bekommen. Wenn Sie das Gefühl vermitteln, Sie würden den Job am liebsten selbst in die Hand nehmen, werden Sie erleben, wie andere sich darum reißen.

Das ist so ähnlich wie bei Tom Sawyer, der den Zaun streichen muss - dazu kommen wir ausführlich im nächsten Kapitel. Die Hauptsache ist, dass jeder/jede einen Sinn in dem sieht, was er/sie tut. Sonst wird es ganz schwierig. Sinn bedeutet Kontext. Zeigen Sie jeder Person den Zusammenhang auf, in dem dieser Job steht. Dadurch bekommt er Bedeutung. Die Wichtigkeit eines Jobs ist immer wesentlich entscheidender als seine Dringlichkeit. Wer nur erzählt, wie dringend ein Job zu erledigen sei, den Sinn des Ganzen aber vorenthält, stößt auf Misstrauen. Was soll dieser Mist? Warum macht sie es nicht selbst? Die hat doch einfach keine Lust dazu und sucht einen Dummen. Das werden die Reaktionen sein. Natürlich müssen Sie jeden Job mit einem gewissen Nachdruck vergeben, aber vergessen Sie dabei nicht, den Zusammenhang mit dem großen Auftrag herzustellen.

Bringen Sie also so oft wie möglich kreative Elemente in Ihre Jobs. Gehen Sie in dieser Hinsicht mit Ihren Mitarbeitern um wie mit Ihren Kindern: Denken Sie sich Tricks aus, wie ein Job für sie attraktiv gemacht werden kann.

Machen Sie sie neugierig, indem Sie selbst neugierig sind, was wohl dabei herauskommt. Kinder hassen es zu spülen, zu putzen oder aufzuräumen. Erwachsene übrigens auch. Sie legen ein entsprechend müdes Tempo an den Tag.

Aber Kinder können sich durchaus verausgaben, wenn es um Fußballspielen oder Radfahren geht. Wenn man es also schafft, den Ehrgeiz zu wecken, etwa indem man beim Spülen versucht, Erster zu werden, verlagert man die beim Spiel vorhandene Energie auf den Job.

Spielerisch muss auch das Briefing sein. Wer schon Böses ahnt oder Unlust vermittelt, strahlt diese negativen Gefühle sofort aus und erzeugt das Gleiche bei seinem Gegenüber.

Die Jobs sollten immer so interessant sein, dass Ihre Mission durchleuchtet. Wenn Sie eine selbst lernende Organisation aufbauen, ziehen Sie automatisch die Leute an, die Ihre Karriere befördern wollen, indem Sie sich bei Ihnen einhaken. Machen Sie sich das selbst klar, solange Sie keine Leute haben, die andere Dinge für Sie erledigen können. Eines Morgens bricht der Tag an, an dem nur noch Dinge auf Ihrem Zettel stehen, die Sie von ganzem Herzen gerne selber machen. Es gibt nur einen natürlichen Feind des Unternehmers: Gewohnheit. Eine aktuelle Studie der Bundesregierung (SZ vom 16.09.2005) besagt, dass risikofreudige Menschen die wesentlich zufriedeneren sind. Entrepreneure lieben das Risiko - und sind mit Sicherheit auch irgendwann zufrieden. Möglicherweise nach jedem arbeits- und ergebnisreichen Tag.

Es ist nicht immer leicht, eine Routine, eine Arbeitsschleife oder ein gewisses Phlegma zu vermeiden. Aber Sie sind jetzt so dicht dran, dass Sie Ihren Durchbruch schon riechen können, und in dieser Phase hängt der Erfolg allein von Ihrem Einsatz ab. Wenn aber Ihre Mannschaft einmal abgelenkt oder zerstreut ist, werden Sie enorme Schwierigkeiten haben, ihr dieses Jugendgruppen-Flair wieder auszutreiben.

Teams wachsen an ihren Aufgaben. Ihnen wird es gelingen, sie immer wieder auf charmante Weise ins kalte Wasser zu werfen. Bringen Sie sie zum Beispiel direkt mit den Kunden in Kontakt, wenn Sie ihnen vertrauen können. Oder geben Sie einem Team einen Job, der Ihnen selbst in den Schoß gefallen ist - denn auch wenn das Team scheitert, ist nichts verloren.

Erfolg steht und fällt mit der Durchführung. Stellen Sie immer wieder sicher, dass Ihre Jobs in Verbindung mit Ihren Zielen, Ihrer Mission und Ihren Werten stehen. Sonst werfen sie nichts ab. Überlegen Sie immer, was Sie jetzt gerade am besten tun sollten. Und tun Sie nichts anderes. Auf diese Weise setzen Sie immer die entscheidenden Prioritäten. Es ist es nicht wert, für irgendwelche Jobs Ihre Gesundheit oder Ihr Glück zu riskieren. Aber wenn Sie die richtigen Jobs zur richtigen Zeit machen, dann werden Sie diese Probleme auch nicht haben. Nur der Job zur falschen Zeit erzeugt Druck, Stress und Angst, weil es einen anderen gibt, den Sie viel dringender erledigen müssten. Aber nur um einen Kunden glücklich zu machen, sollten Sie niemals Ihr eigens Glück und das Ihrer Familie auf die Probe stellen. Wenn Sie abends immer später nach Hause kommen, sägen Sie an dem Ast, auf dem Sie sitzen. Ihr eigener Rückhalt, Ihre Werte gehen Ihnen verloren. Machen Sie lieber eine Pause oder Urlaub, sobald Sie merken, dass Ihre Akkus im roten Bereich angelangt sind. Sie leisten das Doppelte, wenn sie wieder gefüllt sind. Schlafen Sie lieber aus, statt saft- und kraftlos um sieben Uhr aus dem Bett zu steigen, und arbeiten Sie in den Abend. Es besteht kein Grund, das kulturelle Hintergrundprogramm der „Protestantischen Ethik“ ablaufen zu lassen, das unser Arbeitsleben seit dem Mittelalter nach dem Schlagen der Glocke einteilt, uns jeden Groschen aufeinander legen lässt und uns nur in den Himmel einlässt, wenn wir uns auf Erden zu Tode schuften. Verpflichtungen haben Sie nur sich selbst und Ihrer Familie gegenüber. Mit Kraft und Energie, nicht aus Pflichtgefühl und Angst machen Sie einen großartigen Job.

Wenn Sie Ihre Karriere im Auge behalten, werden Sie bald mit der Tatsache konfrontiert, dass nicht alles in unmittelbarer Verbindung mit Ihren Zielen steht, was zu tun ist.

Irgendjemand muss auch den Müll hinunterbringen, Staub saugen und die Spülmaschine ausräumen. Wenn das jemand ist, den Sie sich nicht nur leisten können, sondern der auch Profit bringt, weil Sie die Zeit sparen und einen wesentlich höheren Stundensatz haben, haben Sie's geschafft. Vorher nicht. Umgekehrt sind die meisten Leute vor lauter Arbeit zu sehr beschäftigt, um wohlhabend zu werden.

Druck und Dominanz vermeiden

Auch hier muss die Zeit/Geld-Balance sorgsam ausgewogen werden. Je mehr man sich an den falschen Aufgaben abarbeitet, umso mehr gerät man durcheinander, umso weniger bekommt man auf die Reihe. Männer haben den unschätzbaren Vorteil, dass sie nicht zwei Dinge gleichzeitig tun können, außer vielleicht Kaugummi kauend über den Zebrastreifen zu gehen.

Die männliche Methode besteht darin, eins nach dem anderen zu erledigen. Die weibliche Methode besteht darin, meistens alles gleichzeitig zu beginnen und irgendwie auch gleichzeitig durchzuziehen. Je nachdem ist die weibliche oder männliche Komponente für das andere Geschlecht empfehlenswerter. Sobald man sich in seinen Jobs verzettelt, sollte man sich angewöhnen, radikal einen Job zu erledigen, bevor man den nächsten überhaupt beginnt.

Andere lieben das kreative Chaos, in dem sie an einem Arbeitstag alles nehmen, wie es kommt, und sich ein bisschen weiter nach vorne bewegen. Entscheidend ist, dass man am Ende eines Tages mit sich zufrieden ist.

Cato der Ältere hat einmal gesagt: „Niemals ist man tätiger, als wenn man nichts tut." Damit meinte er, dass die Zeit, die man mit Denken verbringt, wesentlich kostbarer ist als eine sichtbare Arbeit, die auf dem Denken beruht. Wenn Sie Ihre Brillanz arbeiten lassen, werden Sie keine Freizeit mehr haben: Ihre „Arbeit" ist das Biotop Ihrer Regeneration. Sie erfrischen sich an den Dingen, die vor Ihren Augen entstehen. Sie sind nicht mehr erschöpft und brauchen deshalb weder abends irgendwo „abzuhängen" noch Urlaub.

Die größten Schwierigkeiten in der Phase, in der man schlicht seinen Job machen muss, sind Druck und Dominanz.

Unglücklicherweise laufen Sie selbst ständig Gefahr, diesen Monstern in die Arme zu laufen. Längst läuft der Laden nicht selbstverständlich von alleine. Die Kunden, die Sie haben, sind Ihre „Assets", Ihre Aktivposten. Diese empfehlen Sie entweder weiter oder raten potenziellen Kunden davon ab, mit Ihnen zusammenzuarbeiten. Keinen einzigen von Ihnen dürfen Sie vergraulen. Aber gelegentlich sind Sie selbst sogar sauer auf Ihre Kunden und misstrauen ihnen, wenn sie nicht sofort mit dem nächsten Auftrag an Sie herantreten. Die Verbitterung lauert überall. Ihr Kontostand macht eventuell nicht so mit. Ihre Stimmung schwankt ständig hin und her. Sie laufen Gefahr, den Druck, den Sie empfinden, an Ihre Mitarbeiter weiterzugeben. Eine Herausforderung und ein strategisches Spiel ist etwas anderes, als eine Stoppuhr auf den Tisch zu legen und zu sagen, wann der Job erledigt sein muss. Die „Drecksarbeit" kann eine Strafe sein, wenn sie von Leuten gemacht werden soll, die dafür nicht gerade auserwählt sind. Bleiben Sie ruhig und vermeiden Sie Frustrationen. Sie wirken nur kontraproduktiv. Geben Sie jedem/jeder den Job, den er/sie am liebsten mag, bleiben Sie geduldig, lernen Sie Spannungen auszuhalten, und seien Sie großzügig, wenn es an die Belohnung und Komplimente für einen hervorragenden Job geht.

Unternehmer müssen die Zeit-Geld-Achse auch in Sachen Job in die richtige Relation setzen. Der Quotient ist der Wert. In Ihrer Hauptqualifikation, sagen wir als Coach, sind Sie locker 100 Euro die Stunde wert. Aber es wird wenige Leute geben, die Ihnen 100 Euro bezahlen, damit Sie ihnen den Rasen mähen. Sie müssen also nach und nach alles loswerden, was Ihnen Last ist und was deswegen auch nicht Ihre Qualifikation ausmacht. Es wird immer jemanden geben, für den oder die genau das ein Himmelreich ist, was für Sie tägliche Schinderei bedeutet. Irgendwann haben Sie für jeden Job die richtige Person und damit ein Team, das sich gegenseitig befruchten und anfeuern kann.

Wenn Sie jedoch nicht wissen, was Sie zuerst und was zuletzt machen sollen, dann ... tun Sie beides. „Split Focus" ist eine unserer Trainingsübungen, um doppelte Konzentration hervorzurufen. Wenn Sie sich lange auf einen Punkt konzentrieren, erscheint dieser irgendwann in einer anderen Dimension. Wenn Sie zwei Dinge gleichzeitig tun, erhöht sich Ihre Aufmerksamkeit. Die Hauptsache ist, dass Sie nicht um der Arbeit willen arbeiten, sondern immer ein Ziel damit verbinden: Ihr Ziel.

Auch wenn Ihre Jobs alle so geschmeidig ablaufen, wie Sie es sich immer gewünscht haben, können auch andere Zeiten kommen. Kein Unternehmer ist davor gefeit, ab und zu mal wieder die Balance zu verlieren. Familiäre oder private Ereignisse, böse Überraschungen und andere Erfahrungen können besonders empfindliche Menschen schnell aus dem Rhythmus bringen. Andererseits kann die Arbeit, wie jeder weiß, den Arbeitenden schnell „verschlingen". Der Trick besteht darin, dass man gleichermaßen Nähe und Distanz zu seinem Job aufbauen muss. Einerseits müssen Sie mit dem Job so verbunden sein, dass Sie ihn realistisch einschätzen können, andererseits müssen Sie Abstand gewinnen, um sich selbst richtig einschätzen zu können. Wer sich zu sehr in seine Jobs verbohrt, sieht sich plötzlich nur noch Stress und Druck ausgesetzt. Durch das Heraustreten aus der Binnenperspektive kann man sich vergegenwärtigen, welche Bedeutung dieser Job hat, dass er Sie nicht umbringt, und dass es im Leben auch noch andere Dinge gibt.

Nur mit solch einer gesunden Einstellung gegenüber dem, was Sie tun, gelingt Ihre Arbeit. Der Rest ist Verkrampfung. Sie sind so auf Ihr Thema fixiert, dass Sie irgendwann den Wald vor lauter Bäumen nicht mehr sehen.

Besonders in kreativen Berufen tritt das Phänomen auf, dass sich die Sichtweise unter Druck extrem verengt und Menschen, die normalerweise extrem kreativ sind, erleben plötzlich einen Black- oder gar Burnout. Die „echten" Kreativen sind trotz schlechten Briefings, Zeit- und Kreativdrucks in der Lage, aus ihrem Thema herauszutreten und zu beobachten, was dort unten gerade passiert. Oft kommen die großen Ideen bekanntlich „in der Badewanne", beim Joggen und immer genau dann, wenn man nicht daran denkt. Seltener in Meetings, niemals wenn jemand mit dem Finger auf Sie zeigt und sagt: „Seien Sie kreativ!" Ihre Brillanz funktioniert, wenn Sie nicht mehr fokussieren, sondern wenn das Thema beiläufig und freiwillig wieder auftritt und Sie es mit einem „schiefen Blick" betrachten, anstatt es mit Ihrer persönlichen Problemlage zu verknüpfen.

Ein berühmtes Beispiel stammt aus der Werbegeschichte. Es handelt sich um das berühmte „Brainstorming", aus dem den Slogan der Spirituose Dujardin hervorging. Es muss furchtbar gewesen sein. Irgendwann in den Sechziger Jahren sitzen zwei Dutzend Männer in einem stickigen Konferenzraum und pressen sich einen Spruch nach dem anderen aus dem Hirn, um kaputtkommentiert zu werden. Die Konferenz dauert Stunden an. Irgendwann sind alle entnervt. Rauchschwaden liegen in der Luft. Die Agenturleute haben blasse Gesichter. Da klopft es an der Tür. Herein kommt die Sekretärin mit einem großen Tablett. „Und jetzt noch einen Dujardin", ruft sie freudestrahlend in die Menge. Die Herren starren sie schweigend an, bis einer wieder Worte fassen kann. „Das ist es doch!" Jahrzehntelang sollte der Slogan seinen Wert behalten. Merke: Brillanz entsteht nicht unter Krampf. Sie kommt just zur Tür herein, wenn man nicht damit rechnet. Das einzige, was Sie tun müssen, ist, Ihre Brillanz zu einem Spiel zu inszenieren, in dem solche Zufälle Raum haben.

Die Unabhängigkeit von Zeit und Raum ist der „magic moment", in dem Ihre ganze Aufmerksamkeit den Ideen und Ihren Zielen gewidmet ist. Nie stehen Gedanke und Aktion so dicht beieinander. Das ist wahre Effizienz. Ihre „Arbeit" wird eine Art Meditation. Wenn Sie sich mit ihr verschmelzen und die Arbeit Sie vor Begeisterung so richtig aufsaugt, kann sie nahezu religiösen Charakter annehmen. Nämlich dann, wenn Ihnen alles zufliegt und Sie sich selbst nicht erklären können, woher Sie die ganze Inspiration nehmen. Alles ist möglich.

Aber bis dahin ist es noch ein Stück Weg. Bleiben Sie dran. Gerade wird Ihr Geschäft flügge. Sie werden reich und sehen immer besser aus...

Wenn es einfach wäre, die Zündkerze zu finden, die all Ihre Kreativität und Ihren Esprit bei jedem Job freisetzt, dann gäbe es nur Menschen um uns herum, die ein aufregendes Leben führen. Noch sind Sie relativ allein und haben keine Sicherheiten, keine GmbH im Rücken, möglicherweise keine beruhigende Geschäftsadresse. Aber das soll Sie nicht nervös machen. Noch ist es ein Spiel, und Sie hätten nicht viel zu verlieren, wenn alles danebengeht. Hauptsache, die Jobs werden so zuverlässig und schnell erledigt, dass Sie sich anderen Dingen zuwenden können: Zum Beispiel der lebenswichtigen Akquise - dem Verkaufen Ihrer Brillanz.

IHR VERKAUFSSTIL

Männer denken, Frauen sind dumm
- wenn sie es selbst sind.
Frauen denken, Männer sind gemein
- wenn sie es selbst sind.

Wer kennt sie nicht, die schöne Geschichte von Tom Sawyer und dem weißen Gartenzaun. Am Anfang ist er ja noch nicht weiß, sondern Tom ist dazu verdammt, ihn frisch zu streichen, obwohl das Wetter zum Schwimmen einlädt. Als der Nachbarsjunge Ben mit einem verführerischen Apfel des Weges kommt, tut Tom so, als wäre das Streichen des Zaunes viel toller als alles andere: „Wann bekommt ein Junge schon mal die Chance, einen Zaun weiß zu streichen?" Schließlich bringt er Ben dazu, ihn förmlich anzubetteln, dass er auch mal ein Stück Zaun streichen darf. Im Gegenzug tauscht Ben seinen Apfel gegen das fragwürdige Vergnügen des Zaunstreichens ein, was wiederum die anderen Jungs auf den Plan bringt. Sie können es zwar anfangs nicht glauben, geben dann aber ebenfalls etwas, nur um mit streichen zu können: eine tote Ratte, einen Zinnsoldaten oder einen Bronze-Türknopf. Am Nachmittag ist der Zaun gestrichen, Tom hat keinen Finger mehr krumm gemacht und wird trotzdem in seinem Maßstab „ein wohlhabender Mann".

In seinem Buch mit dem bezeichnenden Titel „Vergiss das Verkaufen" schildert Robert Jansen, erfolgreicher Leiter von Verkaufsseminaren, die Tom Sawyer-Taktik als das Paradigma des modernen Verkaufens. Schon der Titel suggeriert, was bei Tom Sawyer im Mittelpunkt steht: Sein Erfolg besteht darin, dass

Müdigkeit

er nicht „verkauft", sondern seine Arbeit als so attraktiv und begehrenswert darstellt, dass andere beginnen, neugierig zu werden. Auf diese Weise wird eine Arbeit, die überhaupt nicht schön ist, begehrenswerter als etwa die Option, an diesem sonnigen Tag schwimmen zu gehen. Genau diese Taktik steht hier im Vordergrund unseres Bemühens, Ihr Geschäft nach vorne zu bringen. Genau: indem man sich erst einmal vollkommen zurücknimmt.

Das scheint für viele, die vor der Schwelle des Verkaufens stehen, leider kein Problem zu sein. Sie fühlen sich schwach. Anatomisch macht sich das deutlich bemerkbar. Man geht schon müde ins Büro, man bewältigt die Arbeit, aber auch nicht mehr. Denn man weiß: Am Ende müsste ich mich eigentlich ums Neugeschäft kümmern. Also stellen wir es am besten so an, dass wir nach getaner Arbeit schon wieder erschöpft sind. Selbst wenn wir wissen, dass es sich bei solch einem Vorgehen um einen gefährlichen Schlitterkurs handelt, können wir uns oft dieses Grundgefühls nicht erwehren. Lieber legen wir uns nachmittags erst einmal wieder hin. Gewiss, Business ermüdet. Die meisten von uns sind abends vollkommen erledigt, weil sie früh aufgestanden sind, den ganzen Tag über gearbeitet haben und ihrem Körper selten Ruhe und Regeneration gönnen. Ständige Müdigkeit funktioniert auch als Rechtfertigung dafür, keine weiteren Schritte in der Karriere zu unternehmen. Aber die Ausrede, immer sein Bestes zu geben und deshalb erschöpft zu sein, geht natürlich auf Kosten der Lebendigkeit. Niemand möchte mit jemandem zusammenarbeiten, der griesgrämig seinen Job macht und danach gleich wieder abschlafft. Man möchte zumindest das Gefühl haben, mit einem jungen, vitalen, aufstrebenden Unternehmen zu arbeiten, das „etwas drauf hat". Müden Kriegern sieht man ihren Zustand direkt an. Sie haben nicht mehr die Energie, ihr Bestes zu geben. Sie bekommen zu wenig Schlaf und verweigern sich dem Vergnügen, bis ihre Körper revoltieren. Wer sich jedoch jeglicher Form von körperlichem und geistigem Aufbau - Sport, Relaxen, Genießen, Freunde - verweigert, nur um täglich in der Arbeitsmühle zu versinken, wird auf Dauer frustriert und erschöpft sein. Richtig gestresste Leute verlieren zu allem Überfluss noch die Fähigkeit zu schlafen. Sie stehen morgens auf, um ihren Job zu erfüllen, nicht aber ihre Mission.

Lethargie im Job ist oft mental bedingt. Es ist gewissermaßen gesellschaftlich legitimiert, sich für Sorgen um das Morgen zu verausgaben. Dabei geht schon viel Energie für Sorgen drauf,

Das Prinzip Verkaufen

die man sich gar nicht bereiten muss, nur weil irgendwelche Szenarien möglich sind, aber nicht unbedingt eintreffen.

Der Übergang von einem passiven zu einem aktiven Unternehmen ist der vom Gedanklichen (Konzeptualen) zum Tätlichen (Aktualen), von der Theorie zur Praxis. Leute, die sich müde fühlen, stehen oftmals genau auf der Schwelle zur Praxis und schieben deshalb ihre Lethargie vor, ohne es zu merken. Es sind nicht wenige, die den Rest Ihres Lebens in dieser Lethargie verharren: Business as usual, tagein tagaus.

Verkaufen treibt Sie direkt in die Aktion. Sobald man beginnt zu verkaufen, erzielt man eine ungeheuere Wucht: Auf einmal sind Sie bis in die Fingerspitzen gefordert.

Es gibt kein Zurück mehr. Denn sobald ein paar Leute auf Ihr vitales Verhalten reagieren, müssen Sie handeln, um sie nicht im Regen stehen zu lassen. Denn Sie verkaufen, sobald Sie sich vital verhalten. Das Feedback auf Ihre Motivation ist ein gewisser Enthusiasmus, der Ihnen wiederum einen geistigen als auch einen Energieschub verleiht. Wenn nicht sogar Flügel. Verkaufen ist der nächste Schritt in dem Spiel, sich selbst zu motivieren. Um ein Bild zu bemühen: Wenn Sie bei der Zielsuche beispielsweise einen Pfeil abschießen, der ins Schwarze trifft, werfen Sie hier jemandem einen Ball zu, der ihn noch ein bisschen heftiger zurückwirft. Eines ist sicher: Viel Spaß.

Bevor Sie andere Leute begeistern können, müssen Sie Ihre Vitalität reaktivieren. Dafür muss man wissen, wofür man morgens aufsteht, bis man dafür gerne eine Stunde früher aufsteht. Dazu gehört auch ein gewisses Korsett, das man sich aneignet, um zu vermeiden, dass man einfach in den Tag hinein arbeitet. Den nächsten Kaffee gibt es nach dem nächsten erfolgreichen Telefongespräch. Zur nächsten vollen Stunde habe ich dies oder jenes erledigt. Wenn ich es schaffe, diesen Abschluss zu bekommen, darf ich abends in die Therme gehen. Das sind mehr als mentale Sonderzulagen. Auf diese Weise belohnen Sie Ihre Produktivität.

„Verkaufen" ist ein elementarer Bestandteil der Selbständigkeit. Als Angestellter ist man im Unterschied zur Selbständigkeit von dieser Aufgabe freigestellt, weil dies jene Leute für Sie tun, die für Ihre Beschäftigung sorgen. Je besser man aber in der Service-Ökonomie das Verkaufen beherrscht, umso erfolgreicher wird man sein. Für die meisten von uns ist das Sich-selbst-verkaufen jedoch unangenehm. Für viele verbindet sich sogar das Gefühl, andere betrügen zu wollen. Dieser Fall tritt ein, wenn man nicht zu hundert Prozent hinter dem steht,

was man feilzubieten hat. Sind Sie jedoch bisher unseren Ideen und Ausführungen gefolgt, dann werden Sie wie Pippi Langstrumpf sagen können: „Ich bau' mir meine Welt, wie sie mir gefällt." Diese Ihre Welt wird so attraktiv für bestimmte andere Leute sein, dass sie sich beinahe von selbst verkauft.

Verkaufen ist vielleicht der elementarste Teil in diesem Buch. Es ist nicht nur der Schlüssel zum Erfolg, sondern steht hier unter einem vollkommen neuen Aspekt. Wenn wir von „Verkaufen" sprechen, beschleicht uns doch meistens ein unangenehmes Gefühl. Wir assoziieren damit schmierige Vertreter an der Haustür, penetrante Telefon-Marketer oder Leute, die uns betrügen wollen. Und jetzt sollen wir selbst in diese Rolle schlüpfen? Nicht in diese. Und in keine Rolle. Das ist der entscheidende Unterschied. In der Sparte „Verkaufen" zeichnet sich der Paradigmenwechsel vielleicht wie in keinem anderen Business-Bereich ab: Wir „verkaufen" nicht mehr mit einem typisch männlich-aggressiven Stil, sondern „weiblich" - durch Neugier. Sehen Sie, wie es Tom Sawyer geschafft hat, andere für die aus seinen Augen stupideste aller Arbeiten zu gewinnen und Sie haben ein leuchtendes Beispiel.

Wenn Ihre Person mit Ihrem Produkt oder Ihrer Leistung vollkommen deckungsgleich ist - was bisher immer unser Anliegen war - dann wird das Veräußern Ihres Service Ihre bessere Natur hervorbringen. Im Allgemeinen ist Natur grausam, und menschliche Natur ist da keine Ausnahme. Oftmals ist es gar nicht so einfach, unsere guten Seiten glaubwürdig nach außen zu transportieren. Manchmal haben wir sogar das Gefühl, Dinge tun zu müssen, die wir selbst schrecklich finden. Im Film heißt es dann: „Okay, jetzt kommen die fünf Minuten, die ich in meinem Job so hasse." Die gute Nachricht ist jedoch, dass es sich in der Service-Ökonomie um ein Win-win-Spiel handelt, in dem nur Ihre guten Seiten zum Vorschein kommen, weil Sie die schlechten durch Ihren Verkaufsstil allmählich nivellieren. Je mehr Sie sich im Verkaufen üben, um so ein besserer, erfolgreicherer Mensch werden Sie sein, weil Sie bald merken, wie Sie eingeschätzt werden.

Tief unten in unserer Seele wollen wir gute Menschen sein. Wir möchten gerne Helden sein, die anderen das Leben retten. Wir möchten von anderen anerkannt und gerühmt werden. In der Wirklichkeit unserer Arbeit fallen diese Wünsche oft einem tiefen Selbstbedauern zum Opfer, wenn wir wieder einmal angeschmiert und enttäuscht worden sind. Denn dann fühlen wir uns nicht als Helden, sondern als Opfer. Die wahre Herausforderung besteht darin, dass wir uns täglich an jenen Wünschen messen, die sich erfüllen sollen, statt sich von miesen Typen oder Stimmungen unterkriegen zu lassen. Stattdessen sollte alles, was wir tun, eine Reflektion unserer guten Absichten und Stimmungen sein. Wahrlich, es ist leichter gesagt als getan, täglich Cheerleader zu spielen.

Aber stellen Sie sich vor, Sie hätten einen brillanten Service anzubieten und im Büro nebenan würde ein brillanter Verkäufer sitzen, der den ganzen Tag nichts anderes täte, als diesen Service an den Mann und die Frau zu bringen. Das bedeutete, die gleiche Zeit, die Sie zur Verfügung haben, stünde noch mal zum Verkaufen zur Verfügung. Sie wären innerhalb kürzester Zeit überhäuft mit Aufträgen. Sie müssten bald Angestellte beschäftigen, die aus Ihren Vorstellungen und Skizzen fertige Produkte machen, die Sie nun überwachen. Auf diese Weise entsteht ein Unternehmen mit Arbeitsplätzen und einer Infrastruktur. Durch Verkaufen bleibt Ihr Geschäft nicht mehr ein Tante-Emma-Laden an der Ecke, sondern wird zum Business, das wächst und wächst. Einfach durch Neugier. Und durch eine Fähigkeit, die Frauen aus dem Effeff beherrschen: Verführen.

You sell what you are!

Ihr grundsätzlich präsenter guter Wille soll nicht im täglichen Kampf ums Brot geopfert werden. Ihre nette Art müssen Sie daher in den Bereich des Verkaufens legen. Denn dort können Sie sich nicht länger verkriechen. Wenn Sie neu auf diesem Gebiet sind, gehen Sie's entspannt an. Es kann Monate dauern, bis Sie eine gewisse Leidenschaft dafür entwickeln. Aber dann sind Sie nicht mehr zu bremsen. So lange müssen Sie es sich selbst ein wenig vormachen, was Sie für einen Spaß daran haben. Spätestens beim ersten Erfolgserlebnis - wenn sich Ihre „Masche" bezahlt macht - werden Sie die Bestätigung Ihrer Wünsche nach Anerkennung erleben.

Verkaufen ist die vitale Seite Ihrer Vorhaben. Wenn Sie einmal dem Weckruf des Geldes folgen, brauchen Sie sich und anderen nie wieder etwas vorzumachen. Es ist dann „Ihre Art", wie Sie verkaufen. Auch in diesem Stadium Ihrer Karriere herrschen ein paar eiserne Regeln. Sie zu lernen macht aber Spaß, sobald man einmal Blut geleckt hat.

Verkaufen heißt, den Erfolg zu multiplizieren statt nur zu addieren. Haben Sie einmal damit begonnen, lernen Sie für den Rest Ihres Lebens. Durch das Verkaufen-Lernen erwerben Sie Ihren eigenen Stil und lernen Ihre Würde kennen. Warum heißt dieses Kapitel „Verkaufsstil" und nicht „Verkaufen"? Weil Sie genau das verkaufen, was Sie sind. Irgendwann kommt der

Zeitpunkt, an dem nicht zählt, was Sie sagen, sondern wer Sie sind. Ihre Kommunikation kommt vom Herzen. Sie können sich freuen, den anderen spüren, aufnehmen und das wiedergeben, was in Ihnen vorgeht. Wenn die Leute das spüren, ist es ganz natürlich, dass sie neugierig werden und wissen wollen, wer Sie sind.

Wenn Sie Ihre Jobs meisterhaft beherrschen, besteht im Verkaufen also die nächste unmittelbare Herausforderung. Verkaufen bedeutet in erster Hinsicht, mit offenen Augen zu verkaufen und nicht irgendein Produkt blind in eine unbestimmte Menge zu werfen wie beim klassischen Verkaufen. In der Service-Ökonomie geht Verkaufen in Verbinden über: Sie erkennen bei jemandem einen Bedarf, den Sie stillen können, und tun nichts anderes, als dieser Person Ihren Service zu signalisieren. Damit gehen Sie nur an Leute heran, die für Ihren Service wirklich in Frage kommen. Niemand hat es verdient, zum Kauf eines Produkts oder einer Leistung genötigt zu werden, die er oder sie gar nicht braucht. Sie sind viel mehr damit beschäftigt, ein Signal zu empfangen, als es auszusenden.

Verkaufen ist rational und intuitiv zugleich. Wenn Sie Strategie und Intuition im Gleichgewicht halten, werden die Leute Ihnen Ihre Aufrichtigkeit abkaufen. Denn als erste Regel gilt: Sie sind, was Sie verkaufen. Ihre Ehrlichkeit und Grundüberzeugung sind Ihre primären Produkte - sie finden sich in Ihren Werten, Ihrer Mission wieder und ziehen sich durch die einzelnen Phasen Ihrer Geschäftslaufbahn wie ein roter Faden. Nun müssen Sie sie nur noch „an den Mann" bringen.

Verkaufen hat nichts mit großem Reden zu tun. Das Vermitteln eines Produkts und seine Präsentation ist das eine. Das bezieht sich auf die rationale Seite des Verkaufens. Die andere Seite besteht im Zuhören und Aufnehmen, in der Rezeptivität. Und hier kommt Ihre Intuition ins Spiel, die Ihnen sagt, was der Kunde braucht.

Wir gehen nochmals einen Schritt zurück und betrachten die traditionelle Art zu verkaufen. Sie stammt aus dem Zeitalter der Industriellen Revolution. Verkaufen bedeutete Angreifen, Durchgreifen und Manipulieren. „Schnell zugreifen, so lange der Vorrat reicht!" - „Das Angebot besteht nicht lange!" - „Wir haben bereits drei andere Anfragen, würden Ihnen aber jetzt den Zuschlag erteilen!" - „So billig bekommen Sie das nie wieder!" Diese und andere Sprüche kennen wir. Und fragen uns später, ob wir dieses oder jenes Produkt, das man uns da angedreht hat, wirklich brauchen. Wie oft sind Sie mit einem Kleid aus der Stadt zurückgekommen, das Sie gekauft haben, nur weil es gerade heruntergesetzt war? Wie oft haben Sie es getragen? Wie oft haben Sie sich zu Käufen überreden lassen, für Klamotten, die Sie nicht wirklich tragen? Fragen Sie Ihren Kleiderschrank. Er ist so voll, dass Sie einen zweiten brauchen? Na, dann nichts wie ab zu IKEA, um einen zweiten Kleiderschrank zu kaufen, vor dem man ratlos stehen kann, um festzustellen, dass man nichts anzuziehen hat.

Wir sind alle so erzogen worden, dass Reichsein nicht glücklich macht, aber Konsum uns mittelfristig zufrieden stellt. Deshalb gehen wir mit einer Art widerwilligen Einverständnisses auf jede Art von „Verkaufen" ein. Aber wirklich Spaß macht es nicht, sich zum Kauf einer Sache zu entscheiden, die uns aufgeschwatzt wird. Man wird das unangenehme Gefühl nicht los, dass man es sich im Prinzip nicht leisten kann, dass man es nicht wirklich braucht, dass man es billiger haben könnte - und nimmt es dann trotzdem. Ist man einmal ein wenig „eingewickelt", wird es immer peinlicher, das Angebot abzulehnen. Diese oftmals zwanghafte Situation versucht der moderne Konsument, zu vermeiden. Es ist ihm oft schon zu viel, wenn er in einem Laden von der Bedienung angesprochen wird. Warum auch? Wenn man nicht zurechtkommt, kann man immer noch fragen. Deshalb haben „Kaufleute" heute auch so ein schlechtes Image: Weil sie immer noch versuchen, Leuten etwas anzudrehen, was sie nicht brauchen, und das auf eine unangenehme, aggressive Art des Druckausübens.

Nun stellen Sie sich die Situation umgekehrt vor. Wer hätte wirklich Spaß daran, seinen Service feilzubieten wie ein Staubsaugervertreter oder anzupreisen wie sauer Bier? Es ist kein „sauer Bier", das Sie zu bieten haben, sondern etwas, was Ihnen die größte Freude bereitet und worauf Sie stolz sein können. Deshalb brauchen Sie nur bei den richtigen Leuten Neugier zu wecken, und diese können selbst frei entscheiden, was sie brauchen. Im klassischen „Verkaufen" ist das Produkt immer wichtiger gewesen als die Person. Nun steht die Person im Vordergrund. Es ist Zeitverschwendung, nach dem Gießkannenprinzip vorzugehen. Die Leistung sucht sich die Personen selbst.

Moderne Konsumenten sind klüger. Sie wollen kein Werbe-Wischiwaschi, sondern relevante Informationen (es ist erstaunlich, wie wenig die Werbenden bereit sind, auf diesen Wunsch einzugehen, weil sie vermutlich glauben, ihre Kreativität einzubüßen). Sie wollen wissen, was ihnen ein Produkt oder eine Leistung nützt. Sie sind dankbar für jede Hilfestellung, die ihnen ein Produkt bringt. Sie wollen eine intelligente Auswahl treffen. Sie wollen sogar ihre Intelligenz unter Beweis stellen, indem sie den besten Preis herausholen oder jenen altmodischen Kaufleuten

Selling by Sympathy and Curiosity

Widerstand leisten, bis diese auf Knien rutschen. Sie sind eine kluge Verkäuferin. Sie können zuhören, und respektieren das Feedback Ihrer Kunden. Das macht Sie nur interessanter und Ihr Produkt attraktiver. Denn Verkaufen bedeutet im modernen Sinne, mit jenen Leuten zusammen Erfahrungen auszutauschen, die Sie respektieren. Deshalb hat Verkaufen heute so viel mit Demut und Feingefühl zu tun, also das Gegenteil der alten Vertretermasche. Sie sind, was Sie verkaufen: Und deshalb sind Sie ein besserer Verkäufer als alle anderen!

Die Methode ist denkbar einfach. Machen Sie's wie Tom Sawyer: Verursachen Sie Neugier. Als Frau sind Sie von vornherein schon besser geschult, als es manchen eisenharten Burschen von der Verkaufsfront lieb sein kann. Was Frauen von Grund auf gelernt haben - Kommunizieren, Verführen, Erzählen, Verbinden - das können Sie nun alles in eine Waagschale werfen. Es hat keinen Sinn, jemanden gegen seinen Willen zu etwas zu drängen, was er nicht wirklich will. Vielmehr setzen Sie Ihr Geschäftsfeld wie ein Magnetfeld ein. Ihr Service ist der Magnet, der eine neue Ordnung herstellt, sobald Sie ihn einsetzen. Er wird polarisieren und die einen abstoßen, die anderen anziehen. Ohne Druck, ohne Stress, ohne Aggressivität. Den Magnetismus könnte man auch „Charisma" nennen, die Ausstrahlung, die von Ihnen, Ihrem Service oder Ihrem Produkt ausgeht. Dies allein zeigt bereits eine große Wirkung. Sie brauchen nichts weiter zu tun, als von Ihren Vorhaben zu erzählen. Die einen wird es interessieren, die anderen nicht. Diese „einen" werden von selbst auf Sie zukommen, und es werden auch die einzigen sein, von denen einige zugreifen werden. Die „anderen" weiterhin zu belämmern, würde für beide Seiten vergebene Liebesmüh', hinausgeworfene Zeit und die Beleidigung ihrer Intelligenz bedeuten.

Heidi Gross ist unter anderem die Managerin von Claudia Schiffer und Gisèle Bündchen. Ihr Erfolgsrezept: „Um ein positives Image zu bekommen, muss man sich von anderen abgrenzen. Suchen Sie eine Eigenschaft aus und verstärken Sie sie. Polarisieren ist erlaubt. Man muss nicht von allen gemocht werden. Im Gegenteil: Wer gute Argumente hat, sollte auch konfliktfähig sein. Und: Lesen Sie die Biografien erfolgreicher Menschen und analysieren Sie, wie diese es geschafft haben. Schauen Sie sich ab, was zu Ihnen passt, und geben Sie Ihre persönliche Note dazu." (Cosmopolitan, Oktober 2005, S. 185).

Der Käufer ist die Person, die letztendlich über den Kauf entscheidet. Je weniger sie in

Bedrängnis kommt, umso freier fühlt sie sich bei einer Kaufentscheidung. Wenn Sie diese Freiheit respektieren, wird sie die richtige Entscheidung treffen. Sie haben eine viel größere Möglichkeit, Kunden zu gewinnen, ohne sie zu bedrängen: Versetzen Sie sich ganz in ihre Situation und Sie werden immer besser verstehen, wo ein Bedürfnis herrscht und wo nicht. Diese Fähigkeit nannte man früher „Sympathie". Das Gleiche gilt übrigens auch für Konflikte. „Es ist weniger wichtig, was man sagt, sondern wie man es sagt und wie man sich dabei verhält", sagt Dagmar Honstein, Botschaftsrätin für Wirtschaft und Handel an der Botschaft der Republik Namibia (ebd.). Denn oftmals verraten die non-kommunikativen Signale schon, wie man zu dem Thema eingestellt ist. Entsprechend können Sie interpretieren, ob es Sinn macht, in eine Richtung weiter zu operieren, oder ob der Gesprächspartner in diesem Falle blockt. Möglicherweise finden Sie nicht nur dankbare Kunden, sondern Freunde fürs Leben in Ihren Gesprächen. Wichtig ist, dass das Verkaufen den Kunden genauso viel Spaß bereitet wie Ihnen. Indem Sie die richtigen Leute für das richtige Produkt oder Projekt finden, wird Ihr Service des Weiteren mehr durch Mundpropaganda bekannt werden als durch penetrante Werbung. Seien Sie Sie selbst, und wenden Sie Ihre Energie an, um Ihren Service ständig zu verbessern. Verkaufen ist mehr als nur ein Produkt gegen Geld einzutauschen.

In dieser Phase spüren Sie eine merkwürdige Art nervöser Furcht. Im Grunde wissen Sie, dass es schon alles richtig war, was Sie bisher gemacht haben. Aber Sie stehen ein wenig auf der Schwelle und erhoffen sich im Grunde einen Kick, der Sie nach vorne stößt. Im negativen Fall stehen Sie mit dem Rücken an der Wand, weil Sie aufgrund fehlenden Geldes gezwungen sind, zu verkaufen. Dann verliert man schnell die Eleganz und Lässigkeit, die man braucht, um bei anderen Neugier zu wecken. Auch dann schlägt die non-verbale Kommunikation zu: Ihr Gegenüber spürt Ihre Nöte und wird skeptisch. Ein Verkaufsgespräch wird daher oft zu einem Bumerang. In diesem Fall müssen Sie Ihre „Message" noch einmal deutlich überprüfen. Denn entweder sind Sie von dem begeistert, was Sie tun, oder es ist einfach nicht richtig stimmig, was Sie da für das Nonplusultra Ihrer Lebensverwirklichung halten. Verkaufen ist der Grenzstein Ihres Selbstvertrauens, und so gilt auch im negativen Fall: You sell what you are!

Ein Rat: Werden Sie sich frühzeitig darüber klar, ob Sie und Ihr Service stimmig sind, indem Sie ihn schon so früh wie möglich selbst verkaufen! Wenn Sie erst damit anfangen, wenn Not am Mann ist, dann ist es schon zu spät. Es gilt, andere Menschen für sich zu gewinnen, und das

Machen Sie Leute neugierig und zeigen Sie Interesse

funktioniert nur durch absolute Aufrichtigkeit. Ist an Ihrem Produkt irgendein Haken, den Sie kennen - wie etwa eine unangenehme Komponente, ein Teil an Aufgaben, den Sie selbst als vollkommen unangenehm empfinden - , dann ist es notwendig, diesen Mangel frühzeitig zu erkennen und zu korrigieren. Wenn Ihr Produkt jedoch unmittelbar Ihrer Leidenschaft entspringt, werden Sie auch kein Problem haben, die richtigen Leute dafür zu finden. Sie müssen nur sich selbst genug kennen, um zu wissen, was Sie selbst bewegt. Mit Sympathie und Neugier zu verkaufen bedeutet, sich selbst immer wieder neugierig zu machen. Das Verkaufen der „Alten Schule" hat nicht ohne Grund das Vokabular des Krieges vereinnahmt. Da geht man „an die Front", „kämpft" mit „harten Bandagen" und „allen Mitteln" und kommt wie der Handlungsreisende aus Arthur Millers Drama immer von seinen Reisen zurück, als sei es ein Schlachtfeld gewesen, das er siegreich hinter sich gelassen hat. Neugier zu verursachen, bedeutet aber, selbst neugierig zu sein. Damit hebt sich auch die unglückselige „Vertreter"-Position auf: Tom Sawyer hatte einen sehr gesunden Abstand zu seiner Streicharbeit, der es ihm ermöglicht, sehr entspannt darüber zu reden. Wäre er gezwungen gewesen, dahinter zu stehen, was er tut, und Leute zu gewinnen, die für ihn arbeiten, wäre er mit Sicherheit zum Scheitern verurteilt gewesen. So aber betrachtet er selbst mit fast ironischer Distanz sein Tun.

Abstand zu der Sache gewinnt man, indem man sich in die Situation des anderen versetzt und sie von diesem Standpunkt aus betrachtet. Umso besser kann man auch beurteilen, was der andere braucht und was er nicht braucht. Diese Art, intuitiv zu verkaufen, beherrschen Frauen oftmals besser als Männer, weil diese als „gestandene Geschäftsleute" eben immer der „old school" des harten, aggressiven Verkaufens verhaftet sind und geschult sind, mehr an das Produkt als an die Bedürfnisse ihrer Kunden zu denken. Da sich diese Bedürfnisse jedoch immer mehr verändern, ist es immer weniger sinnvoll, Leistungen zu standardisieren. Aus einem Gespräch mit einem Kunden kann man unter Umständen ganz andere Probleme heraushören als jene, für die man ihm Lösungen anbieten wollte. Immer mehr Geschäfte kommen dadurch zustande, dass man erst zuhört und sich dann zu der geschilderten Situation Lösungen ausdenkt.

Der Kunde kennt seine Bedürfnisse und seinen Markt viel besser, als es ein „Verkäufer" jemals könnte. In einem Nicht-Verkaufsgespräch liegt deshalb das weitaus höhere Potenzial darin, einen Service zu verkaufen. Mit ihrer Gabe und dem Bedürfnis zu kommunizieren und Verbindungen zu schaffen, haben viele Frauen großen Erfolg. Sie nutzen ihr bereits bestehendes Netzwerk, um hier Abhilfe zu schaffen und dort jemanden mit jemandem bekannt zu machen, weil man das Gefühl hat, die beiden könnten etwas miteinander anfangen.

Dadurch ist das „Verkaufen" von Anfang an auf eine Vertrauensbasis gestellt. Nicht im Sinne des Sesamstraßen-Schlehmil, dessen „Du kannst mir vertrauen" am Anfang jeder kleinen Betrügerei steht, sondern im Sinne eines Vertrauens, das erst im Prozess entsteht. Wie jene Frau, die in ihrem Antiquitätengeschäft steht und im Prinzip darauf angewiesen ist, die Produkte, die sie umgeben, zu verkaufen. Schließlich kommt auch ein Kunde herein und erkundigt sich nach dem Preis einer Kommode. „Die Kommode kostet soundsoviel", antwortet die Verkäuferin gewissenhaft, „aber wenn ich sehe, wie Sie angezogen sind, kann ich mir vorstellen, in welchem Stil Sie wohnen, und wenn Sie mich fragen, dann passt die Kommode nicht zu Ihnen." Als der Kunde wieder zu sich kommt, meint sie, „Ich habe da was anderes, das passt viel besser zu Ihnen und kostet nur die Hälfte."

Um es kurz zu machen: Der Kunde war total dankbar, kaufte nicht nur die billigere Alternative, sondern lud die Verkäuferin zu sich nach Hause ein, damit sie sich dort umzuschauen und ihn bei seiner Inneneinrichtung zu beraten könne. Das machte sie nicht nur theoretisch, sondern auch praktisch: „Ich wüsste genau, was da in diese Ecke passt, und ich weiß auch, wo es das gibt." Auf diese Weise baute sie auch noch ein Netzwerk von Antiquitätenhändlern in der Umgebung auf und versorgte so ihre Kunden auch dann, wenn sie selbst das passende Produkt nicht im Bestand hatte. Dieser Service sprach sich schnell herum, und es kamen immer mehr Kunden, die blieben und sich auf Jahre hin von der Dame versorgen ließen. Das ist ehrliches Verkaufen.

Klassisches Verkaufen beginnt mit einem unwiderstehlichen Angebot, dessen Ablehnung eine Beleidigung darstellen würde, das nicht lange besteht (Schnell zugreifen!) und nicht mehr billiger wird. Auf diese Weise wird Druck, Stress und Angst aufgebaut. Bei den ganz Harten wird das Gespräch von der sachlichen Ebene auf die emotionale verlagert: Der Anbieter tut enttäuscht, wollte er doch ihr Freund sein... Intuitives Verkaufen verbindet rationale Argumente mit dem Erspüren der Bedürfnisse. Stellen Sie keine merkwürdigen Fragen, die um den heißen Brei herum klären wollen, wo die Schwachstellen Ihres potenziellen Kunden liegen. Wie etwa der Telefonverkäufer mit der dummen Frage: „Haben Sie schon mal über... nachgedacht?" Führen Sie sich nicht auf wie in der Drückerkolonne. Sagen Sie den Leuten straight, was Sie Ihnen bieten wollen, damit sie wissen, woran sie sind. Wenn die Person ablehnt, können Sie die nächste fragen - die Welt ist groß genug. Je besser Sie die Menschen kennen, umso besser können Sie ihnen allerdings etwas bieten, was sie brauchen. Deshalb beginnt viel Verkaufen in Ihrer unmittelbaren sozialen Umgebung, denn dort kennen Sie sich am besten aus. Seien Sie offen und drücken Sie sich klar aus. Hören Sie zu, was die Leute zu sagen haben, inklusive ihrer Bedenken und Widerstände. Versuchen Sie niemals, sie zu überrumpeln oder die Bedenken gewaltsam zu zerstreuen. Das ginge alles auf Kosten des Vertrauens. Erzählen Sie besser selbst, wie Sie auf dieses Produkt oder diese Idee gekommen sind und warum sie es so toll finden. Schildern Sie selbst mit Ihrer Neugier, was Sie daran so fasziniert. Wenn Sie die Menschen dabei anschauen und das Herz auf der Zunge haben, ist das für jeden spürbar. Umgekehrt aber auch: Wenn Sie aus Ihrem Herzen gerade eine Mördergrube machen. Finden Sie es nicht auch selbst unerträglich, wenn Sie mit einem Angebot bedrängt werden, inklusive Zeit- und Entscheidungsdruck? Aus diesem Grund fühlen Sie sich unwohl bei dem Gedanken, verkaufen zu sollen, da man mit „Verkaufen" immer diese Vorstellung verbindet. Entscheidend ist, dass Sie Ihre Art finden, wie Sie verkaufen wollen. Diese Art finden Sie nur durch Training heraus. In diesem Sinn ist Verkaufen wie Coaching: Sie können sich in der Theorie alles Mögliche dazu aneignen, in der Praxis zählt letztendlich nur Ihre Persönlichkeit. Bei einem Verkaufs-Coaching werden Ihre Stärken und Schwächen schnell erkennbar. Auf diese Weise finden Sie zu Ihrer vollkommen eigenen Art, Dinge zu präsentieren und sich darzustellen. Das macht wiederum großes Vergnügen. Letztendlich freuen Sie sich dann auch, wenn Sie Ihre Kunden von Ihrem Service überzeugen können. Das funktioniert ausschließlich mit Aufrichtigkeit und Begeisterung. Nochmals: You sell what you are. Ihr Verkaufsstil sollte durch den gesamten Verkaufsprozess erkennbar sein - auch beim Abschluss: Wenn Sie ein Training anbieten, dann beginnt die eigentliche Arbeit für Sie erst jetzt, und Sie können beweisen, dass sich das eingesetzte Geld bezahlt macht. Wenn Sie zum Beispiel vorher eine Probestunde geben, wissen die Kunden, woran sie sind. Wenn Sie einen Computer verkaufen, dann kümmern Sie sich auch um die Installation und bleiben Sie dran, bis das Ding astrein läuft. Das gehört in einer Service-Ökonomie nicht nur zum guten Ton, sondern sorgt für Ihr gutes Image. Möglicherweise machen Sie sich Freunde fürs Leben, denn die Personen sind wichtiger als das Produkt - so wie Verkaufen einen Spiegel Ihrer Persönlichkeit darstellt.

Wir alle sind Verkäufer. Wir sind mehr denn je darauf angewiesen, uns täglich zu positionieren und ins rechte Licht zu rücken. Wir müssen als Selbständige Sorge tragen, dass andere uns empfehlen. Gleichzeitig müssen wir unseren Service verbessern und für ein effektives Marketing sorgen. Noch wichtiger ist ein gesundes Selbstbewusstsein bei dem, was man tut. Wenn das Produkt oder der Service nicht zu hundert Prozent mit Ihnen stimmig ist, wenn Fragen aufkommen, die Sie nicht beantworten können, dann müssen Sie erneut überlegen, was damit nicht stimmt und was zu korrigieren ist, damit Ihr Service wirklich mit Ihnen übereinstimmt. Man stelle sich vor, Angestellte eines Unternehmens vermittelten den Eindruck, dass sie den angebotenen Leistungen kritisch gegenüberstünden. Wenn sie nicht wie Cheerleader für Ihre Dienste sind, dann sollten sie für etwas arbeiten, das besser zu ihnen passt. Das gilt vor allem für Ihre Mitarbeiter. Wenn es mit deren Einstellung nicht stimmt, werden Sie immer ein Problem haben. Stellen Sie Leute ein, die zu Ihnen kommen, weil sie von Ihnen und Ihrem Service begeistert sind.

Im Verkaufen sind Sie authentisch

Ohne Verkaufen steht der Laden still. Eine Dienstleistung kann noch so toll sein, wenn sie keiner an den Mann bringt, herrscht Stagnation. Man muss sich den berühmten „Ruck“ geben, um zu verkaufen. Umgekehrt kann ein Angebot gar nicht so toll sein, wenn es ein Team nur gut verkauft - was natürlich nicht zu wünschen ist. Aber gerade in schlechten Zeiten bewährt sich ein gutes Verkaufsteam. Wenn es mit der allgemeinen Konjunktur auf und ab geht, kann man mit einem Powerteam immer noch Profite erzielen. Verkaufen ist ein komplexer Prozess, der Ihre ganze Intelligenz fordert. Dieses Kapitel reicht daher nicht aus, um eine fundamentale Verkaufsausbildung zu garantieren. So wie Produkte komplexer werden, werden auch die Prozesse komplexer. Um gut zu verkaufen, muss man sich immer wieder die Prinzipien des Verkaufens vergegenwärtigen, wie etwa mit Audiotapes erfolgreicher Verkaufslegenden.

Andererseits kann man in jedem Gespräch Verkaufen üben. Denken Sie nach, wie Sie andere von Ihren Ideen im Gespräch überzeugen, wie Sie auf andere eingehen, welche Ziele Sie in einem Gespräch haben und wie Sie sie erreichen - sei es das Gespräch mit dem Hausmeister, mit dem Partner oder in einem Meeting. Daraus können Sie die Essenz ziehen, wie Sie es intuitiv anstellen zu verkaufen. Denn Verkaufen ist eine sehr wache, bewusste, wertvolle Kommunikation. Je mehr Sie Ihre Gesprächspartner beobachten, umso mehr erfahren Sie über sie. Führen Sie so lange ein Gespräch, bis sich deren Miene erhellt. Darin sind Sie authentisch, erlebbar, fühlbar. Wenn Ihr Gegenüber das spürt, fallen die Masken und Sie hören von Hoffnungen, Ängsten und Bedenken. Nehmen Sie sie ernst, dann können Sie Ihren Kunden sehr helfen.

Umgekehrt erfahren Sie beim Verkaufen auch eine Menge über sich selbst. Sie werden am eigenen Leibe erfahren, was peinlich ist, welche Äußerungen Sie selbst beschämen, wo Sie faule Kompromisse machen. Alles, was von Ihren Kunden zurückkommt, ist eine unmittelbare Reflektion dessen, was von Ihnen kommt. Und selbst die größten Verkaufsexperten lernen immer noch von den täglichen Gesprächen, die sie führen. Wenn Sie zum Beispiel schüchtern und widerwillig an die Sache gehen, wird das Feedback Ihrer Kunden ein sehr zögerliches sein. Wenn Sie im wahrsten Sinne aufrecht und entschlossen sind, wird man Sie und Ihre Worte entsprechend ernst nehmen. Schon der Nationalökonom Adam Smith wusste, dass der Markt ein Spiegel der Gesellschaft und seiner Individuen ist. Je besser man sich in die Position eines anderen versetzt, umso transparenter kommen dessen Wünsche und Bedürfnisse zum Vorschein. Je nachdem, wie Sie sich verkaufen, bekommen Sie einen Spiegel vorgehalten. Ein Geschäft kann aus einfachen Gründen scheitern. Auch hier handelt es sich um Reflektionen: Von professionellen Geizhälsen werden Sie ständig hören, dass man kein Geld zur Verfügung hat. Wenn es nicht das Geld ist, dann liegt es möglicherweise an der mangelnden Zeit: volle Kalender, Terminverschiebungen und so weiter. Unaufrichtige Leute erzählen ständig etwas von Betrügereien, weil sie diese ja selbst ständig vor Augen haben. Aggressive Leute werden Ihnen sogar Vorwürfe machen. Auch Sie selbst werden mit Ihren Themen konfrontiert werden. Beim Verkaufen lernen Sie sehr viel über sich selbst, inklusive Ihrer Zweifel und Ängste. Um verkaufen zu können, müssen Sie in die dunkelsten Ecken Ihres Bewusstseins vorstoßen, um die letzten Reste an Misstrauen und Skepsis zu beseitigen. Erfolgreiche Kaufleute mögen vielleicht durch ihre Präsenz und Penetranz nerven, aber sie scheinen immer vor Selbstbewusstsein zu strotzen. Sie sind in ihrem Leben schon durch viele Talsohlen gegangen, um zu wissen, wo ihre Mängel verborgen sind. Wenn Sie einmal so weit sind, können Sie Ihre sozialen Fähigkeiten ausbauen. Man wird es schnell merken, wenn Sie Ihre Stimmung ändern. Ist man „schlecht drauf", sollte man kein Verkaufsgespräch führen, weil man viel zu sehr mit sich selbst beschäftigt ist, um sich in die

Phänomenal: The fear of winning

Situation anderer versetzen zu können. Kann man den Leuten jedoch mit einem Lächeln begegnen, hat man das Zeug zum Gewinnen.

Je mehr in der Industrie der Gürtel enger geschnallt wird, umso wertvoller wird Verkaufsgeschick. Verkaufen macht Freude. Nichts hebt die Stimmung mehr als ein gelungenes Geschäft. Wenn Sie verkaufen können, dann können Sie auch gewinnen. Sie können Ihr Leben ausgestalten, wie es Ihnen Spaß macht. Wenn Sie einmal den Bogen heraus haben, werden Sie sich täglich mit Elan ins kalte Wasser stürzen, motiviert von dem Gedanken, ein Geschäft zum Abschluss zu bringen. Dies ist der entscheidende Schritt in Richtung Geschäftspraxis. Und er ist dringend notwendig. Wer nicht verkauft - und das täglich! - wird immer nur ein kleiner, emsiger Arbeiter bleiben, der nur so viel schafft, wie er gerade kann, und inständig hofft, dass alle mit ihm zufrieden sind. Er ist zufrieden, wenn er mal nicht eins auf den Deckel bekommt, und glücklich, wenn sich nach einem erledigten Geschäft vielleicht das nächste anbahnt. Der geistige wie finanzielle Horizont erstreckt sich gerade einmal bis zur Dispogrenze. Dass der Himmel das Limit ist, kann er sich gar nicht vorstellen. Da tritt nämlich das Phänomen „Fear of Winning" ein. Cliff Barnes, J.R. Ewings ewiger Gegenspieler in der Serie „Dallas", verkörpert diesen Charakter. Er hat eigentlich jede Menge Gelegenheiten, erfolgreicher zu sein als sein Kontrahent - einmal gehört ihm sogar dessen Firma - , aber er scheint genau damit nicht fertig zu werden und er verliert wieder alles. Cliff Barnes definiert sich so sehr über seinen Gegner, dass er sich niemals auf seine eigenen Fähigkeiten besinnt. Deshalb ist er vollkommen ratlos, wenn er dann selbst am Zuge ist. Er hat es vorher nie trainiert. Er hat nie verkauft, also auch nie seine eigenen Fähigkeiten und Mängel wahrgenommen, um an ihnen zu lernen. Wer verkauft, verdient. Bei allen Ups und Downs ist kein Job wirklich sicher, aber eine ausgereifte Verkaufsgabe ist die beste Sicherheit, die man haben kann. Jene, die verkaufen können, werden in jeder wirtschaftlichen Situation wachsen. Wer es nicht beherrscht, wird für weniger Geld immer härter arbeiten. Deshalb ist ein fundamentaler Paradigmenwechsel in unserer Gesellschaft unabdingbar. Nur ihr Selbstvertrauen machte es unseren Vorgängern möglich zu überleben, wenn Gefahr drohte. Im gleichen Maße müssen wir unsere Selbstgefälligkeit ablegen, die wir alle im Business gerne zur Schau tragen, und überlegen, wie wir wirklich Resultate erzielen. Wir können es uns nicht länger leisten, einfach auf den nächsten Job zu warten, auf Ereignisse, die zufällig zu uns führen, oder sogar auf ein „Wirtschaftswunder". Wir sind diejenigen, die es herbeiführen müssen! Wie wir schon erwähnten, ist Verkaufen nichts anderes als eine Reflektion unseres mentalen Bildes. Ihre Wahrnehmungen konstruieren eine Ihnen allein eigene Wirklichkeit. In einem Gespräch, in dem es „drauf ankommt", wie einem Verkaufsgespräch, kommen diese Wahrnehmungen zutage, und Sie haben die Gelegenheiten, sie zu prüfen und zu verändern. Das macht Verkaufen so lebendig. Verkaufen bedeutet, Ihre Ansichten mit anderen zu teilen. Wenn Sie jemandem helfen, etwas zu bekommen, was er will, wird Ihre Psyche wach, um aus Ihnen einen besseren Menschen zu machen. Wenn Sie die Kunst des Verkaufens beherrschen, wird sich Ihre Lebensqualität steigern. Verkaufen ist die beste Form, das Leben zu feiern. Schließlich ist das Ereignis, jemandem zu besorgen, was er will, der Schlüssel zum Erfolg. Jedes Mal, wenn Sie mit dem richtigen Elan verkaufen, wird sich Ihre Stimmung bessern. Stellen Sie sich vor, Sie hätten jeden Tag Gelegenheit, vor Freude auf dem Tisch zu tanzen, nachdem Sie den Hörer aufgelegt haben. Außerdem hat Verkaufen einen Nebeneffekt: Es stellt die Verbindung zwischen Ihnen und der Außenwelt her. Sie können nicht länger in ihrem Schneckenhäuschen bleiben und wir hoffen, gezeigt zu haben, warum es sich auch lohnt, daraus hervorzukriechen. Nichts ist lebensnäher, kommunikativer, temporeicher als Verkaufen. Mit diesem Spirit wird sich Ihr Status in Windeseile verbessern. Im „schlimmsten" Falle wird viel mehr Arbeit auf Sie zukommen, als Sie allein bewältigen können. Das ist die Wegmarke zu Ihrem Unternehmen, in dem Sie nicht länger der einsame Arbeiter sind, sondern der Creative Director eines Teams toller Leute. Wenn alles klappt, wird jeder Tag, an dem Sie erfolgreich verkaufen, eine Party sein. Vorbei ist es mit der Müdigkeit. Jetzt wird angepackt.

Ein schönes Beispiel für die Art, dank der eigenen Persönlichkeit zu verkaufen, gibt Alexander von Schönburg von seiner prominenten Schwester Gloria von Thurn und Taxis: „Man kann es Charisma nennen oder Penetranz oder Animationsgabe, jedenfalls funktioniert es. Ein Kronzeuge ist Alfred Taubman, früher Besitzer von Sotheby's: Die beiden saßen in einer Stretch-Limo im Verkehrsstau auf der New Yorker Brooklyn Bridge fest. Taubman, Tycoon, Zigarrenraucher, Herrschertyp, wurde langsam nervös. ‚What the hell is going on?', raunzte er den Fahrer an. Gloria stieg aus, verhandelte kurz mit den Verkehrspolizisten, die die Brücke gesperrt hatten, und setzte sich wieder ins Auto. Die Beamten winkten die Limo aus dem Stau und vorbei an der Absperrung. Taubman, der nur in Ausnahmefällen seine Zigarre aus dem Mund nimmt, senkte seine Montechristo Nr. 1 andächtig und meinte ,That's what I call leadership' und bot ihr einen Management-Job bei Sotheby's. Sie lehnte dankend ab." (Zit. aus: „Park Avenue" Magazin 11/2005: S. 55)

Welches Fazit hat eigentlich Tom Sawyer aus seinem „Verkauf" gezogen? „He had a nice, good, idle time all the while -- plenty of company -- and the fence had three coats of whitewash on it! If he hadn't run out of whitewash, he would have bankrupted every boy in the village. Tom said to himself that it was not such a hollow world, after all. He had discovered a great law of human action, without knowing it -- namely, that in order to make a man or a boy covet a thing, it is only necessary to make the thing difficult to attain. If he had been a great and wise philosopher, like the writer of this book, he would now have comprehended that Work consists of whatever a body is obliged to do, and that Play consists of whatever a body is not obliged to do. And this would help him to understand why constructing artificial flowers or performing on a tread-mill is work, while rolling ten-pins or climbing Mont Blanc is only amusement. There are wealthy gentlemen in England who drive four-horse passenger-coaches twenty or thirty miles on a daily line, in the summer, because the privilege costs them considerable money; but if they were offered wages for the service, that would turn it into work and then they would resign."

Weiterführende Literatur:
Jansen, Robert; Sage, Martin: Vergiss' das Verkaufen.
Tracy, Brian.
Twain, Mark: The Adventures of Tom Sawyer and Huckleberry Finn.

IHRE BUCHHALTUNG

„I want to live while I'm alive"!
(Jon Bon Jovi, „It's my life")

Zwei große Weisheiten gibt es zum Thema Geld, und sie widersprechen sich fundamental: „Geld regiert die Welt" und „Über Geld redet man nicht, Geld hat man." Etwas, das die Welt regiert, ist demnach tabu. Verlogen ist diese Einstellung obendrein, weil auch jene, die kein Geld haben, so tun sollen, als hätten sie welches. In diesem Kapitel brechen wir das Tabu auf. Hier geht es um nichts als Geld als Mittel zum Zweck und zur Überwindung von Furcht.

Ob Sie nun Künstler sind oder Rechtsanwalt, Sänger, Bauer, Buchhalter oder Arzt, immer sind Sie in Ihrem zukünftigen Wirtschaftsleben notwendigerweise ein Geschäftsmann, der Ziele definieren muss, um mitspielen zu können. Je mehr Sie sich auf der Karriereleiter nach oben bewegen, umso härter wird das Geschäft.

Wenn Sie sich chronischer Müdigkeit und Lethargie, die Ihren Verstand betäubt, endlich entledigt haben, werden Sie die Bekanntschaft mit einer sonderbaren Art der Angst machen. Es ist nicht die pure Angst, sondern die Angst vor etwas: Furcht. Angst mit einem Objekt. Zum Beispiel die Angst vor dem Erfolg, oder auch vor sich selbst.

Keine Angst, es ist nicht so schlimm, wie es klingt. Wie sieht eigentlich Ihr Arbeitstag aus? Ungefähr so? Nach einer halbwegs ruhigen Nacht, in der einige Gläser Rotwein und einige Ihrer Problemchen verarbeitet wurden und immer wieder der letzte Ausdruck des Kontoauszugs in Ihren Träumen erschien, wachen Sie zu einer Zeit auf, zu der anständige deutsche Beamte bereits zuviel Kaffee getrunken haben. Das bedeutet nicht, dass Sie wirklich wach sind. Das spüren Sie besonders daran, dass nicht der Wecker, sondern das Telefon Sie geweckt hat. Ein Kunde ist dran und erkundigt sich, ob er heute mit Ihrer Zuverlässigkeit rechnen kann. Natürlich können Sie ihm das versichern, während Sie den Kaffee aufgießen und inständig hoffen, dass der Kunde nicht merkt, dass Sie gerade erst aufgestanden sind.

Nun aber sind Sie wach - nicht nur der Kunde, auch das schlechte Gewissen sorgt dafür. Und der erste Kaffee macht noch wacher. Mit ihm gehen Sie erst einmal auf die Terrasse und stellen fest, dass draußen ein unglaublich schöner Tag anbricht. Man könnte einmal die Seele baumeln lassen, ein paar Freunde anrufen, mit ihnen an den See fahren und grillen... Wozu ist man denn selbständig, Freiberufler, Unternehmer? Schon träumen Sie im Geiste von Freizeitplanung, da fällt Ihr Blick auf Ihren Tageskalender, der Ihnen einige sehr unangenehme Dinge mitteilt, die sich auf einen Begriff reduzieren lassen: Arbeit. „Ach ja, richtig... wie konnte ich das vergessen? Warum habe ich damit nicht gestern schon angefangen? Wieso habe ich so lange geschlafen? Wie soll ich das eigentlich schaffen?“ Sie sind hellwach. Den restlichen Tag werden Sie damit verbringen, hinter der Zeit herzulaufen.

Nun beginnt Ihr eigentlicher Arbeitstag. Sie sind genervt. Da müssen zunächst ein paar wichtige Anrufe getätigt werden, die gestern liegen geblieben sind. Sie beginnen mit den Stadtwerken, hangeln sich durch zwei Gespräche mit Bekannten, bis Sie so bei Stimme sind, dass man es auch mal wagen könnte, auf Akquisejagd zu gehen. Die ersten zwei potenziellen Kunden unterstellen Ihnen Unseriosität und kommen mit den Gegenargumenten, die Sie schon zur Genüge kennen. Sie können es kaum vermeiden, gereizt zu reagieren. Alles Idioten. Aber bevor wir zu den „großen Dingen“ kommen, erst mal ein bisschen Ablage zum Warmmachen. Sie können es sich auch nicht erklären, aber Sie schieben die größten und lukrativsten Projekte am weitesten hinaus.

Nach einem träge machenden Mittagessen gehen Sie über zur Tagesproduktion. Es will nicht so recht anlaufen. Es ist vielleicht einfach nicht Ihr Tag, aber nichts will wirklich gelingen. Sie brauchen viel mehr Zeit als sonst, um etwas zu erledigen. Was heute erledigt werden muss, geht erst in letzter Minute raus. Das ist der Höhepunkt des Tages: meistens gegen sechs Uhr abends. Angestellte haben jetzt Feierabend - ich auch. Endlich haben Sie das halbwegs gute

Gefühl, heute etwas geschafft zu haben, wenn auch nur das Nötigste. Zeit für ein Gläschen Prosecco zur Entspannung. Abends nett essen mit Freunden, wie immer ein Gläschen zuviel, einen Tick zu spät im Bett und möglicherweise noch ein kleines Abenteuer zu später Stunde, bis mit dem neuen Tag alles von vorne beginnt. Man wacht auf und fragt sich, was heute zu tun ist.

Sie sind jedoch kein Angestellter, der monatlich sein Geld bekommt, egal ob er viel oder wenig dafür tun muss. Sie sind vollkommen selbst für sich verantwortlich. Deshalb fehlt Ihnen noch ein wichtiges Bindeglied zwischen Ihrem Tun und Ihrem Erfolg: Rechenschaft. Sie sind Ihr eigener Chef. Wenn Sie an sich selbst einen täglichen „Report" schreiben müssten, was würde er enthalten? Genau: Die tägliche Rechenschaft über Ihr Tun und Nichttun, gefüllt mit jeder Menge Wichtigtuerei und Argumenten, warum dies oder jenes nicht weitergeht. In unserem Fall sind Sie aber selbst der Adressat. Und genau das macht Sie ja auch fertig: Ihr schlechtes Gewissen verfolgt Sie in den Schlaf und erscheint im Traum vor Ihnen in Gestalt von Zahlen.

Einerseits machen Sie sich zwar ununterbrochen Sorgen über Ihr Einkommen und Durchkommen, andererseits gelingt es Ihnen hervorragend, Ihre Arbeit so weit wie möglich nach hinten zu schieben. Es ist ein Zustand wie vor einer großen Prüfung oder einer umfangreichen Arbeit, die geschrieben werden will: Bevor Sie damit beginnen, muss eher noch das Ofenrohr von innen gereinigt werden. Mit dem Unterschied, dass es bei einer Prüfung einen festen Termin gibt, den Sie einhalten müssen. Davor gibt es Arbeit, danach wird gefeiert. Es ist auch der Zustand, in dem Ihr finanzieller Horizont bei der Kreditlinie endet und Ihr Geschäft eine monatliche Fahrstuhlfahrt zwischen Soll und Haben darstellt: Kaum landen ein paar Einnahmen auf dem Konto, werden sie zu Monatsbeginn schon wieder von den Fixkosten verschlungen. „Wie gewonnen, so zerronnen" könnte Ihr Motto sein. Auch wenn Sie das Leben genießen können, so leben Sie doch von der Hand in den Mund. Es gelingt Ihnen immer wieder, Engpässe auszugleichen, gelegentlich ist auch mal ein Urlaub drin, aber Sie sind gefangen im Geld-Ghetto und umzingelt von Zinsen. Gerne verdrängen Sie diesen Gedanken. Ständig wechselt Ihre monetäre Perspektive zwischen Einnahmen und Ausgaben.

Je nachdem sind Sie himmelhoch jauchzend über fette Aufträge, die noch zu bezahlen sind, oder zu Tode betrübt angesichts der drohenden Rechnungen, die Ihren Kontostand furchtbar schrumpfen lassen. Sie wägen zwar ständig Ihre finanzielle Situation ab, haben aber im Prinzip keinen wirklichen Überblick über Ihre Lage.

Solange Sie aber keine Messlatte für Ihren eigenen Erfolg haben, bewegen Sie sich in einer permanenten Unsicherheit, aus der Sie sich niemals herausbewegen können. Tausende von jungen, kreativen, tollen Leuten sind aus diesem Grunde auf der Strecke geblieben und haben zeitlebens nie mehr Erfolg als am Anfang. Im Gegenteil, mit dem Alter ist es auch immer schwieriger für sie, Kunden zu halten und neue Kunden zu gewinnen. Nur der jährliche Gang zum Finanzamt wird ein Ansporn, mehr zu leisten, weil man seine Steuern sonst nicht bezahlen kann. The sky is the limit? Recht abwegig, wenn man immer wieder auf den Boden der Tatsachen fällt.

Der Befund: Sie leben in einem kreativen Chaos, das Ihnen gleichermaßen Spaß und Unsicherheit bereitet. Sie genießen Ihre Freiheit, und tragen viel Furcht in sich. Sie sind drauf und dran, Ihr Ziel aus den Augen zu verlieren, was man daran merkt, dass Sie es sich immer wieder ins Gedächtnis rufen müssen. Wie ist es sonst zu erklären, dass Sie morgens nicht wissen, was Sie eigentlich zu tun haben? Dass Sie möglicherweise etwas tun, wozu Sie gar keine Lust haben? Dass Sie eine freizeitorientierte Schonhaltung einnehmen, die Sie berechtigt, das Leben zu genießen, worüber Sie aber Ihre Ziele vergessen? Ein Arbeitstag ist ein Abbild Ihrer Verfassung. Und solch eine Verfassung können Sie sich selbst nicht erklären. Die gute Nachricht: Sie stehen kurz vor Ihrem Durchbruch. Und genau davor haben Sie Angst, denn er ist mit jeder Menge Entscheidungen und Verantwortung verbunden. Vorbei süßes Leben, willkommen Erfolgszwang, soziale Verantwortung, Vorbildfunktion. Hallo, wollten wir nicht Unternehmer werden? Vollkommen richtig. Und Sie haben schon einiges dafür getan. Nun aber beginnt das große Zittern, ob Ihr Plan eigentlich auch klappt. Damit dieser Zeitpunkt möglichst nach hinten geschoben wird, trifft Ihr Unterbewusstsein jede Menge Maßnahmen, die Sie in Ihrem Chaos bestätigen und Ihr Leben lebenswert erscheinen lassen. Sie haben eine berechtigte Existenzangst, so lange Sie Ihren Job nur als „Lebensmittel" begreifen und nicht als eine Möglichkeit zur Karriere. Und da kommt Ihnen ausgerechnet die Buchhaltung zu Hilfe.

Buchhaltung erscheint besonders kreativen und produktiven Menschen oft zu zeitaufwendig, wenn nicht gar spießig. Dabei liegt genau hier der Schlüssel zu ihrem Erfolg, den Sie nur in die Tür stecken müssen. Buchhaltung bedeutet nämlich Orientierung und befreit Sie genau von der Unsicherheit, die in Ihrem Inneren ständig alles aufwühlt. Ohne zu wissen, woran Sie sind, können Sie auch nicht weiter denken: Ein paar Zahlen können da sehr schnell Abhilfe leisten.

Dabei spielt es keine Rolle, wie Sie dran sind! Es ist schon sehr beruhigend, wenn man seine finanzielle Unsicherheit oder Sicherheit bestätigt findet. Und jetzt, vor der großen Premiere Ihres Geschäfts, ist es wichtig, festen Boden unter den Füßen zu haben, wenn nicht nur ein Feuerwerk abgefackelt werden soll. Wenn der Himmel das Limit ist, ist Ihr Launch eine Rakete, die ins All schießt. Und eine Startrampe braucht ein solides Fundament. Das Schöne daran: Buchhaltung ist nicht länger etwas für die bleichen Leichen, die man dort immer vermutet. Buchhaltung ist etwas sehr Kreatives. Die Balance von Zeit und Geld erhält einen Messwert.

Geld ist das Medium von Werten, wie schon Georg Simmel in seiner „Philosophie des Geldes" weiß. Über diese Werte ist man sich in allen Kulturen einig. Wenn wir auch die Sprache eines Landes nicht verstehen, so werden wir uns doch schnell über den Wert „Geld" als Tauschmedium einig. Sobald wir bezahlen, ist jegliche Konfusion und Konfrontation verschwunden. „Money talks", wie die Amerikaner sagen. „Bargeld lacht", sagen wir Deutschen. Es handelt sich um eine numerische Sprache, ein Symbol für greifbare und abstrakte Werte. Und ganz im Gegensatz zur landläufigen Meinung kann Geld sehr wohl glücklich machen. Zumindest in einem Land der westlichen Wohlstandsgesellschaft, wie etwa der Werbespot einer Bausparkasse zeigt, in dem die Hippietochter dem auf Spießer mit festem Wohnsitz schimpfenden Vater offenbart: „Papa, wenn ich groß bin, möchte ich auch Spießer werden."

Damit wir uns nicht falsch verstehen - falls das eingangs beschriebene Chaos auf Sie zutrifft: Es ist brillant. Sie haben den Bogen raus, Ihre Idee zu managen. Wir haben aber gelernt, dass sogar Künstler Geschäftsleute sind, und Geschäftsleute hantieren mit einem Ziel. Alle, die ihr Leben als Karriere begreifen, sind Unternehmer. Sie sind jedoch kein Lebenskünstler, sondern verwirklichen Ihre Brillanz. Dadurch werden andere von selbst auf Sie neugierig, wollen Ihren Service in Anspruch nehmen, wollen von Ihnen profitieren. Solange Chaos herrscht, weiß niemand, wie er bei Ihnen landen soll. Aber eigentlich wollen sie landen, also müssen Sie selbst dafür sorgen, dass die Leute zu Ihnen kommen. Im Moment kennen Außenstehende nicht einmal Ihre Adresse.

Wenn Sie nicht wissen, wo Sie stehen, wie sollen Sie dann wissen, wo es langgeht? Als Entrepreneur ist es nun Ihre Aufgabe, Ordnung ins Chaos zu bringen. Es mag verwundern... aber Buchhaltung ist die Lösung für Ihr momentanes Problem. Sie ist eines der effektivsten Mittel, um alles um Ihre Leistungen herum zu organisieren. Und Sie können damit sogar richtig Spaß haben.

Umgekehrt ist es folgenschwer, Buchhaltung zu ignorieren. Beginnen Sie zum Beispiel mitten in ihrem kreativen Chaos, Mitarbeiter zu suchen oder ein Team aufzustellen, werden diese es mit einer launenhaften Diva zu tun bekommen, die für sie nicht berechenbar ist. Mal kommt sie um halb elf hereingeschneit und beruft sofort ein Meeting ein, in dem die Jobs nur so hageln, mal ist von ihr den ganzen Tag nichts zu hören, bis abends um sechs Uhr noch ein Job auf den Tisch segelt, der dringend bis morgen erledigt werden muss. Den hat die „Diva", also Sie selbst, vor lauter Telefonaten und kleinster Erledigungen im Tumult des Tages, das über Sie hereinbricht, schlicht vergessen. Wenn Ihr Arbeitstag so ungeordnet abläuft wie oben beschrieben, werfen Sie täglich eine Menge Geld aus dem Fenster - weil Sie viel mehr Geld verdienen könnten. Sie können sich im Prinzip gerade mal über den Tag retten. Wie soll aber Ihr Geschäft funktionieren, wenn es erst mal richtig anläuft und die Aufträge sich häufen? Weil nur die wenigsten Unternehmer der Buchhaltung einen besonderen Wert beimessen, kostet diese Ignoranz viele Unternehmen Millionen, ohne dass sie es merken.

Es hat einen gewissen Charme, wie Sie mit Ihrer Idee und Ihrem Geschäft umgehen - wie mit einer Umhängetasche, die man jedes Mal ausleeren muss, wenn man den Hausschlüssel sucht. Es hat aber in Wirklichkeit sehr viel mit Furcht zu tun, was Sie da treiben. Keine Angst: Wir meinen nicht bloße Angst oder Hysterie. „Furcht" bedeutet „Furcht vor etwas". Um unseren Klienten im Wortsinne die Angst zu nehmen, definieren wir gerne das Amerikanische „fear" als „false evidence appearing real" – als ein falsches Objekt, das wirklich erscheint. Daher auch die ständigen Szenarien von der „Bruchbude", der Anwaltskanzlei mit den Akten auf dem Bügelbrett, dem Frühstücksservice, wo Ihre geheuerten Studenten ab morgens um sechs Uhr in der Studentenbude Brote schmieren. Charmant ist das allemal - aber wie lange? Und wie lange haben Sie selbst Lust, diesen Zustand zu erleben? Aber wie den ersten Schritt zur Professionalität machen? Sie haben Furcht, dass das Ganze schief gehen könnte. Dass Sie noch nicht bereit sind. Sie haben vollkommen Recht: Das kreative Chaos um Sie herum macht nicht den Eindruck, den interessierte Kunden von Ihnen erwarten. Unsere Antwort: Sie beginnen mit dem, was Ihnen am entferntesten erscheint - weil Sie es von allen Dingen am liebsten vernachlässigen: Buchhaltung. Das richtige Objekt zur richtigen Zeit.

Time goes by. Money talks.

Die Rechnung ist simpel: In welcher Relation steht das Geld, das ich verdiene, zu der Zeit, die ich dafür aufwende? Das Ergebnis ist der Endsaldo auf dem Kontoauszug. In aller Regel verlieren Unternehmen Unsummen aufgrund falscher oder nicht vorhandener Kalkulationen. Aus dem gleichen Grund verpassen sie die Chance, Millionen Euro oder Dollar zu verdienen. Oder, weil die Balance von Zeit und Geld aus den Fugen gerät. Die Furcht vor dem, was kommt, lähmt die Aktivität und verschleiert den nüchternen Blick auf Zahlen und Ziele. „Duck and cover" ist das Motto, wenn die Wirklichkeit über die Zahlenverhältnisse offengelegt werden sollte, sprich: Was reinkommt und was rausgeht. Bei der Kontoauszugsperspektive blickt man nur auf eine Zahl, nämlich den Kontostand. Bei einer ordentlichen Buchhaltung weiß man immer, was noch reinkommt und was noch an Zahlungen aussteht. Schauen Sie sich Unternehmen mit einer guten Buchhaltung an und Sie werden feststellen, wie ruhig es dort zugeht. Viele Fußballtrainer sind der Meinung, dass die meisten Fußballspiele von der Verteidigung entschieden werden. Im übertragenen Sinne könnte man sagen, dass der Erfolg von der Buchhaltung gemacht wird. Im umgekehrten Fall könnte man ja nicht einmal ermessen, ob man erfolgreich ist! Passive Verluste dieser Art haben wir oft genug bei unseren Klienten erlebt, um Sie vor diesem Verlust zu warnen. Kaum einer kommt allerdings ganz um Verluste herum, nicht nur finanzieller Art. Mangelnder Überblick führt dazu, dass die Vision aus dem Blick gerät, weil man gerade mal wieder einen finanziellen Engpass überbrücken und umso härter schuften muss. Oder die Zeit vergeht einfach, ohne dass in ihr aufgrund von Störungen (Arbeitsstörungen, Probleme zwischen Mitarbeitern etc.) Geld hereinkommt. Sichern Sie sich gegen diese Tunnelperspektive ab. Behalten Sie Ihr Adlerauge über den Geschehnissen, indem Sie sich Zeit nehmen zu lernen, wie Zeit und Geld miteinander in die richtige Balance kommen. Nicht umsonst heißt es in Amerika „Money talks". Buchhaltung bedeutet, die Gesetze der Logik auf den Geldfluss anzuwenden. Und Cashflow ist nun einmal das Blut in den Adern eines Geschäfts. Business ist nichts anderes als ein Spiel, und so wie beim Roulette kann man sich dabei ganz schön verzocken. Wir sind hier nicht in Las Vegas und Sie haben zum Glück ein System. Mit Buchhaltung kann man mit Methode den Ball im Spiel halten und Treffer erzielen. Gleichzeitig kann man ermessen, wie Mitarbeiter mit dem eingesetzten Geld umgehen. Dazu gehört es auch, die Rechenschaft über „human resources" zu erhalten: welche Zeit ein Mitarbeiter für eine Leistung zu einem

Cashcow oder lahme Ente?

kalkulierten Angebot benötigt hat und ob dies alles im Maß ist. Wenn ein Kunde mehr verlangt hat als ursprünglich kalkuliert, kann man sogar nachkalkulieren.

So wie man kalkuliert, führt man auch Buch. Sie haben Ihr Ziel, Ihre Pläne, Sie wissen sogar, wie Sie Ihr Produkt oder Ihre Dienstleistung verkaufen. Nur... Sie tun es nicht. Noch nicht. Wir befinden uns bei diesem Phänomen auf dem Treppenabsatz von der Konzeption zur Aktion. Sie haben also keinerlei Zeit mehr zu verlieren. Und auch kein Geld.

Cashflow ist der Blutkreislauf eines jeden Geschäfts und Unternehmens. Buchhaltung ist die Methode, diesen Cashflow in Bezug auf Zeit und Geld zu beobachten. Wir erinnern uns: Die Freude über die endlich überwiesenen 10.000 Euro wird schnell getrübt, wenn man sieht, was dagegen steht - vor allem, wenn man drei Monate auf das Geld gewartet hat - mit Betonung auf „gewartet". Ein weiteres Phänomen besteht darin, angesichts eines Erfolges wie solch eines fetten 10.000 Euro-Happens in gespannter Lähmung zu verharren, so lange sich der Horizont darauf beschränkt, „über die Runden zu kommen". So wird das nie was. Mit Buchhaltung schon. Lassen Sie Vernunft einkehren. Damit endet die Träumerei - und es beginnt Ihr wirklicher Traum. Das Geheimnis: Mit einer „anständigen" Buchhaltung behalten wir den Fokus auf den finanziellen Ressourcen und damit unser Ziel im Auge. Dadurch bleibt das Business-Spiel aufrichtig - Sie sind sich und den Kunden gegenüber aufrichtig. Falls Sie jemals selbst das merkwürdige Gefühl hatten, Sie würden sich oder die Kunden mit Ihrem Service oder Ihren Preisen ein bisschen „betuppen", erledigt sich dieser Verdacht, wenn Sie Bücher führen über das, was Sie tun. Buchhaltung im Sinne von Zeit & Geld ist eine Art Tagebuch. Was habe ich heute getan? Was habe ich erreicht? Wie viel habe ich umgesetzt? In Bezug auf die Woche: Was ist mein Umsatzziel? Was kommt herein? Was geht heraus? Was muss bis Freitag fertig sein? Wenn man mit solchen Koordinaten arbeitet, entwickelt man ein System mit festen Maßstäben, die das Spiel nicht nur für Sie, sondern auch für alle anderen Beteiligten transparent machen. Alles fließt. Auch Geld, wie wir wissen. Organisieren Sie Ihren Geldfluss, indem Sie die Etats, Profite, Verluste und alles andere transparent machen und klar vor Augen haben. Der Witz: Selbst wenn Sie in den berühmten „roten Zahlen" hängen, fühlen Sie sich bei einer klaren Aussage über Ihre Finanzen viel wohler, als bei der kriechenden, lähmenden Unsicherheit, wenn Sie die Zahlen nicht an sich heranlassen. Zahlen geben Sicherheit. Doch Buchhaltung in unserem Sinne geht über Zahlen hinaus. Sie überprüft auch regelmäßig die Qualität unserer Leistungen, unserer Beziehungen untereinander und zum Kunden. Diese Art Buchhaltung gibt Auskunft über die Qualität Ihrer Arbeit und Ihres Service. Mit regelmäßigen „Reports“ und Feedback über den Service können Sie als Unternehmer erkennen, was hinter Ihren Zahlen geschieht. Ihre Kunden haben zu Ihnen persönliche Beziehungen geknüpft, ein Wert, der viel schwerer wiegt als Zahlen.

Zahlen sind ein Spiegel der Erfahrungen in Ihren Kundenbeziehungen. „Das wichtigste Geschäft ist das Zweitgeschäft“ lautet eine alte Weisheit. Wie ist das erste Geschäft gelaufen? War der Kunde zufrieden? Wird er wiederkommen - oder haben Sie für „verbrannte Erde“ gesorgt? Wie hat sich Ihre Beziehung entwickelt? Lohnt es sich, den Kunden wiederzugewinnen? Oder wird er von selbst kommen? Wie oft werden Fragen dieser Art vernachlässigt - und damit Geschäfte aller Größenordnungen in den Wind geschlagen!

Seit Adam Smith in seinem „Wohlstand der Nationen“ vor über 250 Jahren festgestellt hat, dass der Bäcker, der Brauer oder der Metzger nicht aus reinem Wohlwollen in den Service geht, haben wir freie Marktsysteme, die sich in freien Demokratien selbst organisieren. Diese Systeme funktionieren nach wissenschaftlichen Gesetzen. Unternehmungen blühen auf und gehen unter. Der eine gewinnt hier, der andere verliert dort. Sie können Ihre Karriere effektiv durch diese Muster navigieren, sobald Ihnen diese Muster von Entwicklung und Zerstörung bewusst sind. Wenn sie Ihnen nicht bewusst sind, werden Sie von den Strömungen mitgerissen. Business ist ein Spiel, aber kein Glücksspiel. Sie haben es selbst in der Hand. Auf die „unsichtbare Hand“ Adam Smiths, die alles von selbst regelt, können Sie jedoch nicht vertrauen. Sie müssen die Geschäfte selbst forcieren. Möglicherweise sind Sie im Stadium des kreativen Chaos als Glücksritter unterwegs. Eine Rechenschaft über Ihr Tun und Lassen würde Ihnen möglicherweise die Augen öffnen und Ihnen zeigen, wo Sie stehen.

Buchhaltung ist ein Fundament. Gegen Rückschläge können wir uns mit bedeutenden Ereignissen absichern, die Werte produzieren. „Werte“ in doppelter Hinsicht - Geld- und Sachwerte wie auch menschliche Werte. Wenn Sie sympathisch sind, wird sich Ihre Sympathie auf Ihre Mitarbeiter übertragen, von dort auf die Kunden und auf den Markt. Diese Eigenschaft konnte noch nie so transparent gemacht werden wie in unserem Medienzeitalter. Das ist ein Teil der Service-Ökonomie. Sie können so aufrichtig „werben“, dass es sich gar nicht mehr um

„Werbung" im ursprünglichen Sinne handelt, denn hinter Ihrer Brillanz steckt eine ehrliche Idee mit einer ehrlichen Aussage. Dazu aber mehr im Kapitel „Marketing".

Viele halten Buchhaltung für staubtrocken. In Wirklichkeit handelt es sich bei Buchhaltung um lebendige Informationen. Weil Geld nicht steht, sondern fließt, ist ein ständiges Update nötig. Unternehmen gehen in die Brüche, wenn die Mitarbeiter sich dessen nicht bewusst sind. Ein akkurater Bericht über Ebbe und Flut in Ihrer Organisation lässt Folgerungen über Ihren Einsatz von Zeit und Geld zu. Wenn Sie Ihr Unternehmen unter diesem Aspekt sehen, spielen Sie „Malen nach Zahlen". Sie können in den Zahlen die Anzeichen für die nächsten Schritte und kommenden Ereignisse sehen.

Ein Unternehmen ist wie ein Baum. Das Wurzelwerk, die konzeptionelle Seite, haben Sie schon recht weit entwickelt. Bald wird es aus der Erde brechen und das Licht der Welt erblicken. Es ist dabei nicht alles so toll bestellt, wie Sie bei Ihrem Entschluss dachten, denn in dem Moment, in dem ein Unternehmen geboren wird, beginnt es auch zu sterben. Schon jetzt beginnen erste natürliche Fäulnisprozesse. Geld wird nicht pünktlich überwiesen. Dadurch geraten Sie in Engpässe. Lieferanten oder Mitarbeiter halten sich nicht an Abmachungen. Mit dem Einkommen steigen die Komplikationen. Ihr Geld verschwindet auf unerklärliche Weise vom Konto. Jeder scheint seine Hand auszustrecken, als seien Sie die Caritas. Unsere Geschäfte verlaufen holprig und legen uns oft genug Steine in den Weg. Aber das ist der natürliche Lauf der Dinge. Hauptsache, Sie gewöhnen sich daran, bevor Ihre Wurzeln ans Tageslicht kommen.

Andererseits werden sich viele Dinge von selbst ereignen. Wenn Sie Gutes tun, werden andere darüber reden. Plötzlich kommt die große Gelegenheit durch die Tür gerauscht - auf Empfehlung von jemandem, den Sie nur entfernt kennen. Wenn es noch keine festen Strukturen gibt, ist die Überraschung herzlich eingeladen, Ereignisse zu produzieren, aus denen neue Gelegenheiten hervorgehen.

Vor ein paar Wochen standen Sie auf einer Party und kamen mit einer Frau ins Gespräch, die sich in einem anderen Gespräch wieder Ihrer entsann, als Ihr Service gefragt war - besonders Frauen sind extrem talentiert in der Organisation von Beziehungen. Solche unerwarteten Momente sind so etwas wie Weihnachten. Sie besitzen so viel Schönheit, die wir nicht hätten planen können. Da kommt ein Mensch herein und lässt plötzlich einen Millionenetat zurück. Unprofessionelle Leute werden sofort eine Riesenparty veranstalten. Dabei haben Sie bisher weder gearbeitet, noch überschlagen, was an Gewinn dabei herauskommt. Buchhaltung ist das ultimative Mittel, um nicht überzuschnappen, sondern mit unerwarteten Möglichkeiten professionell umzugehen. Wenn wir wissen, wo wir gerade stehen, wissen wir auch, wie wir die Cashcow behutsam zum Milchgeben bewegen.

Jedes Geschäft ist in gewisser Hinsicht Buchhaltung vom ersten Tag an. Es beginnt einfach, denn normalerweise steht am Anfang viel Schweiß und wenig Geld. Wenn dann aber Geld hereinrauscht, muss man sich irgendwann besinnen. Meistens ist es in dem anfangs beschriebenen Stadium der Fall. Dann muss der Feier-Prosecco verschwinden, denn jetzt ist Nüchternheit angesagt. Der Weckruf kommt sonst verspätet: im Krisenfall. Da haben Sie nicht genug Rücklagen für die Steuern gebildet. Da kommen plötzlich unerwartete oder unkalkulierte Kosten auf Sie zu. Das Dumme dabei: Diese Art Krisen sind die Anzeichen von noch größeren Krisen. Wenn ein heranwachsendes Unternehmen gerade seine Steuern nicht zahlen kann, wobei es im laufenden Geschäftsjahr doch noch mehr einnimmt und noch mehr Steuern zahlen muss, wie soll es dann wachsen? Spätestens jetzt sind Sie gezwungen, Ihr Unternehmen neu zu organisieren. Dies ist nicht mehr der Moment, wo Sie irgendwann den Schlüssel auf dem Boden der Handtasche finden, sondern wo die Strukturen zusammenbrechen und Sie eine neue Statik brauchen. Denn Sie betreten ein Stadium, in dem Ihr sympathischer kleiner Laden in ein ausgewachsenes Unternehmen übergeht, mit eigener Aussage, eigener Marke und eigener Verantwortung.

Unternehmertum erfordert persönliche Verantwortung und diese wurzelt in persönlicher Berechenbarkeit. Sie transformieren Konzeption in Aktion: Wenn etwas geschehen soll, liegt es an mir, dass es geschieht. Dann erst werden Sie zum Spieler, sind aber noch lange nicht der Spitzenspieler. Dieses Handwerk muss lange erlernt werden. Aber Sie bekommen diese Energie, „Ihren Nihilismus selbst zu überwinden", wie Nietzsche sagen würde, sobald Sie die Furcht überwinden. Die Illusion ist in dieser Situation Ihr größter Feind. Sie macht Ihnen ständig vor, dass alles prima läuft. Sie können sich ohne weiteres einen halben Tag auf dem Segelboot gönnen - aber er muss auf der Rechnung auftauchen und im richtigen Gegengewicht zu Zeit oder Geld liegen. Am besten mit beiden Gewichten. Das ist der Moment, in dem so viele Geschäftsleute miteinander golfen, essen oder segeln gehen.

In dieser Phase geht es darum, den Geldfluss zu organisieren, indem Sie dafür eine strenge Disposition vorsehen. Legen Sie die Zahlen auf den Tisch. Und die Zeit daneben. Zeit ist der eine Teil der Gleichung. Geld der andere. Zeit ist dabei der wesentlich schwieriger zu bestimmende Faktor, denn Sie müssen die Produktivität und Vitalität anderer Leute auf der Rechnung haben. Wenn Sie jetzt schlampen, haben Sie verloren. Denn bald rollen ganze Wellen auf Sie zu, durch die Sie elegant hindurchtauchen müssen: Kunden. Kritiker. Kampagnen. Ein Unternehmer hält alle Beteiligten auf dem Laufenden, darüber was hereinkommt und hinausgeht in seinem Geschäft. Und: er macht es ihnen ständig bewusst. In der Service-Ökonomie zählen die Beziehungen, auch die Beziehung von jedem Einzelnen zum Umsatz.

Wir haben Formen entwickelt, die sogar deutlich machen, dass jeder verdiente Dollar auf eine bestimmte Person im Unternehmen zurückzuführen ist. „Who's feeding and who's bleeding the company?" heißt unsere Formel dafür. Stellen Sie sicher, dass die Leute wissen, welche Wirkung ihre persönliche Leistung im Unternehmen hat. Es ist erstaunlich, in welchem Maße diese Bestandsaufnahme in deutschen Unternehmen vernachlässigt wird. Sonst würden sicher wesentlich weniger Leute mit der Trillerpfeife ihr Unternehmen bestreiken... möglicherweise sind sie selbst die Pfeifen.

Das hat nichts Böses. Die „Rechenschaft" führt lediglich über den Aufmerksamkeitsgrad des Unternehmens Buch. Bringen Sie Ihren Leuten bei, auf die Zeit zu achten, in der sie sich mit einer Angelegenheit beschäftigen, und auf die Relation zu dem Resultat, das sie damit erzielen. Wie fühlen Sie sich, wenn Sie Ihren Mitarbeiter beim Kreuzworträtsellösen beobachten, wenn Sie gerade nicht genau wissen, wie die nächsten Gehälter bezahlt werden? Weiß der Mitarbeiter, welchen „impact" seine Untätigkeit gerade auf das Unternehmen hat?

Berechnung und Berechenbarkeit geben uns die Möglichkeit an die Hand, mit der Furcht umzugehen, die wir alle zur Genüge kennen, wenn wir einer unvorhersehbaren und unkontrollierbaren Zukunft ins Auge blicken. Wenn wir Leistung und Cashflow in Koordinaten setzen, können wir die destruktiven Elemente in Werkzeuge umwandeln, mit denen man Unternehmen herstellt: Die Furcht weicht dem Mut und der Entschlossenheit. Das Gefühl, dass man mehr kann, zeichnet große Player aus. Auch, wenn es Zeit braucht, ein großer Unternehmer zu werden. Entscheidend ist an dieser Stelle die Erkenntnis, dass Sie es noch nicht sind!

Was wir bisher beschrieben haben, behandelt eine durchaus positive Seite von Furcht. Wenn Sie in diesem Stadium verharren, laufen Sie Gefahr, von der Furcht überwältigt zu werden.

Wenn Risiken zur Routine werden, macht Sie der Alltag langsam mürbe. Wenn Sie nicht auf das Maß von Zeit und Geld achten, riskieren Sie zu scheitern. Das geschieht jedoch nur, wenn Sie die Geschäftsprinzipien völlig außer Acht lassen.

Sie sind als Unternehmer in der Lage, Risiken und Ängsten ins Auge zu sehen. Buchhaltungsmaßnahmen sind Lösungen für Probleme, die auf Furcht basieren. Wenn die Zahlen nicht stimmen, ist man geneigt, seine Mitarbeiter einzuschüchtern und sie blind nach vorne zu treiben. Wenn man den Überblick hat, steht man auch über den aktuellen Zahlen und kann die weitere Entwicklung interpretieren. Wenn Ihre Mannschaft zwei Zähler zurückliegt und Sie in der „Halbzeitpause" die richtigen Worte finden, werden sie auf das Spielfeld zurückkommen und ihr Bestes geben.

Je nachdem, wie Sie „drauf" sind, produzieren Sie Konsequenzen, wie überall im Geschäftsleben. Ein börsennotiertes Unternehmen kann Tausende von Mitarbeitern entlassen, um in der Bilanz vor den Aktionären besser dazustehen, wird aber auf lange Sicht an Effektivität einbüßen. Manager benutzen Zahlen, um ihre Leute unter Druck zu setzen. Entrepreneure benutzen Zahlen, um sie zu inspirieren. Viele Unternehmer übertragen Furcht auf ihre Mitarbeiter und nutzen sie als Waffe, um sie einzuschüchtern. Kurzfristig funktioniert das. Langfristig wird es ein Bumerang, der Sie hart trifft. Die Lust und das Vertrauen schwinden, Mitarbeiter gehen, Teams lösen sich auf - Sie können ständig mit neuen Leuten von vorne anfangen. Dabei ist die Übertragung von Furcht eine natürliche Selbstschutzmaßnahme. Unser Instinkt meldet uns, uns mit dem Mittel der Einschüchterung einen Weg zu bahnen. Leider versperren wir uns damit die Möglichkeit, dass andere an unserem Unternehmen teilhaben.

Sie dürfen sich nicht von Zahlen beherrschen lassen, sondern müssen über Zahlen dominieren. Dann hören Sie auf, Ihren Mitarbeitern Furcht einzuflößen. Es ist zum Beispiel nicht fair, bloße Vorgaben über Quartalsumsatzziele zu machen und weder geeignete Mittel noch realistische Werte an die Hand zu geben.

Ganz Verzweifelte würden sich mit Zahlen derart unter Druck setzen, dass sie umso mehr an sich selbst scheitern. Das Modell „Herrschaft und Knechtschaft" hat in früheren Zeiten wunderbar funktioniert, aber schon Hegel stellte fest, dass der Knecht der eigentliche Herr ist, weil letzterer ohne Knecht nicht kann. In der Service-Ökonomie gibt es keine großen Gefechte mehr. Auch das kleinste Glied in der Kette hat durch die Medien und seine Intelligenz die Mittel, jeden Angreifer abzuwehren. Wenn Sie mit Zahlen umgehen, statt sie zu umgehen,

Nun... was ist Ihr Ziel?

verschwindet die Furcht - sogar dann, wenn es sich um rote Zahlen handelt. Sobald Sie wissen, woran Sie sind, können Sie entspannen. Betrachten Sie die Zahlen als Ihre Verbündeten. Vor allem die roten. Entspannen Sie mit ihnen! Wenn Sie sich verrückt machen lassen, fallen Sie zurück in Hysterie. Buchhaltung ist Heute. Erfolg ist Morgen.

Wenn Sie Ihre Zahlen nicht kennen, behindert die Furcht Ihren Blick auf Ihre Zukunft. Wenn Sie sich nach vorne bewegen, produzieren Sie neue Spannungen. Aber wenn Sie stehen bleiben, laden Sie das Desaster zu einer großen Party ein. Eine gesunde Buchhaltung gibt Ihnen die nötige Rückendeckung, um Ihre Entwicklung in einem größeren Rahmen zu sehen.

Deshalb sollten Sie jegliche Manöver vermeiden, durch die Sie kurzfristig gut dastehen, wie etwa Geld zu leihen, ziellos zu investieren oder übereilte Neukundenakquise. Buchhaltung beruhigt. Viel wichtiger ist ohnehin ein Protokoll Ihrer Kundenbeziehungen. Es ist kein Geheimnis, dass Kunden, die immer wieder zurückkommen, auf lange Sicht den Erfolg eines Unternehmens garantieren. Diesen Kunden gegenüber müssen Sie sich verbindlich zeigen.

Aber wie geht es weiter? Hier fragen wir wieder: Was ist Ihr Ziel? Um sich nach vorne zu entwickeln, treffen Sie am besten sofort Entscheidungen. Legen Sie sich hier und jetzt verbindlich auf bestimmte Ziele fest, die mit Ihren Möglichkeiten in Einklang stehen und die Sie zu einem bestimmten Zeitpunkt erreicht haben wollen. Damit zeigen Sie Verantwortung und vermeiden vor allem Rückschläge und Risiken. Denn sobald Sie der Furcht nachgeben und Unsicherheiten zeigen, werden die Haie um Sie herum Blut riechen und Ihnen Geschäfte mit riskantem Ausgang anbieten. Zum Beispiel einen 250.000 Euro-Werbespot, der Sie retten soll. Eine erstaunlich hohe Anzahl an Unternehmern verliert in diesem Stadium durch solche Strafexpeditionen nicht nur Geld, sondern manchmal auch das ganze Unternehmen. Hüten Sie sich vor allem vor Vertretern und anderen Laufburschen, die Ihre Unsicherheit spüren und Sie genau dort treffen wollen. Dafür sind sie ausgebildet. Stellen Sie Ihre eigenen Berechnungen mit realistischen Zielen an, und die Rechnung wird aufgehen. Gute Unternehmer kurbeln die Produktion an und kalkulieren die Risiken. Damit gehen alle Faktoren proportional hoch: die Leistung, der Umfang, der Absatz, die Zahlen. Schlechte Unternehmer lassen sich auf ein Spiel ein, bei dem sie entweder verlieren oder gewinnen können. Wenn man wirklich

Commitment lautet die Lösung

Werbemaßnahmen braucht, gibt es ohnehin andere Lösungen. Warum nicht einen eigenen Werbefilm produzieren - für die Regie reicht erst einmal ein Hirn, eine Kamera und ein Daumen. Aber - was nützt dieser Film eigentlich? Warum nicht lieber ein bisschen PR betreiben, eine Pressemeldung formulieren, den Hörer schwingen und vielleicht zwei oder mehr Clippings in Fachmagazinen platzieren? Das kostet eher mehr Zeit als Geld. Wir sind von Natur aus getrimmt, Furcht zu vermeiden. Deshalb will kein Mensch von sich aus den Befürchtungen entgegentreten, die einen selbstständigen Unternehmer begleiten. Gerade in unseren Zeiten erleben wir einen Boom der Sicherheit, der allerdings alles andere als sicher ist. Wie viel leichter ist es, einen lockeren Job als Festangestellter zu haben, bei dem man sich nicht verausgaben muss und keine großen Widerstände brechen muss. Aber - wie sicher ist dieser Job?

Wenn Sie bis hier gekommen sind, kommt für Sie dieser Weg ohnehin nicht mehr in Frage. Sie werden ohnehin aufleben, wenn Sie den Stier bei den Hörnern packen. Der Mut kommt, wenn Sie die Zahlen im Blick haben und ihr Ziel kennen. Es gibt in der Wirtschaft keinen Stillstand. Sie kommen nicht umhin, eine Buchhaltung in dem vorgeschlagenen Sinne einzuführen. Nur daraus können die nächsten Entscheidungen und Festlegungen resultieren, die die Zukunft Ihres Unternehmens bedeuten. Ihre Berechnungen sind die Grundlage Ihres Geschäfts. Wenn Zeit und Geld in Schieflage zueinander stehen, wird Ihr Unternehmen untergehen. Treffen Sie deshalb weise, realistische Entscheidungen und halten Sie vor allem Wort. Stehen Sie zu Ihren Fehlern. Ihre Aufrichtigkeit zeigt, dass andere Leute wissen, woran sie bei Ihnen sind. Das wird Ihnen neue Interessenten und Sympathisanten bescheren.

Ihr Wort des Tages lautet „commitment". Es gibt kein exaktes deutsches Pendant dazu. Es bedeutet Abmachung, Absprache, Vereinbarung, Festlegung, Verabredung. Es bedeutet in diesem Zusammenhang vor allem, dass Sie sich bislang noch gar nicht wirklich auf Ihr Business eingelassen haben!

Sobald Sie Geld mit einer Aufgabe verbinden, beginnen Sie, etwas zu leisten. Sie können Riesengewinne machen, wenn Sie nur wollen. Wie viel Geld wollen Sie verdienen? Wenn es Ihnen reicht, von der Hand in den Mund zu leben, brauchen Sie nicht weiterlesen. Aber Sie gehen ein ungeheures Risiko ein, denn wenn es eines Tages nicht mehr so läuft wie jetzt, verlieren Sie. Unsere traditionelle europäische

Einstellung zu Geld ist von einem schlechten Gewissen geprägt. Unsere protestantische Ethik ist ein klassisches Hintergrundprogramm, in dem immer die Vorstellung abläuft, dass wir uns Geld hart verdienen müssten, dass es sündhaft sei, Geld nicht zu sparen und dass wir das Geld anderen wegnehmen würden, sobald wir mehr als unbedingt nötig verdienen. Das ist wirklich so. Der Soziologe Max Weber hat diese kulturellen Aspekte in seiner „Protestantischen Ethik" deutlich herausgearbeitet. Die Amerikaner pervertierten diese Vorstellung durch die These Benjamin Franklins, dass jeder ausgegebene Penny eine Todsünde ist, weil er sich durch Sparen und Anlegen unendlich vermehren ließe. Daraus folgte paradoxerweise ein asketisches Ideal, das viele reiche Leute auszeichnet, weil sie nur durch Sparen, also die Behandlung des Geldes um seiner selbst willen, reich geworden sind. Entsprechend freudlos sind diese Zeitgenossen meistens. Die traurigen Reste dieser Mentalität führen dahin, dass wir unsere heimliche Liebe zu Geld verbergen. Es gibt Leute, die seit Jahren das Gleiche erwirtschaften und nicht einmal merken, dass die Preise und Löhne um sie herum gestiegen sind. Sie werden immer ärmer, ohne es zu bemerken. Geld macht nicht glücklich. Aber reich, frei und zufrieden.

„The sky is the limit": Erziehen Sie sich und Ihr Team zu dem Verständnis, dass es nach oben keine Grenze gibt - außer der, die Sie sich setzen. Überlegen Sie, wie Sie mit dem Geld umgehen, sobald Ihr Schiff das Binnenwasser verlässt und auf die offene See steuert. Beobachten Sie, wie die Leute darauf reagieren. Strahlen Sie, wenn Sie ihnen ein Szenario schildern, in dem mehr für Sie drin ist als Ihr tägliches Brot? Freuen Sie sich, wenn Sie das Gefühl bekommen, dass das noch nicht alles war? Sind Sie dabei? Vermutlich. Geld zu lieben bedeutet, das Leben zu lieben. Das ist mentale wie monetäre Horizonterweiterung, solange man nicht gierig wird oder seine wahren Werte über Bord wirft. Sie sind der Jäger, der die Beute zu seinem Stamm schleppt. Viele Leute beschränken sich auf ihre persönliche Bereicherung. Entrepreneure wollen alle teilhaben lassen.

Bei Eintritt in den Ozean rauschen immer höhere Geldbeträge herein - und damit immer mehr Verantwortung, denn sie sind proportional zu den Ausgaben. Schon deshalb ist es wichtig, eine anständige Buchführung anzulegen, statt vor Freude eine Party steigen zu lassen. Daran wird niemand lange Freude haben. Es ist Zeit zu überlegen, wie Sie den Erfolg mit Ihren Mitarbeitern teilen. Der wahre Wert ist Geld. Es reflektiert unsere innere Einstellung zu anderen. Es zeigt, ob wir zu teilen bereit sind oder nicht, ob wir geizig sind oder generös, ob wir mit Besitz umgehen können oder nicht. Die

Buchhaltung macht reich

Einstellung zu Geld zu untersuchen, ist ein wunderbares Mittel, um die Psyche anderer Menschen zu erkennen, aber auch um die eigene Psyche zu wecken und uns lebendig zu machen. Der Umgang mit Geld zwingt Sie gleichzeitig zur Verbindlichkeit im finanziellen wie im kommunikativen Sinne. Ihre Aussagen und Zusagen sowie Ihr Umgang mit Geld müssen nun eine verbindliche Sprache sprechen. Sonst nimmt Sie kein Kunde in Ihren Vorhaben ernst.

Im Angesicht der Furcht müssen Sie handeln. Das ist Ihre elementare Aufgabe. Dazu gehört zunächst, zu Ihrer Furcht zu stehen, statt sie zu verdrängen. Schlagen Sie sich mit einer Machete durch den Dschungel aller Ängste und Zweifel, um an diese Lichtung zu gelangen. Wenn Sie Schwächen zeigen, indem Sie zum Beispiel Kompromisse eingehen, wird auch Ihre Umgebung davon infiziert. Dem Drachen in die Augen zu schauen, löst aber auch eine Art Erregung aus. Führen Sie Buch über Ihre Feinde und Befürchtungen. Das entspannt ungemein und bringt die Energie zurück. Finden Sie Möglichkeiten, noch mehr zu entspannen, weil die Anspannung weiter steigen wird. Ihre Ruhe wird dafür sorgen, dass Ihre Mitarbeiter das Gefühl haben, einen Odysseus zu haben, der sie durch jede Meerenge, jede Versuchung und an jedem bösen Drachen vorbei führen wird. Führen Sie weiterhin Buch über Ihre persönliche mentale Entwicklung. Wohlstand hängt von Ihrer Attraktivität ab. „The winner takes it all": wenn Sie einmal reich oder berühmt sind, müssen Sie auf einmal nicht mal die kleinsten Dinge bezahlen. Im Gegenteil: Andere würden dafür sogar noch bezahlen. Modeschöpfer danken es Ihnen, wenn Sie deren Klamotten tragen. Sie werden Ehrenbürger, müssen nie wieder Eintritt zahlen, sondern werden dafür belohnt, wenn Sie sich dort blicken lassen. Das ist das Ende der Karriereleiter - um dorthin zu kommen, müssen Sie Soll und Haben Ihrer Aktivposten ständig neu ausloten.

Was ist im Moment realistisch und was nicht? Sind meine Wünsche auf der aktiven oder passiven Seite? Was funktioniert und was nicht? Auf wen kann ich mich verlassen, auf wen nicht? Auf jeder Stufe des Unternehmenswachstums müssen Sie sich der Richtigkeit Ihrer Wahrnehmung vergewissern.

Das Leben ist ein Spiel unter Anleitung ausgewählter Philosophien. Um ein lebenswertes Leben zu führen, müssen wir ein Spiel initiieren, das es sich lohnt zu spielen. Geld ist ein Ziel. Finden Sie ein Spiel, auf das Sie sich gerne einlassen und in dem Sie punkten können. Schon diese Maßnahme wird einen unheimlichen

Energieschub bringen. Sie werden sich lebendig fühlen. Sie werden den Grund finden, warum Sie am Leben sind.

Wenn Ihnen vollkommen klar ist, was Sie mit Ihrem Leben anfangen wollen, wird Ihr Leben reicher. Es bekommt eine nahezu wohltätige Dimension. Wenn Sie die Dinge lieben, die Sie tun, und sich auf Ziele verbindlich festlegen, die Ihnen und auch anderen Leuten nützen und dienen, können Sie Projekte angehen, mit denen alle Dämonen der Furcht in die Flucht geschlagen werden, und Ihrem Leben mehr Bedeutung verleihen. Aber nur, wenn Sie sich mit Haut und Haaren auf Ihr Vorhaben einlassen, kommen Sie auch zum Ziel. Erst mal zu schauen, ob es läuft, funktioniert nicht.

Buchhaltung bringt Sie dazu, zwischen Erfolg und Scheitern zu unterscheiden. Eine Ausbildung mag teuer scheinen, kann sich aber auszahlen. Eine erfolgreiche Unternehmerin unserer Schule hat sich für ihre Ausbildung bei uns das Geld regelrecht abgeknapst. Mit ihrer Bildung erreichte sie einen ganz anderen Horizont und hat mit ihrem Business großen Erfolg. Andere vertraten die Meinung, dass die Unternehmerinnenschule zu kostspielig sei, und dümpeln noch immer vor sich hin.

Das bedeutet nicht, dass die U-Schule die Lösung aller Dinge ist, sondern dass man Erfolg haben muss, wenn man sein Geld in die richtigen Dinge steckt. „Commitment" ist inzwischen ein Modewort. Aber es ist auch die Zauberformel, damit sich ein Unternehmen am Riemen reißt. Carly Fiorino krempelte das angeschlagene Druckerimperium Hewlett Packard vollkommen um, indem sie alle Kleinlabel des Unternehmens zugunsten des großen Namens Hewlett Packard eliminierte und die Werte suchte, die das Unternehmen einst erfolgreich gemacht hatte. Sie fand sie in der alten Garage in Palo Alto wieder, in der Bill Hewlett und Dave Packard begonnen hatten, und machte sie zum Symbol der Unternehmensvision. Das Image wuchs durch die Beseelung des Namens Hewlett Packard, ihre Geschichte und ihre Werte. Die Firma bekam den Kompass, mit dem das Unternehmen überhaupt wieder auf Fahrt gehen konnte.

Da wären wir also. Ihre nette Party ist vorbei. Die Raketen sind verrauscht. Aber keine Party sieht wirklich eine Erfüllung vor. Jetzt beginnt etwas viel Größeres. Jetzt zündet eine richtige Rakete. Ihre Rakete.

Sie müssen ständig Öl ins Feuer gießen, indem Sie die Aufmerksamkeit Ihrer Leute auf dem höchsten Level halten. Denn Ihr Business ist gerade dabei zu explodieren. Wenn die Zündung ein Rohrkrepierer wird, liegt es daran, dass Ihr Laden in seiner Entwicklung zurückgefallen, sprich aus Müdigkeit und Erschöpfung eingeschlafen ist.

Wenn aber das Feuer zündet, löst sich der falsche Tatbestand, der wirklich erscheint - „false evidence apearing real“, FEAR, Ihre permanente, latente Unsicherheit - in Rauch auf. Stattdessen öffnet sich vor Ihnen in der Pilotenkapsel ein freier Raum. Das ist Ihr persönliches Cape Canaveral. The sky is the limit. Und es gibt kein Zurück. Was Buchhaltung doch alles anrichten kann.

Zehn, neun, acht, sieben, sechs, fünf, vier...

Quellen:
Simmel, Georg. Philosophie des Geldes.
Smith, Adam. Der Wohlstand der Nationen.
Weber, Max. Die Protestantische Ethik und der „Geist“ des Kapitalismus.

IHR BEGINN!

„Jedem Anfang wohnt ein Zauber inne."
Hermann Hesse

... drei, zwei, eins: Die Rakete ist gezündet! Sie stehen am Beginn einer neuen Zeitrechnung. Wir befinden uns in der Mitte dieses Buches. In Wirklichkeit befinden wir uns am Anfang. Glückwunsch! Hier genehmigen wir uns zwischendurch ein Gläschen Champagner. Denn bislang haben Sie das Schiff gebaut, das nun zu Wasser gelassen wird: Peng, die Schampusflasche zerplatzt am Bug des Schiffes, und schon läuft es langsam vom Stapel. Was für ein Moment! Wie lange haben Sie darauf hingearbeitet! Durch welche Höhen und Tiefen sind Sie schon gegangen! Nur, damit das Ding endlich zu Wasser gelassen wird. Damit es jetzt erst richtig losgeht. Eine Menge Dinge haben Sie hinter sich gebracht: Ihre Wertefindung, Ihre Mission, deren Umsetzung in Ziele, das Austesten in Projekten, die Realisierung in Aufgaben, die Veräußerung im Verkaufen und schließlich die Ordnung durch eine anständige Buchhaltung. Sie verlassen nun den Korridor, in dem sich vieles im Kopf abspielt. Die Planungs- und Konstruktionsphase ist abgeschlossen. Jetzt stoßen Sie eine neue Tür auf. Sie führt unmittelbar in die Aktion, unter Menschen, in die Gesellschaft. Nun sind Sie ein richtiges Unternehmen, eine Marke, ein Begriff für einen Service, den die Welt hoffentlich noch nicht gesehen hat. Das Fundament haben Sie sich geschaffen, wenn Sie durch die sicherlich

Wut. Mut. Neugier.

nachvollziehbaren Stadien gegangen sind, die wir bis zu diesem Punkt beschrieben haben. Jetzt beginnt eine vollkommen neue Geschichte. Eine Geschichte, in der Sie Überraschungen erleben und sich selbst überraschen können. Aber auch eine Geschichte über Gut und Böse, Genie und Wahnsinn, Last und Lust, Freude und Schmerz. Und so, wie es mit Raketen bestellt ist, die einmal gezündet sind, mit Schiffen, die man einmal vom Stapel gelassen hat, so gibt es auch hier kein Zurück mehr.

Der Business-„Launch“ ist eine große Feier, die Geburtsstunde eines Abenteuers, in der Ihr Betrieb ein Unternehmen wird. Genau genommen ist die Party schon verraucht. Sie hat Spaß gemacht. Alle Leute sind gekommen, haben sich gefreut, mitgefeiert, gelacht und getrunken und Ihnen alles Gute gewünscht. Nun bricht der nächste Tag an und Sie müssen checken, was von den gut gemeinten Ratschlägen und Versprechungen wirklich ins Kontor kommt.

Wut, Neugier und Angst pflastern nun Ihren Weg. Wut über Erfahrungen, Neugier auf das, was vor Ihnen liegt, und die entsprechende Angst vor dem Ungewissen dabei. Bis jetzt war alles noch rückgängig zu machen. Wenn Sie von Ihrem Business nicht wirklich überzeugt gewesen sind, war Zeit, den Kurs zu ändern. Aber Sie nähern sich Ihrer eigentlichen Brillanz, Ihrem Genie. War es bisher ein Finden und Wühlen in Ihrer Person, dann kommt durch das, was Sie nun tun, Ihre gefühlte Bestimmung richtig zum Tragen. Es ist eine Zeit des Wahnsinns in doppelter Hinsicht: Göttlicher Wahnsinn, Genie und Wahnsinn. Seien Sie „gewarnt“: Wenn das Schiff mal aus dem sicheren Hafen läuft, liegen die größten Herausforderungen nicht hinter ihm, sondern vor ihm. Ist ja alles schön und gut, was Sie bisher vollbracht haben, aber jetzt stehen Sie an der entscheidenden Schwelle zu Ihrem wirklichen Erfolg. Die Planung ist abgeschlossen, es geht an die Ausführung. Und die Kritiker, Gegner, Konkurrenten, Rivalen, Feinde kommen schon auf den Plan. Deshalb ist es umso entscheidender, dass Sie sich in Ihrem Business wirklich gefestigt haben. Der Wind dreht. Jetzt kommt er direkt von vorne.

Niemand steht auf Veränderungen. Sie gehen mit unbekannten Größen einher. Aber irgendwann kommt der Punkt, an dem Sie aus der Komfortzone herauskommen müssen. In der Vergangenheit konnte man immer noch mit Trial-and-Error operieren, ohne größeren Schaden zu nehmen. Ab jetzt müssen Sie Risiken kalkulieren. Sie können ihnen nicht aus dem Weg gehen, aber so richtig kritische Fehler können den Untergang Ihrer MS Enterprise bedeuten.

Nur durch die Furcht kommt der Mut

Jedes Stadium im Wachstum eines Unternehmens hat eine finanzielle und eine psychologische Seite. In diesem Buch geht es vornehmlich um das mentale Wachstum und damit um den psychologischen Aspekt Ihrer Vorhaben. Dass Sie sich kurz vor oder hinter dem Countdown befinden, spüren Sie an der fundamentalen emotionalen Krise, die Sie erleben. Es ist wie eine Hochzeit: Einerseits der schönste Tag Ihres Lebens. Andererseits der Tag, an dem Sie einiges hinter sich lassen. Und der Anfang vom Rest Ihres Lebens, das sich Ehe nennt. Ungefähr entsprechend emotional ist Ihr momentaner Zustand.

Ist es nicht herrlich, dieses Gefühl im Bauch und diese Ungewissheit? Nein, ist es nicht. Aber man will es jetzt wissen. Beziehungsweise: Sie stehen vor dem Altar und könnten jetzt nur noch wegrennen und die Anwesenden und den Bräutigam hinter sich lassen. Und das müssten Sie dann erst einmal erklären...

Dies ist die Phase, in der Sie beides tun müssen. Ihre eine Seite tendiert zur Sicherheit, zur Vergangenheit und zum Bewährten. Die andere Seite neigt sich in Richtung Zukunft, zum Unheimlichen und zu dem unheimlich guten Gefühl, eine Herausforderung bestehen zu können. Die eine Seite sind Ihre Wurzeln, die andere Ihre Äste und Blätter. In der Erde ist es dunkel, da oben ist es hell. Das Wurzelwerk ist bereits fest verankert, während der Stamm, die Äste und Blätter erst entwickelt werden müssen. Aber dort lockt das Helle, Leichte, die Heiterkeit.

Akzeptieren Sie beide Seiten. Sie stehen auf dem Boden der Tatsachen, aber zurzeit ganz besonders zwischen Himmel und Erde. Genießen Sie dieses Hin-und-her-schwanken, wenn das Schiff aus dem sicheren Hafen steuert und sich die ersten großen Wellen an ihm brechen. Lassen Sie sich emotional so richtig durchschütteln. Schmerz und Freude bilden die Pole unseres Lebens, zwei Seiten einer Medaille, immer abhängig voneinander.

Was vor Ihnen liegt, ist mehr Schmerz als Freude. Jedes Lernen ist ein Element der Furcht, ein Schmerz, eine Trennung von Gewohntem, und tut ein bisschen weh. Aber wenn der Schmerz nachlässt, wird es umso besser. Wählen Sie die Furcht, denn nur Furcht erzeugt Mut. Denn dann erwartet Sie ein neuer Horizont an Herausforderungen.

Überlegen Sie sich, was Sie schon hinter sich gelassen haben. Wo standen Sie vor zwanzig, vor zehn, vor fünf Jahren, und wo stehen Sie jetzt? Durch was sind Sie hindurchgegangen? Und? Sind Sie im Nachhinein nicht froh, dass Sie die eine oder andere Entscheidung getroffen,

Ein Leben in neuen Dimensionen

Trennung vollzogen, Lösung vollbracht haben? Es ist keine Zeit zum Jammern. Direkt vor Ihren Augen liegt die Gegenwart. Jeder Fortschritt birgt Paradoxe, die sich wieder auflösen müssen.

Je mehr Sie sich in diese Richtung bewegen, umso größer wird Ihre Neugier. Ihr Instinkt wird sie immer weiter treiben, um herauszubekommen, was hinter Ihrem Horizont liegt, und bis dahin steuern Sie durch eine Menge Gefahren und Hindernisse, die Angst bereiten. Lernen Sie so schnell wie möglich, wie viel Spaß es machen kann, durch Untiefen und Unwetter zu segeln. Je mehr die Wellen über Ihnen zusammenschlagen, umso höher der Thrill dabei. Lernen Sie, dabei zu lachen.

Es weckt Ihren Überlebenswillen und vollkommen neue Energien. Sie scheinen aus einem langen Schlaf zu erwachen. Denn alles, was Sie bisher geleistet haben, fühlt sich merkwürdig dumpf an, weil es alles im Kopf entstand.

Nun aber ist Handeln gefragt. Als Chefin und Unternehmerin, die Sie nun sind, haben Sie das Gefühl, aus einem Alptraum zu erwachen. Sie sehen die Dinge plötzlich viel klarer. Ja, Sie sind nun eine Chefin!

Ihre Aufmerksamkeit ist nun eine andere. Aber das bedeutet nicht, dass das, was Sie sehen können, mit dem übereinstimmt, was vor Ihren Augen geschieht. Ihre visionäre Kraft ist geweckt. Sie wissen genau, was als nächstes passieren muss. Und Ihre Bestimmung ist es, die realen Verhältnisse dorthin zu steuern, wo Sie Land sehen. Im gleichen Maße, wie die Neugier Sie vorantreibt, drängen Wut und Angst Sie in die Furcht hinein. Am besten würden Sie nun ein großes Geschäft abschließen, einen Top-Etat gewinnen oder einen riesigen Vertrag unterzeichnen, aber so weit sind wir leider noch nicht ganz. Dafür ist es alles ein wenig zu unausgereift. Ihre potenziellen Topkunden müssen sich erst einmal einen Eindruck von Ihrer Performance machen können, und das ist schließlich nicht so leicht getan, wie es gesagt ist. Möglicherweise benötigen Sie sogar viel mehr Cash, um etwas umsetzen zu können, was vorher einfach noch nicht denkbar war. Da haben wir eines dieser Paradoxa: Wo immer Sie sich bewerben, will man ein Beispiel Ihrer Leistungen sehen. Aber woher sollen die kommen, wenn man sich gerade um den ersten großen Job bemüht? Sie könnten ein Darlehen gebrauchen, um Business zu generieren, aber wo kein Business, da kein Geld. Eher bekommen Sie Geld von der Bank, wenn Sie den Eindruck machen, dass Sie das Geld nicht unbedingt

Gradmesser des Ich: Freunde

brauchen. Wohl der Chefin, die so viel Vertrauen genießt, dass jemand sie mit Vorschusslorbeeren beschenkt. Aber in der Regel ist es eher ein dorniger Weg bis zum Abschluss. Die gute Nachricht: Sie haben jetzt so richtig Lust darauf und verfügen über das nötige Selbstvertrauen! Um zu verstehen, wo Sie stehen, ein Beispiel. Nehmen wir mal an, Sie hätten eine Band: Sie haben in dunklen, feuchten Kellern geprobt, bis Ihre Finger wund waren. Sie haben sich und Ihr Instrument durch fleißiges Üben in Einklang gebracht. Dann und wann haben Sie auf der Bühne gestanden und ein viel beachtetes Konzert gegeben. Das war bisher alles in Ordnung so. Aber entweder müssen Sie den Quatsch jetzt aufgeben oder professionell daran arbeiten. Das bedeutet: Ein Hit muss her. Ein Plattenvertrag. Ein Dutzend aussagekräftiger Songs voller Power. Ein Producer, und vielleicht sogar eine andere Band dazu (auch wenn es noch so schmerzt).

Sie werden jetzt einfach viel professioneller, um Ihren Horizont verlassen zu können. Vergewissern Sie sich bei guten Freunden, ob Sie wirklich das Zeug dazu haben. Nur sie allein werden Ihnen reinen Wein einschenken. Das ist die Schwelle, auf der man bei einem Business-Launch steht. Jetzt heißt es nach vorne schauen. Noch etwas kommt hinzu. In dieser entscheidenden Phase kommt Ihr wahres Gesicht zum Vorschein. In dieser klassischen Gefahrensituation müssen Sie ums Überleben kämpfen und spüren einen unbändigen Willen dazu - oder ergreifen die Flucht. Beides bringt Ihr Ich zum Vorschein. Gerade weil Sie sich stellen, handeln Sie instinktiv und verstecken sich nicht mehr hinter den vielen Rollen Ihres Lebens. Das ist nicht immer schön. Aber die Zeit ist vorbei, allen zu gefallen. Das mit dem wahren Gesicht geht schon in Ordnung. In dieser Phase sind Ihre animalischen Qualitäten gefragt, Ihre Urinstinkte geweckt, Ihr wahrer Jakob alarmiert. Sie müssen Profil beweisen. Mit der Bequemlichkeit ist es ein für allemal vorbei. Akzeptieren Sie lieber das Unbequeme: Ihr Schicksal. Das Leben sieht nicht unbedingt ein Happy End vor, genauso wenig, wie Sie die Gute in dem Film sind, der da abläuft. Wenn Sie sich erst durchboxen müssen, wird man Sie kennen lernen. Und fürchten lernen. Sie haben eine Business-Maschine gebaut. Es wäre zu schade, wenn Sie sie nicht in Stellung bringen.

Was Ihnen dabei sehr helfen kann, sind Freunde. Sie sind Ihre Verankerung im bisherigen Leben gewesen, und sie können Ihnen mit ihrem guten Rat helfen, mit Selbstvertrauen zur Sache zu gehen. Das heißt: Auch hier trennt sich Spreu vom Weizen, und Sie werden nun sehr schnell merken, wer Ihre wahren Freunde sind. Es gibt Freunde, die so lange Freunde sind, wie Sie ihnen nützen. „Meine lieben Freunde, es gibt keine Freunde!" Dieser berühmte Toast des Philosophen Sokrates weist auf zwei Seiten der Freundschaft hin. Es gibt zweckgebundene Freundschaften - „Freundschaften" im akzidentellen Sinn.

„Denn nicht deshalb, weil er der ist, der er ist, wird der Befreundete geschätzt, sondern insofern er irgendein Gut oder eine Lust verschafft": Dieser Meinung ist zumindest Aristoteles, und er fügt hinzu: „Solche Freundschaften gehen also leicht auseinander, wenn sich die Freunde nicht gleich bleiben." Das ist in Ordnung: Es gibt so etwas wie Geschäftsfreunde. Für Aristoteles gibt es aber auch die „trefflichen Freundschaften". Das sind Beziehungen, in denen man sich einfach gegenseitig sozusagen „alles Gute wünscht". Das sind die „echtesten Freundschaften, weil jeder des anderen Wesensart liebt."

Das sind die berühmten Freunde, auf die man zählen kann. Freundschaft gründet auf Sympathie, worunter David Hume und Adam Smith die Fähigkeit verstanden, sich in die Situation anderer zu versetzen. Diese Form der Kommunikation ist für Karl Löwith „ursprünglicher als jedes füreinander Sorgen und miteinander Sprechen." Unter solchen „trefflichen" Freunden kann man alle seine Ängste und Nöte mitteilen, ohne Angst haben zu müssen, dass diese sich etwas davon zunutze machen. Und das ist sehr wichtig. Durch Freunde bekommen Sie einen Spiegel in die Hand gedrückt, der Sie ungeschminkt zeigt, wie Sie wirklich sind - und wirken.

Vertrauen Sie echten Freunden, sie können eine Menge aushalten. Denn sie sind neugierig auf Sie. „Was kann angenehmer sein, als einen Freund zu haben, mit dem man so reden darf wie mit sich selbst? Wie viel wäre im Glück der Genuss wert, wenn wir nicht einen Freund hätten, der sich ebenso daran freute wie wir selbst?" fragt sich Cicero. Mit Michel de Montaigne kann man antworten: „In der Freundschaft hingegen gibt es kein Geschäft und keinen Handel, sie beschäftigt sich ausschließlich mit sich selbst." Eine Freundschaft ist eine wunderbare Form der Selbstreferenz, ein Zweck an sich, und doch mehr: Wenn wir die ganze Zeit und jeden Tag um Macht, Reichtum, Anerkennung oder Gesundheit kämpfen, können wir bei Freunden entspannen und uns vielleicht auch den Sinn unseres ganzen Tuns und Treibens vergegenwärtigen. Bei den Griechen bildet die Freundschaft die „Krönung der Gesellschaft", die noch höher steht als die Gesetzgebung. Die aufopferungsvolle Beziehung

Netzwerke: Unentbehrlich für die weitere Karriere

zwischen Patroklus und Achilles begründet diesen Mythos. Die sprichwörtliche „Achillesferse“ der Freundschaft ist das Vertrauen. Wenn man tatsächlich „so reden kann wie mit sich selbst“, muss der Freund mit diesen persönlichen und nutzbaren Informationen sorgsam umgehen.

Die Versuchung ist allerdings groß, sich die Werte eines Menschen selbst zunutze zu machen. Verrät ein Freund Dinge, zu denen er ins Vertrauen gezogen wurde, so geht dies oft mit erheblichen, wenn nicht sogar existenziellen Schäden einher.

Wenn Sie gerade im Begriff sind, zwischen Skylla und Charybdis umherzuschiffen, können Freunde Sie auf Gefahren und „Irrfahrten“ aufmerksam machen. Sie haben die Geduld, sich alles anzuhören, was in Ihnen vorgeht. Sie sagen ihre ehrliche, manchmal schmeichel-, manchmal schmerzhafte Meinung.

Dann wissen Sie, woran Sie sind. Immer vorausgesetzt, es handelt sich um Leute, die nur an Ihnen und Ihrem Wohlergehen interessiert sind und nicht an Ihren Geschäften.

Das sind die Leute, die Ihren Werdegang mit Spannung verfolgen. Das sind die Leute, die Sie lieben. Die Verbindung mit Freunden ist unentbehrlich und eine Vorstufe für das, was Sie nun als Netzwerk aufbauen.

In der Service-Ökonomie geht gar nichts ohne Verbindungen. Netzwerke sind langsam wachsende vertrauliche Verbindungen und wertvoller als jeder Akquise-Erfolg, wie folgendes Zitat beweist:

„Netzwerke schaffen Sie, indem Sie Zeit und Geduld investieren und beständig dranbleiben. Natürlich ist Menschenkenntnis die wichtigste Voraussetzung, um die richtigen Verbündeten zu finden. Ob jemand verlässlich und loyal ist, zeigt sich erst im Laufe der Zeit. Deshalb sollte man potenziellen Verbündeten verantwortungsvolle Aufgaben übertragen. So lernt man sie wirklich kennen und wird oft positiv überrascht. Das, was einem vielleicht am Anfang noch fremd ist, wächst dann mit den eigenen Ideen zusammen.“

Diese Taktik stammt von einer Frau, die in Deutschland wohl die bemerkenswerteste politische Karriere der vergangenen zwanzig Jahre hingelegt hat: Angela Merkel.

Sie befinden sich jetzt auf einem neuen Terrain. Die Dinge liegen nicht nur anders, sie haben auch eine ganz andere Tiefe und Bedeutung. Alles macht einen ganz anderen Sinn als vorher. Sie nehmen die Dinge auch vollkommen anders wahr als früher. Beim Erkennen Ihres wahren Ich können sich so manche Dinge ändern. Die einen stellen fest,

Erst handeln, dann denken

dass Konsum ihnen gar nichts bedeutet, die anderen realisieren, dass sie ein Luxustyp sind, der sich immer nur gezwungen hat, den Konsum einzuschränken, indem er spart und spart, - und durch einen mediokren Job oder zu vorsichtige Rechnungsstellungen tatsächlich kein Geld zum Ausgeben hatte.

In der Vergangenheit haben Sie Probleme geschaffen. In Zukunft werden Sie sie lösen.

Ihr Blickwinkel konzentriert sich nicht darauf, die Dinge irgendwie zu managen, sondern auf Leadership - die richtigen Leute für die richtigen Jobs einzusetzen, um Zeit zu haben, Ihre Vision voranzutreiben. Es gibt Leute, die alles selbst in die Hand nehmen und meinen, Geld zu sparen.

Was sie dabei extrem vergeuden, ist die Zeit, in der sie Kunden gewinnen oder Netzwerke aufbauen könnten. Oder sie sehen einfach den Wald vor lauter Bäumen nicht.

Einige Parameter drehen sich nun einfach um. Bisher war es so, dass Sie konzipiert und dann gehandelt haben. Nun gehen Sie in Aktion: Handeln Sie, bevor Sie denken. Gehen Sie nach Ihrem Instinkt, nicht nach Nachgedachtem. Es ist in dem Moment schon nicht mehr spontan und zielgesteuert, wenn Ihre Bedenken und Erfahrungen ins Spiel kommen. Es gibt Leute, die so lange über ein Projekt reden, dass sie es in dieser Zeit längst erledigt hätten. Es gibt auch diesen Moment, in dem man eine Idee hat und sie - leider - nicht sofort in die Tat umsetzt. Nach dieser entscheidenden Sekunde, in der man den Gedanken nicht am Schopf packt, sondern noch einen Augenblick abwartet, marschieren sofort die Bedenken ein. Oftmals fasst man einen Gedanken und hat eine Idee, ohne sie auszuführen. Das Motto der Stunde lautet: Tue es jetzt. Nicht darüber nachdenken, sondern sofort erledigen. Wie ein Killer sein Opfer.

Es gibt jetzt nur noch einen Kurs, und der heißt geradeaus nach vorne. Alles, was Sie hinter sich gebracht haben, kann Ihnen ohnehin keiner mehr nehmen. Aber was wollen Sie da noch?

Wenn Sie nicht nach der Natur handeln, die Sie in Wirklichkeit sind, werden Sie wieder in das letzte Stadium zurückfallen: Erschöpfung und Müdigkeit. Dagegen spricht aber Ihre neu gewonnene Energie: den Mut, den Sie aus Wut und Angst geschöpft haben. Nun zielt alles auf Strategie ab: Wie Sie denken ist wichtiger, als was Sie denken. Ihre Seekarte sind die Erfahrungen, die Sie in Ihrem Planungsstadium gesammelt haben. Was Sie kreieren, wird eine viel größere Wucht haben als alles, was Sie bisher auf die Beine gestellt haben. Sie sind eine Chefin - handeln Sie danach. Seien Sie nett, aber

Alles ändert sich. Und die Regeln dazu.

wirken Sie nicht nett. „Nett ist", um es mit Anke Engelke zu sagen, „die kleine Schwester von Scheiße." Sie haben Ecken und Kanten, Sie haben Charakter und Profil, und Freund wie Feind sollen wissen, woran sie sind. Den mitunter größten Fehler, den Sie zurzeit machen können, ist, sich zu verstellen. Bisher ist es verzeihlich, wenn Sie mal etwas geschmeidiger waren, um sich einen Vorteil zu verschaffen (wohl gefühlt haben Sie sich dabei nicht!). Wenn Sie ab jetzt nicht diejenige sind, die Sie sind, verbiegen Sie nicht nur sich selbst, sondern Ihre ganze Karriere. Das würde einen erheblichen Rückfall bedeuten. Die Leute bestellen bei einem Unternehmen, dem sie vertrauen. Wenn Sie jemand anders sind, Ihre Marke eine Maske, Ihr Profil nur Profit, dann prost Mahlzeit!

Im Management ist das Bild vom großen Dampfer berühmt, wo eine kleine Drehung am Steuer eine ungeheure Wucht erzeugt und das Schiff auf neuen Kurs geht. Die Veränderung ist die einzige Konstante, die nun übrig bleibt. Nicht nur der Kurs ändert sich - auch die Regeln unterliegen ständigen Schwankungen. Alles, was für Sie bisher Routine war, können Sie noch einmal genau unter die Lupe nehmen. Es funktioniert nicht mehr unbedingt so, wie es früher funktioniert hat. Sie müssen vor Ihrer Bank anders auftreten als ein kleiner Bittsteller, der Sie beim ersten Kredit mal waren. Sie müssen den Mut fassen, von Ihren Plänen und Visionen zu erzählen, damit die Bank für Sie einen gewaltig höheren Betrag herausrückt. Auf diese Weise müssen Sie jede Situation neu interpretieren. Die tägliche Überraschung ist die Belohnung dafür.

Bisher war Ihr Geschäftsmodell zweidimensional. Es drehte sich um die Konzeption Ihrer Vorhaben und deren Realisation, aber nur „im Inneren". Jetzt geht es immer öfter um Ad-hoc-Entscheidungen, schnelle Reaktion, Strategie. Sie können es sich nicht länger in Ihrem Büro gemütlich machen und mal sehen, was der Tag so bringt. Sie müssen mit Widersprüchen fertig werden und wesentlich öfter den Kurs korrigieren. Denn sobald Leute von außen auf Sie einstürmen, verändert sich alles. Sie werden mit Anfragen bombardiert, die fast niemals zu hundert Prozent auf Ihr Portfolio passen. Trotzdem wollen Sie natürlich jeden Kunden gewinnen und richten Ihr Angebot nach ihm aus. Es gibt keine große Zeit mehr zu überlegen. Und trotzdem müssen Sie Ihr Profil bewahren. Akzeptieren Sie diese Widersprüche. Finden Sie Ihren Weg dazwischen. Das Schöne daran: Sie werden täglich wieder neu überwältigt von der Resonanz, die Ihr Business erfährt. Nun geht die Saat auf, und sie wächst weiter nach oben und nach unten.

Ihr System ist ein Baum, der mit Wurzeln und Ästen bestückt ist. Kein Baum wächst in den Himmel, aber er ist für Sie immerhin zu sehen. Eine leichte Panik überfällt Sie im gleichen Maße wie ein Himmelhochjauchzen, dass Ihr Unternehmen sein Köpfchen aus dem Boden steckt und dank des Lichts beginnt, zu blühen und zu gedeihen. Aber gleichzeitig latscht jemand vorbei und schüttet Dreck auf die ersten Blüten.

Sie werden damit fertig. Sie haben den Ernstfall schließlich hundert Mal geprobt. Sie sind froh, dass es endlich passiert. Denn es ist besser, als sich Ernstfälle vorzustellen, Do's und Dont's abzuwägen, nachts wegen Ängsten und Befürchtungen nicht schlafen zu können. Jetzt sehen Sie die Gefahren und Herausforderungen endlich direkt vor sich auftauchen. Jetzt beginnt endlich der Kampf, denn auch der Kuschelkurs funktioniert nicht mehr.

Einige Ihrer Pläne klappen hervorragend, andere bewähren sich nicht. Ihr Geschäft wird bedroht, was aber nur Ihren Killerinstinkt auf den Plan bringt. Massive Kritiker kommen aus ihren tristen Ecken und nörgeln an Ihren Bemühungen herum. Von überall her kommen Freunde, die es gut meinen, und tun Ihnen mit ihren Bedenken und Ansichten weh, ohne dass es ihnen überhaupt bewusst ist. Wenn Sie nicht lernen zu kontern oder so etwas zu ignorieren, wenn Sie sich aufweichen lassen von der Vielzahl der Meinungen und Irritationen, dann hat Ihr Geschäft kein langes Leben. Korrigieren Sie den Kurs, aber kommen Sie nicht vollkommen davon ab, denn das Ziel bleibt das Gleiche. Jedes Business ist hart. Diese Härte muss man sich selbst erarbeiten. Es gibt jede Menge „Deutschlehrer"-Typen und „Gut-menschen", die auf einmal zu Tieren werden, wenn ihre Existenz in irgendeiner Weise gefährdet ist. Wir müssen ja nicht gleich übertreiben. Aber jeder Wutanfall über blöde Meinungen, abfällige Bemerkungen und verlogene Geschäftspartner macht Sie nur noch stärker, denn nun sind Sie vollkommen wach und klar und bereit, zum Angriff überzugehen. Vorbei ist die Zeit der Trägheit, der langen Mittagspausen und der ausufernden Shoppingnachmittage, wenn mal gerade Flaute herrschte. In Ihrer jetzigen Situation gibt es keine Flaute. Sie müssen dem Ansturm gerecht werden oder selbst anstürmen. Denn Sie tragen nun eine andere Art der Verantwortung. Jemand muss navigieren. Jemand muss Kapital erwirtschaften. Dieser Jemand sind Sie.

In Aktion gehen

Es ist sehr schön, ein Buch zu lesen. Aber selbst dieses Buch muss einmal aus der Hand gelegt werden, um Unternehmerin werden zu können.

Denn zu handeln - und zwar in beiden Bedeutungen, sowohl in Aktion zu treten als auch zu verhandeln und zu verkaufen - steht eindeutig im Vordergrund. Nur zehn Prozent von dem, was wir lesen, behalten wir im Kopf, aber 50 Prozent von dem, was wir sehen und hören (Quelle: Information Philosophie 4/2005, S. 64). Woran das liegt? Am Erleben dessen, was wir wahrnehmen. Lesen bewegt sich ausschließlich im Kopf, Hören und Sehen sind Außenwahrnehmungen, die wir mit dem Inneren viel intensiver verknüpfen.

Sie müssen ja nun ohnehin aus dem Kopf und auf Menschen zugehen. Im Kopf machen Sie Konzepte und Kompromisse, in der Aktion stoßen Sie auf Widerstände und müssen sie aus dem Weg räumen. Trainieren Sie einmal, morgens aufzuwachen und sofort aufzustehen und mit etwas zu beginnen. Meistens liegt man noch etwas dösend und grübelnd im Bett und geht dann zielgerichtet vor. Machen Sie etwas. Denken Sie anschließend darüber nach - oder freuen Sie sich über das, was Sie durch Ihr Tun erfahren haben.

Das Wichtigste und Wesentliche ist Ihre Neugier. Treiben Sie Ihre Neugier an und folgen Sie ihr, sonst laufen Sie Gefahr, in die Furcht zurückzufallen. Im vorherigen Kapitel haben wir empfohlen, selbst bei roten Zahlen relaxed zu bleiben. Hauptsache, man hat sie vor Augen. Jetzt müssen Sie jedoch aus den roten Zahlen heraus, und zwar durch den Kampf zum Spiel. Jetzt werden Sie lebendig, beginnen, sich zu bewegen. Keine drögen Tage mehr. Die Verantwortung wird verteilt. Aufgaben werden delegiert. Sie stehen sich dadurch nicht mehr selbst im Weg, sondern gehen zur Seite, um sich selbst beobachten zu können. Sie sind die Dirigentin in einem Konzert, dessen Aufnahme Sie sich später in Ruhe anhören, um zu prüfen, was stimmig ist und was nicht. Was meinen Sie, warum es „Unternehmer" heißt?

Sie meistern ein System, das sich im Laufe der Zukunft organisch ausweiten wird. Neue Leute werden hinzukommen, neue Verästelungen entstehen, andere sterben ab. Das Wurzelwerk wird sich übrigens weniger verzweigen, denn es sorgt dafür, dass Ihr Baum „steht" und ernährt wird. Deshalb Glückwunsch zu Ihrer bisherigen konzeptionellen Arbeit, das muss auch einmal gesagt werden. Aber nun haben Sie allein genug damit zu tun, alle Prozesse zu kontrollieren und Ihr Ding voranzutreiben. Behalten Sie den Cashflow im Auge. Denken Sie langfristig und nicht mit einer Hand-in-den-Mund-Perspektive. Vermeiden Sie Fehler, denn wenn sie passieren, dann im größeren Stil. Viele Unternehmen haben sich in den letzten Jahren auch zu schnell nach vorne bewegt. Sie sind zum Beispiel zu schnell an die Börse gegangen und sind mit diesem Schritt ihrer Verantwortung nicht mehr gerecht geworden. Hochmut kommt vor dem Fall. Das ganze Geld, das plötzlich hereingerauscht kommt, ist von Anlegern geliehen, die erwarten, dass es sich vermehrt. Sie wären nicht die Erste, die sich vom Glanz des Geldes blenden ließe oder damit Dinge täte, die es nicht vermehren. Nehmen Sie sich ein Beispiel an Dagobert Duck, der zwar furchtbar geizig ist, aber für sein Leben gerne in Geld badet. Aber so weit sind wir noch nicht. Die letzten Pappkartons stehen noch unausgepackt in der Ecke. Aber das Telefon klingelt schon ständig, so dass diese Pappkartons noch ewig da herumstehen. Inzwischen kommen Dutzende anderer Pappkartons von Ladungen herein und wieder heraus. Behalten Sie Ihre eigene Neugier im Auge, lernen Sie, was Sie lebendig macht und folgen Sie diesen Impulsen. Ihre Werte sind nun die entscheidenden Wegweiser, denen Sie unbedingt folgen sollten. Was ist Ihr Spiel? Was ist Ihr Ziel? Was lieben Sie mehr als alles andere? Was weckt Ihre ganze Aufmerksamkeit? Was trägt Sie wie auf einer Welle? In welchem Bereich spielen Sie, wo andere nur Mühe verspüren? Immer hübsch daran denken! Neugierde hält Sie wach und bei Laune, und genau das brauchen Sie jetzt, um nicht den Mut zu verlieren. Wenn Sie sich von den verschiedensten Vorkommen zerstreuen lassen, beginnen die Fehler. Bisher konnten Sie sich Fehler erlauben. Aber Murphy's Law war noch nie so präsent: Wenn etwas schief gehen kann, dann geht es auch schief. Und zwar zum denkbar ungünstigsten Zeitpunkt. In ihrer Planungsphase haben Sie alle Möglichkeiten, Zufälle und Unfälle durchgespielt, simuliert oder sogar erlebt.

Nun aber beginnt die Expedition, in die Sie auch andere mit hineinziehen. Der ganze Tross hängt von ihren Entscheidungen ab. Wenn Sie Ihre gute Laune behalten, werden Sie sich und Ihre Leute ins „gelobte Land" verfrachten und dabei viel Spaß haben, ja sogar viele schöne Dinge am Wegesrand entdecken.

Wenn Sie Ihre gute Laune behalten, dann behalten die anderen sie auch. Und ihre Neugier. Bisher haben Wissen und Erfahrung dominiert. Nun regiert die Neugier. Und das ist schön so.

Noch nie in der Industriegeschichte ist Humanität so wichtig gewesen wie heute. Sie bestimmt den Erfolg oder Misserfolg zukünftiger Unternehmen. Je sympathischer ein Laden ist, umso besser wird er funktionieren. Selbst wenn man nur Produkte und keinen direkten Service verkauft, ist der Service am wichtigsten: Die Kunden zu verstehen und danach zu handeln. Wer guten Service anbietet, wird so etwas wie ein Popstar. Die stehen auf der Bühne und unterhalten, und werden dabei von Millionen geliebt, weil sie es gut und glaubwürdig machen. Ganz im Unterschied zu Diktatoren übrigens.

Leadership, Kommunikation, Service, Humanenergie, Konfliktbewältigung, Training und Sozialkompetenz werden die entscheidenden Stichworte unserer Zukunft. Wenn jemand seine Kunden nicht versteht, wird er ihnen etwas bieten, was sie ablehnen. Wer behauptet, verstanden zu haben, hat nicht ausgelernt. Jedes Business ist „people's business". Niemand wird wieder etwas kaufen, was er nicht wirklich will. Auch die Strahlkraft des Image eines Unternehmens oder der Marke eines Produktes nimmt immer mehr ab: Wenn ein Produkt sich nicht bewährt und nicht das hält, was es verspricht, ist es aus und vorbei. Beispielhaft ist die unglaubliche Rücklaufaktion der Stella-McCartney-Kollektion bei H&M. Ein unglaublich hoher Prozentsatz der Kunden brachte die schnell gekauften und meist erst zu Hause probierten Klamotten des Designerstars wieder in die Läden zurück und ließen sich auszahlen. So viele, dass es fraglich ist, ob H&M überhaupt ein Geschäft gemacht hat. Der Nimbus der Gucci- und Adidas-Designerin hat zwar gereicht, um regelrechte Panikkäufe zu erzeugen, in der Realität des Anprobierens und Tragens war es dann aber mit dem Hype vorbei: Zu weit, zu schlabbrig, zu viel Mode, einfach im Alltag nicht tragbar. Da nützt alles nichts (Quelle: Süddeutsche Zeitung 19./20. November 2005, Wochenende S. V). Fazit: Es funktioniert nicht mehr, den Kunden etwas aufzuschwatzen, wenn es ihnen nicht auf den Leib geschneidert ist. Selbst wenn es von einer Beatle-Tochter stammt und trotzdem nicht viel kostet.

Ein gutes Geschäft ist das unmittelbare Resultat der Marktbeobachtung, und zwar jener, die untersucht, was die Leute wirklich bewegt. Das ist unsere Definition von „Service". Sich an die Stelle der Kunden zu versetzen und zu überlegen, was sie noch brauchen, ist mehr wert als jede Marktforschung und Statistik, die sich immer bemüht, das Gros des Marktes abzuschöpfen. Ihr Service aber findet von selbst die Leute, die ein Interesse haben. Selbst wenn es eine Nische ist, die Sie ausfüllen, so ist die Welt doch groß genug, um genug Leute zu finden, die sich schon jetzt freuen, dass es Sie gibt. Für die Erreichbarkeit gibt es das Internet mit seinen Suchmaschinen und die eine oder andere gute Idee, wie Sie geschickt Marketing betreiben. Lassen Sie sich nicht von erfolgreichen Leuten einschüchtern, die Zigarre rauchen, teure Anzüge tragen und immer ein Aperçu von Oscar Wilde oder anderen Schnöseln über Reichtum und Geschmack auf der Zunge haben. Sie sind keine Vorbilder oder müssen keine sein. Das ist Old-Style-Business. Die Reichsten der Reichen von heute sind meistens viel entspannter und haben in ihrer Jugend einmal in der Garage etwas zusammengeschweißt, was so etwas wie einen Computer dargestellt hat. Oder sind vielleicht schwul und fahren mit siebzig Harley. Sie haben Business schon immer als Spiel betrachtet, aus dem sie als Gewinner hervorgegangen sind. Ein Schachspiel, kein Glücksspiel. Erfolg hat weder mit harter Arbeit zu tun noch mit Überleben. Wenn Sie nur versuchen, den Kopf über dem Wasser zu halten, sind Sie viel zu angespannt, um am Spiel teilzunehmen.

Die drei wichtigsten Handlungselemente sind: Entspannung. Akzeptanz. Aktion. Entspannen Sie sich nicht nur in den Pausen nach harter Arbeit, sondern während der Arbeit. Seien Sie immer entspannt, auch bei schwierigen Entscheidungen und in Krisen. Wenn Ihnen die ganze Sache keinen Spaß macht, merken Sie das am Stress, den Sie haben, und daran, dass Sie keine Distanz zu dem haben, was Sie tun, so wie es im Spielverhalten der Fall wäre. Dann begehen Sie Fehler. Wenn Sie mittendrin stecken, ist es entscheidend, dass Sie die Dinge akzeptieren, wie sie sind. Beherrschen Sie nicht die Kunst, den Lauf der Dinge als gegeben hinzunehmen, werden Sie den ganzen Tag über nur fluchen und verschwenden Ihre Energie im Negativen. Denken Sie an das Spiel: Die Würfel fallen, wie sie fallen. Wenn Sie nur ums Überleben kämpfen, sind Sie viel zu angespannt, um ein Spiel spielen zu können.

Wenn Sie Probleme haben, - haben Sie Freude daran. Sie sind die Signale, dass sich etwas bewegt, und warten darauf, gelöst zu werden. Bewahren Sie ihren Optimismus. Das Glas ist halbvoll. Es gibt diesen Spruch, dass es keine Probleme gibt, nur Lösungen. Das stimmt nicht. Sie sind es, die Probleme in Lösungen verwandeln. Jede Lösung bringt sie weiter. Jede Krise ist nur eine Krise der Wahrnehmung, eine Spaltung in Ihrem Bewusstsein. Fügen Sie die richtigen Dinge zusammen, dann fügt sich meistens auch das Problem.

Noch mehr Aktion

Also, entspannen Sie sich und beginnen Sie zu handeln. Stellen Sie sich vor, es wäre der letzte Tag in Ihrem Leben, an dem Sie dazu fähig sind. Auf einmal werden Sie mit ungeheurer Intensität an ihre Probleme und Herausforderungen herangehen. Sie werden ganz andere Qualitäten in anderen Menschen erkennen.

Das wird Ihren Beginn bereichern und entscheidend nach vorne bringen. Ihre Intelligenz sorgt für den Rest. Sie verbindet die Konzeption mit der Aktion, die Wurzeln mit den Ästen und Blättern, die Vergangenheit mit der Zukunft.

Sie vereinigt die Widersprüche und zwingt Sie zum richtigen Handeln. Alles andere endet im unentschiedenen „Double-bind": Wasch mich, aber mach' mich nicht nass.

Die Besinnung auf das Richtige geschieht durch die Rückbesinnung auf Ihre Prinzipien, auf das, was Sie sich bisher erarbeitet haben. Mit diesem Rüstzeug kann Ihnen gar nichts passieren. Im Spiel entfaltet sich dann Ihr ganzer Esprit. Sie knacken die Probleme spielerisch, offen, aktiv. Das Denken verschleiert die Ideen. Das Spiel erweckt sie zum Leben.

Wenn Sie einmal richtig in Aktion sind, dann lebt ein vollkommen anderer Spirit in Ihnen auf, Sie werden sich kaum wieder erkennen. Es handelt sich um ein Denken, das noch mehr Aktion erzeugt. Dies kommt dem Verhältnis von Zeit und Geld nur zugute. Sie haben nicht viel Zeit, und die werden Sie nutzen, um beträchtlich mehr Geld zu machen als zuvor. Die meiste Zeit vergeuden wir mit der Gewohnheit. Jetzt aber steht die Zeitachse auf der Kippe.

Folgen Sie Ihrer Neugier, so sind die Tage vorbei, an denen Ihnen jeder Tag wie der andere vorkommt. Es gibt Leute, die tagtäglich die gleichen Dinge tun, denken und sagen. Sie sagen zum Beispiel montags „Ach, die Woche will einfach nicht zu Ende gehen." Es ist witzig gemeint, sie sagen es jeden Montag.

Vergessen Sie Ihren Kopf. Gehen Sie in Aktion. Sie sind gerade dabei, aus diesem Raster auszubrechen und durch Ihren Beginn neue Dinge zu entdecken. Sie gehen mit einem neuen Temperament an ihr eigenes Leben heran. Schon dadurch wird sich ihr Leben verändern. Sie erfahren eine vollkommen neue Lebensqualität.

Ihre Vitalität wird Sie selbst umhauen. Das Geheimnis unserer Existenz ist nicht ewige, verkopfte Suche nach einem Sinn, sondern die Gestaltung unserer Lebenszeit mit Bedeutung in jedem einzelnen Moment. Erst jetzt sind Sie überhaupt dazu in der Lage. Sie hatten vorher Ziele formuliert. Jetzt steuern Sie sie direkt an. Vorher war Ihnen alles Mögliche klar geworden. Jetzt tun Sie etwas. Sie können die Dinge sehen, die Sie vorher nicht gesehen haben. Ein glückliches, erfülltes, reiches Leben ist ein solches, das das Handeln vorzieht. Nur Handeln löst Widersprüche auf. Es bläst den Nebel weg. Es kommt das Umgekehrte zum Vorschein: Leben. Sie schöpfen tonnenweise Mut. Sie fühlen sich lebendig. Sie sind dort angekommen, wo es keine Bequemlichkeit mehr gibt. Jetzt geht es nur noch nach vorne.

Die meisten Leute schrecken vor genau diesem Moment zurück. Sie werden von ihren Erinnerungen leben, viele erschreckend früh. Sie werden die vielen Dinge ins Feld führen, die man ihnen angetan hat, als Rechtfertigung für ihren Rückzug in ihr Schneckenhaus. Sie werden ihr Glück im Winkel suchen. Wenn ihr Geld knapp wird, werden sie die Schuld bei anderen suchen. Die einzige Veränderung ist oft die Entwicklung ihrer Kinder. Das könnte Ihnen passieren, sobald Sie sich auf die sichere Seite zurückziehen. Das ist vollkommen normal für die meisten Leute. Sie warten ihre Rente ab, die bis dahin knapp und knapper wird. Es gibt keine Garantie. Sie ziehen sich doch wieder in ihre Gewohnheiten zurück und werden den Rest ihres Lebens die Dinge tun, die ihnen zum Halse heraushängen, aus Angst vor der Unbekannten in der Gleichung: Ihre eigene Neugier. Oder nicht? Sie haben so gut begonnen. Ohne Neugier lebt man nicht wirklich. Achten Sie einmal darauf, wie oft Hundertjährige auf die Frage nach ihrem Lebensrezept das Wort „Neugier“ sagen. Sind Sie bereit, ein neugieriges, aufregendes, abenteuerliches Leben zu führen? Dann beginnt es gleich hinter der nächsten Seite.

Schluss mit Angst

IHR MANAGEMENT

„Time goes slowly for people who wait. “
Madonna

Es gibt keinen bedeutenden Unternehmer, der sich auf der bisher besprochenen „unteren Skala“ unserer Betrachtungen befindet. Alle großen Helden der Wirtschaft, alle Topmanager, Pioniere und Entrepreneure, die wir mit Namen kennen, alle Legenden des Unternehmertums haben aus dem, was anfangs eine Idee und eine Mission war, ein prosperierendes, prägendes Business gemacht. Sie befinden sich gerade genau in dem Stadium, in dem solch ein Start möglich ist. Das System ist durchgespielt und funktioniert - theoretisch. Die Maschinerie ist bereit. Und alles wartet auf Ihr Zeichen.

Alle, die sich in der Skala „unterhalb des Beginns“ befinden, arbeiten mehr oder minder aus Angst. Das ist vollkommen normal. Wir alle haben von Natur aus unser Angst-Päckchen zu tragen. Hätten wir es nicht, bestände unsere Mentalität nur aus Neugier. Dann hätten schon unsere Urahnen etwas zu unbekümmert ihre Höhle verlassen und auf der Suche nach Nahrung wären sie wohl selbst schnell zur Nahrung geworden...

Angst: Wir alle haben sie, ständig. Es ist immer eine Frage, wie man mit ihr umgeht. In den Stadien des mentalen Wachstums mutiert sie von Hysterie, der Angst vor dem Vakuum, zur Angst vor etwas, hin zur Furcht, etwas nicht zu schaffen, bis hin zur Wut, etwas möglicherweise nicht geschafft zu haben, was man sich zugetraut hätte. Diese Stadien haben wir bisher durchlaufen und der Grundzustand ist der gleiche geblieben. Angstbewältigung gehört zu unseren elementaren Tätigkeiten.

Wir alle müssen dafür Sorge tragen zu überleben und täglich etwas zu essen und ein Dach über dem Kopf zu haben. Wir alle brauchen Anerkennung wie die Luft zum Leben. Außerdem tragen wir kulturhistorisch das merkwürdige Erbe unserer „protestantischen Ethik", die der Soziologe Max Weber zu Beginn des zwanzigsten Jahrhunderts herausgestellt hat. Wir arbeiten gegen die Angst an, weil sie Erlösung von existenziellen Grundproblemen verspricht. Und das ursprünglich nicht aus materiellen Gründen: Max Weber ist der Ansicht, dass unsere ganze Kultur, die sich um den Beruf und die Arbeit herum definiert, religiös geprägt sei: „Nun ist es unverkennbar, dass schon in dem deutschen Worte „Beruf" ebenso wie in vielleicht noch deutlicherer Weise in dem englischen „calling", eine religiöse Vorstellung - die einer von Gott gestellten Aufgabe - wenigstens mitklingt und, je nachdrücklicher wir auf das Wort im konkreten Fall den Ton legen, desto fühlbarer wird." (Weber 1996:34)

Besonders im deutschen und im anglo-amerikanischen Kulturkreis hat sich durch die Wende des Protestantismus das Programm durchgesetzt, nach dem wir hart arbeiten müssen, um von unseren Sünden erlöst zu werden und das ewige Leben zu erlangen. In Amerika ging man noch weiter: Es soll eine Sünde sein, Geld für etwas auszugeben, das die Summe nicht potenziert: „Bedenke, dass Zeit Geld ist; wer täglich zehn Schillinge durch seine Arbeit erwerben könnte und den halben Tag spazieren geht oder auf seinem Zimmer faulenzt, der darf, auch wenn er nur sechs Pence für sein Vergnügen ausgibt, nicht dies allein berechnen, er hat nebendem noch fünf Schillinge ausgegeben oder vielmehr weggeworfen". Diese Worte stammen von keinem Geringeren als Benjamin Franklin („Advice to a young salesman", zit. in: Weber 1996:12).

Geld, das ist für Franklin so etwas wie ein „Mutterschwein": Tötet man es, „vernichtet [man] dessen ganze Nachkommenschaft bis ins tausendste Glied" (ebd.). Der Erfinder des Blitzableiters und Mitverfasser der amerikanischen Unabhängigkeitserklärung betrachtete es nahezu als Todsünde, Geld nicht zu vermehren. Das ist jedoch keineswegs ein opulentes, sondern ein streng asketisches Ideal. Geld ist nicht dazu da, um ausgegeben zu werden, auch nicht zum Sparen, sondern um es zu vermehren wie besagtes „Mutterschwein" zu befruchten: „Wer täglich einen Groschen nutzlos ausgibt, gibt an die 6 £ jährlich nutzlos aus, und das ist der Preis für den Gebrauch von 100 £." (ebd.) Franklin steigert sich dann ein wenig in die Thematik hinein, was wir Ihnen buchstäblich ersparen wollen, und kommt zu dem Schluss: „Wer 5 Schillinge verliert, verliert nicht nur die Summe, sondern alles, was damit bei Verwendung im Gewerbe hätte verdient werden können - was, wenn ein junger Mann ein höheres Alter erreicht, zu einer ganz bedeutenden Summe aufläuft." (ebd.) Das ist es, was Max Weber als „Geist" des Kapitalismus bezeichnet. Geld ist demnach nicht dazu da, um es auszugeben. Anderenfalls landen wir vermutlich in der Hölle.

Solch ein Konzept kann schon recht viel Durchschlagskraft haben. Weber verordnet unsere ganze Haltung der Arbeit gegenüber dem Leben, aber nicht mit amerikanischem Puritanismus, sondern über dessen Quellen, dem Protestantismus Luthers und Melanchthons, also aus Zeiten des finsteren Mittelalters. Statt Ablass und Beichte zahlte man für seine Sünden bekanntlich mit einem schlechten Gewissen. Erlösung gab es nur durch die Bewährung auf Erden, vor allem durch Arbeit. Die Frucht der Arbeit, das Geld, war also kein „Verdienst" im wahrsten Sinne, sondern eine Hypothek. Dieses monetäre schlechte Gewissen soll man nach Benjamin Franklin auch haben, wenn man fünf Schillinge ausgibt, und nach Max Webers Meinung haben wir es alle in unserem inneren Programm abgespeichert. Keine Frage: Wenn man es so sieht, macht Geld nicht glücklich. Stimmt. Aber zufrieden. Denn man kann sich damit belohnen und sich Dinge kaufen, um seinen Erfolg zu genießen. So weist Weber selbst darauf hin, dass die Versündigung mit Geld, die Franklin da betreibt, selbst der mittelalterlichen Moral widerspricht, da Geiz eine Todsünde darstellt. Der Witz dabei: Wenn Sie auf der Erfolgsstraße sind und genau damit viel Geld verdienen, was Sie vorantreibt wie eine Welle, auf der Sie reiten, - dann wird das Geld sich zwar vermehren, aber es wird für Sie immer unwichtiger. Es ist ja da. Und deshalb brauchen Sie keine Angst mehr zu haben. Webers Ansinnen war es zu zeigen, dass der klassische „Beruf" die „Bewährung des eigenen Heils" bedeutete (hat man keinen, ist man arbeitslos), und das die puritanische Geschäftstüchtigkeit nur einen drauflegt: „[...] weil sie noch nicht jene psychischen Prämien kannten."

Hier und jetzt, wo Ihre Projekte gefunkt haben und Ihr ganzes Unternehmen in Anschlag gebracht ist, geht es auf eine neue Reise. Sie brauchen keine Angst mehr haben. Sie haben sie verloren. Sie stehen nicht mehr um sieben Uhr morgens auf aus schlechtem Gewissen, weil die anderen alle schon im Stau zur Arbeit stehen. Sie stehen auf, wenn Sie frisch sind, um aus purer

Endlich: Jetzt wird's ernst!

Lust Resultate zu erzielen. Sie sind Ihre eigene Herrin, sozusagen. Sie bekommen keinen Druck mehr von oben, höchstens von außen. Aber dafür bauen Sie nun ein System auf. Nennen Sie es GmbH oder KG, auf jeden Fall ist es ein Bollwerk, das Sie gegen äußere Gefahren schützt, und dahinter befindet sich eine feste Burg, von der aus Sie Ihr Imperium in spe regieren. Es beginnt ein vollkommen anderes Spiel mit vollkommen neuen Regeln. Es wird nicht leichter, aber besser. Jeder „Schilling", den Sie jetzt verdienen, ist Ihr eigener und Sie dürfen selbst entscheiden, was Sie damit machen. Aber jetzt ist es nicht mehr ein Projekt, das Sie austesten, sondern Ernst.

Wir haben Ihnen nie einen Rosengarten versprochen. Wir haben nie gesagt, dass es leichter wird. Dafür wird es aber immer besser. Sie werden ruhiger. Sie werden lässiger. Und zuverlässiger. Sie werden spüren, dass sich viele Schwierigkeiten von früher verflüchtigen.

Sie haben es jetzt selbst in der Hand. Und das macht Spaß. Sie haben den Grundstein für etwas gelegt, das lange andauern kann und irgendwann einmal ihr Vermächtnis darstellt, in dem sich ihre Werte, Ihre Mission, Ihre Ziele und Wünsche für sich und die Menschheit widerspiegeln. Denken Sie einmal an die Worte und Werte, die großen Gründervätern nachgesagt werden, und Sie wissen, wovon wir reden. Nur, dass Sie eine „Gründermutter" sind, die, um das Bild abzurunden, nicht allein dazu da ist, um Ihr hart verdientes Geld wie ein „Mutterschwein" zu behandeln, aus dem man noch mehr machen muss, anstatt sich zu belohnen.

Jetzt sind Sie nicht länger ein Einzelkämpfer im Dschungel der Geschäftswelt, sondern die Gründerin eines Systems, an dem viele andere beteiligt sind. Das bringt Verantwortung mit sich. Sie können sich nicht um alles selbst kümmern. Die Prozesse müssen laufen, auch ohne dass Sie unmittelbar daran beteiligt sind. Chefs und Chefinnen, die sich um alles selbst kümmern (davon gibt es mehr als genug), sind nicht lange mit Erfolg gekrönt, sondern ziehen sich eher eine stressbedingte Krankheit zu.

Noch einmal: Sie spielen ein vollkommen neues Spiel mit vollkommen neuen Regeln. Das fühlt sich an, als würden Sie ein neues Universum betreten. Ganz plastisch ausgedrückt bedeutet es zum Beispiel, dass Sie nun endlich ein Ladenlokal angemietet haben, mit Schaufenster, Kasse und Regalen, um ihre Sachen oder Ihren Service anzubieten. In diesem Augenblick können Sie sich nicht mehr verstecken, es sei denn, Sie schließen die Tür von innen ab. Es ist dieses wunderbare und gleichzeitig gruselige Gefühl: Es könnte ja ein Kunde hereinkommen. Aber Sie wissen es genau: Es muss ein Kunde kommen. Einer? Hunderte! Und zwar flott. Allein, um Ihre derzeitigen hohen Investitionen so schnell wie möglich einigermaßen zu decken. Aber - was tun, wenn ein Kunde kommt? Huch, das ist ja plötzlich so fruchtbar real! Ladies, jetzt geht's los! Sie hatten genug Sex, um zu wissen, was guter und was schlechter Sex ist. Sie hatten genug Partner, um zu wissen, wer Ihnen gut tut und wer nicht. Jetzt wird geheiratet, und zwar der Richtige!

Eine Ehe ist eine Institution, die nicht durch Zufall funktioniert, sondern durch gegenseitige Hingabe, Verantwortung und dadurch, dass man permanent etwas dafür tut. Als allererstes müssen Sie in Ihrem neuen „Laden" Abläufe schaffen, die auch andere durchführen können. Nicht für den Krankheitsfall muss Ihr Geschäft laufen, sondern an vielen Stellen parallel. Es soll sich nun in die Breite entwickeln. Das Schreiben von Checklisten, Briefings und Job Descriptions für andere ist deshalb in diesen Tagen Ihr wichtigstes Geschäft.

Machen Sie es so gründlich, dass andere Leute mühelos in jeden Job einsteigen können und Ihre Aufgaben gewinnbringend erledigen können. Sie sind der Chief Executive Ihres eigenen Unternehmens und überwachen gleichzeitig alle Abläufe. Möglicherweise überwachen Sie gerade sich selbst, so lange Sie allein sind, aber Sie verbessern gerade Ihre Performance, um Ihren Mitarbeitern demnächst eine perfekte Job Description zu übergeben.

Wenn es sich nicht gerade um Ihr eigenes Geschäft handeln würde, wäre das eine furchtbar langweilige Angelegenheit. So aber ist es eine wahre Wonne.

Sie bringen Ihr Business in Form. Sie geben ihm eine Gestalt - und Ihren Geist. Reaktion war gestern, Aktion ist heute. Sie regulieren den Blutkreislauf Ihres Unternehmens, den Fluss von Zeit und Geld. Sie machen es auf Ihre Weise. Der Hintergrund dieses Verfahrens ist, dass Sie damit das Fundament für die Ewigkeit legen. Sie sind am Anfang und basteln bereits an Ihrem Ruhm. Ist das nicht wunderbar?

Die meisten Menschen blühen in dieser Phase ihres Geschäftslebens erst richtig auf. Ihre schönen, an allen Ecken und Kanten abgerundeten und erprobten Pläne werden gerade Wirklichkeit. Sie legen gerade die Regeln fest, die für alle gelten - bis nach ihrem Ableben. Dabei handelt es sich nicht mehr um einen Businessplan, sondern um dessen Umwandlung in einen operativen Plan, der nun Geld abwirft.

Deshalb muss jede Maßnahme unmittelbar mit Aktion verknüpft sein. Vorbei die schönen Zeiten der Geschäftsphilosophie, in denen man sich in wochen- und monatelangen Prozeduren seine eigene Welt kreieren und abschleifen konnte. Nun muss Ihre Philosophie ganz schlicht Kohle fördern. Dafür sind Sie als Managerin eingestellt, die Systeme schafft.

Mit Ihrer kleinen Businessfamilie wird es kein Problem sein, diese große Herausforderung zu stemmen. Denn alle Leute, die noch immer um Sie herum geschart sind, werden gemeinsam an Ihrer glorreichen Zukunft arbeiten. Sie werden in der Gegenwart, wie bereits in der Vergangenheit, kleine und große Heldentaten vollbringen, die Sie selbst immer wieder an den Rand des Möglichen bringen, um dann festzustellen: verdammt, es geht doch. Man kann Sie jetzt nur noch schlecht von Ihren Vorstellungen abbringen, denn es sind keine spinnerten Ideen mehr, sondern Elementarteile Ihres Ziels. Jeder kleine Schritt ist ein Puzzleteil des großen Ganzen. Sie können es sehen. Deshalb wissen Sie, dass es funktioniert. Und Ihre Mitarbeiter sind die Freunde, mit denen Sie es schaffen. Leute, die nicht nur ihren Job machen, sondern Heldentaten vollbringen. Sie werden dankbar sein, wenn Sie ihnen nun endlich die Blaupause Ihres Erfolgs in die Hand geben können.

Andererseits beginnt nun eine Phase der schlaflosen Nächte. Denn es ist nicht mehr Trial-and-Error, kein „dumm gelaufen" mehr, wenn etwas nicht klappt. Ein Rattenschwanz an Lieferanten, Rechnungen, finanziellen Verbindlichkeiten und hoher Verantwortung lässt nun doch die Dinge in einem ganz anderen Licht erscheinen als die pure Lust, mal etwas Neues zu unternehmen.

Es ist, als wenn man ein Kind bekäme. Davor hat man so eine Ahnung von dem, was anschließend passiert. Man ist voller Vorfreude. Dann passiert es, und Ihre ganze Welt verändert sich. Sie erfahren so viel Liebe, wie Sie es sich eben nicht hätten vorstellen können. Andererseits raubt Ihnen das kleine Wesen den Schlaf und die Nerven. Der Prozess findet auf einer höheren Ebene statt. Sie können verzeihen. Sie können in jemanden hineinschauen. Sie beherrschen Dinge, die Sie sich vorher nie zugetraut hätten. Sie können zum Beispiel mit extrem wenig Schlaf auskommen und trotzdem Ihren Job machen. Sie wissen gar nicht, woher Sie diese Energie nehmen.

Ziele und Sorgen - Spiele und Brot

Die tägliche Sorge um alles verschwindet deshalb nicht einfach. Sie ist und bleibt unser „alltäglich“ Brot, auch wenn die Furcht gewichen ist. Aber jeden Tag müssen Sie überlegen, wie Sie nun das Ganze wuppen - und vor allem sämtliche Prozesse unter Kontrolle halten, inklusive des Geldflusses.

Behält man jedoch die Ziele nicht im Auge, verdient man nicht genug Geld, um im Geschäft zu bleiben. Trotzdem darf man sich nicht einschüchtern lassen. „Schuster, bleib' bei deinen Leisten“ heißt das schöne Sprichwort. Es kann auch besagen, dass man sich auf seine fundamentalen Fähigkeiten besinnt, sobald man in Zweifel gerät. Das ist vielleicht der beste Weg, sein Selbstbewusstsein zu schulen: Ich kann das und das, das kann mir keiner nehmen, und ich lasse mir von niemandem sagen, dass ich darin einen schlechten Job machen würde.

Sie haben genug Mut. Sie sind nicht mehr aufzuhalten. Sie fühlen sich zwar gerade nicht wie eine Heldin, aber was Sie sich erarbeitet haben, kann Ihnen keiner nehmen. Sobald Sie jemand angreift, spüren Sie, wie das Adrenalin in Ihnen aufsteigt. Das Gute ist, dass Sie genug Kraft, Mut und Power besitzen, um jede Bedrohung abzuwehren. Die Bank, die Konkurrenz, die Neider und Spötter, selbst die In-die-Suppe-Spucker, all die Idioten da draußen können Ihnen gar nichts. Wenn Sie Zweifel hegen oder sich bestimmte Dinge nicht zutrauen, dann besorgen Sie sich in diesem Gebiet einen Berater. Das ist keine Schande. Sie haben ja auch einen Steuerberater, weil Ihnen dieses System über den Kopf wächst. Sie sparen dadurch möglicherweise kein Geld, aber unendlich viel Zeit, um den Kopf für andere Dinge frei zu haben.

Diese Phase eines Unternehmens kommt vielen Leuten etwas spießig vor. Und sie haben vollkommen Recht. Sie verlassen gerade die Pubertät. Früher hat es Ihnen richtig Spaß gemacht, die Branche mal richtig aufzumischen, ein Goldfisch unter Haien zu sein, mit Guerillataktiken Pitches zu gewinnen und die Rivalen alt aussehen zu lassen. Sie konnten über sich hinauswachsen, wann immer Sie es wollten.

Jetzt müssen Sie genau diese Methoden zum Prinzip werden lassen, und das geht nun mal nicht, ohne sie zu institutionalisieren. Umgekehrt wird es langsam etwas albern, wenn Sie ewig so tun wollen, als seien Sie für immer jung - und dumm. Sie eröffnen keine Frittenbude, Sie treten ins Big Business ein. Sie sind erwachsen. Bisher war alles Spaß, alles möglicherweise nicht so gemeint, alles irgendwie Spiel. Jetzt wird es ernst. Deshalb: Nehmen Sie sich selbst ernst, nur dann werden Sie auch von anderen ernst genommen. Sie glauben nicht, was Sie gewinnen werden.

Sie werden nun solide und gründen ein solides Unternehmen. Das A und O eines beginnenden Unternehmens ist das operative Geschäft und die damit einhergehenden Abläufe. Sie ersetzen langsam Ihre individuellen Leistungen, denn in den Prozessen leben Sie weiter. Dabei kann es sogar passieren, dass Sie Angst vor sich selbst bekommen. Wenn sich Prozesse automatisieren, geschieht eben das Neue: Alles wird größer, alles findet in viel komplexeren Dimensionen statt, es scheint Ihnen aus den Händen zu entgleiten. Sie zweifeln an Ihrem Genie, aber es ist unzweifelhaft da. Dies ist der Moment, in dem man sich gerne mal dumm stellt, obwohl man im Innersten längst alles verstanden hat. Es ist eine Methode, Zeit zu gewinnen. Wenn man aber ein Ziel wirklich erreichen will, muss man seine eigenen Strategien überlisten.

Ihre Brillanz ist eine unerschöpfliche Quelle. Sie können sich selbst viel mehr zutrauen als das bisschen, was Sie bisher geleistet haben. Jawohl. Sie müssen über sich hinauswachsen. Eben noch waren Sie ein rüpelhafter Spieler, jetzt sind Sie plötzlich ein Trainer, der Ihresgleichen disziplinieren muss. Und in Ihrem Job haben Sie eine Menge Neues zu lernen. Auf diese Weise sehen Sie alle Dinge, die Ihnen vertraut sind, mit anderen Augen. Sie sind nun Managerin: Sie entscheiden Dinge von höchster Qualität. Sie steuern ein Schiff, das immer größer wird. Und Ihre Entscheidungen gewinnen dadurch immer mehr Tragweite. Wenn man am Ruder eines Tankers dreht, ist er etwa sieben Kilometer unterwegs, bis er in die neue Richtung schwenkt.

Als Manager Ihres Unternehmens wird Ihre Persönlichkeit nun ein ganz fester Bestandteil aller weiteren Aktivitäten. Das bedeutet, dass Sie immer mit gutem Beispiel vorangehen, ob es Ihnen passt oder nicht. Sie sind die Chefin. Alle Augen richten sich auf Sie. Jede Geste, jeder Blick, Ihre Art, sich zu kleiden und sich zu geben, färben auf die gesamte Mannschaft ab.

Nicht, weil Sie autoritär sind, sondern weil die Leute Sie lieben und heimlich verehren. Das Schöne daran: Sie tun nichts dabei. Und Sie tun gut daran, wenn Sie Ihren Leuten bei ihren Bemühungen um Leistung nicht im Weg stehen.

Es hängt viel davon ab, wie Sie sich geben. Seien Sie aber einfach, wer Sie sind. Das spart viel Zeit, die Ihre Mitarbeiter damit verbrauchen, dahinter zu kommen, wer Sie wirklich sind. Um eines vorwegzunehmen, was im Kapitel „Coaching" noch deutlich hervortreten wird: Sie sind die beste Chefin aller Chefinnen, wenn niemand Sie enttäuschen will.

Wenn Sie einmal die Blaupause für Ihr Unternehmen gefunden haben, kann es auch schon in die Breite gehen. Planen Sie Ihr Business in Franchise-Kategorien. Beschreiben Sie die Aktivitäten in ihrem Unternehmen so,

Geld ist Zeit

dass auch Leute, die Sie nie kennen lernen werden, sofort verstehen können, was ihr Job ist und worauf es ankommt. Theoretisch ist es möglich, nun überall Filialen Ihres Geschäfts zu eröffnen. Dies ist ein guter Test, ob die Blaupause funktioniert.

Das Nächste ist das Geld. Es kommt nicht einfach herein und geht wieder heraus. „Look at all that money going up in smoke", sang Johnny „Guitar" Watson so schön. Auf gut deutsch: Wie gewonnen, so zerronnen, wenn man nicht aufpasst. Sie haben eine gute, kreative Buchhaltung, aber die Geldströme werden nun auch komplizierter. Da sind Gehälter zu zahlen, Vorsteuern zu entrichten, Krankenversicherungen zu begleichen. Sie brauchen eine Formel, wie das Geld, das Ihnen zur Verfügung steht, auf Verdienst, Ausgaben, Gebühren und Profite zu verteilen ist. Sie müssen sich nun ziemlich lang machen, um sich in Sachen Finanzen noch mal fit zu machen. Wenn Sie dazu keine Lust haben, nehmen Sie sich einen Experten ins Boot. Das bedeutet nicht, dass Sie die Vorgänge, die er einführt, dann nicht auch verstehen müssen, wenn Sie nicht wollen, dass Ihnen alles aus dem Ruder läuft. Erfolg ist wesentlich schwieriger zu erlangen als zu überleben. Bisher war alles in Ordnung, solange der Laden läuft. Dafür reichte Ihr Talent. Als Managerin müssen Sie zusehen, dass Ihr Unternehmen wächst. Zwanzig Prozent Inspiration. Nett. Nun sind achtzig Prozent Transpiration gefordert.

Selbstverständlich gibt es Modelle für wachsende Unternehmen. Gute Systeme können oftmals auf andere Branchen angewandt werden. Es lohnt sich daher, Experten zu befragen und ihre Bücher zu lesen. Nur zwei Dinge dürfen Sie nicht tun: Behalten Sie die Verantwortung nicht bei sich, und lassen Sie sich von anfänglichen Rückschlägen nicht ins Bockshorn jagen. Viele frische, junge Unternehmen scheitern daran, dass der Boss die Zügel nicht wirklich aus der Hand gibt und seinen neuen Mitarbeitern zu wenig zutraut. Ein Unternehmen kann jedoch nicht wirklich wachsen, wenn der „Alte" immer mit an Bord bleibt. Zeigen Sie Größe, indem Sie Verantwortung delegieren. Auch wenn es anfangs ins Auge gehen kann. Inadäquate Prozesse sind die Killer für so manches kleine, feine Unternehmen, das in die Höhe wachsen will. Zum Beispiel wenn die Chefin alles selbst macht, weil sie meint, sie könne alles besser. Selbst wenn das der Fall ist - es reicht, wenn die anderen wissen, dass der Chefkoch das Rezept beherrscht. Stellen Sie sich Eckard Witzigmann, Jamie Oliver oder andere nur einen Moment

Niemals warten

lang ohne ihre Mannschaft vor. Auch wenn die anderen unentbehrlich sind: Sie haben das Rezept geschrieben, das Ihnen keiner nehmen kann. Und wenn etwas schief geht: Dinge geschehen. Geben Sie keinem die Schuld. Die Verwandlung von einem sympathischen Anarcholaden in ein seriöses Business wird immer Zweifler und Neider hervorrufen, sowie einige Leute, die den „Sinneswandel" nicht verstehen. Geben Sie sich Mühe, sie einzunorden und sie in Ihre Ziele finanziell und auch sonst einzubeziehen. Dann stimmt auch die Moral.

Sie sind in Aktion. Das bedeutet, dass Sie nie mehr warten müssen. Wenn Sie ein Unternehmertyp sind, werden Sie sich darüber freuen.

Warten bedeutet, von jemand anderem und dessen Entscheidungen abhängig zu sein. Warten ist ein Zustand, in dem die Zeit einfach vergeudet wird. Die meisten Leute sind pünktlich, und der Rest ist ihnen egal. Sie wollen weder etwas bewegen, noch eigene Entscheidungen mit der damit verbundenen Verantwortung treffen. Das sind die Beamtentypen, die um neun im Büro sitzen und den Rest des Tages ein bisschen „radieren". Für diese Leute ist Warten eine Haltung. Für sie vergeht die Zeit, wie Madonna singt, sehr, sehr langsam. Sie aber haben keine Zeit. Je länger Prozesse dauern, umso mehr kostet das Ganze. Warten Sie niemals. Gehen Sie gleich in Aktion. Tun Sie, was zu tun ist. Wenn man nicht weiß, wie etwas anzupacken ist, überlegen Sie die Methode dazu. „Methode" ist ein griechisches Wort und bedeutet „Weg".

Ansonsten arbeiten sie mit zwei Erfolgsparametern, die nun unentbehrlich werden: Taktik und Strategie. Taktik wird von der Uhr bestimmt, Strategie vom Kalender. Strategien sind die Vorbereitungen für ein Ereignis, Taktik ist die Methode, auf unvorhergesehene Situationen zu reagieren. Strategie erfordert Klugheit und Klarheit. Taktik erfordert Aufmerksamkeit und schnelles Denken. Beim strategischen Denken überlegen Sie, wie Sie Ihre Energie zum richtigen Zeitpunkt am wirkungsvollsten einsetzen. Mit der richtigen Strategie potenzieren Sie automatisch den Erfolg Ihres Unternehmens und Ihrer eigenen Karriere. Sie ziehen sich mehr vom Tagesgeschäft zurück und verwenden mehr Zeit für strategisches Denken. So erzielen Sie die größte Wirkung. Wenn Ihnen die Strategie klar ist, dann müssen Sie sie den betreffenden Leuten klar kommunizieren, so dass diese wissen, was sie zu tun haben.

Die Strategie ist die Landkarte Ihres Unternehmens, auf der sich alle zurechtfinden und sich untereinander abstimmen können. Diese Abstimmung ist mehr als eine schnelle Koordination. Bei allen Richtungsweisungen braucht man das Feedback der beteiligten Leute, um wiederum klar zu stellen, ob alle das Gleiche verstanden haben. Das ist ein wenig mühselig, vermeidet aber einen unglücklichen Ausgang aufgrund von Missverständnissen. Wenn bei Ihnen morgens um neun die Welt noch in Ordnung ist, um gegen zwölf bereits in Chaos und Himmelfahrtskommandos zu versinken, dann haben Sie ein Abstimmungsproblem. Zwei Spieler denken voneinander, dass der jeweils andere den Ball annimmt, und am Ende nimmt ihn keiner, geschweige denn, dass sie ihn abspielen können, oder man vertut sich in der Zeitplanung, solche Dinge. Es lohnt sich, für solche internen Koordinationen Kleinstmeetings von fünf Minuten Länge abzuhalten, nur um wirklich alle auf dem gleichen Nenner zu haben. Denn für den Ernstfall, die unerwarteten kleinen Probleme des Alltags, muss man taktisch vorgehen. Wenn Verkaufen angesagt ist, dann muss man eben zwei, drei Leute abstellen, die sich an den Hörer hängen. Wenn diese Leute keine Liste von Leuten haben, die sie anrufen können, hat die Aktion keinen Zweck. Also überlegt man gemeinsam, wo die Listen herkommen. Einer in der Gruppe kennt sich mit solchen Dingen bestens aus und übergibt den Betreffenden seine Listen oder sagt ihnen, wie sie an die besten Adressen herankommen. Das ist Strategie. Sie sind der Supervisor. Das bedeutet, dass es fatal wäre, wenn Sie sich in diesen Prozessen unterordnen würden. Hauptsache ist: Zu jeder Aktion gehört ein Feedback. Und auf diese Weise kreieren Sie ein Netzwerk innerhalb Ihrer Firma, das man ständig formen und verfeinern kann und das die Innenwelt Ihrer Gedanken und Pläne mit der Außenwelt der realen Ereignisse und Vorkommnisse abgleicht. Hier sind Sie als Gestalterin gefordert, die ihre Vorstellungen im Kopf mit der Vorstellung koordiniert, die sich tatsächlich auf der Bühne abspielt.

Was Aktion bedeutet, können Sie in unseren Seminaren kennen lernen. Das Verkaufen, das wir an anderer Stelle bereits ausführlich erörtert haben, wird nicht nur gelehrt, sondern erprobt. Die Teilnehmer bekommen den Auftrag zu telefonieren und tatsächliche Resultate zu erzielen. Auf diese Weise lernen Sie nicht nur nette Techniken, sondern müssen sich damit im Business stählen. Ein Produkt oder ein Service ist auch nichts Abstraktes mit einem ungewissen Ausgang. Wer etwas kaufen soll, will wissen, was er bekommt. Entsprechend müssen Sie und Ihre Mitarbeiter handeln. Machen Sie sich sichtbar, legen Sie transparente Strukturen an, denken Sie von der anderen Seite her, was der Kunde will,

Verbinden und Verkaufen - die wichtigsten Systeme

wie er Sie sieht, was er verlangt und was er bei Ihnen bekommt. Bei einer effektiven Strategie kommt genau die Zielgruppe heraus, die Sie sich für Ihr Produkt gewünscht haben, weil die Leute, die Sie ansprechen, ein konkretes Bedürfnis nach dem haben, was Sie anbieten.

Übrigens: Wenn Sie sich unbedingt verzetteln wollen, dann ist jetzt die beste Gelegenheit dazu. Alles, was Sie gerade realisieren, ist schon vor langer Zeit in Ihrem Kopf entstanden, inzwischen erprobt und lange gegoren. Was aber im Augenblick in Ihrem Kopf an Ideen und Visionen vorhanden ist, kann etwas ganz anderes sein. Nichts ist besser als neue, frische Ideen. Aber bitte schön gehen Sie nicht daran, diese sofort in ein System zu setzen, sondern fangen Sie damit wieder von vorne an: Mit einer Mission, als Projekt, Jobs und so weiter. Verwechseln Sie diese beiden Visionen nicht, sonst kommen Sie in Teufels Küche.

Wo wir gerade beim Thema „Verkaufen" waren: Es ist das wichtigste System, das Sie etablieren müssen. Aber auch andere Dinge sollten sich systematisieren, will man sich nicht ständig darum kümmern. Dazu gehört, aus Ihrem Laden auch im sozialen Sinne ein Unternehmen zu machen. Die Einzelkämpfer um Sie herum sollen eine Bande bilden, die sich gegenseitig sinnvoll unterstützt - schließlich ist das Ganze mehr als die Summe seiner Teile. Nehmen Sie die Leute mit ins Boot, die Sie brauchen. Überlegen Sie sich ein Belohnungs- oder Prämiensystem, durch das alle gleichermaßen motiviert sind, sich ins Geschäft einzubringen und zu verkaufen. Durch solche Maßnahmen bilden Sie bald eine unzertrennliche Horde, die gemeinsam durch dick und dünn geht. Sie teilen künftig alles: Erfolge und Misserfolge, Soll und Haben. Dieses System basiert auf Vertrauen und Mut. Dabei spielt Ihre Fähigkeit, Menschen zu verbinden, eine wesentliche Rolle. Während Männer potenzielle Rivalen in ihrem Umfeld auskundschaften, suchen Sie sich mit Ihrem Gespür für Persönlichkeiten und Fähigkeiten genau die Leute aus, die zu Ihnen und zueinander passen.

Kooperation wird ein Leitmotiv Ihrer Tätigkeiten. Sie sind nicht länger allein, und Ihr unternehmerisches Charisma zieht auch die richtigen Kunden an. Sobald Sie sich mit Ihrer Leistung sichtbar machen und Ihr Unternehmen adäquat darstellen, kommen andere auf Sie zu. Auf diese Weise beginnen Sie, Ihr Business zu professionalisieren. Der zweite, entscheidende Schritt besteht in der Integration eines Verkaufssystems. Das schönste Geschäft nützt nichts, wenn man nicht verkauft. Marketing

Vom Script bis zur Präsentation Neugier erzeugen

können Sie - oder sollten Sie - sich im Moment noch nicht leisten, und deshalb ist das Verkaufen von innen nach außen das A und O in dieser Phase. Nutzen Sie deshalb Ihren frischen Mut und Ihr Selbstvertrauen, um zu „verkaufen". Im Deutschen schwingt bei diesem Wort immer noch das Anrüchige eines Betrugs mit. In Ihrem Fall handelt es sich aber um nichts anderes als die Umsetzung Ihrer Werte in Worte. Sie verkaufen ja nichts anderes als das, woran Sie fest glauben. Wenn Sie das Kapitel „Verkaufen" gelesen haben, wissen Sie auch, dass es für uns bedeutet, Neugier in anderen für unser Produkt zu erzeugen - und dass man direkt davon ablassen soll, wenn sich diese Neugier auf der anderen Seite nicht einstellt. In diesem Fall handelt es sich eben nicht um jemanden, der Ihren Service wirklich braucht. Es gibt jedoch genug Leute, und indem Sie durch Gespräche Ihre Zielgruppe herausfiltern, haben Sie am Ende genau die Klientel am Start, die Sie sich immer gewünscht haben.

Wenn ein Unternehmen ans Verkaufen geht, funktioniert aber auch das nur im Team. Das bedeutet: Jeder muss verkaufen. Und im Prinzip tut man das ständig. Das Einzige, was man dazu braucht, ist ein wenig Begeisterung. Dann verkauft man schon an der Theke wie auch morgens am Telefon - einfach nur, indem man erzählt, wie toll man dieses Produkt oder diesen Service findet. Niemand auf der Welt, oder nur ein ganz kleiner Bruchteil, wird etwas kaufen, was man aufgeschwatzt bekommt. Und der Bruchteil, der das tut, tut es meistens, um einfach endlich in Ruhe gelassen zu werden. Seit dem Zeitalter der Aufklärung ist aber klar, dass jeder Mensch in der Lage ist, für sich selbst zu entscheiden. Deshalb ist es geschickter und intelligenter, ihn zu nichts zu zwingen, sondern ihn zu dieser Entscheidung hinzuführen. Während man in alten Zeiten „an die Verkaufsfront" zog, um mit harten Bandagen zu kämpfen oder sich in Märkte hineinzufräsen, ist Verkaufen heute eine Frage von Intuition und Intelligenz und kein Kriegsspiel mehr. Männer haben die Last, Frauen die List.

Im Reden sind Ladies ohnehin besser, und so kann man meistens auf einfachstem Wege herausfinden, was Menschen wünschen. Bauknecht weiß eben nicht, was Hausfrauen wünschen, sondern oktroyiert diese Wünsche lieber, bevor er fragt. Im Übrigen war der Erfinder dieses Spruches damals der meist gefürchtete Schürzenjäger im gesamten Unternehmen.

Wenn Ihre Verkaufsidee gut ist, gibt es auch eine gute Methode, sie zu verkaufen. Beim Verkaufen innerhalb eines Unternehmens geht es weniger um die Rekrutierung einiger Verkaufsleute, sondern mehr um eine einheitliche Gebrauchsanweisung dafür. Nur mit einem griffigen Manual ergibt sich ein einheitliches, zeitlich übergeordnetes System, und das ist wiederum Ihre Sache. Sie schreiben einfach herunter, welches Ihr Service ist, welches die Zielgruppen sind, und was Ihre Art ist, wie Sie diese Produkte an den Mann oder die Frau bringen. Schon haben Sie ein Stück Unternehmensphilosophie in der Hand, die Ihnen keiner nehmen kann.

Je unterhaltsamer das Script angelegt ist, umso mehr Begeisterung werden Sie bei ihren Leuten wecken. Da Begeisterung ansteckt, wird sich der Virus auch auf Ihre potenziellen Kunden übertragen.

Als erstes müssen Sie für Termine sorgen, indem Sie durch die Beschreibung Ihres Produktes und seiner Details Neugier erzeugen. Finden Sie dabei Ihre persönliche Art heraus - You are what you sell!

Ein Bekannter von uns hatte ständig mit seiner Ironie zu kämpfen, die er bei sich nicht mehr unter Kontrolle hatte. Egal, was er sagte, er meinte meistens das Gegenteil davon. Pech war nur, dass die Leute, die ihn nicht gut kannten, ihm seine schrägen Versionen und Ansichten immer abnahmen und ihn deshalb nicht für voll nahmen. Gleichzeitig versuchte er in seinem Job als freier Journalist ständig Artikel an Zeitungen zu verkaufen. Nur im seltensten Fall gelang es ihm wirklich, bei den Redakteuren Interesse zu wecken. Dabei war der Aufwand, Themen zu recherchieren, gewaltig. Als er einmal die Skepsis des Zuhörenden durch dessen langes Schweigen und ein „Hm" wahrnahm, platzte er auf seine übliche Art heraus: „Jetzt passen Sie mal auf, das Ding ist der ganz große Knaller, Pulitzerpreis-verdächtig. Ich habe nächtelang dran herumrecherchiert und jedes andere Blatt würde sich zehn Finger danach lecken." Natürlich war es nur seine Ironie, er glaubte selbst kein Wort von der Bedeutung des Artikels. Aber der zuständige Journalist meinte plötzlich: „Ja, wirklich? Das muss ich mir mal genauer anschauen."

Unser Freund hatte seine Hoffnung längst fahren lassen und ist deswegen auf seine gewohnte, alte Art zum Angriff übergegangen. Jetzt war er selbst peinlich berührt, dass ihn auf einmal jemand ernst nahm. Der Redakteur las den Artikel und griff nach der Lektüre sofort zu. Es handelte sich um eine Geschichte über Hühner.

Aus Scham beschloss unser Bekannter, seine Geschichten nicht unbedingt nochmals unter solchen Vorzeichen zu verkaufen, sondern sich selbst ernster zu nehmen.

Daraufhin hatte er auch in „normalen" Verkaufsgesprächen Erfolg. Er hatte ein System für sich entdeckt, in dem es lief. Auf diese Weise können große Gründerlegenden aus ihren Erfahrungen schöpfen und ihre Philosophien an das Unternehmen weitergeben.

Ihre Gebrauchsanweisung muss Natürlichkeit und Freundlichkeit ausstrahlen - und Neugier. Viele davon sind so abgeschliffen, dass sie sich auf Allgemeinplätze reduzieren: „Im Mittelpunkt all unseres Tuns steht der Kunde" und solcherlei Dinge, die in tagelangen Seminaren ausgebrütet und auf den kleinsten gemeinsamen Nenner gebracht werden. Klischees sind die größten Feinde der Neugier.

Neugier aber erzeugt man, indem man seine ganz eigene Persönlichkeit in seinen Statements vertritt, ohne zu verallgemeinern, sich zu verbiegen oder zu verstellen. Wer etwas verkauft, was er nicht selbst ist, wird sein Leben lang irgendwo Schmerzen oder Krämpfe haben.

Als Zweites kommt es auf die Bedürfnisse der Kunden an. Zuhören ist hier das erste Gebot. Das meiste erschließt sich aus dem, was der Kunde sagt. Es ist immer ein Hin und Her, bis man Kunden besser kennen lernt - umgekehrt übrigens auch.

Aber ein Großteil der heutigen Geschäfte wird aus den Gesprächen mit Kunden generiert, in denen sie ihre Pläne, Probleme und Bedürfnisse äußern. Fast immer können Sie mit einer Antwort aus Ihrem Fundus parieren und ein Angebot maßschneidern. In Ihrem Manual stehen die richtigen Fragen, um zu erreichen, dass ein Kunde sich im Gespräch öffnet.

Der dritte Schritt besteht darin, sich und Ihr Unternehmen zu präsentieren. Es ist ja schön, wenn Sie sexy und seriös sind, was Ihrem Produkt „Lippenstift" entspricht. Aber sieht man das Ihrem Briefpapier wirklich an? Geht aus Ihrem Anschreiben hervor, dass Sie einzigartig auf diesem Gebiet sind? Und auf welchem Gebiet überhaupt? Trifft Ihr Auftritt nach außen das, was Sie vertreten?

Wenn Sie im richtigen Augenblick die richtigen Fragen stellen, können Sie das Geschäft abschließen. Der Rest ist ein guter, zuverlässiger Service. Stellen Sie sich in Gesprächen nicht dar. Seien Sie, wie Sie sind. Provozieren Sie, wenn Sie angriffslustig sind, stellen Sie Fragen, wenn Sie selbst um keine Antwort verlegen sind.

Selbst, wenn Sie einmal riskieren, dass Ihre Art nicht die des Kunden ist, haben Sie sich wenigstens eine Menge Ungemach erspart. Die beste Methode aber ist das Zuhören. Sie beweist Ihr Interesse. - Wenn Sie nicht aufmerksam zuhören, interessieren Sie sich auch nicht wirklich für diesen Kunden. Allein, wenn ein Kunde bemerkt, dass Sie zuhören, gewinnen Sie

Terrain. Denn umso mehr redet er. Das Gespräch ist eine aktive Kunst, in dem alle verbalen und nonverbalen Zeichen eine tragende Rolle spielen und zu einem neuen Ergebnis führen.

Je tiefer das Gespräch, umso umfassender die Antwort. Hören Sie zu und notieren Sie für sich, Ihre Leute und Ihre Nachkommen, wie Sie es einmal angestellt haben, so erfolgreich zu sein. Die noch höhere Kunst des Kundengesprächs ist das Coaching.

Auf Dauer werden Sie und Ihre Leute im Unternehmen immer besser in der Firmenpräsentation. Je öfter Sie sich darstellen, umso geschliffener wird ihr Vortrag, umso besser werden ihre Ergebnisse. Ihre Mitarbeiter sind wie Schauspieler auf der Bühne, mit Ihrem Text in der Hand. Irgendwann beherrschen Sie ihn aus dem Effeff, irgendwann wissen Sie auf jede Frage eine Antwort, irgendwann finden Sie Ihren eigenen Ausdruck darin, irgendwann ... kommen keine Fragen mehr.

Je profunder Sie das Manual verfassen, umso besser werden Ihre Leute verkaufen gehen. Erzählen Sie Geschichten, vermitteln Sie Erfahrungen, entwerfen Sie Szenarien, wie es zu erfolgreichen Abschlüssen gekommen ist, und die Leute werden jubeln, an diesem Spiel teilnehmen und gewinnen zu dürfen. Dazu gehört allerdings auch ein gutes Controlling. Interessant ist es, wie viele Termine gemacht, wie viele Gespräche geführt werden, zu wie vielen Abschlüssen es dabei kommt - und vor allem, wie viel Umsatz damit gemacht wird.

Die Muster, die daraus erkennbar werden, werden das Unternehmen fit und fitter machen. Arbeiten Sie dabei wirklich nur mit Leuten, die alle den gleichen Instruktionen folgen. Individualisten und freie Mitarbeiter vertreten nicht Ihre Philosophie, arbeiten also nicht mit dem System und bringen auf lange Sicht Ihr Unternehmen nicht weiter. Sie schreiben eine Rechnung über ihre Provision und gehen.

In diesem Stadium hören Sie langsam auf, sich mit sich selbst zu beschäftigen, und geben dem Unternehmen immer mehr Raum. Wie gesagt, vielleicht schwirren in Ihrem Kopf schon wieder andere Visionen herum. Aber Sie spüren, wie man Ihnen draußen in der Welt immer mehr Vertrauen schenkt, weil Sie Aufgaben verteilen, Fehler und Freiräume zulassen. Und das ist ein schönes Gefühl.

Sie gewinnen langsam unternehmerische Größe. Wenn jemand Mist baut, machen Sie ihn nicht gleich runter. Wenn Sie enttäuscht sind, lassen Sie Ihrem Ärger nicht gleich Luft. Die ersten Erfolge geben Ihnen dafür zuviel Recht, Selbstvertrauen und vor allem Geduld.

Ein guter Trainer sucht auch nicht nach Schuld, sondern nach Lösungen. Sie sind die

Dirigentin, die nun auf dem Podest steht, und alle haben ihren Notensatz vor sich. Sie stehen nun auf der Bühne. Alles hört auf Ihr Kommando, alles reagiert auf jede Geste. Und das Publikum hört zu. Durch Ihre Disziplin gewinnen Sie eine wachsende Fangemeinde. Jetzt geht es schließlich um andere Dinge: Gute Performance. Hohe Qualität. Professionalität. Bald werden entsprechend anspruchsvolle, qualitätsbewusste Leute auf Ihr Unternehmen aufmerksam und wollen mit Ihnen zusammenarbeiten.

Frauen haben ein Mittel, mit dem sie mehr erreichen können, als ihnen manchmal lieb ist: Ihren Sex. (Männer können auch einen solchen besitzen, allerdings ist es besser, wenn sie ihn selten geschäftlich einsetzen).

Nicht wenige Menschen oder Männer würden so mancher Frau alles abkaufen, wenn sie ihn nur ansatzweise verführt, sprich mit ihm im Gespräch flirtet. Der Flirt ist ein angenehmer Begleiter im Alltag, also auch im Verkaufsgespräch, auch wenn man den Bogen nicht unbedingt überspannen sollte.

Aber die Aufnahme einer Verbindung wird dadurch umso persönlicher. Dies ist der Faktor Neugier in ihrem Management. Ständig können Sie beim Implementieren von Systemen und Prozessen überlegen, worin der Sex liegt. Es muss jedem Spaß machen, in diese Prozesse integriert zu sein, und zwar immer wieder und für alle Ewigkeit. Und so kann's gehen: Die britische Schauspielerin Kim Catrall wurde durch die TV-Serie „Sex and the City" mit ihrer Rolle als ständig zum Sex bereite und Männer vernaschende Samantha mit einem Hang zum Ordinären weltbekannt - im Alter von 45 Jahren. Wenn das allein keine schlechte Leistung ist, dann macht die nunmehr knapp 50jährige aus ihrem Alter eine Tugend: Sie verbindet ihren Sex und ihre Weisheit in dem Bestseller „Sexual Intelligence" und zeigt den Damen und Herren ausgiebig, wie es geht.

Eine andere Dame, etwa in dem gleichen Alter, hat einmal ein Buch namens „Sex" herausgebracht, aber das ist eine andere Geschichte. Vor allem hat sie eine zwanzigjährige Popkarriere auf dem Buckel. Zu ihrer CD mit dem Titel „Confessions on a dancefloor" schrieb ein renommierter Musikkritiker die Worte, wohl wissend, um wen es sich handelt: „Das müsst ihr hören. Eine süße New Yorker Tanzmaus mit toller Disco-Einlage!". Gemeint war damit keine Geringere als die Königin des Pops herself, die ewig erfolgreiche und ewig wandelbare Madonna.

Was kaum einer weiß: Madonna, die knapp fünfzigjährige Tanzmaus, lebt Musik. Allein, um andere Künstler hervorzubringen und zu fördern, hat sie ihr eigenes Label „Maverick" gegründet, aus dem Stars wie Alanis Morissette oder Britney Spears hervorgegangen sind. Sie hat erst allen gezeigt, wie es geht, um dann allen anderen vorauszureiten. Die kleine Tanzmaus. Respekt.

Quellen:
Weber, Max. Die protestantische Gesellschaft und der „Begriff" des Kapitalismus.

IHRE MITARBEITER

„Es fehlt nur noch eines: Der Sex."

Aus Steve Jobs Ankündigung zum neuen Apple-Design

Wo wir gerade so schön dabei sind, Systeme im Unternehmen aufzubauen, sollten wir die „weichen Ziele" dabei nicht vernachlässigen. Es handelt sich um Ihre wichtigste Energiequelle: Die Menschen um Sie herum. Ein gut ausgebautes Netzwerk von Mitarbeitern ist der entscheidende Schritt, um unternehmerisch vorwärts zu kommen. In dieser Phase entwickelt sich eine besondere Leidenschaft, ein Sinn für Qualität und Werte. Es kommt etwas in Bewegung. Man hört den ersten Applaus. Sex.

Der Computerhersteller Apple war eines der innovativsten und spritzigsten Unternehmen der Welt - bis ihr Mitbegründer Steve Jobs von der eigenen Firma hinausgeworfen wurde. Es folgten Jahre, in denen sich ein durchschnittlicher Manager namens Sculley mit dessen Federn schmücken wollte und sich dadurch zu profilieren versuchte, dass er zeigte, welche Spur der Verwüstung Jobs hinterlassen hatte. Mit Apple war es allerdings in den nächsten Jahren nicht zum Besten bestellt. Die Umsätze dümpelten immer so vor sich hin, und schon war von dem Absturz des Herstellers aus Silicon Valley die Rede.

Apple, so hieß es, würde bald nur noch ein Spartencomputer für Leute sein, die sich für besonders schlau und kreativ halten, um sich die wenigen Innovationen regelmäßig ein Jahr später vom gigantischen Konkurrenten Microsoft kopieren zu lassen. Bis Steve Jobs kurz vor dem Jahr 2000 zu Apple zurückgeholt wurde. Was er dort alles unternahm, um seinen heiß geliebten Apfel wieder auf Kurs zu bringen, spiegelt sich ganz einfach in den Produkten und seiner Performance wider. Regelmäßig bildet Jobs Keynote das Highlight auf den internationalen Fachmessen in San Francisco, New York und Europa.

Seine Auftritte werden inzwischen ins Internet gestellt und weltweit mit Spannung erwartet. Denn auf zwei Dinge darf man sich bei Steve Jobs immer gefasst machen: Seinen showgerechten Auftritt, in dem er Apple-Weiterentwicklungen vorstellt, und seinen James-Brown-Abtritt, mit dem er nach einigen netten Demonstrationen wie etwa einer verbesserten Software unter Applaus die Bühne verlässt. Bis ihm plötzlich noch etwas einfällt, was er ja ganz vergessen hatte: Vor dem pechschwarzen Vorhang zieht er wie aus dem Nichts eine pechschwarze Decke hoch, und es erscheint ... der neueste Apple-Computer, auf der ganzen Welt zum ersten Mal zu sehen, vor allen Spionen und Journalisten erfolgreich geheim gehalten, selbstverständlich mit Kapazitäten und Funktionen, die alle Vorgänger und Rivalen übertrumpfen, und ein paar Tage später schon zur Auslieferung bereit. Steve Jobs Superstar. Wie schafft er das? Wir wissen es auch nicht genau. Aber Jobs ist nicht nur zur richtigen Zeit am richtigen Ort.

Er hat auch die richtigen Leute. Seinen „Alter Ego", den Entwickler Phil Schiller zum Beispiel. Seinen Designer Jonathan Ive, der mit dem iMac, dem iBook, dem Powerbook und anderen Schönheiten zum ersten Mal Werkzeuge geschaffen hat, für die man die Zimmerpflanzen wegräumt (Slogan: „Sorry, no beige"). Offenbar hat Jobs eine Mannschaft zusammen, die so gut ist, dass es schon wieder egal ist, was sie tun - sie tun es erfolgreich. Dieses Phänomen kann man an dem überragenden Erfolg des iPod ablesen, jenem Nachfolger des klassischen Walkman, mit dem man sich spielend mp3-Daten übers Ohr hauen kann. Und nicht nur das. Mit dem angeschlossenen Apple-Store haben Jobs und Konsorten in der Musikbranche eine Revolution ausgelöst.

Sie haben mit ihrer Lösung dem Branchenjammer ein Ende gesetzt, das die zusammenbrechenden Umsätze von Tonträgern für die Misere in der Unterhaltungsindustrie verantwortlich gemacht hat - einfach, indem es ihnen gelang, Musik im Internet zu kommerzialisieren. Heute ist Apple nicht das größte, aber wohl das populärste Unternehmen der Welt. Mit den Instrumenten der Popkultur hat sich Apple zur Rampensau unter den Firmen dieser Welt gemacht. Steve Jobs wird verehrt wie

Erfolg macht sexy. Im wahrsten Sinne.

ein Popstar. Seine Auftritte gleichen Konzerten. Die sparsame, aber effektive Apple-Werbung ist - vom Namen bis zu den Werbespots - zu einem Marketing-Vorbild geworden. Das Apple-Logo prangt als Aufkleber auf Millionen von Autohecks. Alle lieben Apple. Alle wollen da arbeiten. Ein Job bei Jobs ist etwa so begehrt wie Redakteur bei Harald Schmidt oder Hotelmanager auf den Fidschiinseln zu sein. Klar. Wenn jemand Erfolg und Sexiness ausstrahlt, wollen alle daran teilnehmen.

Wer Leidenschaft ausstrahlt, steckt andere an. Wie muss es einem ergehen, der aus seinem eigenen Unternehmen rausfliegt und ein paar Jahre später mit allen Befugnissen wieder an die Stätte seines Wirkens zurückgeholt wird? Steve Jobs ist es gelungen, mit seinem Unternehmen einen fulminanten Start und einen noch wirkungsvolleren Neustart hinzulegen. Wer schon einmal miterlebt hat, wie ein Unternehmen plötzlich abgeht wie eine Rakete, und vielleicht sogar daran teilgenommen und mitgewirkt hat, wird dieses Erfolgserlebnis sein Lebtag nicht vergessen.

Es gibt nichts Aufregenderes als den Start einer Company. Alles ist positiv nervös, mit Feuereifer dabei, und die ersten Erfolge geben Eurer überschwänglichen Dynamik Recht. Eurer? Richtig. Sie sind nicht länger allein. Sie haben Leute um sich, die Ihren Eifer teilen. Sie stellen sich für Ihre Vorhaben die richtigen Helfer zur Seite. „Two's a company", wie der Amerikaner sagt, und „company" bedeutet denn auch „Unternehmen". Nun beginnt das Abenteuer, zu dem Sie die richtigen Kampfgefährten zusammentrommeln müssen.

Was das Trommeln angeht: Da ist ein wenig Kreativität nicht schlecht. Das interessanteste Einstellungsverfahren ist vermutlich die Rekrutierung der Ganoven in den Filmen „Ocean's Eleven" und „Ocean's Twelve". Was Mr. Ocean da anstellt, um die richtigen Leute für den richtigen Job zusammenzustellen, hängt vor allem von zwei Faktoren ab: Es gibt nur den einen Richtigen, und dieser Eine wird von dem Plan im gleichen Maße begeistert wie herausgefordert sein. Der Mann mit dem richtigen Zielwasser wird Teil des Planes, zum richtigen Zeitpunkt einen Draht in der gegenüberliegenden Wohnung zu zerschießen, der chinesische Schlangenmensch aus dem Zirkus wird gebraucht, um in einer Wäschetrommel in den Tresor geschleust zu werden und dort effektiv durch die Laserstrahlen zu turnen. So hat jedes der einzigartigen Talente seinen Platz in dem Plan, die Safes von Las Vegas zu knacken. Die meisten Leute sind verzweifelt auf der Suche nach einem Job, der ihnen Sicherheit bietet. Diese Leute sind in großen Konzernen am besten aufgehoben. Als Entrepreneur oder auch nur „Projektleiter" wie Danny Ocean benötigen Sie Leute, die sich mit Haut und Haaren auf Ihre Vision und Ihre Unternehmenskultur einlassen. Sie müssen flexibel genug sein, um mit Ihnen durch dick und dünn zu gehen. Sie müssen im Übermaß Begeisterung für die Sache haben und Ihr eigenes Ziel dabei verwirklicht sehen. Sie selbst müssen gewähren, dass es dieses Ziel gibt - so wie Danny Ocean selbstverständlich die Beute teilt. Sobald sie anheuern, ist ihnen klar, dass sie einen Teil der Verantwortung mittragen und dass nun ihre ganze Aufmerksamkeit gefordert ist. Solche Typen brauchen Sie. Halten Sie deshalb Ausschau nach abenteuerlustigen Leuten, die mit Leidenschaft bei der Sache sind.

Teamfähigkeit ist der zweite Träger einer blühenden Unternehmenskultur. Wie eine Fußballmannschaft hat ein Team den meisten Erfolg, wenn es gemeinsam für eine Sache kämpft und mit der Zeit immer mehr zusammengeschweißt wird. Selbst Rückschläge können da hilfreich sein. Erfolgserlebnisse natürlich umso mehr. Aber zurzeit kann durchaus beides passieren. Akzeptieren Sie die Dinge, wie sie kommen, und vergessen Sie nicht, weiter nach vorne zu schauen. Denn alle anderen beobachten, in welche Richtung Sie blicken.

Ob Fußballmannschaft oder Wirtschaftskonzern: Wann immer man von einem gescheiterten Unternehmen hört, kann man mit ziemlicher Sicherheit davon ausgehen, dass es hinter den Kulissen gewaltig gekracht hat. Möglicherweise ist das Geld knapp geworden und die Verkäufe waren nicht so glorreich. Aber wenn eine in sich geschlossene Mannschaft verliert, kann sie normalerweise über sich hinauswachsen, vielleicht sogar ein Spiel drehen. Schlechte Mannschaften hingegen geben sich gegenseitig die Schuld, was für den möglichen gemeinsamen Sieg nichts bringt. Unternehmer können sich solchen Stress gar nicht leisten. Sie müssen für Strukturen und Netzwerke sorgen, die Grabenkämpfe, politische Untergrabungen oder Schuldzuweisungen gar nicht erst zulassen.

Leute, die ihre persönlichen Probleme in Ihren Laden einschleppen oder die Moral zersetzen, gehören nicht in Ihr Unternehmen. Sie infizieren andere mit ihrer schlechten Laune und sorgen für eine miserable Stimmung, die sich sofort auf die Umsätze niederschlagen wird. Beobachten Sie genau, wer Sie fordert, wer Sie fördert und wer Sie herunterzieht. Letztere können Leute sein, die Ihnen sogar nahe stehen, die aber ein destruktives Element haben, das Ihnen nicht gut tut. Leute, die kritisieren, hinterfragen, unnötig für Aufregung sorgen oder sogar mit „political correctness" andere Leute kompromittieren, Intriganten, die auf leisen Sohlen kommen, andere, die ihre Mitarbeiter als potenzielle Konkurrenten wahrnehmen - das sind Leute, die vielleicht nicht einmal böse Absichten haben, aber aufgrund ihrer Erziehung und Erfahrung nicht anders können. Trennen Sie sich von den Dritten. Selbst in einer der stabilsten Unternehmensstrukturen, der Mafia, muss man sich gelegentlich von einem ans Herz gewachsenen Kollegen trennen, wenn er nicht mehr in die Spur passt. So schmerzhaft muss es ja nicht werden.

Gerade wenn einem aber das Wasser bis zum Hals steht, kann das Unternehmen eine unglaubliche Lebendigkeit entfalten. Oder würden Sie gähnen, wenn Sie gerade mit nacktem Hintern vor einem Dutzend Krokodilen stünden? Für viele Leute, und viele Entrepreneure gehören dazu, wird der Thrill erst richtig gut, wenn sie wirklich handeln müssen. Projekte, Aufgaben, alles schön und gut, aber Termine ... Hauptsache, so eng wie möglich. Wenn sie wirklich Zeit haben, kommt meistens eine mittelmäßige Lösung heraus. Wenn Sie mit dem Rücken an der Wand stehen und Nachtschichten einlegen müssen, um den Termin zu halten, dann sind Sie hellwach. Im Training ist es noch so nett, im Spiel ist die Konzentration dann da, aber erst, wenn Gefahr droht, fokussieren Sie sich und Ihr Team wirklich auf Ihr Ziel. Es ist deshalb keineswegs verwerflich, wenn man immer wieder dem Phänomen verfällt, dass man alles „auf den letzten Drücker" erledigt. In Wirklichkeit hat man innerlich meistens schon sehr viel vorbereitet, so dass es in der Schlussphase eines Projekts nur noch zur Exekutive übergeht. Da heißt es: Ärmel hochkrempeln, fit bleiben, hoch konzentriert arbeiten, und bei der Pizzeria gegenüber um acht Uhr abends eine Sammelbestellung aufgeben. Na endlich. In Projekten haben Sie Ihre Fähigkeiten lange genug ausgetestet. Jetzt können Sie zeigen, dass Sie's draufhaben. Zusammen mit Ihren Leuten.

Legen Sie auch ein Augenmerk auf Ihre anderen Beziehungsnetzwerke: Freunde, Familie, Gutmeinende, alles kann destruktive Züge aufweisen. Nicht selten hat Sie jemand in Ihrem ganz unmittelbaren privaten Umkreis erfolgreich von Ihrer Idee abgebracht, die schließlich viel zu abartig sei, als dass sie in unseren Wirtschaftskreislauf passe. In Ihren Träumen sind Ihre Ziele unbesiegbar, in der Wirklichkeit aber sind sie sehr zerbrechlich. In Seminaren finden Menschen oft zu ihren wirklichen Zielen, um voller Begeisterung nach Hause zu kommen und möglicherweise schon vom Ehepartner auf den Boden der Tatsachen heruntergeholt zu werden. In Sachen Mitarbeiter ist es wie bei einer Rennradmannschaft: Ihr Netzwerk ist genau so stark wie sein schwächstes Glied. Sie müssen auf den Langsamsten warten, um zusammenzubleiben. Auf diesen einen Rücksicht zu nehmen ist trotzdem effektiver, als ihn zu ignorieren, solange seine Fähigkeiten unverzichtbar sind.

Seien Sie nicht blind Ihren eigenen Irrtümern gegenüber. Es können auch andere Erfolge haben und Ziele verwirklichen, die Sie auch gerne erreicht hätten. Unser Verstand neigt dazu, den Erfolg anderer zu schmälern, um unsere eigene Psyche nicht zu beschädigen. Man nennt es auch Eifersucht.

Es wird Leute in Ihrem eigenen Unternehmen geben, die in manchen Dingen besser sind als Sie selbst. Viele kompensieren deren Fähigkeiten mit Aussagen wie: „Eder ist privat bestimmt ein Verlierer.“ In Wirklichkeit kann einem nichts Besseres passieren, als die Besten der Besten um sich herum zu scharen. Nun ist Ihre Großzügigkeit gefragt. Dumme Leute schmeißen oft ihre größten Talente hinaus. Große Entrepreneure setzen sie als Ziehkinder und Statthalter ein.

Suchen Sie Ihre Superstars!

Wahre Unternehmer können auch anderen Erfolg gönnen. Und sie wissen, dass sie dabei gewinnen. Die Leute, die sich freuen können, wenn andere neben ihnen Erfolg haben, sind rar gesät, und sie gehören mental zu den Besten der Besten. Solche Leute können die Stimmung heben, wenn sie ganz unten ist, und andere können sich an ihnen hochziehen. Sie zeigen eine einmalige Größe, die man nur haben kann, wenn man über ein hohes Selbstbewusstsein verfügt. In diesem Fall hat „Deutschland sucht den Superstar“ eine durchaus positive Komponente: Ständig wird gezeigt, wie die Konkurrenten bei der Performance ihrer Kollegen mitfiebern, wie die Verlierer den Gewinnern gratulieren. Letztendlich wissen sie, dass sie alle in einem Boot sitzen. Statt sich hinter den Kulissen permanent fertig zu machen, ist ihre ganze Sozialkompetenz gefragt. So betrachtet, ist DSDS ein moralisches Lehrstück über perfektes Teamverhalten.

Eine großartige Methode, etwas über die menschlichen Qualitäten Ihrer Bewerber herauszufinden, ist Karaoke. Zum einen kreieren Sie eine gelöste Stimmung, zum anderen zeigen sich Ihre Leute von einer ganz anderen, von ihrer unterhaltenden Seite. Wer kann das Publikum gewinnen, wer kann Schwächen zeigen, wer ist in der Lage, die Leute mitzureißen, und zwar mit einer mittelmäßigen *bis bescheidenen Leistung? Es geht natürlich nicht um den besten Sänger, sondern um den besten Entertainer. Leute, die befähigt sind, andere zu unterstützen und sie mitzuziehen, sind auch eher in der Lage, andere im Job mitzureißen. Vor allem Beraterunternehmen greifen gerne zu dieser Methode, um Menschen kennen zu lernen. Es mag langsame Leute geben, Menschen, die man kitzeln muss, andere, die man regelrecht zwingen muss, Erfolg zu haben oder zu teilen. Das ist alles in Ordnung. Nur menschliche Flaschen braucht niemand.*

Dieser Prozess ist eine Evolution, keine Revolution. Gehen Sie bei Ihrer Heuer-Tour vorsichtig und mit Fingerspitzengefühl vor. Achten Sie darauf, wer aktionsorientiert ist und wer eher in der Theorie verharrt. Allzu weit sollte die Liebe dabei auch nicht gehen. Ihr Unternehmen ist nicht Ihre Familie, und es ist seriöser, eine Grenze zu ziehen, als bei aller Herzlichkeit und Gemeinsamkeit so zu tun, als ob man nur Liebe und Selbstlosigkeit verkörpert. Dies ist ein Job, alle haben ein Ziel, und irgendwann nehmen wir die Kohle und gehen nach Hause. Gerade, wenn eine Zusammenarbeit zu starke emotionale Züge trägt, können geschickte Unternehmer einen Schuh daraus machen: „Wie, du willst mehr Geld? Siehst du nicht, dass wir alle hier an einem Strang ziehen? Dass wir alle mehr erreichen wollen? Und jetzt willst Du schon die Kohle abziehen, die wir hier dringend brauchen? Wir sind doch eine große Familie hier. Jetzt bin ich echt schwer enttäuscht...“.

Wenn Sie eine gute Chefin sind, dann sind Sie großzügig. Und können großzügig über negative Dinge hinweggehen. Dazu gehört auch, dass Sie niemanden attackieren oder verteidigen. Man darf sich niemals auf schlechte Stimmungen im Team einlassen, sonst wird man selbst hineingezogen. Oftmals schweißen sich Menschen aus emotional negativen Stimmungen wie Selbstmitleid zusammen, um eine Front gegen den Rest zu bilden. Mobbing, Gerüchte, Intrigen gehen dann von diesen Leuten aus. Sich darauf einzulassen bedeutet, sich auf deren Spiel einzulassen. Halten Sie sich grundsätzlich aus Streitigkeiten und Diskussionen heraus, sonst sind Sie mittendrin und können Ihren Status verlieren. Sie zeigen Größe, wenn Sie diese Prozesse steuern und gegebenenfalls moderieren. Es geht in vielen Unternehmen in der Kommunikation überhaupt nur noch darum, wer sich mit wem versteht und wer wen nicht leiden kann. Diese Vorgänge, über die niemals etwas in Wirtschaftsmedien zu lesen ist, stören die Prozesse in Unternehmen manchmal bis zur totalen Lähmung. Hier wird die Stärke des Ansatzes vom Mentalem Wachstum deutlich: Teams und Unternehmen, in denen die

Mit Projekten große Teamplayer finden

Kommunikation nicht funktioniert, lähmen sämtliche Abläufe und damit den gesamten wirtschaftlichen Prozess. Sie wachsen nicht mehr nach oben, sondern wieder nach unten. Nur dass sie dieses Mal nicht allein sind, sondern das ganze Unternehmen nach unten gezogen wird. Da kommt eine ganz andere Energie zum Tragen: Die unbeschreibliche Fähigkeit, andere fertig zu machen. Dazu kann der Mensch sich eine unglaubliche Menge einfallen lassen. Es gibt weder einen Reim darauf noch eine Logik oder einen Grund dafür, wenn ein Mensch einmal in seiner Eitelkeit gekränkt ist.

Suchen Sie nicht nach den Gründen. Finden Sie Lösungen. Grübler machen es nicht lang im Business. Erfolgreiche zeichnet ja gerade diese merkwürdige Fröhlichkeit aus, die sie an den Tag legen. Keiner Ihrer Kunden möchte negative Dinge hören. Er möchte Ideen, keine Analysen. Er möchte nicht einmal Begründungen. Er möchte überrascht werden. Überraschen Sie ihn. Unterhalten Sie ihn. Und holen Sie ihn nicht bei seinen oder gar Ihren Problemen ab. „Never complain, never explain" ist das Motto des wirklich erfahrenen Prince Charles. Machen Sie einen Sport daraus. Es ist wesentlich anstrengender als zu kritisieren, zu überdenken, zu gründeln und zu grübeln. Verwandeln Sie Ihr Unternehmen in einem kontinuierlichen, energetischen Prozess in eine positive Richtung. Das ist Ihr Job. Jeder neue Mensch in Ihrem Umfeld braucht eine Initiation. Er muss die Spielregeln kennen lernen, nach denen Ihr Laden läuft. Sie können von niemandem erwarten, dass er Ihr Insiderwissen kennt. Haben Sie Geduld, und gewähren Sie Ihren Schützlingen Zeit sich einzugewöhnen. Verbergen Sie Ihre Irritation, wenn Sie merken, dass es nicht so schnell geht, Ihr Unternehmen zu verstehen.

Seien Sie lieber neugierig, wie dieser Mensch vor Ihnen denkt und handelt. Wenn jemand an etwas scheitert, geben Sie ihm weniger Verantwortung. Wenn er erfolgreich ist, geben Sie ihm mehr Verantwortung. Möglicherweise wächst der eine oder andere über sich hinaus. Es wäre nicht das erste Mal, dass jemand sich unter Ihren Fittichen zu einer Blüte entwickelt, die ihm oder ihr vorher niemand zugetraut hätte.

Je großartiger die Spieler in Ihrem Team sind, desto größer werden die Kunden. Das ist im Sport nicht anders als in der Wirtschaft. Wenn Ihr Team einmal richtig rund läuft, ist das Team-Talent der zweite entscheidende Erfolgsfaktor - das Gemeinsame, das dann entsteht. Dafür werden Sie jeden Tag gerne zu Ihrer Arbeit eilen, denn Sie wollen wissen, was am heutigen Tage wohl mit Ihnen und Ihren Leuten geschehen wird, auf welche Ideen Sie kommen, welche Überraschungen Sie produzieren. Je begeisterter Sie zusammen agieren, umso mehr wird sich die Kunde über Ihren Service verbreiten und attraktive Kunden anziehen. Möglicherweise setzen Sie mit Ihrem Produkt, mit Ihrer einzigartigen Idee sogar einen neuen Trend. Ihre Teamleute sind die Repräsentanten Ihres Traumes. Auch wenn Sie mal nicht da sind - und auch, wenn Sie gar nicht mehr da sind - leben sie das weiter, was Sie sich einmal vorgestellt haben. Wenn dieser Traum genug Kraft hat, werden Topspieler bei Ihnen vorstellig, die nicht nur des Geldes wegen in Ihrem Unternehmen arbeiten wollen. Hauptsache, in ihrem Stil und ihrem Auftritt verkörpern sie die Philosophie Ihres Unternehmens. Viele Menschen arbeiten in den falschen Jobs. Das bedeutet im Umkehrschluss, dass sie möglicherweise etwas viel lieber täten als das, was sie im Augenblick tun. Zu Ihren Aufgaben gehört es, die speziellen Talente in Leuten herauszufinden oder sogar zu wecken. Was macht sie lebendig, was erhöht ihre Aufmerksamkeit?

Es kann sogar passieren, dass Sie Leute innerhalb des Teams umbesetzen, wenn Sie merken, dass diese in anderen Jobs viel besser aufgehoben sind und sich viel mehr entfalten. Normalerweise werden Leute einfach für das rekrutiert, was sie im Moment machen, und nicht für das, wovon sie träumen. Weil sie nicht danach gefragt werden. Eine Menge Energie und Geld geht bei Einstellungsprozessen flöten. Viele Leute kommen erst gar nicht in Unternehmen „hinein", weil sie die Abläufe nicht verstehen und für verrückt gehalten werden, wenn sie ihren Gedanken mal freien Lauf lassen, wie zum Beispiel in Brainstormings.

Wenn Ihr Team auf Neugierige neugierig ist, kann Ihnen das nicht passieren. Als Absicherung kann man zunächst mit Leuten, die man interessant findet, auf Freelance-Basis arbeiten. Was Sie in Ihren Projekten gelernt haben, können Sie nun wiederholen. Starten Sie ein Projekt mit jemandem, auf den Sie einige Stücke halten, und bezahlen Sie ihn mit einem Prozentsatz dessen, was er darin erwirtschaftet. Projekte sind die perfekten Spiele, um Talente zu suchen und zu schauen, wie sie sich entwickeln. Wenn jemand in Ihrem Unternehmen arbeitet, dann geben Sie ihm oder ihr auch die geeignete Plattform, um sich entfalten zu können. Neuerdings wollen viele Unternehmen Leute, die „zu ihnen passen". Wie furchtbar langweilig und verkrampft. Suchen Sie lieber nach Leuten, die Ihr Unternehmen durch ihre schillernde Persönlichkeit bereichern und weiterbringen. In diesem Stadium verfügen Sie vielleicht schon über genug Geld, um Ihre Mitarbeiter fürstlich bezahlen zu können. Sie können großzügig sein, aber seien Sie nicht dumm. Stellen Sie so wenige Leute ein wie möglich. Seien Sie selbst ein Vorbild für ihre Mitarbeiter und erledigen Sie jeden Job vorbildhaft.

Grundsätzlich ist jeder Mensch brillant. Je mehr Vertrauen Sie in Leute stecken, umso mehr Freude werden diese in ihren Tätigkeiten haben. Vielleicht ist es sogar Ihre Aufgabe, die Brillanz in so manch ungeschliffenem Rohdiamanten zu erkennen und zu fördern.

Stellen Sie nur Leute ein, deren Augen zu funkeln und zu leuchten beginnen, wenn sie von ihrem Job erzählen. Sie werden ihr Bestes geben. Um noch besser zu werden, brauchen sie einfach mehr Informationen. Wenn Sie ein Abenteuer vorhaben, dann kommen die aufregenderen Menschen unter uns von selbst auf Sie zu, um sich zu Ihrer Expedition zu melden. Stellen Sie sich vor, Sie müssten sich selbst in Gefahrensituationen bewähren. Diese Menschen sind die richtigen für Ihr Vorhaben: Ocean's Eleven eben.

Je besser Sie darin sind, andere Leute zum Gewinnen zu bringen, umso besser wird Ihr Geschäft, umso großartiger werden Ihre menschlichen Erfahrungen sein.

Je weiter Sie sich in Ihrem Business entwickeln, umso klarer wird Ihre Wahrnehmung dessen, was um Sie herum passiert. Es bereitet Freude, Ihre menschlichen Fähigkeiten zu entwickeln und auch immer mehr über Menschen zu lernen. Deshalb ist Business mehr als nur die Summierung von Geld durch den Verkauf von Produkten und Services. „Business is people", neben dem Konsum vielleicht die einzige stabile und reguläre Kommunikationsform, die uns geblieben ist. Hier brauchen wir uns wirklich noch gegenseitig. Menschen erfahren Anerkennung.

Sie erleben, dass sie gebraucht werden. Sie wachsen mit ihren Aufgaben, und das ganze Netzwerk wächst in eine neue Dimension. Je besser Sie die Wirklichkeit erkennen und verstehen, umso besser werden Sie sich Ihre Kampfgefährten aussuchen. Die Wirklichkeit ist schwierig zu beschreiben, und nichts ist wandelbarer und überraschender als menschliche Verbindungen.

Das ist der Faktor Neugier im Mitarbeitersystem. Diese Überraschungen - positiver wie negativer Art - allein sind es wert, ein Unternehmen zu gründen. Denken Sie an den gefeuerten und geheuerten Steve Jobs. Nomen est omen.

IHR TEAM

„Die Frauen
verraten ihr Geheimnis nicht."

Immanuel Kant

„Nie ist man tätiger, als wenn man nichts tut", zitierte die Philosophin Hannah Arendt zeitlebens gerne Cato den Älteren. Dann entstehen Momente, in denen man durch das Denken Dinge verändert.

Am späten Abend des 18. September 2005 gewann eine Frau dadurch, dass sie nichts tat. Es war der Tag der Wahl des Bundestags, der nach der Vertrauensfrage von Bundeskanzler Schröder vorzeitig aufgelöst worden war. Nach dem Wahlergebnis war bekanntlich nichts klar. Aber im Anschluss an die vorläufigen Endergebnisse trafen sich die Kandidaten mit ihren Vertretern in einer moderierten Sendung, in der Schröder seinen berühmten, recht maskulinen oder auch testosteron-geschwängerten Aussetzer bekam, in dem er das Amt des Bundeskanzlers trotz der noch kleineren Quote seiner Partei für sich beanspruchte.

Es war in Wahrheit der Moment der Angela Merkel. Denn was noch keiner wusste: In diesem Moment wurde sie Bundeskanzlerin. Weil sie nichts tat. Nur ein stilles Leiden und eine berechtigte Fassungslosigkeit war ihr anzusehen. In diesem Augenblick flogen ihr die Herzen zu, wodurch Schröders Performance weitgehend mit Kopfschütteln bedacht wurde. Er bezeichnete sie selbst später als „suboptimal". Damit war der Paradigmenwechsel besiegelt. Nicht nur der von Bundeskanzler zu Bundeskanzlerin, auch der von männlichen zu weiblichen Tugenden in der Bundespolitik. Seitdem schätzen Männer und Frauen Angela Merkel nicht nur, wenn sie beim Friseur war. Selbst ihr Vize und Oppositioneller Franz Müntefering bekommt „Entzugserscheinungen“, wenn sie einmal im Ausland weilt. Der Charme trägt gegenüber Machtansprüchen einen ungewöhnlichen Sieg davon. Angela Merkel kämpfte nicht mit den Waffen eines Mannes, sondern mit ihrem weiblichen Instinkt.

Kennen Sie das? Sie kommen morgens zu Ihrem Job. Es wartet eine Menge Arbeit auf Sie. Es gibt einige Probleme zu lösen. Und dahinter warten einige neue Herausforderungen auf Sie und Ihr Unternehmen. Und dann kommt dieses „erst mal“. Erst mal einen Kaffee. Erst mal warten, bis die Kollegin kommt, mit der man darüber sprechen kann. Erst mal schauen. Erst mal dies und erst mal das. Und schon wird es Abend.

Es ist ein ganz einfach' psychologisch Ding: Wir drücken uns mit Hingabe vor den wirklich großen Dingen. Ständig schiebt sich irgendetwas vor die Kulisse unseres Horizontes, das dringend erledigt werden will. Oder wir müssen uns „erst mal“ mit etwas belohnen, das unsere Bemühungen und Leistungen belohnt. Erst mal mittags nett essen gehen. Erst mal sehen, was Prada hat. Erst mal ein Geburtstagskärtchen schreiben, den Briefkasten leeren, die Buchhaltung prüfen, und dann rüber zu Gino oder Nino, bei Prosecco checken, ob da ein paar Männer herumhängen. Sie erinnern sich sicherlich noch an diese Momente. Hoffentlich. Denn wenn sie Gegenwart sind, haben Sie ein Problem am Bein: die Unfähigkeit, sich von lieb gewonnenen Dingen zu trennen.

Wir Frauen lieben es, alles „ein bisschen nett“ zu gestalten: Unser Leben, unseren Alltag, unsere Männer. Von der Eckbank bis zum Dachstuhl beweisen wir ein sagenhaftes Händchen für die kleinen, schönen Dinge, die den Alltag versüßen und das Leben lebenswert machen. Unser Heim ist unser Territorium. Die Typen haben generell schlechte Karten, wenn es um die Einrichtung, den Urlaub oder alle anderen Dinge geht, die es auszugestalten gilt. Bis hin zu unserem Sexleben. Vor allem: Wir können es. Und es gibt nichts, was man nicht noch perfekter machen kann.

Das ist aber auf Dauer gefährlich. Wenn wir zu höheren Zielen streben, müssen wir unser noch so geniales Organisationsvermögen anderen Dingen widmen. Wie man sich als Frau entwickelt, so reift auch eine Chefin zur Unternehmerin: Vom Baby zum Mädchen, von der Jungfrau zum Teenager (oder war es umgekehrt) zum Twen, schließlich zur verantwortungsvollen, wollenden, fordernden,

Kinder bekommenden, erziehenden „Frau", wenn man so will. Aber wir sind noch lange nicht am Ende.

Genau hier, wo Sie eine blühende Company und ein tolles Team am Start haben, müssen Sie sich zur Lady wandeln. Was im Allgemeinen als „Würde" bezeichnet wird, heißt bei Frauen Grazie, Anmut, und hat freilich eine erotische Komponente. Als Frau wird man akzeptiert. Als Dame wird man zuvorkommend und mit Respekt behandelt. Das ist der Unterschied.

Sicher, Sex sells. „Wozu habe ich Titten?", fragt Erin Brockovich, gespielt von Julia Roberts in dem gleichnamigen Film auf die Frage, wie sie es anstellen will, an dem verklemmten Pförtner des Bundesarchives vorbeizukommen. Aber irgendwann ist es nicht mehr damit getan, seine Ziele kurzfristig zu erreichen. Der verklemmte Pförtner wird spätestens beim dritten Mal leicht sauer sein, wenn er nicht an die Früchte der Versuchung ran darf.

Es wird Zeit, dass Sie sich Respekt verschaffen und mit weniger Einsatz mehr erreichen. Also - Kellnerin, Köchin oder Kanzlerin? Es ist Ihre Entscheidung. Und damit zurück zum Geschäft.

Weniger tun ist mehr!

Nun haben Sie ein Team, und damit haben Sie Verantwortung. Deshalb müssen Sie von einigen gewohnten Dingen ablassen und dafür neue Dinge lernen. Sie beschäftigen Leute, die teilweise Dinge beherrschen, die Sie selbst können - und vermutlich auch besser.

Aber Sie müssen damit aufhören. Sie müssen aufhören, zu organisieren. Sie müssen aufhören, all die kleinen Dinge zu erledigen, die tagtäglich auf einen eindonnern. Hören Sie damit auf, damit Sie Zeit und Geld für andere Dinge gewinnen. Aus dem gleichen Grund, aus dem man Restaurants meiden soll, in denen „der Chef selbst" kocht. Wenn die „Chefin" sich so fertig macht wie Bella Martha in der Küche, geht nicht nur ein hohes Maß an Sinnlichkeit verloren. Sondern auch die Aussicht auf Erfolg. Dann haben Sie es nicht geschafft, Ihren „Spirit" in ihren Laden hineinzutragen. Und dann... schaffen Sie es nie weiter. Denn Sie machen im Prinzip immer noch alles selbst. Darum geht es also in diesem Kapitel. Dass Sie Ihr Team zusammenschweißen, indem Sie Ihren Geist und Ihre Ideen auf die Menschen um Sie herum übertragen, ohne autoritär zu sein.

Wenn Sie ein Team zusammen haben, dann kommen Zeit und Geld wieder in eine andere Gewichtung. Das hängt mit Dringlichkeit und Wichtigkeit zusammen. Der größte Fehler, den Sie nun begehen könnten, besteht darin, diese

Nachgeben, ohne nachzulassen

beiden Dinge zu verwechseln. Es gibt ständig dringende Angelegenheiten zu erledigen. Andauernd fällt uns beim Blick auf den Kalender wie Schuppen von den Augen, dass wir einen Abgabe- oder Liefertermin verschwitzt haben. Wer schon einmal im Verein Sport getrieben hat oder sogar halbprofessionell unterwegs war, dem wird in diesem Stadium einiges bekannt vorkommen. Es geht um nichts anderes als um Sport. Business ist nur eine andere Sportart, in der es genau so auf Stärke, Fairness und Motivation ankommt. Deshalb werden in der modernen Wirtschaft viele Dinge vom Sport auf Business und Industrie übertragen, allem voran das Coaching. Jedes Team hat einen Trainer. Das Verhältnis vom Trainer zu seiner Mannschaft ist etwas vollkommen anderes als das eines Chefs zu seiner „Abteilung". Hier Autorität, da Vorbild. Im Sport stellt sich ein Trainer hinter die Mannschaft und nicht davor. Er ist für die Leistungen der Mannschaft selbst verantwortlich. Jetzt haben Sie Ihre Leute zusammen. Genau die richtigen. Ihre Ziele sind klar formuliert und liegen in Sichtweite vor Ihnen. Sie müssen zusehen, dass Ihre Teams in Fahrt kommen und sich zusammenschweißen. Es geht darum, ein Team in Aktion zu setzen, eine gemeinsame Vision zu entwickeln, und sich dadurch unschlagbar zu machen. Dazu gehört ein wesentlicher Faktor, den weder ein Coach noch ein Leader, höchstens das Casting beeinflussen kann: Team Spirit.

Der Teamgeist ist Ihr Geist. Alles schaut auf Sie. Alles hört auf Ihr Kommando. Alles, was Sie brauchen, ist Ihr Kopf. Sie können über die Köpfe anderer hinwegsehen. Sie delegieren. Sie lassen Dinge geschehen. Sie tragen Sorge, dass die anderen Ihr Päckchen tragen. Und dass Sie das mit Verve und Power tun, das liegt an Ihren klaren Zielen. Jetzt gilt es, die Schlagzahl zu erhöhen. Wenn Sie wissen, was Sie wollen, dann werden Sie es auch erreichen. Allein Ihr Blick verrät, dass Sie in anderen Sphären denken. Sie legen das Augenmerk nicht weiter auf die kleinen Zettel auf dem Schreibtisch, sondern in die Zukunft. Große Geschäftsleute haben diesen Blick, und sie reden auch nicht über den Alltag, sondern über Konzepte, Ideen, Visionen, oder über Reiten, Golfen, Hotels. Von ihren eigenen Gewohnheiten loszulassen, ist der eine Schritt. Der nächste besteht darin, von ihren Mitarbeitern loszulassen. Sobald Sie davon ablassen, andere zu kontrollieren, wird allen Beteiligten eine merkwürdige Verwundbarkeit bewusst. Dadurch entsteht eine extrem emotionale Bande, die die Leute zusammenschweißt. Die unterschiedlichsten Ziel-

vorstellungen verschmelzen zu einem machtvollen Bedürfnis, die Oberhand zu behalten. Dieser Teamgeist ist die unsichtbare Verbindung zwischen Menschen, die merken, dass ihr Schicksal in ihren eigenen Händen liegt. Das Phänomen erkennt man leicht an den Teams im Sport. Im Business ist es nicht anders. Es wird nur eine Weile dauern und viel Anstrengung kosten, in Form zu kommen und einen Haufen talentierter Individuen in eine unschlagbare Einheit zu verwandeln. Ein kollektives Bedürfnis, das man auf ein einziges Ziel fokussiert, ist mitunter das Aufregendste, was Menschen gemeinsam produzieren können. Aus diesem Grund kommen Millionen von Menschen unter dem Banner des Sports in den Stadien und vor den Bildschirmen zusammen. Die Spannung, die zwei Weltklasse-Teams erzeugen, ist kaum noch zu überbieten. Jeder kann die Energie spüren, die Agilität mit eigenen Augen verfolgen, jeder kann einschätzen, wie die Mannschaften „aufgestellt" sind. Und wenn sie gut aufgestellt sind, werden sie sich selbst übertreffen. „Business as usual" oder Karriere? Entscheiden Sie sich jetzt. Wenn ja, dann lassen Sie los. Das Wort „Yielding" ist eines der eigenartigsten Wörter, die es gibt, und es beschreibt diesen Zustand hervorragend, in dem Sie Ihr Team nach vorne bringen wollen. Es bedeutet „Nachgeben", aber auch „Hervorbringen" und „Abwerfen" im monetären Sinne. Es ist also wie eine Geburt. Sobald man nachgibt, kommt das Kind hervor, und jedes Kind bringt ein Brot, wie ein spanisches Sprichwort sagt. Wenn Sie Ihren Geist einbringen und Ihre Autorität außen vor lassen, haben die Wünsche und Bedürfnisse Ihrer „Teammates" einen Raum zur Entfaltung. Wenn Sie Ihre Wünsche mit denen der anderen zusammenlegen, weben Sie ein unwiderstehliches Netz an Bedürfnissen. Es ist wie ein Frühlingsgefühl, das durch die Räume weht, oder wie die Adventszeit. Eine gewisse Vorfreude liegt in der Luft. Man weiß nur noch nicht genau, worauf. Aber man weiß, dass es immer wärmer wird oder dass sich eben der eine oder andere Wunsch erfüllen wird. Und die Vorfreude soll ja bekanntlich die größte Freude sein. Der Neugier-Faktor liegt in diesem merkwürdigen Gefühl, dass man sich gut fühlt, ohne genau zu wissen, warum. Sie bringen ein Kind zur Welt, und die Freude ist überwältigend. Nach allem Beziehungsstress und den Erfahrungen, die Sie hinter sich gelassen haben, kommt nun etwas ganz Eigenes zur Welt, Ihr Baby, Ihr Unternehmen. Ihre Familie steht Ihnen bei. Wenn das Kind auf der Welt ist, wird es die größte Rolle in Ihrem Leben spielen.

Und jetzt alle gemeinsam

Teamplayer spielen nicht nur, um zu gewinnen. Sie wollen auch, dass Ihre Partner über sich hinauswachsen. Ihr Baby wird dafür sorgen, dass Sie nicht mehr so viel Aufmerksamkeit in sich selbst investieren können. Ihr Team ist es nun, das Ihre ganze Aufmerksamkeit braucht. Wenn Sie für Ihr Team arbeiten, werden Sie eine kleine Familie sein. Dieser Geist kommt spätestens dann auf, wenn alle über einen Zeitraum gezwungen sind, sich gegenseitig zu vertrauen. Wenn neue Teammitglieder hinzukommen, müssen Sie sich mit frischen Ideen und anderen Erfahrungen einkaufen, bis sie vielleicht eines Tages ein „most valuable professional" sind. Solche Leute können vielleicht ihre Partner übertrumpfen, aber eine Weltmeisterschaft gewinnt man nur gemeinsam.

Ein gutes Team ist der Philosophie des Unternehmens verschrieben. Und die können ganz unterschiedlich aussehen. Aber beim Zusammenschweißen eines Teams kommt es auf die Beziehungen untereinander an. Die besten Teams sind Banden, Gangs, oder auch die ehrenwerte „Familie", die nicht von ungefähr so heißt, sondern weil sie sich mit ein paar Ausnahmen vollkommen aufeinander verlassen können. Die Ausnahmen sterben schnell. Aber das ist umso tragischer. Blut ist dicker als Wasser. Auch wenn es fließt.

Reagieren Sie auf die positiven Momente. Surfen Sie zusammen auf der Welle der Begeisterung. Und spüren Sie, wie Ihr Adrenalin im Körper steigt. Sie fühlen sich in der Mannschaft so dermaßen wohl, dass Sie Ihr Ego darüber vergessen. Der Star ist die Mannschaft. Wo der Geist der Organisation Priorität hat, wird die Produktivität Ihres Unternehmens um das Zehnfache ansteigen. Diese Vitalität wird wiederum tausende neuer Kunden anziehen. Wenn Sie sexy sind und eine Fresse ziehen, machen andere nur Kompromisse. Wenn Ihre Art, Ihre Natürlichkeit und Lebendigkeit hinzukommt, gibt es kein Halten mehr. Wenn Sie sich auf das menschliche Magnetfeld Ihres Unternehmens konzentrieren, werden die einzelnen, um nochmals Berti Vogts zu zitieren, „Unmenschliches" leisten. Wenn Sie ein solches Kraftwerk zusammenhaben, dann schaffen Sie ein sich selbst organisierendes System. Die Steigerung ist dann nicht mehr von physischem und persönlichem Einsatz abhängig, sondern vom Teamgeist - und nach oben hin offen.

Teamgeist ist Service-Ökonomie. Produktorientierte Wirtschaft wird immer mehr von „people's business" ersetzt werden. Je dynamischer und effektiver ein Team, umso ersetzbarer das Produkt. Es gibt Teams, die könnten alles verkaufen. Sie sind uneitel, selbstlos, bis zur Selbstaufgabe für die anderen da. Das Dümmste, was man daher als Manager oder Entrepreneur machen kann, ist es, die Leute manipulieren zu wollen. Die Mitarbeiter sind wie rohe Eier, wie die besten Kunden zu behandeln. Sie werden es mit dem höchsten Gut zurückzahlen: ihrem guten Willen.

Menschen gut zu behandeln, hat auch einen angenehmen Nebeneffekt. Ihre Leute werden sich im seltensten Falle krank melden. Da können Sie sicher sein. Wenn Ihre Mitarbeiter immer öfter fehlen und sich abmelden, können Sie sicher sein, dass das Unternehmen krankt. Wenn die Leute alles stehen und liegen lassen, sobald die Uhr zum Feierabend läutet, ist ihnen der Job egal. Wenn sie pünktlich gehen, obwohl die Hütte gerade brennt, können Sie sicher sein, dass eine Verschwörung gegen Sie läuft.

Ist Ihr Team im Einsatz, dann erkennen Sie ihre Einsatzbereitschaft an. Kontrollieren sollte man Abläufe, niemals Menschen. Der Chef einer Werbeagentur machte sich einmal die Mühe, sich morgens um neun Uhr mit einem Block an die Eingangstür zu setzen und jeden zu notieren, der nun zu spät kam. Er fühlte sich toll dabei. Seine Präsenz sollte Eindruck machen, seine Aktivität Respekt verschaffen und fortan zur Pünktlichkeit mahnen. Bis eine seiner attraktivsten Mitarbeiterinnen zwanzig Minuten später den Eingang passierte. „Sind Sie heute Abend um Sechs auch da?“ fragte sie ihn. „Dann können Sie aufschreiben, wer alles später geht. Da müssen Sie allerdings lange sitzen bleiben.“ Der Chef verschwand sofort in seinem Büro und ward lange nicht mehr gesehen.

Wenn Sie einmal losgelassen haben und das, was Sie am besten können, anderen überlassen, werden Sie die wahre Chefin. Sie müssen weniger arbeiten und mehr geistig tätig sein. Alles, was Sie unternehmen, damit es Ihrem Team besser geht, wird sich in blanken Euro auszahlen. Ein gesundes Team schafft eine Aura von Unbesiegbarkeit. Man spürt es an seiner Natürlichkeit. Sie sehen ein Leuchten in ihren Augen, aber kein falsches Vertreterlächeln und kein Gut-Drauf-Schauspiel. Der Glanz in den Augen Ihrer Mannschaft ist echt. Wie eine werdende Mutter, die zu glühen scheint vor Glück. Wenn die Leute selbst dieses Glühen wahrnehmen, werden sie alles daran setzen, die Glut zu erhalten und zu erhitzen. Dann werden sie ein Gefühl dafür bekommen, was sie alles noch erreichen können.

Im Team sind alle gleich. Auch die Stars.

Normalerweise weist jedes Team ein Gefälle an mehr oder minder talentierten Leuten auf. Gewöhnlich geht man den Weg, die Besseren zu fördern und die Schlechteren zu fordern. Paradoxerweise liegt aber das Geheimnis guter

Teamführung darin, alle Mitglieder gleich zu behandeln. Es wäre nicht das erste Mal, dass Leute, auf die man viel gesetzt hat, einfach gehen. Das liegt meistens an mangelnden menschlichen Faktoren.

Viele Menschen sind lieber arbeitslos, als in einem inhumanen Laden zu sitzen. Wenn jemand in einer Fabrik arbeitet und sich verdient macht, wird er alles an Weiterbildung und Förderung mitnehmen, was er bekommen kann, um dann zur Konkurrenz zu wechseln. Interne Wettbewerbe und Prämienausschreibungen haben oft den gleichen negativen Effekt. Sie spalten ein Team in einen Haufen Rivalen, das sich lieber gegenseitig das Leben schwer macht, als sich in die Karten schauen zu lassen. Durch diese Art passiver Aggression geht die Dynamik verloren. Wenn sich manche zurückgesetzt fühlen, sabotieren sie unbewusst die Ziele. Wenn sich einige Herrschaften für etwas Besonderes halten, befremden sie andere. Diese Reaktionen hängen allein davon ab, wie Sie sie behandeln. Wenn Sie in Ihrer Familie ein Kind besser behandeln als das andere, haben Sie das gleiche Problem.

Erfolgreiche Entrepreneure waren oftmals hervorragende Teamspieler, bevor sie Coache oder Anführer wurden. An der Seite von „teammates" kann man erfahren, das jeder Mensch ein unvergleichliches Wesen hat. Die Erkenntnis, dass im Team alle gleich sind, wird die Grundlegung eines sozialen Musters, die in eine selbst organisierende Leadership-Kultur übergeht. Dabei handelt es sich nicht um alles andere als um Gleichmacherei, sondern darum, jeden anderen in seiner anderen Art wahrzunehmen und zu schätzen.

Der Slogan „Liberté, Egalité, Fraternité" muss dringend überarbeitet werden: Zum Beispiel in „Prosperité, Pluralité, Feminité"... absolute Gleichheit oder Gleichwertigkeit wird es natürlich niemals geben in einem Unternehmen. Aber wenn die Unterschiede wie Rang und Entlohnung nur durch Leistung festgelegt sind, ist Fairness im Spiel, und alle wollen an dem Spiel teilnehmen.

Und denken Sie daran: Wer den menschlichen Faktor übersieht, trainiert gerade seine besten Spieler für die Konkurrenz.

Effektives Teambuilding verwandelt jede Situation in eine Lernerfahrung. Trainiert wird hart am Geschäft, wenig in der Theorie. Sie ist nur dann interessant, wenn es darum geht, Erfahrungen auszutauschen. Das bereitet umso mehr Freude, alldieweil man sich nirgends besser aufgehoben fühlt als in einer sich gegenseitig anerkennenden Gemeinschaft, bei Arbeit, für die man Anerkennung bekommt, und wo man seinen Platz im Unternehmen hat.

Sichtbare Veränderungen durch Kommunikation

Wie man es schafft, dass sich alle gleichwertig fühlen? Die amerikanische Friseurkette „Visible Changes“ macht es vor. Nach der Philosophie des Gründers John McCormick durchläuft jede neue Angestellte die gleich Prozedur, egal, ob sie vorher noch nie einen Kamm in der Hand hatte oder Top-Friseurin in einem anderen Laden war. Wenn sie sich bei der Einteilung der Kunden an der Theke und beim Kaffeekochen bewährt hat, darf sie den Kunden die Haare waschen.

Dementsprechend fallen sie langsam die Leiter hinauf, lernen aber gleichzeitig zu dienen. Auf diese Weise haben alle die gleichen Erfahrungen und den gleichen Einblick in die Philosophie des Unternehmens. Und sie fühlen sich gleich, da sie alle voneinander wissen, welch harte Schule sie durchlaufen haben. Durch diese klare Ansage wissen alle, wo sie dran sind, und haben sich bereits beim Eintritt in das Unternehmen entschieden, im Team mitzuspielen. Das ist nur durch klare Kommunikation möglich. Wenn das ganze Team jedes Individuum berät, entsteht eine Ernährungskette, die das Geschäft blühen und gedeihen lässt. Man muss zuhören können. Jeder Blickwinkel ist wichtig, jede Ansicht wichtig, und besonders wichtig ist es, die anderen aus diesen Blickwinkeln zu sehen, um sie verstehen zu können. Irgendwann wird man sich dann blind verstehen und sich die Bälle zuspielen, ohne hinschauen zu müssen.

Es ist normal, dass wir unsere eigenen Qualitäten auch auf andere übertragen. Wenn wir von ihnen das Gleiche erwarten wie von uns selbst, dann scheitern sie und wir beginnen, sie zu ermahnen: „Du musst dir mehr Mühe geben.“ Aber solche Befehle bringen die Leute in eine Zwickmühle. Die Leute strengen sich noch mehr an und mühen sich an einer Aufgabe ab, die andere besser beherrschen, und scheitern erneut. Dabei geht nur eine Menge Energie drauf, während die Lust sinkt.

Besser ist es, wenn Sie die Stärken bei jedem Teilnehmer im Team erkennen und stärken. Es gibt Leute, die bringen sich für Zahlen um, während die meisten von uns sie verabscheuen. Andere haben ganz verborgene Eigenschaften in sich, mit denen sie auch bei Ihnen punkten können - neben Ihren Fähigkeiten, die Sie als Top-Performer ausspielen. Spielen Sie ruhig Trial-And-Error.

Jedes Feedback nährt die Kommunikation untereinander. Alle, die sich an neue Gegebenheiten gewöhnen können und sich mit Fehlern wie auch Mängeln arrangieren, um sie zu beheben, können auch mit Verantwortung umgehen. Wer ständig scheitert, soll einfach weniger Verantwortung übernehmen und den Job gut machen, für den er eingestellt wurde.

Feedback, Nachgeben, besser scheitern

Begehen Sie nie den Fehler, Ihre Leute zu beurteilen. Beurteilen ist Verurteilen. Entweder kann man's oder nicht. Das hat nichts mit Intelligenz oder Fähigkeit zu tun. Fragen Sie sich lieber, ob Sie Resultate erzielen oder vielleicht anderen helfen, sie zu erzielen. Es spielt keine Rolle, wie Sie das machen. Ergebnisse sind das Herzstück Ihres Unternehmens. Wenn aber nichts hereinkommt, hat nicht ein Individuum Schuld, sondern das System. Individuen kann man schnell einschüchtern und verängstigen. Damit erreichen Sie gar nichts. Wenn man einmal Angst und Schrecken verbreitet hat, hat man verspielt.

Gute Teams machen sich gegenseitig Mut. Vor allem, wenn sie sich auf unbekanntem Terrain befinden. So schnell kann sie nichts aus der Ruhe bringen. Hier beweist sich mal wieder die Binsenweisheit, dass das Ganze mehr bewirkt als die Summe seiner Teile. Denn Teamwork ist das Ergebnis der Multiplikation der Energien der einzelnen, und ihres Mutes. Zusammen schaffen wir's.

Was, wenn ein Team ein Spiel verliert? Am besten freut man sich über Fehler. Es macht Mut, in aussichtslosen Situationen darüber zu lachen. Und genau diese Distanz zum Geschehen kann das Spiel ganz schnell drehen. Betrachten Sie Fehler mit Wertschätzung. Stellen Sie heraus, was für eine Gelegenheit darin liegt, etwas zu lernen und den gleichen Fehler nie wieder zu machen. Darin besteht die hohe Kunst Ihres neuen Geschäfts. Es fällt uns wesentlich leichter, die Fehler anderer zu sehen als unsere eigenen. Es wird Ihnen anfangs nicht ganz leicht fallen. Wir sind alle in Kritik geschult. Kritik aber bezieht sich auf das Vergangene, Unwandelbare. Ihre Unternehmungen beziehen sich auf die Gegenwart und auf die Zukunft.

Im Hier und Jetzt zu agieren, bedeutet, aus der Vergangenheit nur das Lernbare, Positive zu ziehen. Kein einfacher Job, schlechte Situationen ins Positive zu drehen. Oftmals müssen Sie sich wirklich etwas einfallen lassen. Aber irgendwie muss es mit unserer Ökonomie doch nach vorne gehen. Die Leute werden sich anfangs umschauen, und irgendwann werden sie es verstehen. Teambuilding ist die Kunst, niemanden mehr zu beschuldigen, zu kritisieren oder zu kommentieren. Im Gegenteil: jeder Mensch will wissen, wo sein Platz in dieser Welt ist. Und dazu gehört auch der Arbeitsplatz.

Zu wissen, dass man gebraucht und geschätzt wird, macht glücklich. Deshalb ist Feedback eines der effektivsten Instrumente zur Entwicklung eines Unternehmens. Gemeinhin versteht man darunter das berühmte 180-Grad-Feedback, in dem der Chef aufgrund einer Umfrage in seinem Unternehmen erfährt, dass die meisten ihn für einen Arsch halten. Wir meinen hier jedoch positives Feedback als Trainingsübung, die ein Team permanent verbessert. Auf diese Weise wird das Unternehmen eine lernende Organisation: So lange Kritik, Anweisungen und Beschwerden an der Tagesordnung sind, werden die gleichen Fehler ständig wiederholt.

Stattdessen lernt man zum Beispiel in Rollenspielen, zu sehen, was man sieht, ohne dabei eine Wertung abzugeben. Das ist gar nicht so einfach. Sie eliminieren dadurch auch subtile Hinweise darauf, dass eine Person etwas hätte besser machen können. „Everybody hurts ... sometimes“, heißt es in dem Hit der Popgruppe REM. Wir alle machen selbst unseren besten Freunden gegenüber oft verletzende Aussagen, ohne es böse zu meinen. „Kannst du dir das denn leisten?“, „Wie willst du das denn anstellen?“, „Meinst du, du schaffst das?“ sind schon Fragen, die eine Begründung erfordern, den Ansprechpartner in Nöte bringen, sich zu rechtfertigen oder Schwächen zu zeigen. Sie sind nicht aggressiv, hinterlassen aber ein blödes Gefühl.

Sie bringen den Angesprochenen in Probleme. Wenn Sie Teamsituationen simulieren, können alle diese Dinge zum Tragen kommen. Selbst die floskelhafte Verlegenheits-Partyfrage „Was machen Sie denn so?“ holt den Angesprochenen direkt dort ab, wovon er gerade mal flüchten wollte: In seinem Job mit allen Sorgen und Problemen. Schon eine miese Miene kann die Stimmung killen, und das Gleiche gilt im Job. Umgekehrt verändert die reine Reflektion über einen Vorgang denselben bereits zum Positiven.

Man muss subtil vorgehen, wenn man positives Feedback erzeugen will. Feedback sieht kein Urteilen vor, sondern ist nichts anderes als eine korrekte Wiedergabe eines Vorganges. Dadurch wird nicht beim Sprecher, sondern beim Hörer eine Reaktion ausgelöst: „Als Du vorhin meintest, wir können einen Arbeitsschritt einsparen, bin ich hellhörig geworden“, aber auch „Das und das hat nicht geklappt“ Oder „Warst Du beim Friseur?“ ist Feedback. Reine, sachliche, meinungslose Feststellungen, die niemals persönlich angreifen. Dadurch herrscht ein anderes Klima: Keine Drohungen, keine Bestrafungen, keine Beschuldigungen, sondern Anerkennung und gegenseitiges Aufbauen dominieren die Atmosphäre. Üben Sie einmal in der Gruppe, sich gegenseitig Komplimente zu machen, ohne dass diese zu vordergründig oder plump sind, dass der Adressat sie nicht annimmt. Man sagt, etwa neun Momente der Anerkennung eines Anderen sorgen dafür, dass Sie einen „Fan" gefunden haben. Wenn Sie Feedback austeilen, macht Business also richtig Freude. Stellen Sie sich vor, alle Ihre Leute und Sie selbst gehen jeden Tag zur Arbeit mit der Erwartung, dass Sie eine positive Bestätigung bekommen statt Urteile, Klagen, Schelte, oder auch nur blöde Kommentare. Also etwa das Gegenteil von „Stromberg". Was nicht bedeutet, dass Sie eine künstliche, heile Welt erzeugen, in der sich alle lieb haben. Wenn ein Team an seiner Aufgabe scheitert, müssen Sie darauf reagieren. Es hat keinen Zweck, darüber hinweg zu gehen. Denn dann wird Ihnen niemand trauen.

Geben Sie den Leuten die Chance, ihre Fehler zu korrigieren. Seien Sie hart, aber fair. Wenn Sie einmal nicht meinen, was Sie sagen, dauert es lange, bis Sie Ihre Glaubwürdigkeit wiederhergestellt haben. Wenn Sie jeden Moment wertschätzen und jede involvierte Person dazu, dann wird alles gut. Nachgeben ist auch hier eine häufig unterschätzte Fähigkeit. Es ist wie beim Tanz: Der Mann scheint zu führen, dabei kann er sich nur den Bewegungen der Frau anpassen, die sich in der Regel besser bewegen können. Wer nachgibt, wählt die Richtung aus.

Jeder Wutanfall kostet eine Menge Geld. Sie bemerken den Verlust nicht, weil Sie nie das Geld sehen, dass durch den Verlust von Energien nicht hereinkommt. Ihr zukünftiges Geld erscheint einfach nie auf dem Kontoauszug. Jedes Mal, wenn Sie einem Mitarbeiter den Tag versauen, wird Ihnen weniger Rente ausgezahlt. Bei unnötigem Druck gehen selbst die stärksten Gemüter stiften. Kommunizieren Sie in positiven Begriffen. Versüßen Sie Ihren Tag und den Tag anderer mit Komplimenten. Sagen Sie einmal mehr „Danke", als es nötig ist, selbst, wenn die Adressaten gar nicht genau wissen, wofür. Feedback beginnt in einem größeren Rahmen, um sich dann mit den Details zu beschäftigen. Es macht jedem klar, wo er/sie steht und was von ihnen erwartet wird.

Es ist eine wunderbare Art, andere Menschen für sich zu gewinnen. Wenn man ein großes Publikum haben will, gibt es nur zwei Möglichkeiten: Diktatur oder Entertainment. Kim Jong-il, Präsident Nordkoreas, beherrscht es zwar, hunderttausende von Menschen aufmarschieren zu lassen, die ihm zujubeln, aber die wenigsten von ihnen werden es freiwillig tun. Robbie Williams dagegen ist sexy, charmant und verspricht Sie zu unterhalten. Niemand wird gezwungen, ein Ticket für sein Konzert zu kaufen. Das ist der kleine Unterschied. Durch eine positive Feedback-Kultur, Anerkennung und gegenseitigen Respekt schaffen Sie ein Klima, das ständig zur Verbesserung der allgemeinen Leistung und zum Wachstum des Unternehmens

Sie sind das „role model" Ihres Unternehmens

beiträgt. Viele Unternehmen verfügen über solch eine Feedback-Kultur - aber nur auf dem Papier. Es gehört viel dazu, die Kunst zu erlernen, andere zu erhöhen, ohne dass sie es merken. Aber diejenigen, die diese Fähigkeit in Rollenspielen, Seminaren, Trainings erwerben, werden merken, dass man sie liebt.

Feedback ist keine persönliche, sondern professionelle Kommunikation. Sie bezieht sich niemals auf Stimmungen oder Urteile. Sogar die schwierigsten Situationen können in positive Begriffe gebracht werden. Stellen Sie sich eine Mannschaft vor, die bei einem Spiel zwei Punkte relativ hoffnungslos zurückliegt - was erzählt denen ein professioneller Trainer in der Halbzeitpause? Brüllen, Toben, Fluchen, Beschuldigen und andere negative Maßnahmen werden die Mannschaft nicht aufbauen, sondern schwächen und vielleicht sogar in Opposition gegen den Trainer bringen.

Ein kluger Leader grinst und sagt: „Na, da kriegen wir ja ganz schön die Hucke voll. Weia. Wenn das so weitergeht, schauen wir uns auf der Rückfahrt im Bus einfach einen Zeichentrickfilm an. Allerdings seid Ihr nach dem Eigentor ganz schön hartnäckig geblieben. Respekt. Große Leistung. Hat jemand von Euch eine Idee, was wir anders machen können? Wie wir den Gegner irritieren können? Wie wär's damit...?" Das ist Feedback. Sie bauen die Person wieder auf, während Sie ihr Verhalten reflektieren - und nicht kommentieren. Was sie erwarten, wäre eine Gardinenpredigt, aber was soll sie bringen? Nichts als Energieverlust. Vergangenes ist nicht zu ändern. Erhobenen Hauptes vom Spielfeld zu gehen, ist etwas anderes, als wegen einer schlechten Leistung zu verlieren. Also: Abputzen und aufstehen. Nach vorne schauen. Energie durch Rückkopplung. Und schon sieht die Welt doch ganz anders aus.

Wenn Sie Leute anerkennen, sagen Sie einfach Dinge in anerkennenden Worten. „Sie sind immer pünktlich, und deshalb haben Sie uns geholfen, das Projekt zu gewinnen." Sogar Fehler kann man anerkennend beschreiben: „Mal gut, dass Sie jetzt Mist gebaut haben, jetzt wird es Ihnen nicht mehr passieren, wenn es ernst wird." Anerkennung bringt den Wert eines Menschen und seiner Leistung hervor, indem man seinen Beitrag ins Rampenlicht stellt und das Negative im Schatten lässt.

Erklärungen und Klagen führen nur dazu, dass sie sich potenzieren. Besser schweigt des Sängers Höflichkeit. Wir haben oft den Auftrag, die schlechte Stimmung in Unternehmen zu beheben, und stellen dabei meistens fest, dass die Beschwerdekultur eine feste Ordnung im System darstellt. Mit Rollenspiel-Szenarien und Anerkennungs-Methoden versuchen wir, eine Feedback-Kultur dagegen einzusetzen. Wenn man die Kommunikationsmuster wechselt, haben die Leute die Gelegenheit, ihre Differenzen auszumerzen und ein Team aufzubauen, das an einem Strang zieht.

Eine lernende Organisation wächst auf unerwartete Weise. Sie haben es in der Hand, ein sich selbst organisierendes System zu bilden, ein Unternehmen, das von selber läuft, ohne Egos, an Resultaten orientiert, mit gegenseitigem Respekt und gemeinsamen Zielen. Die Wirtschaft ist ein dankbares Spielfeld für eine Unternehmenskultur. Im Gegensatz zu einer Liga fliegen Sie nicht raus, wenn Sie ein paar Male verloren haben, sondern können unentwegt wieder von vorne beginnen. Und das Spielfeld ist unbegrenzt. Alles, was man braucht, ist ein Telefonbuch oder ein Adress-Verteiler. Für Leute, die Ihre Prinzipien annehmen, ist immer ein Platz. Wenn Sie nicht aufgeben, gibt auch die Wirtschaft Sie nicht auf.

Jeder hat schon einmal unter einem furchtbaren Boss oder in einem intriganten Unternehmen gearbeitet. Unternehmen lassen täglich Top-Talente fahren, weil sie von Leuten eingestellt werden, die in ihnen potenzielle Rivalen sehen: „Sie sind leider überqualifiziert", lautet dann die demütigende Begründung. Die Kosten für mangelnde Sozialkompetenz unter den Mitarbeitern übersteigen oftmals die Gewinne, rechnet man zum Beispiel die Zeit an, in der sich die Leute innerlich verweigern, sich streiten, intrigieren oder versuchen, zusammen irgendetwas auf die Reihe zu bekommen. Leider taucht diese Rechnung in keiner Liste und keinem Report auf. Es handelt sich aber meistens um die Hauptbeschäftigung der Mitarbeiter, ihren Kopf über Wasser zu halten. Sie können es besser. Es liegt in der Natur des Menschen, andere klein zu halten, um selbst größer zu wirken.

Sie beweisen Größe, wenn Sie zu Ihrem Team stehen und jedem einzelnen ein Beispiel sind, wie man Menschen behandelt. Sie sind eine große Unternehmerin. Lernen Sie, nachzugeben. Seien Sie hart in der Sache und nett mit den Leuten. Wenn Sie einen Konflikt mit jemandem haben, geben Sie ihm Recht. Dadurch haben Sie gewonnen.

Vitalität ist die Messlatte für die Kompetenz eines Teams. Das ist im Sport nicht anders als im Geschäft. Sie können es den Leuten im Gesicht ablesen, wie das Team untereinander funktioniert. Wenn ein Coach von jedem Einzelnen zur Seite genommen wird, der ihm die Wahrheit erzählen will, hat er viel zu tun. Am besten sieht man, wie ein Team funktioniert, wenn es ein Meeting abhält. Selbstverständlich werden da viel mehr Dinge ausgetauscht als nur Wörter und Zahlen. Wenn Team-Meetings in Verhöre oder Hexenjagden ausarten, ist die Moral ziemlich schnell am Ende. Am besten fragt man auch nie, wie es einem geht. Die meisten Leute fangen dann an, sich zu beklagen.

Versuchen Sie, Adrenalin in die Sache zu bringen. Steigern Sie das Energielevel durch Feedback und Anerkennung. Dabei handelt es sich um die zwei wichtigsten Coaching-Tools. Das sind Sie nämlich inzwischen: Ein Teamcoach. Ihr Business ist ein Sport. Und wie Sie durch Coaching noch weiter kommen als weit, verraten wir Ihnen im nächsten Kapitel.

Zuvor noch ein Musterbeispiel, wie sich aus einem Projekt ein Modell entwickelt, und wie man durch Teambuilding eine Breitenwirkung erzielen kann, die ungeheure Ausmaße annehmen kann. Der britische Jungkoch Jamie Oliver, auch der „Naked Chef" genannt, hatte sich vorgenommen, das schlechte Essen an den britischen Schulen durch eine leichte, leckere, gesunde Küche zu ersetzen. Zu diesem Zweck machte er die Probe an einer einzelnen Schule. Sechs Monate lang. Mit allen Mitteln versuchte er, die von seinen nahrhaften und gesunden Gerichten verschreckte Schülergemeinde wieder von der Frittenbude in den Esssaal zu locken. Nach Monaten Überzeugungsarbeit, Gratisproben, Kochkursen war es dann soweit. Und er hatte der Chefköchin beigebracht, wie man einfach und genial gutes Essen zubereiten kann.

Dann kam der nächste Streich: Dieses Modell auf alle anderen Londoner Schulen zu übertragen. Zu diesem Zweck wurde der Bürgermeister überzeugt, zuzustimmen, und ein Militärcamp zum Ausbildungszentrum umgebaut, wo mit Hilfe der Soldaten alle Londoner Köchinnen in Großküchen unter seine Fittiche genommen wurden. Oliver stieß auf Ablehnung und unglaubliche Unwissenheit. Die meisten hatten noch nicht einmal gelernt, wie man Spaghetti „al dente" kocht. Jamie riskierte seine Ehe, weil er sich kaum noch zu Hause blicken ließ. Er verlor Unmengen an Zeit, weil die Frauen nicht verstehen wollten. Und er scheiterte.

Er versuchte alles, damit den Damen das Training Spaß macht. Das Resultat wäre gewesen, dass es in allen Schulen Londons, vielleicht auch Englands, bald nur noch gutes Essen gab. Am Ende waren es nur wenige, die ihm folgen wollten. Aber diese wenigen waren es wert, das ganze Unternehmen zu starten. Sie haben mit Sicherheit eine steile Kochkarriere gemacht. Sie wurden nämlich vom „Naked Chef" ausgebildet, wonach sich andere alle zehn Finger lecken würden.

Das war Feedback. Ein positives Resultat aus einem negativen Vorgang zu ziehen. Aber das ist noch lange nicht alles über erfolgreiches Teamwork. Wir sehen uns gleich wieder. Dann machen wir aus Ihnen einen Coach.

Weiterführende Literatur:
Sage, Martin; Becker, Sonja: Coaching, Erfolg im 21. Jahrhundert.

IHR COACHING

„Ein großer Lehrer ist einer, der aus seinen Schülern Funken herausschlagen kann, Funken, an denen ihr Enthusiasmus für Musik - oder was immer sie studieren - schließlich Feuer fängt.“
Leonard Bernstein

Wir gratulieren. Ihr Job ist Ihre Erfüllung. Sie schweben wie ein Surfer unter einer langen, endlos rollenden Welle im „Crystal Palace“. Und Surfer sind der Meinung, es gibt gar nichts Schöneres auf der Welt.

Sie können sich im Moment nichts Schöneres vorstellen, als morgens in der Dämmerung Ihren eigenen Laden aufzuschließen, wo andere sich mühsam zu ihrem Drehstuhl schleppen, um Akten zu wälzen. Ihr Geschäft ist ein Medium. Durch Ihr Business treffen Sie täglich neue Menschen und lernen diese besser kennen. Ihre Neugier kennt keine Grenzen mehr. Sie sind hellwach und aufmerksam, denn an der nächsten Ecke könnte schon die nächste Chance lauern.

Sie haben so viele Optionen in der Hand, denn es ist nun kein Zufall mehr, dass Sie Menschen und Kunden für sich gewinnen, die aufgehende Saat nach so langem und auch hartem Entwicklungs- und Akquisitionsaufwand. Aber nun kommen Sie langsam bei sich selbst an und spüren, was es bedeutet, wenn sich Ihre innersten Wunschträume entfalten. Sie sind „von sich selbst besoffen“ (Harald Schmidt), alles läuft ohne Hektik und Druck, alles scheint Ihnen zuzufallen. Willkommen im Flow.

Damit auch genug mit dem Horoskopgesäusel. Wir sind noch lange nicht am Ende, auch wenn es gerade so schön läuft. Halten wir lieber Ihren derzeit größten Feind im

Auge: Den Aktionismus. Sie wären nicht die Erste, die sich angesichts der Vielzahl von Optionen verzettelt. Denn der Drang, ständig etwas zu tun, kann dazu führen, dass man ständig alles tut. Es gibt Dinge, die Sie beherrschen wie kein Zweiter - die Sie groß gemacht haben. Und nun ist es Zeit, von diesen Dingen abzulassen, weil Sie sich „höheren Dingen" widmen müssen. Wenn Sie nicht davon ablassen können, bevormunden Sie Ihre Mitarbeiter und verbreiten schlechte Stimmung.

Wenn der Chef oder die Chefin nicht nur selbst kochen, sondern sich auch in alle Angelegenheiten ihrer Mitarbeiter mischen, weil sie es besser können, legt sich ein grauer Schleier schlechter Stimmung über das gesamte Unternehmen. Sie sind dann die Chefin, die nur um die Ecke kommen muss, damit die Stimmung auf den Nullpunkt sinkt.

Wenn Frauen was können, dann ist es organisieren. Es gab mal einen netten kleinen Werbspot, in der eine Frau auf einer Party von einer etwas hochgestochenen Dame nach ihrem Beruf gefragt wird, die eigentlich nur hören will, dass sie eine einfache Hausfrau ist. Was die tatsächliche „Hausfrau" veranlasst, ein paar mehr oder weniger angenehme Augenblicke ihres stressigen Familienlebens mit Mann und Kindern Revue passieren zu lassen. Ihre Antwort: "Ich führe ein kleines, florierendes Familienunternehmen." In der Tat zwingt ein Familienleben zu perfekter Abstimmung und Organisation von Abläufen jeder Art, sei es das Mittagessen, die Chauffage zum Ballett oder, den Göttergatten in das Geschehen einzubeziehen und ihm möglicherweise auch noch eine gute Frau zu sein.

Deshalb sind Frauen Multi-Tasking-Genies, während Männer gerne zugeben, dass sie nur eine Sache auf einmal erledigen können.

Was jedoch am meisten gegen Organisationswahn jeder Art spricht, ist Ziellosigkeit. Gerne schleicht sich bei dem Hang zum Alles-Erledigen ein Hang zum Kleinsten ein. Aber erst, wenn der letzte Krümel verschwunden, die letzte Überweisung getätigt, der letzte Kontoauszug abgeheftet ist, werdet Ihr erkennen, dass dies alles nichts als Trallafitti war.

Natürlich kann es keiner so gut wie Sie. Aber Ihr Job ist es, diese Jobs an andere zu delegieren. Es müssen nicht die großen, hehren Ziele sein, die man ständig im Auge haben muss - aber der nächste große Coup, der aus Unternehmungen ein Unternehmen macht. Wer, wenn nicht Sie?! Und gerade, weil sie es besser können, wird Ihre Mannschaft alles tun, um Ihren Kopf frei zu behalten. Es nützen die schönsten Strukturen nichts, wenn sie nichts zu tun haben. Sie sind nicht länger das stärkste Mitglied im Team, sondern deren Coach. Sonst

Sie haben einen neuen Job: Coach.

kommen wir nicht weiter. Wenn Sie sich jetzt arrogant vorkommen, machen Sie einen Fehler. Nehmen Sie sich ein Beispiel an den Coachen, die wir kennen. Zum Beispiel Fußballtrainer. Sie beherrschen das Spiel. Sie kennen jeden Spielzug aus eigener Erfahrung. Sie wissen, wie eine Mannschaft motiviert wird. Sie können eine Taktik aufbauen, eine Mannschaft aufstellen, eine Strategie führen. Aber Sie können nicht mehr selbst spielen, weil Sie aus dem Alter heraus sind. Ihre Erfahrung hingegen ist ein Juwel. Diese können Sie nutzen, um ein schlagkräftiges Team aufzubauen.

Aber Sie haben noch einen zweiten Job: Zwischen Management und Medien einerseits und der Mannschaft andererseits zu vermitteln. Der Coach wird gekrönt oder gefeuert. Er hält für die Mannschaft immer den Kopf hin. Da sind Sie vergleichsweise in der besseren Lage: Sie könnten noch immer spielen, sollten aber besser coachen, wenn sich Ihre Karriere fortsetzen soll. Andererseits riskieren Sie Konflikte und eine maue Auftragslage. Sie dürfen ihr Team jetzt nicht im Stich lassen. Aber Sie würden es tun, wenn sich ihre Sichtweise zu einer Binnenperspektive verengt. Die gute Nachricht: Coaching wird all Ihren Plänen und Unternehmungen einen Schub geben, der weder mit Management irgendeiner Art noch mit Maßnahmen wie Unternehmensberatung oder Motivation erreicht werden kann. Denn der Coach, das sind Sie selbst. Sie lernen die Grundlagen des Coaching, um Ihr Team zu Höchstleistungen zu bringen.

Wenn Sie es einmal geschafft haben, dass Ihr Team eine verschworene Gemeinschaft ist, nehmen Sie die nächste Sprosse der Karriereleiter. Sie werden die Art und Weise, wie man ein Team führt, neu definieren: durch Coaching.

Von Coachen, Coaches oder Coachees hat man schon viel gehört, und sie haben wenig mit dem gemein, was hier gemeint ist. Es geht weder um Glücksformeln noch um eine Methode, auf Biegen und Brechen Ziele zu erreichen, die man vorher nicht kannte.

Coaching ist eine Methode, mit Menschen umzugehen, um ihre Neugier zu wecken. Phil Jackson, einer der erfolgreichsten Coache der amerikanischen Basketball-Liga, trainierte unter anderem die Legenden Michael Jordan und Shaquille O'Neal. Auf die Frage, wie er solche Leute noch zu Höchstleistungen motivieren könnte, meinte er: „Die Neugier in den Jungs wecken."

Neugier ist etwas Anderes als die Aussicht auf mehr Geld oder Ruhm. Neugier ist unser tiefster, innerster Wunsch, den wir vielleicht selbst noch nicht kennen. Das, was raus muss. Wenn im Sport ein Team zu Erfolgen geführt werden soll, heuert man keine Unternehmensberater, seltenst Motivationstrainer, aber immer einen Coach an. Coache sind Ex-Spieler mit Erfahrung. Wenn die Manager sich um die Zahlen kümmern, besorgen die Coache den „menschlichen" Part. Immer mehr wird es zum Trend in Wirtschaft und Industrie, Coache ans Ruder zu lassen, gerade weil sie nicht mit Zahlen, sondern mit Menschen arbeiten. Manager können Erfolge verbuchen, wenn die Zahlen stimmen, selbst wenn sie dafür Tausende von Menschen feuern. Coache sind erfolgreich, wenn sie diese Menschen nehmen und über sich hinaus wachsen lassen.

Coache sorgen dafür, dass die Leute ihre persönlichen und ihre Teamziele erreichen. Es ist natürlich auch eine Möglichkeit, für bestimmte Ziele professionelle Coache von außen zu bestellen, die mit Ihrem Team eine Kampagne fahren, einen Businessplan ausführen oder etwas anderes, wofür sie eben die Spezialisten sind.

Aber wenn Sie sich einmal so gut organisiert haben, ist es meistens leichter und schneller, gemeinsame Lösungen und Ideen zu finden, bevor Sie einem Externen erklärt haben, wie Ihr Laden funktioniert. Außerdem: wenn Sie erst einmal so weit gekommen sind, möchten Sie die Rolle doch lieber selbst übernehmen. Ihre Erfahrung und Ihre Handschrift steht dafür. In diesem Fall ist nun Ihre Menschenkenntnis gefragt.

Der „human factor" ist im Business der entscheidende. Längst hat er Umsatzziele und andere Kriterien abgelöst. Läuft es intern nicht, kann es auch extern nicht funktionieren. Und gleichzeitig ist er der komplizierteste, wie man sich denken kann. Spätestens unser Beziehungsleben lehrt uns: Wir alle haben niemals gelernt, wie man menschliche Verbindungen führt. Eines der größten Missverständnisse unserer modernen Beziehungskultur etwa ist das „Beim-nächsten-Mann-wird-alles-anders"-Syndrom. Paartherapeuten können sich zwar die Hände reiben. Aber um ihre Patienten nicht zu verlieren, verraten Ihnen die wenigsten, dass die Probleme nicht unbedingt mit dem Partner zu tun haben und sich deshalb auch beim nächsten Partner nicht ändern werden. Dass man in Beziehungen ständig „an den gleichen Typen Mensch" gerät, ist ein Beweis dafür. Vielmehr wiederholen sich die eigenen Probleme, wenn ein Partner sie reflektiert. Was das für Ihre Situation bedeutet? Sie haben ein Team, und es würde nichts bringen, es auszuwechseln. Im Gegenteil: Es gibt gute Gründe, warum Sie es haben. Und es gibt ebenso gute Gründe für deren Erfolg und für deren Misserfolg. Als Coach müssen Sie sich nun darin schulen, nicht nur die Beziehungen zu führen, sondern auch die Beziehung zwischen dem Team und seinen/Ihren Zielen.

Coaching ist positive Psychologie - und gleichzeitig Sport. Sie können aus diesen beiden Feldern schöpfen, um Ihre Fähigkeiten zu erweitern. Vielleicht finden Sie sogar einen Mentor für sich selbst, der Ihre Menschenkenntnis auffrischen kann und das Ganze aus der Perspektive eines Außenstehenden beurteilen kann - wie zum Beispiel ein persönlich guter Freund.

Coaching ist im Wesentlichen die Fähigkeit, aus anderen Leuten das Beste für sie selbst herauszuholen. Wenn jeder Spieler im Team bemüht ist, auch das Beste aus seinen Mitspielern herauszuholen, dann ist die Coaching-Kultur perfekt.

Das erfordert spezielle Kenntnisse und Fertigkeiten, die man sich wiederum in Seminaren aneignen kann, die Coaching als Führungsprinzip vermitteln. Ein guter Coach kreiert einen ganz speziellen Zauber unter Leuten. Dann erreichen die Teamspieler mehr, als sie je vermutet hätten. Sie werden die Leute, von denen sie schon immer geträumt haben: ihre eigenen Idole.

Um zu verstehen, was Coaching bewirken kann, muss man sich erst einmal klar machen, was Coaching nicht ist. Coaching ist zum Beispiel keine Therapie. Es bewegt sich nicht im Spannungsfeld zwischen Symptomen oder Krankheiten und Heilung.

Coaching ist auch nicht Beratung. Es geht nicht um Probleme und deren Lösungen. Coaching ist Brillanz und Ziel.

Coache inspirieren Menschen zu Höchstleistungen. Deshalb handelt es sich um eine sehr emotionale Angelegenheit. Und Coaching kann man nicht an einem Tag erlernen. Deshalb folgende Tabelle, die einige Unterschiede zwischen den relativ gängigen Methoden „Beraten“ und "Coachen" verdeutlicht, um dafür zu sensibilisieren:

Consulting	Coaching
1. Evaluierung Maßnahmenentwicklung Statistik	1. Observation Neugier Attraktion
2. Befund Bilanzen / Umsätze Ursache und Wirkung	2. Distinktion Mentalität/Atmosphäre Vor/Nach dem Interview
3. Korrektur Kritik/Zielfixiert Tadel/Bestrafung	3. Feedback Anerkennung Ermutigung
4. Maßgabe vorgeben Soll-/Ist-Analyse Nachahmung/Anleitung	4. Einstimmung Innerer Fokus Energien freilegen
5. Problemlösungen Bohrende Fragen Umstrukturierung	5. Ideen und Ziele Offene Fragen individuelle Wünsche/ allgemeine Bedürfnisse
6. Lehren Informationen/Konzepte Unterricht/Lektionen	6. Lernen Dialog/Erkenntnisse Bildung/Entdeckungen
7. Anweisungen Urteile/Instruktionen Direktiven/Vorschläge	7. Empfehlungen Alternativen/Optionen Projekte/Herausforderungen

Coaching, so definierte Martin Sage einmal, ist das Verfahren, jemandem, der gerade so richtig in der Scheiße krault und kurz davor ist, zu ertrinken... einen schweren Stein zuzuwerfen. Sie sind der Leader im Team, Dirigent im Orchester, die Trainerin einer Mannschaft, Leader einer Band? Dann sind Sie ein Coach: Sie kennen das Ziel, die Partitur, den Plan, und führen andere heran. Um ein Business-Team von professionellen Leuten am Start zu haben, braucht man einfach profunde Kenntnisse über die Dynamik, wie man Leidenschaften entfachen kann. Diese Fähigkeit erlernt man am besten direkt in der Schusslinie.

Echte Herausforderungen zwingen ein Team, geschlossen nach Lösungen zu suchen und die größtmögliche Dynamik zu produzieren. Wenn Sie einen miesen Haufen unmotivierter Pfeifen um sich herum hätten, sind Zuständigkeits- oder gar Schuldzuweisungen an der Tagesordnung. Handelt es sich dagegen um Business-Athleten, die einfach alles daran setzen, auf dem Siegertreppchen zu landen, dann werfen Sie die Leute in einen Sumpf, aus dem sie sich gegenseitig herausziehen können. Was geschieht? Der Schwimmer bündelt seine gesamte Energie gegen den vermeintlichen Retter und wird durch die Irritation umso mehr motiviert, sich aus dem Schlamassel herauszuhelfen. Eine nette Hilfe zur Selbsthilfe. Viele Coache scheuen nicht einmal davor zurück, von ihren Schäfchen gehasst zu werden. Eine Verschwörung schweißt schließlich auch zusammen.

Bevor Sie Coaching-Strategien anwenden, müssen Sie sich ganz sicher sein, dass Ihr Team dazu bereit ist. Es muss bereit sein, bis an seine Grenzen zu gehen. Für viele Unternehmen ist Coaching zu viel. Andere haben grundsätzlich etwas gegen Höchstleistung. Coaching ist nämlich gefährlich. Es vertreibt jegliche Routine und bringt Anspannung in den Verein. Die Teilnehmer an diesem Business-Spiel kommen in einen Bereich an Möglichkeiten, die sie nicht für möglich gehalten haben. Oftmals wollten sie es nie so genau wissen, denn die menschliche Natur sucht eher die Geborgenheit als die Herausforderung. Man verbringt längere Zeit sitzend in der Höhle als auf der Jagd. Manche Menschen kommen aus der Höhle gar nicht mehr heraus. Jeder kennt solche kontraproduktiven Strukturen, in denen sich zum Beispiel Meeting an Meeting hängt, wo vollkommen unproduktive Menschen sich Sorgenfalten auf die Stirn malen, sobald sie über den Gang gehen, oder Leute, die eine ganz ruhige Kugel schieben und nur an ihrer Unangreifbarkeit arbeiten.

Coaching ist besonders gefährlich für Leute, die nicht mehr in Form sind. Es zwingt alle,

Neuland zu betreten und aus ihren gewohnten Strukturen auszubrechen. Echtzeit-Herausforderungen sind zum Beispiel ein Teil des Coaching: Innerhalb einer bestimmten Zeit ein Theaterstück auf die Bühne zu bringen, das das Team selbst schreiben und inszenieren muss, Kostüme und Kulissen entwerfen und produzieren, Plakate drucken und Tickets verkaufen. Es muss ja nicht gleich Theater sein: Aber überlegen Sie mit Ihrem Team, was sie gemeinsam kurzfristig erreichen wollen. Überschlagen Sie, welches Ziel Sie in dieser Zeit erreichen können. Legen Sie die Rollen und Aufgaben fest - und legen Sie los.

Vorher aber sollte Ihnen klar sein, welche Aufgabe Sie übernehmen. Sie stehen vor einem Job, der mit dem nichts mehr gemein hat, was Sie vorher getan haben. Als Leader ohne Coaching-Kompetenzen wird man es auf Dauer schwer haben. Noch schlimmer ist allerdings der Hang zu kuscheligen Jobs mit jeder Menge Gratifikationen. Sobald ein Unternehmen mehr Leistung verlangt, rennt die Belegschaft zur Gewerkschaft, zum Management, oder direkt zur Presse. Andererseits wird von den Leadern erwartet, dass das Unternehmen wächst und gedeiht, und das ist ohne gesteigerte Leistung nicht möglich.

Man sollte daher so früh wie möglich absprechen, welche Ziele erreichbar sind, und die Mitarbeiter darauf festlegen. Sie als Unternehmerin haben es da leichter, wenn sie von vornherein Coaching-Methoden einführen. Dann weiß jeder, wo er „dran" ist. Sie brauchen wache, helle, engagierte Leute, und diese werden wach bleiben, solange Sie Ihre Policy aufrechterhalten. Ansonsten mutieren manche zu Blockflöten, die Sie schwer wieder loswerden.

Wahrscheinlich werden solche „worst cases" aber nicht eintreffen. Denn als Coach macht Höchstleistung Spaß, weil Ihre ganze Liebe drinsteckt. Im Gegensatz zu Managern sind Ihre Ziele nicht Sieg, sondern Gewinn. Sie fragen nicht, was Ihre Leute erreichen können, sondern was wir erreichen können. Sie sind ein Teil der Mannschaft, und die größte Verantwortung lastet auf Ihnen. Als Vorbild stiften Sie einen Sinn für Verantwortung im Unternehmen. Ihre Mitarbeiter müssen kapieren, dass jeder für jeden mitverantwortlich ist und dafür Sorge trägt, dass die Pässe ankommen und jeder die Laufwege des anderen kennt. Wenn Ihr Team blind zusammenspielt, kann es fast nur noch gewinnen. Und wenn Sie Spaß daran haben, setzen Sie sich zum Ziel, die Bilanz eines konkurrierenden Unternehmens zu toppen.

Mit Coaching ändert sich nichts in Ihrem Vorgehen - außer der gesamten Vorgehens-

weise. Sobald Sie sich selbst mit in die Verantwortung stellen, bereitet es Spaß, Druck auszuhalten. Denn man fühlt, dass alle mit Hingabe dabei sind. Es ist, als hätte man einen kleinen Mann im Ohr, der einem immer die richtigen Dinge einflüstert. Diesen „schweigenden Dialog der Seele mit sich selbst“ nannte der Philosoph Platon schlicht „Denken“. Adam Smith spricht vom „unparteiischen Zuschauer“. Hören Sie einmal genau hin. Wenn Sie darüber nachdenken, was als nächstes zu tun sei und wie Sie es anstellen sollen, wenn Sie Bedenken haben oder sich moralisch schwer tun - in solchen Situationen kreieren Sie im Inneren einen Dialogpartner, mit dem Sie das Ganze aushandeln. Er rät Ihnen das Richtige und macht Ihnen Mut.

Es turnen eine Menge Leute da draußen herum, die sich aus modischen Gründen “Coach“ nennen. Aber wenn sich ein Manager plötzlich „Coach“ auf die Visitenkarte schreibt, heißt das noch lange nicht, dass sich seine Leute nun einen Sport daraus machen, mehr zu leisten. Große Coache werden von ihren Spielern verehrt. Sie lieben die Leute, die für sie arbeiten und mitspielen.

Liebe ist nicht gerade ein Wort, das man traditionell mit Geschäften verbindet. Aber das ändert sich im Laufe der wachsenden Service-Ökonomie. Enthusiasmus und Hingabe, die man überall im Sport antrifft, findet langsam Einzug in Wirtschaft und Industrie. Harte Arbeit macht keinen Spaß. Hartes Training schon. Weil man dadurch nicht müder, sondern fit und fitter wird. Es handelt sich allerdings um eine anstrengende Liebesbeziehung.

Es fordert Ihnen und denen alles ab. Aber wenn Sie in Ihrem Leben erfahren wollen, was in Ihnen steckt, müssen Sie diesen Weg gehen.

Liebe bedeutet nicht direkt, dass man untereinander jede Menge Beziehungen anfangen soll. Liebe bedeutet Respekt, Achtung voreinander, und die Erkenntnis, dass es mehr bringt, füreinander da zu sein, als nur miteinander zu arbeiten.

Es gibt ein unterschätztes Grundmuster, das wenig hervorgehoben wird, obwohl es existenzielle Bedeutung hat: Freundschaft. „Meine lieben Freunde, es gibt keine Freunde“: Der berühmte Toast des Philosophen Sokrates weist auf zwei ganz unterschiedliche Seiten der Freundschaft hin. In der Natur der Freundschaft liegt, dass sie ständig hoch gelobt und gepriesen wird. Ein Freund, ein guter Freund, das ist zum Beispiel „das Beste, was es gibt auf der Welt“, wie der alte Schlager sagt. Freunde werden „gewonnen“. Freunde kann man daher auch

wieder „verlieren". Es gibt die Gastfreundschaft, es gibt Freunde fürs Leben, falsche Freunde, richtige Freunde. Bei Freundschaft handelt es sich im Vergleich zur Liebe oder anderen Partnerschaften um eine merkwürdig selbst- und interesselose Form der Beziehung.
Sie bereichert das Leben auf eine besondere Weise. Dass Freundschaft für uns alle eine große Bedeutung hat, wird wohl niemand bezweifeln. Vor allem die Freundschaft „an sich", neben den Freunden, die man zum Zeitvertreib hat, wie etwa Schachfreunde, Musikfreunde, Sportsfreunde.

Es gibt zweckgebundene Freundschaften - „Freundschaften im akzidentellen Sinn. Denn nicht deshalb, weil er der ist, der er ist, wird der Befreundete geschätzt, sondern insofern er irgendein Gut oder eine Lust verschafft": Dieser Meinung ist zumindest Aristoteles, und er fügt hinzu: „Solche Freundschaften gehen also leicht auseinander, wenn sich die Freunde nicht gleich bleiben." Für Aristoteles gibt es aber auch die „trefflichen Freundschaften". Das sind Beziehungen, in denen man sich einfach gegenseitig sozusagen „alles Gute wünscht". Das sind die „echtesten Freundschaften, weil jeder des anderen Wesensart liebt." Solche Freundschaften halten in der Regel ein Leben lang, auch wenn man sich auch nur einmal im Jahr anruft. Echte Freundschaften gehen nicht auseinander. Mit wahren Freunden kann man nicht „Schluss machen". Man kennt ihre Macken, und - um es mit dem niederrheinischen Philosophen Hanns-Dieter Hüsch zu sagen: „die krisse nich' wech". Die sind einfach immer da. Und bleiben. Selbst, wenn sie nerven. Das sind die berühmten Freunde, auf die man zählen kann. Denn Freundschaft gründet auf Sympathie, worunter David Hume und Adam Smith die Fähigkeit verstanden, sich in die Situation anderer zu versetzen. Diese Form der Kommunikation ist für Karl Löwith „ursprünglicher als jedes Füreinandersorgen und Miteinandersprechen."

„Womit hängt der Zauber des Gesprächs mit einem Freund zusammen? Mit dem Vergnügen, von sich selbst zu sprechen. Hat uns das Glück in einen ehrbaren Stand versetzt, so unterhalten wir uns mit einem Freund über die Mittel, mit denen wir unsere Güter, unsere Ehren, unser Ansehen und unseren Ruf vergrößern können. Sind wir in Not, so suchen wir mit demselben Freund nach Mitteln, um uns der Armut zu entziehen, und seine Unterhaltung erspart uns im Unglück wenigstens den Verdruss belangloser Gespräche.", hebt Claude-Adrien Helvétius hervor.

Freundschaften entstehen aus freiem Willen. Im Unterschied zur Partnerschaft wird nicht mit dem Gedanken kokettiert, dass man sich nun bis ans Ende des Lebens bindet. Aber meistens trifft genau dies ein. Ein so genannter „echter Freund" ist eine Person, zu denen man vollstes Vertrauen hat. So viel Vertrauen, dass man sich sogar bei partnerschaftlichen Problemen vertrauensvoll an sie wenden kann. Wenn man in der Liebe doch Erwartungen aneinander knüpft, dann sind Freunde einfach da. Manchmal auch, wenn man sie braucht. Wenn man nicht mehr weiter weiß. Wenn man mit jemandem reden muss. Dann entsteht jene merkwürdige Synthese aus Last und Lust: Wenn der Freund nachts um Drei vor der Tür steht, ist man selbstverständlich für ihn da. Meistens muss man ja einfach nur zuhören.

„Was kann angenehmer sein, als einen Freund zu haben, mit dem man so reden darf wie mit sich selbst? Wie viel wäre im Glück der Genuss wert, wenn wir nicht einen Freund hätten, der sich ebenso daran freute wie wir selbst?" fragt sich Cicero. Mit Michel de Montaigne kann man antworten: „In der Freundschaft hingegen gibt es kein Geschäft und keinen Handel, sie beschäftigt sich ausschließlich mit sich selbst." Denn eine Freundschaft ist eine wunderbare Form der Selbstreferenz, ein Zweck an sich, und doch mehr: Wenn wir die ganze Zeit und jeden Tag um Macht, Reichtum, Anerkennung oder Gesundheit kämpfen, können wir bei Freunden entspannen und uns vielleicht auch den Sinn unseres ganzen Tuns und Treibens vergegenwärtigen. Bei den Griechen bildet die Freundschaft die „Krönung der Gesellschaft", die noch höher steht als die Gesetzgebung. Die Kameradschaft zwischen Patroklus und Achilles begründet diesen Mythos.

Die sprichwörtliche „Achillesferse" der Freundschaft ist das Vertrauen. Wenn man tatsächlich „so reden kann wie mit sich selbst", muss der Freund mit diesen persönlichen und nutzbaren Informationen sorgsam umgehen. Die Versuchung ist allerdings groß, sich die Werte eines Menschen selbst zunutze zu machen. Verrät ein Freund Dinge, zu denen er ins Vertrauen gezogen wurde, so geht dies oft mit erheblichen, wenn nicht sogar existenziellen Schäden einher.

Aber der Begriff „Freundschaft" kann trügerisch sein. Es ist nicht unkompliziert, wenn Freunde zusammen ein Geschäft aufziehen, denn bei Geld hört bekanntlich die Freundschaft auf. Professionelle Verkäufer wissen allzu gut, dass man jemanden am besten als „Freund" bezeichnet, wenn man ihn übers Ohr hauen will, weil die hergestellte Nähe mit Schmeichelei einhergeht. Es klingt manchmal auch einfach besser, wenn man sich einredet, man sei „ein guter Freund". Der Begriff ist meistens verräterisch. Wer hat bei einer Trennung nicht schon einmal den Vorschlag gehört, „lass' uns doch „gute Freunde" bleiben": Das ist die manchmal etwas bittere Wahrheit über Freundschaften.

Aber nur unter Freunden, in absolut vertraulichen und interesselosen Konstellationen ist es möglich, sich Orientierung zu verschaffen. Auf gut Deutsch: Ein Freund kann einem sagen, wenn wir mal „Mist gebaut" haben. Und wenn die Freundschaft richtig aufrichtig ist, können wir davon ausgehen, dass wir gerade die Wahrheit über unser Verhalten hören. Für nicht wenige Denker gilt Freundschaft deshalb als konstituierend für die Gesellschaft - im Unterschied zur Familie. Denn das „Geheimnis", das man sich unter Freunden anvertraut, kann man wie der Soziologe Georg Simmel auch als „soziologische Technik" betrachten, um seine Persönlichkeit, von Freunden geschützt, zu entwickeln. Das „Geheimnis" liegt aber ganz dicht neben dem Verrat. Das ist die Gratwanderung, auf der Freundschaften verlaufen und die Existenzen bereichern wie auch in den Abgrund stürzen können. „Diese differenzierten Freundschaften (...) stellen in Hinsicht der Diskretionsfrage, des Sich-Offenbarens, und Sich-Verschweigens eine völlig neuartige Synthese dar", meint Georg Simmel. „Sie fordern, dass die Freunde gegenseitig nicht in die Interessen- und Gefühlsgebiete hineinsehen, die nun einmal nicht in die Beziehung eingeschlossen sind und deren Berührung die Grenze des gegenseitigen Sich-Verstehens schmerzlich fühlbar machen würde." Freundschaft ist ein Zeichen des Respekts. Und deshalb ein besonderer Genuss. Um noch mal Cicero zu bemühen: „... wer die Freundschaft aus dem Leben streicht, entfernt die Sonne aus der Welt." Und es gibt die Menschen, die Friedrich Nietzsche dringend als Freund empfohlen hätte: „Ich lehre Euch den Freund und sein übervolles Herz (...) den Freund, in dem die Welt fertig dasteht, eine Schale des Guten - den schaffenden Freund, der immer eine fertige Welt zu verschenken hat..."

Ist Liebe die höchste Energieform zwischen Menschen, dann ist Freundschaft das etwas weniger verletzliche, aber vertrauensvolle Muster. Sie können andere Menschen in Ihrem Job nur als Freunde gewinnen, wenn Sie Ihren Job lieben. Auf dieser Ebene bedeutet Respekt, Ihr Glück mit den Leuten zu teilen, mit denen Sie arbeiten. Es reicht nicht, seinen Job zu mögen. Sie müssen regelrecht Ihr Herz öffnen für Ihr Handwerk. Tun Sie, was Sie zu tun lieben. Lernen Sie, die Dinge zu lieben, die Sie tun. Ragen Sie heraus, indem Sie andere Leute zu hervorragenden Mitarbeitern machen. Wenn

Sie es als Coach hinbekommen, ein Team nach dem Muster „Elf Freunde sollt ihr sein" zu schmieden, ist selbst der Misserfolg ein Erfolg. Niemand braucht mehr an sich zweifeln, denn man hat das ganze Team im Rücken. Sowohl die Siege als auch die Niederlagen werden auf alle Schultern verteilt. Deshalb ist Verantwortung keine Last. Wenn Sie Ihren Job, Ihr Leben als eine Last empfinden, stimmt etwas nicht.

Respekt verschaffen Sie sich dabei nicht durch Autorität, sondern indem Sie Respekt vor jedem einzelnen haben. Nennen Sie es, wie Sie wollen: Coaching ist die Kunst, die Herzen und den Verstand der Menschen zu öffnen. Der Regelfall ist das nicht. Gegenseitiger Respekt wird im täglichen Geschäft meistens nur geheuchelt. In den meisten Unternehmen werden sogar intrigante Strategien und politische Hinterhältigkeiten toleriert. Den „Schwarzen Peter" weitergeben, den eigenen Hintern in Sicherheit bringen und ansonsten die Kollegen torpedieren, wann immer es geht - so sehen die meisten Schlangengruben aus. Ihr Glück, dass Sie den Anfängen wehren können. Führen Sie sich lieber einige der führenden Unternehmen dieser Welt vor Augen, und schauen Sie sich deren „Corporate Governance" oder „Corporate Behaviour" an. Wenn der Leiter eines Unternehmens in der Lage ist, ein Umfeld von Wärme, Respekt und Verantwortung zu schaffen, werden sich auch die Mitarbeiter danach orientieren und sich gegenseitig helfen. Zu diesem Zweck kultivieren Sie zuerst Verantwortungsgefühl. Als Coach sind Sie selbst für jeden Schritt verantwortlich, und für alles, was Ihr Team unternimmt. Wenn Ihr Team versteht, dass Sie die Verantwortung für ihr Tun tragen, werden sie alles daran setzen, Sie nicht zu enttäuschen. Ansonsten würden sie alle zusammen untergehen. Ein höheres Verantwortungsbewusstsein schafft größere Bereitschaft, zu vergeben und vergessen, verschiedenste Menschen zu akzeptieren und niemals müde zu werden, sie zu trainieren. Dann wird Coaching Tugenden in die Menschen einpflanzen und eine echte Unternehmenskultur aufbauen.

Respekt ist eine natürliche Ressource. Sobald man andere gut behandelt, werden sie es mit Großzügigkeit danken. Es ist ein Unterschied, ob jemand pünktlich Feierabend macht oder dann, wenn er fertig und mit seiner Arbeit zufrieden ist. Wenn Einsatz nicht respektiert wird, braucht sich kein Chef und keine Chefin wundern, wenn seine Mitarbeiter pünktlich gehen. Wie in dem Muster „Freundschaft" werden Werte gepflegt, die in uns allen verborgen sind und auf diese Weise Taktiken und Strategien verdrängen. Das geschieht einfach, indem wir anderen die

Anerkennung und den Respekt entgegenbringen, die sie verdienen. Nicht wie in der Freundschaft für das, was sie sind, sondern für das, was sie tun.

Das Geheimnis an der Arbeit liegt in dem Moment der Anerkennung. Deshalb gehen so viele Menschen zu Grunde, wenn sie keine Arbeit haben. Arbeit wird in sozialer Hinsicht gemeinhin unterschätzt: Außerhalb gibt es kaum Gelegenheit, Anerkennung und Respekt zu finden. Wir gehen ein, wenn wir keine Gelegenheit haben, uns zu profilieren und unsere Persönlichkeit darzustellen. Jeder Mensch möchte glänzen. Dadurch spüren wir, dass wir dazugehören.

Außer Arbeit gibt es dafür natürlich den Sport. Und dort begegnen wir einer Menge großer Coache. Die Afro-Amerikanerin Beverly Kearney wurde als Leichtathletik-Trainerin der „Longhorns" an der Universität von Texas sieben Jahre hintereinander „Coach of the Year", und das in einer klassisch männlich-weißen Branche. Sie erklärte sich das damit, dass sie ihren Schützlingen immer mehr abverlangt als das, was sie glauben, geben zu können. Gleichzeitig sagt sie, sie „diene" ihren Leuten mit Liebe und Respekt, und diese Liebe komme zu ihr zurück.

Coache versammeln die kollektive Intelligenz eines Teams und gehen dadurch auf die ursprünglichen Werte und Wurzeln unseres Handelns zurück - deshalb, und nicht nur des Siegens wegen, sind übrigens so viele Menschen sportverrückt. Denn ganz tief unten liegen unsere Werte verborgen. Wenn man Feedback verteilt und die Leute ermutigt, kommen sie zum Vorschein. Wenn man dagegen bestraft, produziert man Rachegefühle - das sind wiederum die untersten Instinkte. Als Coach studieren Sie, wie man Menschen rühren und bewegen kann, wie man Charakter aufbaut, indem man Charakter zeigt.

Selbstverständlich treten in jedem Team Probleme auf. Sind sie persönlicher Natur, dann stimmt etwas nicht mit den Voraussetzungen. Hervorragende Coache legen zuallererst die Regeln fest, unter denen das Geschehen zu laufen hat. Damit vermeidet man von Anfang an Konflikte untereinander. Konfliktbewältigung ist eine harte Nuss. Auch als Coach muss man innere Differenzen begleichen, aber das Niveau ist ein anderes. Wie ein Sumo-Ringer kennt ein Coach keine Feinde, sondern nur Gegner. Er hat die Ehre, gegen sie kämpfen zu dürfen. Wenn man den Respekt von einem Gegner verliert, hat man schnell schlechte Karten. Wenn man im Team keinen Respekt untereinander hat, wird es ganz schwer.

Coache sind einsame Menschen. Jede Sekunde sind sie gefordert. Von allen Seiten hagelt es Kritik an der Strategie. Die Gegner lauern auf Fehler. Beobachter spucken ihnen in die Suppe. Wieso sollte man das alles auf sich nehmen? Der Lohn dafür ist noch mehr Verantwortung. Hat man keinen Spaß daran, nach Talenten Ausschau zu halten und sie aufzubauen, wird man auch keine Freude am Coachen haben. Coaching ist Liebe, und Liebe ist Akzeptanz: Jeden so zu nehmen, wie er ist. Das Gegenteil ist Toleranz: Andere nur zu dulden, wie sie sind. Liebe ist eine stürmische Angelegenheit. Als Coach kämpfen Sie um Ihr Team wie eine Bärenmutter um ihre Kinder. Denn das ist Ihre Familie.

Bei Unternehmen der alten Schule zählt der Profit. Man ist nicht mit dem Herzen dabei, sondern kann freudestrahlend in einem Atemzug verkünden, dass man Abermillionen Gewinne erzielt hat und einige tausend Leute entlassen wird. Wenn Ökonomie allerdings den Menschen dienen soll, muss man seine Leute schützen und feiern. Als Säugetiere sind wir am beständigsten, weil wir uns gegenseitig schützen. Wir behandeln unsereins artgerecht, wenn wir sie schützen.

Was im Business wirklich hilft, ist eine gesunde Portion Optimismus. Bereiten Sie sich auf das Schlimmste vor, und erwarten Sie immer das Beste. Zum Glück sind Sie selbst in der Stimmung dafür. Coache sind Meister der guten Laune. Sie sind in Aktion. Sie lieben die Aktion mehr als Worte. Sie coachen Leute, die gecoacht werden können. Es gibt immer mehr Zuschauer als Spieler. Sehen Sie zu, dass Sie Spieler unter Vertrag haben. Jeder kann beobachten und kritisieren. Aber Coache tun und machen. Das Leben ist ein Spiel nach bestimmten Philosophien. Je mehr Sie den Werten auf der Spur sind, umso mehr macht Sie Coaching zum Gewinner. Denn Business-Coaching ist einer der tollsten Jobs, die zu vergeben sind. Es handelt sich um eine große Bewegung, die vermutlich Business in das aufregendste Spiel der Welt verwandelt. Überall auf der Welt tauchen nun professionelle Coache auf, die traditionelle Berater ersetzen. Als Unternehmerin mit Coaching-Kenntnissen spielen Sie automatisch in der ersten Liga. Sie könnten möglicherweise ein Vorbild für andere Unternehmen werden, wenn es Ihnen gelingt, den Funken auf Ihre Mitarbeiter zu übertragen, der ihren Feuereifer freisetzt. Das Schöne dabei: Auf einmal wird alles so leicht.

IHR MARKETING

„Der Kunde ist kein Idiot.
Sie ist Ihre Frau.“

David Ogilvy

Coaching ist Training. Es gilt, seine Leute aufzubauen und durch gegenseitige Motivation zu einem sich selbst organisierenden System zu entwickeln.

Im Business-Coaching geht es darum, seine Leute mehr mental als körperlich aufzubauen. Es ist doch ein wunderbares Gefühl, wenn Ihr Team auf den Punkt topfit ist. Nun existieren keine Hackordnungen mit Zuständigkeiten mehr, keine Hierarchien mit endlosen Wartezeiten, Optionen auf Beförderung oder Gehaltserhöhung. Es gibt ein verschworenes Team, bei dem sich jeder auf jeden verlassen kann, einen Coach, den man nicht enttäuschen will - das sind Sie - und, ach ja, den Markt da draußen.

Durch großes Coaching ist Ihr Team bereit für die ganz große Herausforderung. Der Blick über den Tellerrand verrät, wo Sie stehen und welchen Marktanteil Sie einnehmen. Wenn Sie jetzt Ihren Marktanteil vergrößern, ist Ihr Verein in der Lage, eine echte Macht in der Wirtschaft zu werden.

Der Unterschied zwischen Marketing und Verkaufen liegt in der Dynamik. Während Sie damals ohnehin nicht das Geld hatten, um Werbung zu machen, hätte es auch hohe Streuverluste mit geringem Resultat bedeutet. Nun aber ist Ihr Status ein ganz anderer. Jetzt zeigen Sie's dem Markt. Marketing ist die Kunst, mit Ihrem Team eine hohe Anzahl Kunden zu erreichen. Beim Verkaufen haben Sie tausend Dinge veranstaltet, um einen Kunden zu gewinnen. Im Marketing machen Sie eine Sache, mit der man tausend Kunden erreicht. Denn Sinn und Zweck des Marketing ist es, den Aufwand der Kundengewinnung extrem zu reduzieren. Dies geschieht durch die Eigendynamik, die Marketing produziert. Marketinginstrumente sind Wunderwaffen. „Gebt mir einen Hebel, und ich werde die Welt aus den Angeln heben": Mit einem gezielten Schlag werden sich ihre Aktivitäten auf den Gesamtmarkt erstrecken. Sie können Kunden gewinnen, ohne Klinken zu putzen. Ihre Breitenwirkung kann zur Folge haben, dass Sie nicht mehr wissen, wie Sie dem Ansturm gerecht werden, den Sie ausgelöst haben. Sie sind nicht mehr allein der aktive Auslöser für Geschehnisse um Ihr Unternehmen herum. Viele Dinge geschehen von selbst. Machen Sie sich also auf etwas gefasst.

Als Sie Ihr Unternehmen an den Start gebracht haben, haben Sie noch 1:1-Kommunikation betrieben: Sie haben versucht, Ihre Leistung buchstäblich „an den Mann zu bringen". Auf diese Weise haben Sie in jedem Gespräch dazugelernt: Wie Ihr Produkt ankommt, mit welchen Worten Sie es besser verkaufen können, was Sie lieber weglassen und wie Sie Ihre Kunden behandeln und wer sie sind. Aber viel wichtiger: Was Ihr Produkt ausmacht. Welches Image es hat. Wofür es steht - im Idealfall für die Werte, die Sie einmal geschaffen haben und mit diesem Produkt verbinden. Schließlich, welche Marke daraus entsteht.

Gutes Marketing ist die 1:1-Vermittlung Ihrer Werte durch das Produkt. Daraus entsteht die Neugier, die Sie produzieren oder auch provozieren wollen. Was Werbeleute merkwürdigerweise immer mehr vergessen, ist die Erzeugung einer Wissenslücke in Ihrer Kommunikation - der Neugier-Faktor. Man beschäftigt sich immer nur so lange mit einer Sache, bis keine weiteren Fragen offen sind. Oftmals wird ein Produkt jedoch so breit angepriesen, dass es schon uninteressant geworden ist, während es noch beworben wird. Am Ende ist alles gesagt und alles getan. Im besten Fall auf kreative Art und Weise. Aber - ist man noch neugierig auf das Ding? Beschäftigt es die Kunden, während der Werbeblock längst vorbei ist? Haben Sie Ihren Kunden etwas wirklich Neues vorgestellt, mit dem man einen unmittelbaren Vorteil verbindet? Wenn Sie Ihre Werte mit Ihrer Art zu verkaufen verknüpfen, dann ja. So lange es Ihr Unternehmen ist und Ihre Handschrift trägt, werden die Werte im Produkt kohärent

Seien Sie in Allem Sie selbst!

vorgetragen und vermitteln sich im Image. Dann heißt es, Ihr Produkt oder Ihr Service „steht für", sagen wir, Natürlichkeit, Zukunft, Tradition, Kultur oder oder oder.

Wenn Sie Ihr eigenes Produkt und die Kunden dazu aus dem Eff-Eff kennen, dann ist es Zeit, den Verstärker einzuschalten. Die kollektive Intelligenz Ihres Unternehmens ist das dritte Element, die Multiplikation seiner Teile. Mit ihr ist es möglich, die große Aufgabe in Angriff zu nehmen, Ihren Service über alle Grenzen bekannt zu machen.

Entscheidend ist es, die neue Psychologie des Marketings zu verstehen. Früher bestand die Kunst darin, am lautesten zu schreien und den besten Preis bieten zu können. Dann war Kreativität gefragt. Jetzt ist es Originalität. Ihr Service ist einzigartig, und diese Einzigartigkeit gilt es in allem herauszustellen, was nach außen geht. Ihr Laden ist nun nicht mehr ein kleiner Verschlag im Hinterhof. Er wird über alle Gebäude hinweg sichtbar. Eines Tages ist es ein Unternehmen, an dem groß Ihr Logo prangt. Jetzt ist die Zeit, dafür die richtigen Hebel in Gang zu setzen.

Dabei beginnt Marketing mit einer großen Geduldsprobe. Wenn es auch betriebswirtschaftlich absolut zu vermeiden ist, müssten Sie eigentlich so früh wie möglich damit beginnen: also dann, wenn Sie im Prinzip noch nicht einmal die Rechnungen dafür bezahlen können. Das ist nicht schön. Aber nun müssen Sie beides investieren - Zeit und Geld. Es dauert verdammt lange, bis man zu etwas Vertrauen gewonnen und eine Beziehung aufgebaut hat. Sie erinnern sich an die neuen Male, bei denen man einer Person Anerkennung schenkt, bis diese zu einem „Fan" wird. Im Marketing muss man Nutzen bieten und Vertrauen gewinnen. Aber steter Tropfen höhlt den Stein. Ihr Marketing beginnt genau an dem Punkt, wenn Sie gerade nicht mehr daran glauben.

In der berühmten AIDA-Formel der Werbung (Attraction, Interest, Desire, Action) kommen die wesentlichen Elemente des Marketing zum Tragen. „Attraction" ist die Erzeugung von Neugier. Erinnern Sie sich an Tom Sawyer und den weißen Zaun? „Interest" ist Ihr Service. Sie finden für Ihr Produkt die richtigen Leute. Sie werden sich von selbst melden, sobald es Ihnen gelingt, den Nutzen adäquat darzustellen. „Desire" wird durch die Werte erzeugt, die bei ihrer Leistung durchschimmern. So wird eine Marke plötzlich begehrenswert, nur, weil es eine Marke ist. „Action" ist schließlich der Auslöser, auf Sie zuzugehen, vom Beobachter zum Handelnden (im wahrsten Sinne) zu werden. Wenn Sie das mit Ihrem Team schaffen, haben Sie eine beträchtliche Leistung vollbracht.

In der Realität wird meistens der höchste Wert auf das erste „A“ gelegt. Das ist der ganze Zirkus, der uns täglich mehr gegen als für Werbung und Kommunikation einnimmt. Oftmals ist der Preis das attraktivste an einem sonst austauschbaren Angebot. Wenn aber Ihr Produkt einzigartig ist, kann auch der Preis dafür einzigartig sein. Verkaufen Sie sich niemals unter Wert.

Unser Medienzeitalter kann sich glücklich schätzen. Niemals seit Gutenberg ist die persönliche Ausrichtung und mehrfache Nutzung der gleichen Daten so preiswert geworden.

Ihr Service kann zum Beispiel darin bestehen, jedem Menschen eine persönliche Biographie zu schreiben, die in einer kleinen Auflage gedruckt wird. So kommt jeder Mensch in den Genuss, „Sein Leben“ schwarz auf weiß zu haben. Durch Print-On-Demand kann es sich durchaus rechnen.

Ähnlich verhält es sich mit Marketingaktivitäten. Wenn Sie sich nur geschickt genug anstellen, erzeugen Sie oftmals Rückkopplungseffekte: Sie schreiben ein Buch. Eine Zeitung druckt vorab einen Auszug oder macht ein Interview mit Ihnen. Dieses Clipping setzen Sie wiederum brandaktuell auf Ihre Website, um Ihre Abonnenten zu unterhalten und zu zeigen, dass es mit Ihnen weitergeht.

Was sich meistens am wenigsten rechnet, ist Werbung: hohe Kosten, hoher Streuverlust. Wenn es Ihnen gelingt, ein PR-Clipping zu platzieren, haben Sie Tausende von Euro gespart, die der gleiche Platz als Printanzeige gekostet hätte. Außerdem erhöht die redaktionelle Platzierung Ihre Glaubwürdigkeit.

Vertrauen wird eben nicht gekauft, sondern gewonnen. Darin liegt auch der Unterschied zum Verkaufen. Es gibt Leute, die können Eskimos Kühlschränke verkaufen, und diese Tugend ist sicher nützlich, wenn man sich die ersten Sporen verdienen muss. Nun aber schiffen Sie auf den weiten Ozean der Seriosität, Sie entwickeln sich vom „local actor“ zum „global player“. Jetzt wird nicht mehr verkauft, sondern ein Markt gemacht.

Auf lange Sicht wird man erst an einem Punkt erfolgreiche Resultate erzielen, wenn andere schon längst aufgegeben haben. Die ersten Versuche scheinen überhaupt keine Wirkung hervorzurufen. Aber üben Sie sich in Geduld. Sie können die Abläufe nicht mehr kontrollieren. Aber irgendwo da draußen scheint sich möglicherweise jemand viel mehr für Sie zu interessieren, als Sie für möglich halten. Längst stehen Sie unter Beobachtung.

Zeigen Sie allen, was Sie drauf haben. Sorgen Sie für Wiedererkennungs-Effekte. Ziehen Sie an den Drähten, die Sie haben. Informieren Sie die Multiplikatoren, die Sie kennen. Die meisten großen Geschäfte entstehen noch immer durch Empfehlungen. Nichts ist wertvoller, als wenn jemand gut über Sie redet. Überschütten Sie ihn mit Gold, wenn durch diese Person ein Geschäft zustande kommt.

Es gibt den schönen Ausdruck von „gentle penetration". Sex kann so sein, dass man sich dafür bedankt, oder so, dass man von einem Partner nicht genug bekommen kann. Es ist ein Unterschied, ob man über einen Witz lacht - oder lachen muss. So ist Marketing. Sie legen sich selbst herein, wenn Sie kurzfristig erzielte Triumphe feiern. Besonders am Anfang werden Sie in ihrer Umgebung für alle Aktivitäten höflichen Golfapplaus ernten. Niemand will Ihnen etwas Böses, denn Sie werden keinem gefährlich. Aber auf lange Sicht werden sich im Marketing die kleinsten Mängel als gefährliche Bumerangs erweisen.

Die drei wichtigsten Geheimnisse des Marketings lauten Beständigkeit, Beständigkeit und Beständigkeit. Eine einzelne Anzeige bewirkt nichts, erst die Rückkopplung durch einen Wiedererkennungseffekt. Deshalb sind Marketing-Konzept, Marketing-Mix und Media-Mix entscheidende Komponenten. Dafür gibt es kein Patentrezept. Wie im Verkaufen gilt auch hier: Sie sind, was Sie sind. Finden Sie Ihre eigene Art heraus, wie Sie sich darstellen, und betreiben Sie Marketing mit Anspruch. Nicht ohne Grund ist das englische Wort für Anspruch „Claim". Man muss sich Marketing wie Rockefeller vorstellen, der auf der Insel Manhattan seine Claims absteckte, sprich: dieses Land für sich beanspruchte. Auf die gleiche Art stecken Sie nun Ihr Territorium ab, das Sie für sich beanspruchen: Ihre Nische, die Ihnen keiner nehmen, sondern höchstens kopieren kann.

Vertrauen ist die Basis des Business. Marketing bedeutet, das Vertrauen der Massen zu erwerben. Wenn man so weit ist, dann muss es darum gehen, einen guten Ruf aufzubauen und zu verteidigen, exzellent zu sein und einen individuellen Ausdruck zu finden.

Dann werden sich Ihre Profite beträchtlich vermehren. Aber nur dann, wenn Ihr Auftritt vollkommen dem entspricht, was Sie mit Ihrer Firma vertreten. Ihr Image und Ihre Marke müssen mit der Wirklichkeit Ihres Geschäfts übereinstimmen, keine Fragen offen lassen, gelebt werden. In den intelligenten Märkten von heute sind Kunden und Konsumenten aufgeklärt. Sie lassen sich nicht so schnell verführen. Und sie lassen sich nichts vormachen. Schneller, als man sie zu den Deppen machen kann, sind Sie

Überraschen Sie sich selbst!

selbst der Depp. Wenn Ihre Werbung und Ihre Public Relations die Wahrheit sagen, wird Ihre Kommunikation Widerhall bei den Leuten auslösen, die Sie auch als Kunden haben wollen. Wenn nicht, bekommen Sie Kunden, die Sie nie wollten, und verändern Ihre Produkte, wie diese Kunden sie wollen. Sie werden sehr unglücklich dabei. Die richtigen Kunden aber füllen Ihre Nische. Sie füllen die Lücke auf, die Sie gefunden haben. Das sind die Neugierigen.

Effektives Marketing befähigt Sie, eine Menge Menschen, Marken, Märkte zu bewegen. Ganz entscheidend: Machen Sie neugierig, indem Sie selbst Ihrer Neugier folgen. Vergessen Sie die Leute, die kein Interesse an Ihrem Service haben.

Es ist reine Zeitverschwendung, widerwillige Kunden überreden zu wollen, wenn es bei etlichen Milliarden Menschen auf der Welt genug gibt, die ihn gerne in Anspruch nehmen wollen. Die Leute, die begierig darauf sind, das zu kaufen, was Sie anzubieten haben, sind auch die sympathischsten. Sie haben verstanden.

Sie haben genug Rückgrat, um sich selbst zu beobachten. Sich im Spiegel zu betrachten, fördert nur die Eitelkeit und die eigene Einbildung. Andere sehen Sie, wie Sie sich selbst gar nicht kennen. Wenn Sie auf der Bühne stehen und gefilmt werden oder eine Sprechübung aufnehmen, kommt Ihre ganze Wahrheit zutage. Nun können Sie sich nicht länger vormachen, wer Sie sind. Dann versetzen Sie sich selbst in die Lage von Kunden und Konsumenten - wir sind es täglich selbst.

Rein psychologisch betrachtet, hegen wir alle einen leichten Widerstand gegen alles Neue. Wir haben Angst vor neuer Musik, misstrauen neuen Unternehmen, brauchen lange Zeit, bis wir zu einem Produkt und einem Service Vertrauen gewinnen. Die menschliche EDV wehrt sich gegen Einflüsse von außen. Wieso sollte es Ihren Kunden anders gehen? Deshalb benötigt man einen langen Atem und muss die Kunst der „sanften Penetration" lernen, um sich anzunähern, ohne sich aufzudrängen. Aber konzentrieren Sie sich auf die Leute, die positiv auf Ihren Auftritt reagieren und signalisieren, dass Sie Ihr Angebot nutzen wollen.

Kollektiver Enthusiasmus ist das Herzstück des Marketings. Wenn Ihr Team eine Idee „nicht schlecht" findet, ist das in Ordnung. Sie sollten sie aber nicht umsetzen. Das Marketing, die Agentur, die Kreativen oder Sie selbst müssen so lange arbeiten, bis das Team „Wow!" schreit. Erst, wenn Sie sich selbst überraschen können - zum Beispiel mit einem Entwurf, in dem man das Unternehmen in einem

Licht sieht, wie man es noch nie gesehen hat - ist es gelungen, sich selbst neugierig zu machen. Und das dürfte man sich inzwischen wohl mal leisten. Wenn Sie und Ihr Team begeistert sind von dem, was sie tun, entsteht ein spezieller Magnetismus. Diese Begeisterung überträgt sich auf die Kommunikation und zieht die Leute magisch an - im wahrsten Sinne des Wortes.

Wie viele Modefirmen gibt es, die mehr Image und Marke kreieren als in ihren eigentlichen Produkten, den Klamotten? Besonders in dieser Branche sind Marketing-Genies gefragt, Meister in dem Fach, Trends zu erspüren und sie vorwegzunehmen, um allen anderen voraus zu sein. Nur eines dürfen Sie nicht produzieren: Falsche Gefühle. Dann schießen Sie sich selbst ins Knie. Ein „fake smile" folgt auf das nächste. Und schon haben Sie überall dieses falsche Vertreterlächeln um sich herum. Auf Meetings werden falsche Entscheidungen getroffen, wenn die Teilnehmer ihre Maske nicht abnehmen. Begeisterung erzeugen Sie dagegen, wenn Sie ehrlich sind, sich an die Stelle anderer versetzen und dadurch Verbindungen untereinander aufbauen. Die Steigerung Ihres Teams zu einer solchen Bombe an Begeisterung erzielen Sie, indem Sie jeden einzelnen zum Coach heranziehen. Vor allem bei jungen Unternehmen wird Begeisterung in dieser Art gelebt: Jeder coacht jeden. Nichts wirkt anziehender als ein Unternehmen mit Coaching-Kultur. Denn jeder will sich mit einer Sieger-Organisation identifizieren.

Das A und O guten Marketings wird merkwürdigerweise immer mehr vergessen: Sich in die Situation der anderen zu versetzen. Gutes Marketing erzählt aufrichtig von Produkten und Leistungen, hervorragendes Marketing von den Zielgruppen und ihren Bedürfnissen. Dann zeigen Sie Interesse und Respekt für sie. Wenn Sie aufrichtigen Respekt haben, dann rinnen Ihnen die richtigen Worte von selbst von den Lippen. Aber nicht nur das. Je offener Sie sich darstellen können, umso schneller wird Ihr Image bekannt. Und die Mundpropaganda wird ihr Übriges tun, um Ihren Laden bekannt zu machen.

Oftmals hat Marketing und Image nicht viel mit der Wirklichkeit zu tun, weil die Realität vieler Unternehmen einfach grausam ist. In diesen Fällen ist das Marketing eine große Kulissenschieberei, bei der die Wirklichkeit immer mühsamer vertuscht wird. Nike hat ein tolles Image, aber wie war das noch mit der Kinderarbeit? Schlecker ist billig, aber jeder weiß, wie schlecht die Mitarbeiter behandelt werden, dass sie weder ein Telefon haben noch eine eigene Toilette (beides müssen sie sich im Bedarfsfall bei den Nachbarn besorgen). Und könnt ihr eigentlich auch verdammt nochmal irgendwo auf Eure Wasch-, Spül-, Putz- und Arzneimittel draufschreiben, wie und wofür sie anzuwenden sind, anstatt nur überall draufzukleistern, wie toll sie sind? Je mehr Adjektive und Adverbien, umso blöder und blumiger werden die Aussagen. Genau aus diesem Grunde wird Ehrlichkeit im Marketing so hoch honoriert wie noch nie. Tun Sie uns den Gefallen: Beschreiben Sie Ihr Produkt, wie es ist. Sagen Sie, was es kann - und wenn Sie Mut haben, auch was es nicht kann. Man wird Sie dafür lieben. Ach so, und zugreifen.

Stellen Sie sich zu diesem Zweck Ihr Unternehmen als eine Massenuniversität vor. Ihre „Studenten" müssen ausgebildet werden, um Ihre Produkte zu kaufen. Marketing ist vor allem heute mehr als nur ein Tauschgeschäft. Es ist eine Art, die Intelligenz Ihrer Kunden zu bestätigen. Das sieht man sehr schön an den Preisen. Kunden freuen sich nicht nur diebisch, wenn sie ein „Schnäppchen" gemacht haben. Es ist zugleich eine Bestätigung für ihre Intelligenz. Wenn sie dagegen etwas teuer erstanden haben, was möglicherweise woanders billiger war oder sogar nicht den Preis wert, ist das eine Beleidigung ihrer Intelligenz. Dabei handelt es sich auch noch um einen Paradigmenwechsel. In den Achtziger Jahren war es chic, teuer einzukaufen, teuer zu essen und die ganz große Party zu feiern nach dem Motto: Was nichts kostet, ist nichts. Mit Preisen zu argumentieren, war vollkommen tabu. Nach der Billig-Welle kommt die Value-for-Money-Welle: Man bezahlt für etwas, was seinen Preis wert ist. Aber auch nur dann. Als guter Marketer müssen Sie auch diese Dinge an der Universität lernen. Das Schöne: Sie lernen es von Ihren „Studenten". Je loyaler Sie zu Ihrem Produkt stehen, umso mehr Abgänger werden ihm treu bleiben. Für einen bestimmten Zeitraum kann man immer künstliche Begeisterung in eine Kampagne pumpen. Aber irgendwann geht dem besten Hype die Luft aus. Deshalb zahlt es sich aus, an der Qualität Ihres Service festzuhalten, anstatt jeden Mist mitzumachen und auf jeder Welle zu reiten.

Marketing ist Glamour. Verkaufen ist Blut, Schweiß und Tränen. Trotzdem muss man das eine tun und darf das andere nicht lassen. Es ist ein weit verbreitetes Missverständnis, zu glauben, man brauchte nicht mehr verkaufen, wenn man Marketing macht. Im Gegenteil: War das Verkaufen erst ein 1:1-Marketing, ist es jetzt eine Feedback-Kontrolle, die im Glanze des Marketing natürlich wesentlich erfolgreicher sein kann. Über dieses Missverständnis sind nicht wenige gestolpert - nämlich alle diejenigen, die für ihre tolle Werbung gelobt wurden. Wenn Sie Ihre Rede gehalten haben, nützt Ihnen der Applaus für eine gute Rede

Ihre Nische ist breiter, als Sie denken

wenig. Die Leute müssen von ihren Sitzen springen und Ihnen folgen. Halten Sie deshalb das Ganze im Auge, während Sie sich um die Details kümmern. Wie verhalten sich PR und Werbung? Wie stellt sich mein Unternehmen nach Außen dar - und wie wird es wahrgenommen? Gerade noch waren sie so stolz auf Ihren neuen Schriftzug, da kommt jemand vorbei und meint, er dachte, es handle sich bei dem vielen Rosa um ein Babypuder - und nicht eine Kosmetiklinie. Seien Sie ihm nicht böse, sondern dankbar. Was erzählen überhaupt Ihre Verkäufer, wie das Projekt ankommt? Wie sehen die Zahlen aus - stehen Sie im richtigen Verhältnis zu Ihrem Werbeeinsatz?

Wenn Sie Business machen wollen, schauen Sie sich den Geschmack der Leute an. Lassen Sie Ihr „Material" reflektieren, was die Menschen wollen. Künstler, die am Hungertuch nagen, nagen am Hungertuch, weil sie ihr Ego durchsetzen wollen und sich nicht dafür interessieren, was ein größeres Publikum hören oder sehen will. Wir alle sind in dieser Hinsicht im Nachteil, denn wir verlieben uns schnell in unsere eigenen Ideen. Jetzt geht es aber mehr um andere Menschen, deren Ideen und Gefühle. Wenn Sie für eine Sensation sorgen wollen, dann bekommen Sie die Leute, wie das Wort bereits sagt, durch die Sinne. Große Marketer können Emotionen bündeln und fokussieren. Dafür ist es manchmal nötig, von seinen eigenen Ideen abzurücken. Seien Sie bereit, ein Logo oder einen Schriftzug sausen zu lassen, wenn es dagegen spricht, es auf dem Markt einzusetzen. Sonst werden Sie noch zu der „Alten", die dafür sorgt, dass es sowieso so gemacht wird, wie Sie es sagen. Jede Marketing-Maßnahme ist schließlich auch eine nicht zu unterschätzende Aktivität mit Tragweite. Ist ein Logo, ein Claim oder eine Kampagne erst einmal eingeführt, muss einfach alles stimmen, damit der Return stimmt.

Der Markt ist ein weites Feld. Die meisten Felder sind von einigen sehr großen Anbietern besetzt. Aber es gibt eine winzige Nische, die für Sie vorgesehen ist. Diese Nische ist sehr klein. Vermutlich kleiner, als Sie denken.

Die Nachfrage ist jedoch größer, wenn Sie das Angebot auf einen wirklichen einzigartigen Nenner bringen. Wenn Sie Coach sind, dann reicht es womöglich nicht ganz aus, dass Sie sagen, Sie sind Coach. Tödlich ist die Aussage „Ja, für alles". Die meisten haben Angst, auf der großen Liste vergessen zu werden, und offerieren die eierlegende Wollmilchsau. Das ist genau der richtige Fehler. Je enger die Nische, umso mehr Platz ist dort für Sie drin. Konkreter ist es schon, wenn Sie sich auf, sagen wir, Business-Coaching festlegen würden. Dann schrumpft die Zahl der Anbieter schon auf ein paar schlappe Millionen. Wie aber werden Sie die Nummer Eins in der Suchmaschine? Mit welcher Bezeichnung schaffen Sie's, als Erster ergoogelt zu werden? Da muss schon mehr passieren. Wie wäre es mit Business-Coaching für alleinerziehende Frauen in Lateinamerika (oder einem anderen Land), die sich auf Hautcrèmes spezialisieren wollen? Wir garantieren: Da sind Sie die einzige. Wenn nicht: Nehmen Sie nur spezielle Faltencrèmes für den Oberschenkelbereich. Lassen Sie es 200 Frauen sein, die als Zielgruppe in Frage kommen. Aber die haben Sie alle, ganz für Sie allein. Bewältigen Sie erst einmal 200 Kunden. Entscheidend ist das folgende Kriterium: Für einen Job braucht man immer eine ganz bestimmte Spezifikation. Wenn es um Ihren Service geht, dann müssen Sie die Person sein, an die man denkt! „Ruft sofort XXX an, das ist genau die Richtige für den Job!" muss es aus den Meetingräumen erklingen, dann haben Sie gewonnen. Wenn Sie ein Produkt verkaufen, funktioniert der Weg auf die gleiche Weise. In Sachen Cola machen die Hersteller Coke und Pepsi seit Jahrzehnten das Rennen unter sich aus. Selbst, wenn Sie den besseren Cola-Softdrink hätten, würden Sie nicht gegen die beiden ankommen. Denn, bitteschön, wer ist zum Beispiel die Nummer Drei auf dem Gebiet. Niemand, der wirklich eine Rolle spielen würde. Die Abnehmer richten sich in solchen Dingen lieber ein und bleiben bei den Dingen, die sie kennen. Nur ganz gewaltige Argumente bringen Konsumenten von den Produkten ab, die sie einmal lieb gewonnen haben. Dafür ist natürlich noch eine Kleinigkeit nötig: Voraussetzung ist, dass Sie sich einen Namen gemacht haben. Wenn Ihr Marketingplan Ihnen selbst gefällt, können sie ihn auf andere loslassen. Starten Sie Ihre Produkteinführung nach dem Muster eines Projektes. Wenn eine Idee im kleinen Kreis eine Saite berührt, ist ihnen das Ergebnis ins Gesicht geschrieben. Sie bekommen die berühmten großen Augen, wenn ihnen etwas gefällt. Die Probanden sollte Leute sein, die Sie respektieren. Begehen Sie nicht den Fehler, mit Marketing eine Antwort auf die Kritiken zu geben, die auf Sie einprasseln. Widerstehen Sie dem Impuls, Ihre Ansicht kund zu geben. Keiner sieht dümmer aus als jemand, der einem Publikum erzählt, was er nicht ist. Nutzen Sie das gesprochene und gedruckte Wort, um den Menschen mitzuteilen, was gut für sie ist. Sie wollen hören, was ihr Leben besser macht. Begehen Sie auch nicht den zweiten Fehler im Marketing: Etwas zu verkaufen, was es schon gibt, aber besser gestaltet. Jeder mag schöne

Medien sind alles: Von der Visitenkarte bis zur Preispolitik

Dinge, aber kaufen wird man nur Substanz. Wir wollen gar nicht wissen, wie viele Milliarden von Euro für schicke Kampagnen verpulvert wurden, die tolle Creative Directors nur entworfen haben, um sich einen Goldenen Löwen in Cannes abzuholen. Machen Sie den Leuten klar, wer Sie sind und was Sie machen bzw. was das Produkt kann und was es bewirkt - zwei Komponenten, die erschreckend oft fehlen. Wenn Sie diese Substanz geliefert haben, kann der Stil immer noch hinzukommen. Im Marketing müssen Sie Farbe bekennen. Keine Frage darf offen bleiben. Kein Zentimeter darf zurückgewichen werden. Keine Hektik. Keine unausgegorenen Entscheidungen. Keine Kompromisse. Und achten Sie auf die Neugier: Menschen lieben Geheimnisse. Die letzte Frage muss offen bleiben. Das erklären Sie, wenn die Kunden vor Ihrer Tür stehen.

Noch nie war es so einfach wie heute, mit relativ wenig Aufwand eine große Wirkung zu erzeugen. One-to-One-Technologien ermöglichen die direkte Auslese Ihrer speziellen Zielgruppe, wie zum Beispiel im Internet.

Mit dem Unterschied, dass Sie die ganze Welt und die ganze Welt Sie erreichen kann. Es gibt kaum ein Geschäft, für das man noch auf die Straße gehen muss - fast alles lässt sich im Internet suchen, finden, und bestellen.

Vor allem für Frauen, die Kinder großziehen und entsprechende andere familiäre Pflichten erfüllen müssen, ist das eine wunderbare Chance. Man muss nicht mehr die eiskalte Karrierefrau mimen, die in hochhackigen Pumps durch die Konzerne stiefelt und strikt den Rest ihres Lebens verleugnet, wenn nicht sogar darauf verzichtet. Dank mobiler Kommunikation werden Karrierefrauen Mütter und einst verzweifelten Hausfrauen „Business Women“. Die großen Werbestrategien in Radio, Fernsehen oder im Kino brauchen nur noch die großen Konzerne. Und selbst in diesen Bereichen kann man im Bedarfsfall ganz wunderbar etwas in lokalen Stationen oder Blättern unterbringen.

Nie war der Kontakt zu und mit Kunden unkomplizierter. Digitale Medien fördern die Mund-Zu-Mund-Propaganda. Wenn etwas wirklich gut ist, wird es weiterempfohlen - verbal oder auch durch das Weiterleiten einer E-Mail. Eine eigene Website ist eigentlich ein „must“, macht Ihnen jeder Software-Student für ein paar Euro, und auch die Reservierung kostet Sie fast nur ein müdes Lächeln. Newsletter oder Grußworte zur passenden Gelegenheiten machen auf Sie aufmerksam, kosten praktisch nichts - und wer sie nicht will, streicht sich einfach aus der Liste. Public Relations sind eine immense Ersparnis von Anzeigenkosten, und wenn es darum geht, jemanden von der Wichtigkeit und Attraktivität Ihrer Leistung zu überzeugen, glauben wir nicht, dass Sie auf den Mund gefallen sind. Hier zählt allerdings wieder der zwischenmenschliche Kontakt. Ein paar Termine in Ihren anvisierten Redaktionen ist schon die halbe Miete. Allein, wenn Ihr Produkt in einem Medium verlost oder auf andere Art zur Schau gestellt wird, können Sie sich auf eine breite Resonanz gefasst machen.

Bücher oder Magazine sind für manche Branchen die besten Visitenkarten. Wenn Ihre Innovation eine neue Einstellung in einem Servicebereich darstellt, zögern Sie nicht, zur Feder zu greifen. Das Buch ist ein Medium, das hoch geschätzt wird und Ihre Kompetenz in Sprache wiedergibt. Und Sie haben Zeit, alles zu sagen, was Sie zu sagen haben. Wenn Sie nicht niederschreiben können, was Sie sagen wollen, beschäftigen Sie einen Ghostwriter. Drucken kann das Ding im Notfall jeder Copy-Shop um die Ecke zu einem kleinen Preis. Entscheidend ist zunächst nicht, dass Sie Bestseller-Autor werden, sondern dass Sie das Werk jedem Gast, Kunden, Besucher, Medienvertreter in die Hand drücken können. Wer ganz ambitioniert ist, kann - vielleicht im Rahmen eines Projekts - einen eigenen Werbespot, einen Event oder eine TV-Show inszenieren - warum nicht? Stellen Sie sich vor, Sie führen Ihr Business auf einer Bühne auf! Auf jeden Fall sollte es drin sein, eine Party zu veranstalten, die Ihre Kompetenz nicht nur als Entertainer herausstellt.

Aber vergessen wir nicht die „basics". Einen verdammt einfachen, schlichten und einprägsamen Namen. Wie „Apple". Oder „Nike". Dazu einen Claim, mit dem Sie Ihren Claim abstecken. Wie „Echte Kleidung für echte Menschen". Oder „Weil einfach einfach einfach ist". Oder, na gut, „Geiz ist geil". Eine durchgehend erkennbare Handschrift, von der Visitenkarte bis zur Pressemappe. Ein schönes, aussagekräftiges Symbol in klaren Farben, das Ihr Image herüberbringt. Wir sagen „schön", weil die meisten Logos und Schriftzüge unsere Umwelt visuell verunstalten. Aber auch eine transparente Preispolitik, die den Wert Ihrer Produkte und Ihre Verantwortung für Service widerspiegelt und den Kunden durch Skonto, Kredite oder Raten die Kaufentscheidung erleichtert. Ein Corporate Behaviour, zu dem Sie sich bestimmt noch mehr ausdenken als dass Ihre Mitarbeiter „Einen schönen Tag noch" sagen. Einen guten Ruf, den Sie mit Ihrem Auftreten unterstreichen. Einen Service, von dem die Leute vor anderen ins Schwärmen kommen - Empfehlungen sind Gold wert.

Ihr Auftritt, bitte. Wo immer Sie einen Vortrag halten können, tun Sie es. Da stehen Sie den Kunden leibhaftig gegenüber und können durch Ihre Überzeugung überzeugen. Oder Sie geben selbst Seminare. Vielleicht verschaffen Sie sich sogar durch eine öffentliche Rede oder eine Demonstration auf sich aufmerksam. Vergessen Sie neben der Duftnote, die Sie setzen, nicht, Pröbchen zu verteilen. Rufen Sie einen Preis aus. Schreiben Sie selbst Zeitungsartikel zu Ihrer Thematik. Forschen Sie auf Ihrem Gebiet und machen Sie sich zum Pionier. Wenn Sie ein Genie sind, ist der Sponsor nicht weit. Gehen Sie zu einem professionellen Fotografen und hängen Sie Ihr schönstes Lächeln als Plakat auf oder in Ihren E-Mails als Anhang. Kümmern Sie sich um einen riesigen Verteiler. Verschicken Sie Newsletter oder Direct Mails. Sie sind oft lästig, aber immens erfolgreich. Alles, was Sie anfassen, sind Medien. Das beste Medium ist jedoch immer noch das simpelste von allen: Das Gespräch.

Wer nicht wirbt, der stirbt. Wenn der ganz große Durchbruch für Ihr Unternehmen kommt, dann jetzt. In diesem Stadium reift Ihr Business, wenn alles gut geht, zu einer ungeheuren Blüte heran. Ihr Unternehmen wird von einer Welle der Ermutigung getragen, alle bisherigen Erfolge geben Ihnen Recht. Die Bewegung ändert sich. Es ist nicht mehr allein von Ihrer Tatkraft abhängig, was geschieht. Sondern es geschieht einfach. Alles kommt in Fluss. Sie spüren die Bedürfnisse im Markt so genau, dass Sie nichts weiter tun müssen, als diese Bedürfnisse emotional anzusprechen. Dann kreieren Sie eine spürbare Wucht, die mit keiner anderen Bewegung vergleichbar ist. Sie sitzen in einer Burg, und von alle Seiten wird gestürmt - etwa diese Dynamik wird ein erfolgreicher Marketing-Feldzug auslösen.

IHR VORSPRUNG

„Eine unersättliche psychologische Neugierde, ruhelos und beunruhigend, von einem untrüglichen Spürsinn für das Fremdeste und Seltenste, Verschollenste und Versteckteste geleitet, war die geistige Zentraleigenschaft Burckhards. Und dazu kam noch eine geradezu olympische Unparteilichkeit des Urteils, die alles lächelnd als berechtigt anerkennt, weil sie alles versteht."

Egon Friedell über den Geschichtsschreiber Lucius Burkhard (in: Friedell 1978:38)

„Leadership" enthält das Suffix „-ship". Den Vergleich eines großen Unternehmens mit einem Schiff lesen Sie nicht zum ersten Mal. Aber hier zieht sich die Metapher wie ein roter Faden durch den Text. Dabei geht es allerdings weniger darum, wie Sie den Pott bewegen, sondern wohin. Süßwassermatrose oder Hochseekapitän, das ist hier die Frage. Und was kommt am Ende? Wo müssen Sie durch? Welche Gefahren warten auf Sie? Sie sind Captain, werden Sie Ihrer Rolle und Ihrer Verantwortung gerecht.

Am Beginn haben wir uns sehr mit unserer Vergangenheit beschäftigt, mit allem, was in uns ist, was tief drinnen unsere Werte und Überzeugungen geformt hat. Wir haben gezeigt, wie man sie in einer Mission formuliert und im Zuge mentalen Wachstums immer pragmatischer umsetzt. Die „Stimmung" wurde immer gelöster, bis wir schließlich in der Gegenwart gelandet sind, wo wir uns um den Launch, Recruiting, Coaching, Marketing gekümmert haben. Das ist die Gegenwart. Jetzt wenden wir uns der Zukunft zu.

Wir haben nie gesagt, dass es oben auf der Leiter leichter wird. Aber schöner. Wer mit der Zeit geht, geht mit der Zeit. Aber Erfolg folgt, wenn man sich selbst und seiner Neugier folgt. Marketing kostet eine Menge Geld und muss bewirken, dass diese Menge nur einen Bruchteil dessen darstellt, was sie einbringt. Um solche Prozesse zu verantworten, muss man ein Leader sein. Hier geht es um Leadership.

Großartige Marketer werden meistens zu großen Leadern. Das unterscheidet sie von CEO's, die meistens gute Manager, aber selten Anführer einer Company sind. Sie kennen Zahlen und Ziele, haben aber nicht unbedingt das Charisma eines Coaches, das Teams und ganze Unternehmen dazu bewegt, über sich hinauszuwachsen. Die großen Gestalten von Unternehmen aber tragen ihren Spirit in ein Unternehmen und sind in der Lage, die Botschaft des Unternehmens in die Welt zu tragen.

Was ist ein Leader? Im Deutschen haben wir das unangenehme Wort "Führer", oft ist auch von „Führungsqualitäten" in „Führungsetagen" die Rede.

Ein Leader ist, ganz ganz wörtlich buchstabiert, ein Leiter. Von einem „Führer" unterscheidet ihn zunächst, dass man ihm und seinen Ausführungen freiwillig folgt. Ein Leiter ist, wie in der Physik, jemand, dessen Energie sich auf andere überträgt. Das englische „Leader" kommt im Sport vor, aber auch in der Kunst. Ein Leadsänger einer Band oder ein Dirigent ist Leader, und hier wird der Anspruch auch deutlicher. Ein Leader hat ganz von selbst Autorität und Einfluss. Er hat schon so viel Neues geleistet, dass er Leute um sich versammelt, die Respekt vor ihm haben, weil sie wissen, dass sie noch viel von ihm lernen können. In Berlin wurde einmal Hobbymusikern die Gelegenheit gegeben, in einem Orchester mitzuspielen. Die Damen und Herren, die in ihrer Freizeit also ein Instrument spielen und vielleicht gelegentlich Hausmusik aufführten, konnten sich plötzlich den Traum verwirklichen, in einem echten Orchester zu sitzen, das aus ihresgleichen bestand, und Mozart für eine Aufführung zu proben. Auch dieses Orchester hatte selbstverständlich einen Dirigenten. Was es aber bedeutet, ein Leader zu sein, wurde deutlich, als eines Tages verkündet wurde, dass ein Gastdirigent für kurze Zeit die Regie übernehmen würde. Herein kam... der große Kent Nagano, Chef des Deutschen Sinfonie-Orchesters Berlin, seit Jahren in Deutschland verpflichtet, zukünftiger Leiter der Bayerischen Staatsoper München als Nachfolger von Zubin Mehta, und einer der wichtigsten zeitgenössischen Dirigenten überhaupt. Den Musikern stockte der Atem.

„Sehen Sie, was da auf dem Notenblatt steht: In den erste vier Takten steht „Leidenschaft". Dann steht da „Wut". Danach steht bei mir „Tränen". Also, meine Damen und Herren, bitte spielen Sie..." etwa so in der Art müssen die Regieanweisungen geklungen haben, die

Nagano gab - und in der Art gaben die überraschten Musiker plötzlich alles. Der Dirigent hat nichts weiter getan, als seine Sichtweise auf das „Team" zu übertragen. Und die legten sich nun ins Zeug. Ein Meister zeigt einmal, was in ein paar Noten steckt, und hinzu kommt seine ganze mentale wie physische Präsenz, die ein paar Menschen im Handumdrehen zu Höchstleistungen anspornt. Das ist Leadership. Das Amateur-Orchester war stolz und überglücklich. Nagano gab seinen Dirigentenstab dann wieder ab und soll später als Zuhörer bei der Aufführung einen recht zufriedenen Gesichtsausdruck gemacht haben. Für die Musiker war ein Traum in Erfüllung gegangen.

Wenn Sie einmal Ihr Marketing beherrschen, wird Ihr Unternehmen immens wachsen. Es werden möglicherweise so viele Leute hineinströmen, dass Sie nicht mehr jedes einzelne Personalgespräch führen können. Es ist nicht entscheidend, jeden Mitarbeiter mit Vornamen ansprechen zu können. Wichtig ist, das ihr Spirit weiterhin beherrschend ist, verbunden mit Ihrem Qualitätsanspruch, Ihrer Philosophie und Ihren Zielen. Es ist Zeit, sich aus dem Tagesgeschäft herauszuhebeln, denn Ihre Sorge muss nun sein, dass so viel Geld hereinrauscht, dass Ihre Firma in die erste Liga aufsteigt. Sie können nicht mehr jeden einzelnen Instrumentalisten coachen. Sie müssen dirigieren - und mit einigen Gastauftritten klar machen, wo die Leidenschaft in Ihnen steckt. Sie können das. Ihre Menschenkenntnisse müssen Sie nur auf einem höheren Level ansetzen. Top Leader haben große Menschenkenntnis gewonnen, und sie wissen, wie man sie bewegen kann. In diesem Stadium werden Ihre Coaching-Kenntnisse immer raffinierter. Sie können Menschen bewegen und inspirieren, ohne überhaupt die Stimme zu erheben.

Leadership und Vorsprung bedeutet, über Ursache und Wirkung erhaben zu sein. Sie können eine Aura von Gelassenheit und Macht schaffen, wie es seinesgleichen sucht unter den Leuten, die sich von Marktschwankungen und Veränderungen leicht beeinflussen lassen. Das ist diese Art Gelassenheit, von der ein Bundespräsident einmal gesprochen hat. Leader lassen sich nicht von äußeren Bedingungen irritieren. Sie kreieren die Bedingungen durch große Ereignisse.

Wenn Sie einmal Coaching und Marketing beherrschen, sind Sie bereit für diese Haltung. Sie haben dann schon oft genug als Vorbild und „role model" fungiert, dass Sie wissen, welche Aura man schaffen kann, aus der andere

Energie schöpfen können - „hier steht „Leidenschaft“!“ Ein „geht nicht“ wird als Antwort nicht akzeptiert. Wenn Sie so viel Verantwortung tragen können, wie man von Ihnen auf diesem Level erwartet, werden Sie eine ganz Große.

Jedes Unternehmen hat eine Person, nach der sich alle umdrehen, wenn es um Entscheidungen und Ausführungen geht. Dies ist der Steuermann, und es kann nur einen geben. Das sind Männer, die das Ziel im Visier haben und eiskalt darauf zusteuern. Aber Frauen sind das perfekte Radarsystem. Sie beobachten das Umfeld und seine Energieströme. Während Männer den Motor und Technik beherrschen, lesen Frauen die Karte und sagen, wo es lang geht. Das macht sie zu perfekten Leaderfiguren. Ein Anführer sollte schließlich wissen, in welche Richtung es gehen soll.

Leader haben die Fähigkeit, andere Menschen von ihren Ideen zu überzeugen. Sie können mehr sehen als andere. Sie sind schon einmal am Ziel gewesen, kommen zurück und norden die Mannschaft darauf ein. Ihr Wissen ist ihre Macht. Um ein Unternehmen wachsen zu lassen, stoßen Leader in unbekanntes Terrain vor. Eine Chefin ist nun zusehends der Achse von höchstem Risiko und höchstem Gewinn ausgesetzt. Entsprechend ist jede Situation von der Polarität zwischen Neugier und Vorsicht geprägt. Einerseits müssen Sie der Neugier folgen, andererseits jederzeit mit Gefahr rechnen. Alle wollen wissen, wo Sie sie hinführen. Sie müssen kreativ sein, inspirieren, Innovationen herbeiführen und jederzeit klar machen, dass Sie wissen, was Sie tun. Wenn Sie sich das nicht zutrauen, seien Sie so generös, um Platz zu machen für einen anderen, der dafür in Frage kommt. Es wäre nicht das erste Mal, dass die Chefs von Unternehmen in ihrer Position im Marketing oder Management bleiben, weil sie dort ihre ganze Stärke ausspielen können. Das hat nichts mit Gesichtsverlust zu tun, sondern mit Größe. Sie bleiben nach wie vor das Radarsystem im Unternehmen. Coca-Cola hat Top-Exekutive an der Spitze, aber der Erfolg des Konzerns war immer von seinen Marketingideen abhängig. Coca-Cola war schließlich auch die Marke, die Marketing erfunden hat.

Ein guter Leader kann Muster und Abläufe durchschauen, Trends vorahnen und den Marktgesetzen folgen. Ein hohes Potenzial an Allgemeinwissen und Durchdenken von Systemen und Philosophien sind nicht die schlechtesten Voraussetzungen. Sie lassen sich auf keine Händel ein, dazu sind sie zu erhaben. Sie können „akzeptieren, weil sie verstehen können“, wie Friedell sagt, und das Akzeptieren, das Nehmen-So-Wie-Es-Ist, ist ein

Coaching-Tool und eine Leadership-Qualität. Weil sie den Markt und seine Gesetze durchschauen, nicht, weil sie Autorität ausstrahlen, fühlen sich andere inspiriert, dieser Persönlichkeit zu folgen.

Leader haben eine sehr pragmatische Weltsicht. Sie können sehr gut unterscheiden, was wirklich und was nur eingebildet ist. Sie lassen sich nicht auf Thesen, Interpretationen oder Prognosen ein, sondern folgen ihrem Instinkt, der die Signale der realen Welt da draußen interpretiert. Sie orientieren sich an den unumstößlichen Sachverhalten, wenn sie eine Wahl treffen. Die bekannteste ist vermutlich „Murphy's Law": Alles, was schief gehen kann, geht schief. Diese realistische Einschätzung der Dinge sorgt dafür, dass man auf dem richtigen Weg bleibt.

Leader unterscheiden sich von Managern in einem bedeutenden Punkt: Manager lösen Probleme. Leader kreieren neue Herausforderungen. Eine Leaderpersönlichkeit kann eine Managerin, eine Promoterin oder eine Visionärin sein - wenn Sie sich unsicher sind, machen Sie nochmals den Test im Kapitel „Ihr Weg". Denn jetzt, wo es steil nach oben geht, werden vom Leader alte Märkte erobert und neue geschaffen, um eben die Anführerschaft - Leadership - zu übernehmen. Das Motiv ist eindeutig: Schnell werden andere kommen, die kopieren und klauen, was das Zeug hält. Sie müssen vordenken und sich neu erfinden, um weiter vorne zu bleiben. Schauen Sie sich an, wie andere Unternehmen sich regelmäßig umkrempeln und für neue Überraschungen sorgen, damit alles so bleibt, wie es ist. Das ist Ihre Herausforderung. Ihr Neugier-Faktor: Sie können selbst große Dinge vollbringen. Dinge, die Sie sich nie zugetraut hätten. Inzwischen aber eröffnen sich neue Horizonte, die ganz andere Perspektiven eröffnen.

Viele Menschen leisten Widerstand gegen Leadership. Das hat nichts mit Sicherheitsdenken zu tun, sondern auch mit der Tatsache, dass sie in der Vergangenheit immer nur „gemanagt" wurden: Zahlen, Ziele, und wenn diese nicht erfüllt werden... Schuld und Sühne. Management bedeutet in vielen Fällen Manipulation. Man soll Projekte managen, aber keine Menschen. Menschen korrelieren besser zu Leadership. Sie sehen darin eine Herausforderung für sich selbst und können sich im Erfolgsfall in dem schönsten Gefühl wiegen, das für Menschen vorgesehen ist: Anerkennung. In einem Team zu gewinnen und gemeinsam den ganz großen Erfolg davon tragen.

Im alten Business stellen Frauen in Führungspositionen sehr oft ein großes Problem dar. Vor allem für andere Frauen, die unter ihr arbeiten. Das hat weniger mit Neid zu tun,

Das Leadership-Element: Innovation.

sondern mit „Management" statt „Womanagement". Im Management nehmen Frauen die Rolle von Männern ein, die an Machtspiele gewohnt sind. Das können Frauen nicht leiden. Nicht, dass nur Männer listig und kalkulierend sein können. Die besonderen Qualitäten von Frauen aber, wie Verbindungen schaffen, organisieren, die persönlichen Stärken jedes einzelnen ausloten kommen im alten Management nicht zum Zuge. Management bedeutet Drähte ziehen. Leadership bedeutet Fäden ziehen: Ergebnisse produzieren. Leadership hat mit Coaching und Fairness zu tun, nicht mit eisernen Parolen.

Niemand von uns kann sagen, wie das Leben oder das Weltgeschehen verläuft. Aber es gibt Menschen, die besser mit dem Hier und Jetzt unserer Realität, mit den gegebenen Dingen und den Naturgesetzen umgehen können. Wo andere den Wald vor lauter Bäumen nicht sehen, sind sie schon auf den höchsten geklettert, um die Umgebung zu scannen und den schnellsten Weg zu finden. Wenn ein Schiff auf Felsen zusteuert oder in eine Nebelbank hineinfährt, ist es ziemlich sinnlos, zu diskutieren, was nun zu tun ist. Man braucht einen Captain, der das Ruder herumreißt, Befehle ruft, die verstanden werden und mit den Bordinstrumenten vertraut ist. Der Laden muss laufen, ohne mittendrin hinterfragt zu werden. Das ist die Aufgabe von Leadern. Sie können oftmals Dinge vorhersehen, die dann tatsächlich eintreffen, und entsprechend früh die richtigen Register ziehen. Sie kennen auch nicht die letzte Wahrheit. Aber die Wirklichkeit.

Aus der Psychologie kennen wir das Phänomen der konstruierten Wirklichkeit. Sehr gerne basteln wir uns unsere eigene Realität, wollen die Dinge so sehen, wie sie für uns bequem sind. Oftmals stellen wir uns sogar lieber ein bisschen dumm, um zum Beispiel Zeit zu gewinnen, obwohl wir es im Prinzip besser wissen. Wer aber eine akkurate Wahrnehmung der Wirklichkeit erfahren will, muss sich zwingen, die Dinge aus verschiedenen Blickwinkeln zu erfassen, und auch die unbequeme Wahrheit akzeptieren, um sie überwinden zu können. Am besten gelingt das durch Distanz: Sich nicht mit dem identifizieren, was man sieht, sondern beobachten. Wer aus seiner eigenen Haut in eine andere schlüpft, kann auch sich selbst besser; neutraler wahrnehmen. Dann kann man auch die Perspektiven anderer besser sehen. Dann merken Sie, dass auch Ihre Version von Wirklichkeit nur eine von vielen ist, und noch dazu sehr emotional gesteuert.

Wenn Sie diese Art von Wirklichkeit einmal durchschaut haben, hat Information einen ganz anderen Stellenwert. Denken Sie an Murphy's Law: Dinge geschehen. Wer sie nicht sehen will, erleidet schnell Schiffbruch. Die Titanic ist nicht untergegangen, weil man nichts von Eisbergen wusste, sondern weil man sie nicht sehen wollte. Nur absolute Klarheit über Produkte und Prozesse bringt Resultate. Wenn das Wort nicht etwas abgestanden wäre, könnte man mit Fug' und Recht sagen, dass nur Innovation, also ständige Erneuerung Ihr Schiff auf Kurs hält. Diese Innovation hat der Systemtheoretiker Niklas Luhmann auch mit „Kommunikation" bezeichnet: Ständige Reparatur am fahrenden Schiff. Das ist das Stichwort für Leader und solche, die es werden wollen. Je mehr Kommunikation, umso mehr Transparenz, umso mehr Klarheit. Es gibt diese tragischen „Führerfiguren" (dieses Wort einmal ganz bewusst benutzt), die in ihrem Palast sitzen und den Sinn für die Realität längst verloren haben. Das liegt an ihrer eigenen Macht, an ihrer Autorität. Ein Vorstandmitglied eines Automobilkonzerns pflegte immer, grundsätzlich das Mittagessen mit den Arbeitern in der Kantine einzunehmen und mit ihnen in Gespräch zu kommen, selbstverständlich, um seine „Nähe zum Volk" zu demonstrieren. Bis bei einem 360-Grad-Feedback herauskam, dass die Mitarbeiter darauf keinen Wert legten und sich lieber verkrümelten, wenn er auf sie zusteuerte. Sie gaben zu Protokoll, dass sie sich jedes Mal vorkämen wie bei einem erneuten Bewerbungsverfahren. Wer autoritär ist, kann sich noch so oft mit seinen Mitarbeitern zusammensetzen. Es liegt an einem guten Leader, eine Atmosphäre zu schaffen, in der er von seinen Leuten die Wahrheit hört und auch bewusst aufnimmt. Abermillionen von Euro gehen in großen Unternehmen dabei drauf, die Störungen in der inneren Kommunikation zu beheben, und Coache leben gut davon. In einem frischen Unternehmen kann man von Beginn an mit Coaching und Leadership diese Störungen vermeiden. Dann kann man die laufenden Ereignisse und Ideen neu miteinander verknüpfen und die Dinge klar sehen.

Klarheit bedeutet, etwas zu sehen, was andere nicht sehen. Damit beginnt der Innovationsprozess. „Sehen" bedeutet, Dinge ohne Vorurteile oder Voreingenommenheit anzunehmen. Hier feiert die Neugier wirklich eine rauschende Party, vorausgesetzt, Sie versetzen sich in den Zustand, in dem Sie Ihrer Neugier folgen können. Dann entsteht Flexibilität und lebenslanges Lernen, die Basis für jedes innovative Business. Der große Peter F. Drucker hat die sieben wesentlichen Quellen von Innovation aufgelistet:

1. *Unerwartetes.*
   Alles, was unerwartet hereinbricht, hat etwas Innovatives. Sogar das Negative: Ein unverhoffter Erfolg, wie etwa, wenn nicht das erstrangige Produkt das Rennen macht, sondern ein anderes. Unerwarteter Misserfolg produziert zunächst eine reinigende Erkenntnis, die zu neuen Entscheidungen führt.

2. *Inkongruenz.*
   Das, was ist und das, was sein sollte. Wenn man im Unternehmen sitzt, sieht man oft Veränderungen nicht, obwohl sie sich direkt vor den eigenen Augen abspielen. Vergleicht man das reale Produkt mit dem, was man sich erträumt hat, bestehen oftmals große Unterschiede.

3. *Not.*
   Sie macht bekanntlich erfinderisch. Ein Mangel oder eine Panne können Auslöser für eine vollkommen neuartige Lösung darstellen. Überhaupt ist das Leben am schönsten, wenn man improvisiert.

4. *Wandel.*
   Veränderungen in der Wirtschaft, Trends, neue Bedürfnisse der Kunden und Zielgruppen. Durch Fords Fließband veränderte sich unsere Arbeitsweise. Durch Computer und Internet kann man sich zu jeder Tages- und Nachtzeit informieren und unterhalten, sind zeitgebundene Programme immer weniger angesagt.

5. *Demografie.*
   Veränderungen und Verschiebungen in der Bevölkerung. Sich verändernde Strukturen in sozialen Systemen, Alter, Kultur. All diese Affekte lassen die Leute anders konsumieren. So entdecken Industrien neue Zielgruppen, wie zum Beispiel Homosexuelle, die türkischen Mitbewohner u.a. als eigenständige, kaufkräftige Zielgruppe.

6. *Wahrnehmung, Stimmung, Bedeutung. Und natürlich deren Veränderungen. Was Menschen schätzen, welche Haltung sie Dingen gegenüber haben, verändert den Markt und fordert so Innovation heraus. „Fast Food" ist zum Beispiel ein Begriff, der mit schnellem Essen assoziiert wird. Dabei ist damit nur schneller Service gemeint. Wer da den Dreh bekommt, verdient oder spart Milliarden.*

7. *Neues Wissen.*
   Forschung und Entwicklung wird vor allem aufgrund unvorhersehbarer Resultate und

Leader sehen mehr

Langfristigkeit immer mehr zum Stiefkind der Industrie. Dabei ist es die Quelle aller Innovation, der Hort der Neugier. Drucker schätzt die durchschnittliche Innovationszeit auf 25-35 Jahre. Bei kleinen Unternehmen sieht das anders aus. Ihre Chance!

Technologie ist etwas Glamouröses und kann verdammt lukrativ sein. Was man gemeinsam schafft, löst neue Energien aus. Die kollektive Intelligenz eines Teams ist weit mehr als die Summe seiner Teile. Sie ist ein Kraftwerk, das von Innovationen angetrieben wird. Auf diese Weise kreiert ein Leader sogar neue Werte für die Gesellschaft. Eine „Company" heißt ja nicht ohne Grund „Gesellschaft". Auf dem sozialen Humus gedeihen neue Blüten, und die Leute, die involviert sind, hängen daran - laut eigener Aussage viel mehr als an dem Geld, das sie verdienen. Im Negativen lässt sich das sehr gut an der Arbeitslosigkeit beobachten. Viele Menschen verzweifeln, wenn sie arbeitslos sind, auch weil sie nicht mehr in einem sozialen Geflecht integriert sind, in dem man täglich Werte lebt und Anerkennung erfährt.

Das Industriezeitalter währte zwei Jahrhunderte. Das Informationszeitalter zwei Jahrzehnte. Der nächste Step liegt direkt vor uns: Die neuen Leader verwandeln die alte Industrie in die neue Service-Ökonomie. Sie sehen klar, was andere brauchen, und formulieren Antworten. Sie führen ihr Unternehmen durch das Dickicht aus Angst und Verwirrung, weil sie sehen können, was dahinter kommt und was andere nicht sehen wollen. Sie sehen die Realität. Sie passen Visionen, Marketing und Management dem Wandel an. Sie sind wie Bergsteiger: Sie können lange wach bleiben und auf den Gipfel krabbeln, ohne ihn ständig vor Augen zu haben. Durch alle Höhen, Tiefen und Unwetter hindurch. Sie können innovieren und improvisieren. Und sie bleiben hungrig.

Eine weitere Fähigkeit ist es, Muster zu erkennen. Andere sprechen von „Trends". Wirklich interessant ist aber, zu durchschauen, welche Strukturen wiederkehren. Wenn man Muster durchschaut hat, kann man sein Produkt mit dem Muster anpassen oder das Muster selbst verändern. In der Unterhaltungsindustrie ist dieses Verfahren zum Beispiel (über)lebenswichtig, etwa wenn es darum geht, neue Fernsehformate zu schaffen oder zu beobachten, welche Themen das Publikum aktuell interessieren und welche nicht: Indem *sie untersuchen, welche inneren Programme bei den Zuschauern ablaufen, welche Bedürfnisse oder Ängste sie haben, was sie emotional berührt. Wenn aber ein Leader neues Terrain betritt, bedeutet es, dass alte Strukturen zusammenfallen. So wie neue Arbeitsplätze geschaffen werden, werden alte überflüssig. Dummerweise dominiert auch hier das Sicherheitsdenken, so dass die meisten Menschen an der Schiffsplanke der alten, gelernten Systeme festhalten, anstatt zum Rettungsboot zu schwimmen und dann mal weiter zu sehen. Zum Preis ihrer Neugier. Lieber schleichen sie gebeugt durch die Gegend und tragen eine überflüssige Last, als sich neuen Dingen zuzuwenden.*

Selbstverständlich ist es riskant, Dinge zu tun, die noch nie jemand vorher zu tun gewagt hat. Jede Menge Karrieren waren beendet, als man neuen Grund betrat. Auch die neue Service-Ökonomie wird vielen Leader Kopf und Kragen kosten. Aber alle Industrien, die an den alten Zöpfen hängen bleiben, werden mit der größten Wahrscheinlichkeit absterben. Wer neue Realitäten nicht akzeptieren kann, ist immer noch am schnellsten weg vom Fenster. Es gibt Zeiten, in denen Wandel sehr gefährlich ist.

Aber noch gefährlicher ist es, sich nicht zu verändern. Das größte Risiko ist meistens, es nicht auf sich zu nehmen.

Es ist Zeit zu handeln: Das ist das Credo von Leadern. Sie werfen ihre Leute in die Aktion. Das bedeutet erneut eine Umwandlung auf der Zeit-/Geldachse. Dieses Mal wird die Zeit gedehnt. Das Geld wird investiert. Schon weht ein anderer Wind durch Ihre Pläne. Die ganze Expedition ist nicht ungefährlich. Postieren Sie immer eine Wache an Deck. Sie steigern die Vitalität Ihres Unternehmens durch Energie und ständige Alarmbereitschaft.

Leader steigern das Tempo durch eine größere Herausforderung. Wir nehmen Zeit anders wahr, wenn wir in ihr andere Dinge bewerkstelligen müssen, als wir es bisher getan haben. Alles andere ist ... genau, business as usual. Aber wir können mehr. Sonst wären wir heute noch in der ersten Klasse. Aber sobald wir Geld verdienen, von dem wir leben können, werden wir träge. Dabei ist dieses Geld eben keine Sicherheit für nichts - es sei denn, man ist Gewerkschaftsvorsitzender. Aber bald wird das Interesse schwinden, wenn wir täglich das Gleiche tun und einfach nur „unseren Job erledigen". Man merkt das schnell am Fluss der Zeit. „Alles fließt", geschenkt. Aber der zweite Teil von Heraklits (Allerwelts-) Weisheit lautet „man steigt niemals in den gleichen Fluss". Diese Konzeption ist auf die Zeit bezogen. Er meint damit, dass sich im Fluss der Zeit alles verändert und der Fluss nicht mehr derselbe ist als der, in den man vorher gestiegen ist. Ist Ihre Zeit ein langer ruhiger Fluss, oder ein reißender Strom? Dümpelt das alles so vor sich hin, oder steuern Sie direkt auf einen Wasserfall zu? Na, immer runter damit. Wenn Sie den Sturz vom Wasserfall überleben, verbirgt sich vielleicht ein Paradies dahinter. Wenn Sie die Zeit haben, machen Sie's wie Fitzcarraldo: Tragen Sie Ihr Schiff durch den Dschungel. Das Ding muss über'n Berg.

In dieser Hinsicht ähnelt Leadership sehr dem Projekt. In der Tat handelt sich hier immer um Projekte, doch dieses Mal sind sie kein Experiment mehr, sondern haben eine ganz andere Tragweite: Volles Risiko. Der Trick besteht darin, dass man alles, was man tut, mit einer Zeitachse verbindet.

Sie können alles schaffen. Aber die „Herausforderung" besteht darin, etwas in einer bestimmten Zeit zu schaffen. Wenn Sie ein neues Produkt einführen, können Sie sich nicht alle Zeit der Welt lassen. Marketing und Vertrieb müssen parat stehen. Die Bestellungen müssen so schnell wie möglich abgeliefert werden. Und bevor die Konkurrenz aufwacht, müssen Sie schon das nächste Ass im Ärmel haben. Auch hier ist Apple-Chef Steve Jobs mal wieder vorbildhaft: Kaum wird der Vorhang über einem neuen Produkt gelüftet, öffnen innerhalb der nächsten 24 Stunden in der ganzen Welt Computerläden mit den Produkten, die vorher nicht einmal die Presse kannte. Timing ist ein wesentlicher Aspekt von Leadership.

So viel zur Zeit. Kommen wir zum Geld. Nur durch eine Idee, die Wirklichkeit wird, kann man Geld generieren. Es gibt viele brillante Ideen. Ein Leader verwandelt sie in Projekte, die Geld einbringen. Wenn ein innovatives Produkt oder Service das Licht des Marktes erblickt, werden Träume zu Euros. Um dieses Ziel zu erreichen, sind nicht immer nur nette Parolen an der Tagesordnung. Ein Leader kann unter Umständen Order ausgeben, die keiner versteht. Nicht alle Ihrer Umsetzungswünsche sind beliebt. Aber wenn Sie wirklich andere Unternehmen „outperformen" wollen, müssen Sie über den Tellerrand hinaus entscheiden, den andere gewohnt sind. Erfolg haben Sie nicht, weil Sie so eine umwerfend charmante Person sind, sondern weil Sie gute Ideen durchdrücken und in anderen Dimensionen denken können. Heute verändern Sie ein Produkt. Morgen den Markt. Übermorgen schaffen Sie einen neuen. Verlangen Sie Leistung. Menschen möchten herausgefordert werden, auch wenn sie das Komfortable bevorzugen. Was sie nicht leiden

können, sind Wischiwaschitypen an der Spitze. Das ist das Letzte, wenn man Erfolg haben will. Und selbst wenn man es nicht haben will, möchte niemand eine unentschlossene Flasche als Chefin haben.

Es ist nicht einfach, Geld zu generieren. Geld vermehrt sich nur auf Basis der ökonomischen Realitäten. Es nutzt nichts, dagegen zu protestieren. So wahr die Globalisierung neue Realitäten schafft. Deshalb müssen Sie auf der Brücke bleiben und Kommandos erteilen. Es geht nicht mehr um Planung und Gestaltung, es geht um Exekution. Wenn Ihre Teams sich darüber im Klaren sind, kann es auch funktionieren. Das hat nichts mit Autorität im negativen Sinne zu tun.

Sie müssen sich diese Art Service vorstellen wie in einem Restaurant zur Prime Time. Damit alles funktioniert und mehrere Dutzend Abendessen zur richtigen Zeit aus der Küche gehen, muss jeder Gang, jede Bewegung, jede Zutat sitzen. Oftmals herrscht ein rüder Brüllton in der Küche. Meistens ist jeder Platz ausgefüllt. Jeder weiß, was er zu tun hat. Jeder Griff sitzt.

Nur so funktioniert der Service. Ein ungeschriebenes Gesetz in der Gastronomie lautet, dass man jedem eine Pfanne ins Kreuz werfen darf, wenn er einen Befehl nur halbherzig annimmt. Wenn man eine Bestellung nach hinten in die Küche brüllt, muss der Service wissen, dass man ihn verstanden hat. Da hilft nur ein zackiges, gut vernehmbares „Alles klar!" oder „Oui, mon Capitaine!". Wer „Ja, ja" sagt, hat eine Pfanne im Kreuz.

Alles zur richtigen Zeit am richtigen Ort, lautet die Parole. Entscheidend ist allein, dass man sich zusammen im Vorfeld über den richtigen Verkehrston einigt und alle Prozesse minutiös plant. Denn wenn der Laden voll ist, ist keine Zeit zum Fragen, ist jede Minute kalkuliert. Das ist Service.

Für Leader bedeutet das: Wie kann ich meine Kommandos noch verschärfen? Ist auf mich Verlass? Kann ich mich durchsetzen? Sind meine Pläne realistisch? Fordere ich meine Crew heraus, oder überfordere ich sie? Stimmen meine Handlungen mit meinen Versprechungen überein, die ich dem Team gegeben habe? Kann ich meinen Kunden gegenüber meine Versprechen halten? Oder bricht mein Team hinter mir zusammen? Je höher Ihr Niveau, je schneller die Umsetzung. Handeln Sie. Fordern Sie Handeln. „Handeln" bedeutet im Deutschen entweder „Verkaufen" und „Aktiv werden". Bündeln Sie beides.

Ihre Intelligenz nutzt nichts, sondern nur, was Sie damit anstellen. Informationen sind nur von Wert, wenn sie von anderen Menschen nutzbar gemacht werden. Als Leader lernen Sie, Energien und Informationen zu bündeln. Sie

Leadership-Training

entwickeln ein Gespür dafür, wer Umsatz bringt und wer nicht. Sie können Ihren Leuten im Gesicht ablesen, welche Absichten sie haben. Deshalb sind Sie erfolgreich.

Wenn Marketing Begeisterung erfordert oder auslöst, führt Leadership diese Begeisterung zum Sieg. Leader können auch belohnen. Sie führen ihren Leuten mit Hilfe von Events, Reisen und anderen Überraschungen vor, dass Sie an diesem sprichwörtlichen „Gewinn" unmittelbar teilhaben.

Leider ist auch dieser Begriff verwässert. Leadership-Training heißen auch Grundausbildungen für Bodenkräfte bei Luftfahrtunternehmen. Was wir aber meinen, ist Bildung. Früher waren Leader leichter auszumachen. Das waren die großen Kriegsherren der Industrien, die mit ihren Schlachtschiffen mit schier unermüdlicher Energie draufhatten, was ging. Es waren die gewalt- und machtvollen Business-Krieger, die den Markt einfach besetzten und beherrschten, indem sie größtmögliche Brutalität walten ließen.

Heute kommen Leader aus der Universität. Sanfte, charismatische Leader wie Michael Dell und Bill Gates kamen aus den amerikanischen Elite-Universitäten. Das ist die Ära der Frauen. Frauen wie Nicola Leibinger-Kammüller: „Eine zarte, charmante Frau in ratternder Maschinen-Männer-Welt. (...) Hat Literaturwissenschaften studiert und über Kästner promoviert. War für die Unternehmenskommunikation zuständig und als Arbeitsdirektorin fürs Personal. Hat die Familienstiftung geführt und sich um die Förderung von Kirchenmusik gekümmert. Nun ist sie die Nummer eins. Es ist ein Einschnitt. Die Erfindungen des Vaters haben das Unternehmen groß gemacht - nun führt eine Literaturwissenschaftlerin." (Süddeutsche Zeitung Wochenende, S. VI, Ausgabe Nr. 302/2005). Die Rede ist von Trumpf, dem größten Werkzeugmaschinenhersteller für die Blechbearbeitung in Europa, 1,4 Milliarden Euro Umsatz, 95 Millionen Gewinn.

Die neuen Leader sind Denker. Sie sind clever und sensibel. Sie fräsen sich nicht mit der Kettensäge in bestehende Märkte hinein, sondern schaffen sich einen eigenen. Sie können sehen. Sie können säen. Sie können verzeihen. Sogar sich selbst. Gerade noch gegen das aufkommende Internet gewettert, schon sein größter Fan: Bill Gates. Sie passen aber nicht sehr in das alte Bildungsschema, in dem vor allem die Memorisierung von Wissen eine Rolle spielte. In der Schule werden wir nicht zu Kreativität und lateralem Denken erzogen.

Zukünftige Leader sind an „Learning by Doing" gewohnt. Jetzt sind andere Qualitäten gefragt: Das Wissen aus der Bibliothek, gekoppelt mit realitätsgeschultem Militärdrill. Nicht jeder Leader muss beim Militär trainieren, aber die Strukturen sind effizient, um nicht von der Bildungsseite zum „mad professor" zu gerieren. Jede Bildung zum Leader muss praktisch, muss hemdsärmelig sein: Bildung, an der Realität geschliffen, das ist wahrlich eine neue Realität. Die Figuren in diesem Spiel muss man sich vorstellen wie ein fernöstlicher Karate-Trainer. Sie können jederzeit höchste Performance bringen, aber sie scheinen eine innere Ruhe zu haben, die sie wie einen schlafenden Riesen wirken lässt. Gleichzeitig fokussieren sie ihre ganze Intelligenz, Körper und Geist in vollkommener Harmonie. Dadurch wird eine Kraft gebündelt, die sie in die Lage bringt, mit einem Handschlag ein Brett zu zerschlagen, ohne sich dabei zu verletzen. Wenn Sie Ihre unsichtbare Energie in Ihren Teams nutzbar machen können, erzeugen Sie Innovation und erstaunliche Ergebnisse. Folgen Sie einfach Ihrer Lebendigkeit. Was fasziniert Sie? Was zieht Sie an? Was bringt Ihre ganze Konzentration auf den Plan? Wie lässt sich das mit Ihren Zielen im Geschäft verbinden? Wie verwandeln Sie Leidenschaft in Kapital? Eine leidenschaftlich vorgetragene Präsentation kann Millionen von Euro auf einen Schlag generieren. Sehen Sie zu, dass der Schlag sitzt. Wenn Sie all Ihre Kräfte aktivieren, werden Ihnen andere folgen.

Es ist mühsam, einen neutralen Blickwinkel auf das Geschehen um Sie herum zu bewahren. Ein Counterpart kann hier große Dienste leisten. Auch wenn ein guter Leader immer ein Coach ist, darf man sich als Leader auch selbst einen Coach nehmen. Die Chefs und Chefinnen brauchen selbst Dialogpartner, die Ihnen einen Spiegel vorhalten.

Sie brauchen Menschen, die ihnen die nackten Fakten und die ganz harten Dinge sagen, die Ihnen sonst niemand sagt, damit sie selbst weiterkommen.

Leader zu coachen, macht großen Spaß, weil sie lern- und kritikfähig sind. Sie haben das Standvermögen, sich die wirklich harten Dinge anhören zu können. Sie wissen eben auch, dass man nur weiterkommt, wenn man sich an der harten Realität da draußen messen muss.

Dann erkennt man erst, was man wirklich leisten kann. Business ist eine Arena, in der man zunächst bestehen muss, um zu überleben. Leadership ist die Speerspitze dessen, was man in dieser Arena erreichen kann. Zum Beispiel, nicht nur das Raubtier zu töten, sondern auch den Tyrannen, um die Herrschaft zu erringen. Man hört oft Leute Dinge sagen wie: „Nächstes

Jahr stelle ich mich vollkommen neu auf" oder „Eines Tages werde ich das auch mal probieren". Was man da heraushören kann, ist eine Klage über ihre derzeitige Situation. Am liebsten hätte man doch einen kuscheligen Job im mittleren Management, wo man andere instruieren kann, ohne selbst groß gedrillt zu werden. Aber wenn man nicht selbst eine Firma leitet, hat man keinen Begriff von dessen Intensität und Komplexität. Leadership ist der schwerste Job der Welt. Es fordert Ihnen alles ab, was Sie zu geben haben. Wer herumeiert, verliert.

Sie können Leader sein, wenn Sie es nur wirklich wollen. Es bedeutet lebenslanges Lernen. Es bedeutet, einer Sache in Demut zu dienen, wie es der Alte Fritz oder neuerdings auch die Kanzlerin und der Bundestrainer in ähnlicher Weise formuliert haben. Nur dann gestalten sich die Prozesse in Ihrem Unternehmen effektiv. Selbst wenn Sie ein geborener Leader sind, müssen Sie lernen, zu dienen. Sie müssen lernen, Ihre finanziellen Zielsetzungen in einem gesetzten Zeitrahmen mit Ihrem Team erfüllen zu können. Alles für das Resultat. Als Business-Leader haben Sie beschlossen, an einem Rennen teilzunehmen, bei dem Sie immer die Nase vorn haben müssen. Monat für Monat, Jahr für Jahr müssen Sie „Best Performance" geben. Sie müssen dafür smarter als alle anderen sein. Wenn andere ihren Urlaub antreten, freuen Sie sich, neue Projekte anzutreten. Sie müssen bereit sein, alle Demütigungen auf diesem Weg in Kauf zu nehmen. Sie werden bespuckt, beleidigt und Situationen ausgesetzt, die andere nicht tragen könnten - das Verb zu „Demut" heißt schließlich „demütigen". Sie werden ständig erschöpft sein. Wenn Sie etwas anderes vorhaben, sind Sie kein Leader.

Mit Ihrem Unternehmen wächst der Druck. Es wird nicht leichter. Aber die Belohnungen werden größer. Leider haben Sie nicht oft Zeit, Ihren Vorsprung zu genießen. Schon kommen die anderen wieder heran. Und am Ende stellen Sie fest, dass es gar kein Vorteil ist, erfolgreich zu sein, aber immer noch besser, als einzurosten oder auszubrennen. Na dann - viel Spaß!

Quellen:
Drucker, Peter F.: Innovation and Entrepreneurship.
Drucker, Peter F.: Management im 21. Jahrhundert. Berlin 1999.
Watzlawick, Paul: Die erfundene Wirklichkeit. München 2002.

IHR SERVICE

„Ich bin bloß der höchste Diener meines Staates.“

Friedrich der Große

Das Schönste dieser Welt ist es, glücklich und zufrieden zu sein. Aber das Allerschönste in dieser Welt, ist es, andere Menschen glücklich und zufrieden zu machen. Diese Aufgabe ist Leadern zugeschrieben. Mit ihren Produkten und Prozessen, Diensten und Leistungen haben Sie eine Lösung geschaffen, die irgendwo eine Lücke schließt und Sie glücklich macht, weil Sie damit Geld verdienen, und zufrieden, wenn Sie merken, dass es Ihren Kunden und Partnern Zufriedenheit beschert, was Sie für sie tun. Aber das Höchste, was man erreichen kann, ist es, diesen Zustand ständig zu haben, und nicht nur, wenn man ein Feedback bekommt. Diese Eigenschaft ist dienenden Leadern zugeschrieben.

Schauen Sie sich das Zitat von Friedrich dem Großen an, das wir im vorherigen Kapitel bereits angedeutet hatten. Er ist einer der mächtigsten Männer der Welt und stellt sich doch als Diener unter „seinen Staat“, und das einzige, was ihn „bloß“ von allen anderen unterscheidet, ist die Tatsache, dass er „der höchste Diener“ ist.

Dienen ist das Schönste auf dieser Welt. Und alle, die es geschafft haben, wissen das. Die besten Dinge im Leben kosten nichts. Die kleinen Dinge im Leben sind es, die uns wirklich glücklich machen. Das Strahlen Ihres Kindes am Morgen, die Zahnlücke, die man nur sieht, wenn Sie Ihren Partner zum Lachen gebracht haben, das Geburtstagsgeschenk, das zeigt, dass jemand sich sehr mit Ihnen beschäftigt - das sind sie, die Wertsachen unseres Lebens. Die ganz großen Unternehmer wissen das. Sie wissen auch, dass die noch größere Freude darin besteht, der- oder diejenige zu sein, der anderen etwas schenkt.

Bei uns herrscht das umgekehrte Paradigma vor. Sie denken, es sei das Beste, zu herrschen. Gute Mädchen kommen in den Himmel, böse überall hin, hieß ein netter Spruch. „Lieber in der Hölle herrschen, als im Himmel dienen", sagt der Leibhaftige in Miltons „Paradise Lost". Dieser mentale Virus ist die große Plage der Menschheit. Die Mehrheit der Menschen führt lieber ihren privaten Krimi und hat die Macht über ihre selbst gemachte Hölle, als anderen Menschen etwas Gutes tun zu wollen. In unserer westlichen Welt ist auch dieses Paradigma verkehrt. Wir lernen mit der Muttermilch, dass man für das Gute kein Geld nehmen darf, während es immer etwas Anrüchiges hat, richtig Geld zu verdienen. Bis in das achtzehnte Jahrhundert durften allein Juden Geschäfte mit Zinsen machen - was man „wuchern" nannte - schließlich und auch deshalb waren sie die Aussätzigen der Gesellschaft. Bis in unser Jahrhundert hinein war es jemandem, der Zinsgeschäfte macht, nicht möglich, als Gentleman zu gelten. Daher rühren auch die verkrampften Versuche von Parvenues und Kapitalisten, mit ihrem Geld Adel, Takt und Intellekt auszustrahlen.

Ausgerechnet Adam Smith, der Begründer der freien Marktwirtschaft, hat ausdrücklich darauf hingewiesen, dass sein Konzept des sich selbst regulierenden Marktes unter freien Bedingungen nur funktioniert, wenn man sich ganz altruistisch nach den Bedürfnissen der anderen richtet - dass die eigene Bereicherung dann auch vollkommen legitim ist: „Es liegt nicht am Wohlwollen des Bäckers, des Brauers oder Metzgers", dass er täglich arbeitet. Die Ursprünge der Begriffe „Dienen", „Verdienen" oder „Lohn" drücken ja aus, dass es sich bei Geschäften im Prinzip um ein Tausch- und Belohnungssystem handelt. Der freie Markt ist das größte, sich selbst organisierende System, das es gibt, Adam Smiths „Unsichtbare Hand". Geführt wird sie von Adam Smiths „Unparteiischem Zuschauer", was so etwas ist wie die Volksseele, das soziale Gewissen, die öffentliche Meinung. Dieses System organisiert sich aber nur, wenn man dient, also etwas bedient, was der Allgemeinheit dient. „Womit kann ich dienen?" ist eine Floskel, die im Kern den Servicegedanken ausdrückt, was aber leider selten gelebt wird.

Wir können nichts dafür. Wir sind so geeicht. Wir beginnen, über uns zu reden, weil wir denken, wir müssten uns verkaufen. Dabei ist es viel einfacher und schöner, zuzuhören. Jemanden nach seinen Dingen zu fragen und neugierig auf ihn sein, ist viel simpler und effektiver. Auch da sind Frauen oftmals besser. Männer versuchen, die Dinge zu vereinfachen. Sie faseln nicht. Sie fassen sich kurz. Sie vermeiden komplexe Dinge und bevorzugen die einfachen Dinge, „wie Krieg und Bier", wie in „Alles außer Sex" zitiert wird. Frauen können besser mit Komplexitäten umgehen. Sie fassen sich ganz und gar nicht kurz, sondern kommen von einem aufs andere, ohne den Überblick zu verlieren. Männer versuchen, knapp, klipp und klar herüberzukommen. Es gibt immer zwei Arten, wie Massen miteinander kommunizieren: Krieg oder Handel. Männer bilden eher eine Front (siehe „Krieg"), bevor sie sich auf die Welt anderer einlassen („Handel"). Die Wirtschaft der „old school" funktionierte nach den Prinzipien des Kriegs. Im Service-Zeitalter ist es Zeit, zu handeln.

Es liegt in der Natur des Mannes, zu dominieren. Von Trojanischem Krieg bis zum Indianerstamm - es wird gemordet und geplündert, oftmals, um Frauen zu beeindrucken, um sie zu „erobern". Manche vermuten, alles, was Männer unternehmen, tun sie nur der Frauen wegen. Das ist nett. Aber die Methode ist merkwürdig. Unter Männern vergeben sie sich etwas, wenn sie als „Frauenversteher" oder „-flüsterer" gelten, obwohl diese Methode den größeren Erfolg verspricht. Aber wem sagen wir das. Wir alle, Männer wie Frauen, sind aber eher darauf trainiert, uns einen schnellen Vorteil zu verschaffen, als etwas durch Service zu erlangen. Aus reiner Frustration setzen wir eine Menge Energie daran, andere davon abzuhalten, ihre Wünsche zu erfüllen. Ohne böse Absicht geben wir dann unseren Mitmenschen einen mit oder zählen die Nachteile ihres Tuns und Gestaltens auf und nennen es dann „konstruktive Kritik".

Nahezu alle ganz großen Unternehmerideen basieren auf Service: einfach mal den Hebel umzuschalten und etwas entdecken, was das Leben einfacher macht. Besonders die Erfolgs-Unternehmen von heute stehen für diese Art von Service-Ökonomie. Crumpler hat nichts getan, als Taschen für moderne Produkte zu entwerfen: Rucksäcke für Laptops, die so konzipiert sind, dass sie darin hängen und nicht auf den Boden knallen, wenn man den Rucksack absetzt. Zahlreiche Unternehmen bieten spezialisierte

Services, bei denen die Nutzer ihre ganz individuellen Wünsche sofort aussieben können. Das Dialogmedium Internet ist das ideale Instrument, mit 1:1-Kommunikation direkt auf den Punkt zu kommen, aus der Sicht über den Tellerrand Probleme anderer zu lösen, die sie selbst nicht sehen können, sehr spezielle Services anzubieten und weltweit die richtigen Leute dafür zu bekommen. Das beste Medium überhaupt aber ist der Dialog selbst: das Gespräch. Daraus ergeben sich sehr oft Bedürfnisse, die man mit seinem Service erfüllen kann - wovon beide Teilnehmer vorher nichts geahnt haben. Besser, als seine Kunden zum Essen einzuladen und sie zu unterhalten, ist es daher, sich für ihren Alltag und ihre Probleme zu interessieren - wobei man das sehr schön mit einem guten Essen verbinden kann. Wie dankbar ist man, wenn sich jemand für meine Angelegenheit interessiert - und mir dann auch noch Lösungen für meine Probleme anbringt! Und wie glücklich sind Sie selbst!

Dienen ist göttlich. Wenn Sie ewig nur „ihren Weg gehen", werden Sie immer unzufrieden bleiben, wie ein verwöhntes Kind. Was immer Sie kriegen (kommt von Krieg!), ist nicht das Richtige. Ein Beispiel dafür ist exzessiver Konsum, oder auch Shopping. Das nächste heruntergesetzte Kleid wird alle Ihre Bedürfnisse stillen. Aber wenn Sie es gekauft haben, ist die Freude von kurzer Dauer. Schon liegt man wieder auf der Lauer. Gibt man Liebe, erzeugt man Dankbarkeit, ist die Freude die größte aller denkbaren Freuden. Jede Mutter weiß das.

Unsere Erziehung bringt uns nicht bei, andere Werte zu schätzen und sie zu motivieren und zu fördern. Und wir sind leider selbst auch misstrauisch geworden. Hinter jedem Kompliment vermuten wir Absichten und Eigeninteresse.

Dabei ist Menschlichkeit ein hartes Brot. Es ist viel einfacher, negativ als positiv zu sein. Wenn jemand einen Entwurf gemacht hat, vergeben wir uns etwas, wenn wir sagen, wie toll dies und jenes daran ist.

Aber das Negative fällt uns sofort ins Auge, und „wir wollen ehrlich sein". Viel effektiver ist es, taktvoll zu sein. Service ist ein Flirt. Man kommt nur weiter, wenn man sich in die Situation anderer versetzt - was man im Französischen mit „Charme" bezeichnet.

Das Privatfernsehen zum Beispiel ist eine Institution, in der die Redakteure meistens wissen, was die Leute wollen, ohne sie zu fragen. Dafür bedienen sie sich eines besonderen Tricks. Sie gehen auf das möglichst unterste Niveau mit dem Argument, die niedrigsten Instinkte möglichst vieler Menschen zu bedienen.

In den Service gehen

Das Prinzip Trash funktioniert: Weil die meisten Menschen sich abends langweilen - und bestimmt nicht aus Neugier - stellen sie den Fernseher an. Wenn sie die Ergebnisse der Produktionsstudios aus Hürth beobachten, schauen sie aus reiner Fassungslosigkeit hin. Und schon stimmt die Quote. In anderen Ländern haben auch wesentlich unspektakulärere Sendungen Erfolg, wenn sie nur eines tun: Sich in die Situation anderer zu versetzen und Gefühle anzusprechen, die uns alle angehen.
Der kleinste Hollywoodfilm hat in dieser Hinsicht ein höheres Niveau als alles, was aus Deutschland kommt.

Fernsehen lebt von Alarmismus und Negativität. Keine Nachrichtensendung ohne Mord und Totschlag, Krieg, Naturkatastrophen... und Politik. Keine Talkshow, ohne Dreck zu schleudern. Kein Privatfernsehen ohne Trash.

Wie erleichternd war da das Auftreten von Oprah Winfrey mit ihrem „Gratitude Journal" in ihrer Show. Als erste - und fast einzige bislang - vermeidet sie es, sich im menschlichen Elend zu suhlen. Stattdessen hat sie den Mut besessen, einem Mainstream-Massenpublikum einen positiven Dienst zu erweisen. Sie riskierte die Quote und folgte ihren Überzeugungen. Diese Art von Mut macht Leader zu echten Service-Leadern. Oprah Winfrey zählt übrigens zu den reichsten Frauen der Welt.

Dienen heißt bei uns „in den Service gehen". Wirklich dort zu sein, wo ein echtes Bedürfnis herrscht. Service ist nicht nur ein gutes Geschäft, sondern die Quelle echten Glückes und wahrer Zufriedenheit.

Und zwar für denjenigen, der in den Service geht. Es ist der Return bei einem Investment. Dann nämlich schauen Sie über den Tellerrand Ihres Ego und sind nur neugierig auf den Anderen. Wenn sich jemand mit Ihnen beschäftigt, fangen Sie an zu glühen. Umgekehrt wird es nicht anders sein.

Service ist eine sensible Angelegenheit. Es kommt vor, dass jemand jemandem etwas Gutes tun will. Und es gibt das Phänomen, dass man jemandem etwas Gutes tun will, und der soll es auch bitteschön merken. Man tastet sich vorsichtig durch den Raum, um einen Schlafenden nicht zu wecken, aber immer noch laut genug, damit dieser merkt, wie gut man es mit ihm meint. Wer den Geburtstag der Gattin des Kunden herausfindet, um ihr an diesem Tag zu gratulieren, oder dem Kunden eine Flasche Cognac zusteckt, ist nicht im Service, sondern schmierig. Service hat nicht mit Anbiedern zu tun, sondern mit Überraschungen. Service ist die Kunst des Unerwarteten und beginnt bei Ihrer eigenen Neugier. Wenn Sie glauben, Sie beherrschen Service, irren Sie. Denn man wirkt schneller anbiedernd, als man denkt. Die Kunst besteht bei unserer Konzeption darin, jemanden neugierig zu machen. Service ist wie Golfspielen: Nehmen Sie niemals an, Sie können es jetzt. Ihr Ausdruck von Kulanz und Freundlichkeit ist ein Handicap, das Sie in alle Ewigkeit verbessern können. Wenn Sie stehen bleiben, werden andere an Ihnen vorüberziehen. Schon wechseln Ihre Kunden die Marke.

Service ist die komplexeste Fähigkeit, die es zu lernen gibt. Wir wissen bis zum Ende nicht wirklich, wie wir auf andere Menschen wirken. Und Nettsein liegt nicht in unserer Natur. Die Zivilisation haben wir erfunden, damit wir uns nicht gegenseitig nach Bedarf totschlagen. Sie deckt unsere eigentlichen, wüsten und wilden Bedürfnisse nur zu. Wir benehmen uns anständig, weil wir es müssen. Wir lieben unseren Nächsten, weil es sich auszahlt. Wenn jeder Mensch Ihr potenzieller Kunde ist, muss man sich ihnen etwas raffinierter nähern, um glaubwürdig herüberzukommen. Große Menschenkenntnis und großes Glück gehen Hand in Hand.

Alles mit den Augen der Kunden sehen: Trainieren Sie Ihre Leute vom ersten Tag an darin. Man braucht vielleicht zwanzig Jahre, um zu einer Leaderfigur zu reifen, die als ein Vorbild für das von ihr geschaffene Unternehmen dient. Es dauert vermutlich noch länger, den Spirit bei den Leuten zu entwickeln, der Ihren Servicegedanken noch lange nach ihrem Tod weiterführt. Früher lag das Geld auf der Straße. Jetzt ist es die Dienstleistung. Damit ist nicht der Service bei McDonald's gemeint, sondern die Gabe, Bedürfnisse zu erkennen und dafür Lösungen zu schaffen. Beim „Verkaufen" haben Sie Produkte verkauft. Im Marketing verkaufen Sie die Werte Ihres Unternehmens: Sie verkaufen nicht nur Seife, sondern damit ein Stück Gesundheit und Natur, weil Sie an Gesundheit und Natur glauben und festhalten. Im Service verkaufen Sie Gesundheit und Natur und entdecken, dass die Menschen froh wären, wenn es mal eine tolle Seife gibt, die weder den Regenwald noch die Haut austrocknet. Deshalb hat Ihre neue Seife einen optimalen pH-Wert, und zehn Cent gehen an die Rettung der Regenwälder. Das ist Service.

Service ist die große Chance für Deutschland. Nicht umsonst spricht man da von einer „Servicewüste". In vielen Bereichen ist Service einfach nicht vorhanden - besonders dort, wo man Service vermuten könnte. Man macht Dienst nach Vorschrift und auf keinen Fall mehr. Wie wir schon erwähnten, verdient man aber eigentlich nur noch Geld, wenn man mit seinen Kunden in ein langfristiges Gespräch eintritt. Service ist eine Art menschlicher Verbindung, die ein Leben lang halten kann. Es geht nicht mehr um Massenprodukte, sondern um massenweise Einzelleistungen. Im Dialog erkennt man Lücken, Nöte, Bedürfnisse, Ängste. Dafür bietet man Lösungen, Ideen, eröffnet neue Horizonte. Zumindest, wenn man in Sachen Service denkt. Sogar oberflächlicher Service ist besser als gar kein Service. Dienstleistungen können immer besser als One-to-One-Lösungen gestaltet werden. Schauen Sie sich um. Wenn man einmal den Service-Chip im Kopf hat, sieht man an jeder Ecke Möglichkeiten, anderen Leuten einen großen Dienst zu erweisen, von der Reinigung an der Ecke bis zu großen Konzernen.

Wenn Sie Ihren Kunden dienen, ernten Sie ein Strahlen in ihren Gesichtern. Dieses Gefühl ist erhebend. Es ist wie auf einer rauschenden Party, wenn alle „gut drauf" sind. Man fühlt sich leicht. Man fühlt sich gut. Man fühlt sich bestätigt. Service poliert das Ego und verleiht immer ein kleines Glücksgefühl, einen emotionalen Kick, weil die Beschenkten das Gefühl haben dürfen, jemand hat sich mit ihnen auseinandergesetzt. Wir alle kennen das Gefühl, wenn wir tollen Service bekommen. Service ist eine subjektive Erfahrung, die wir objektiv messen. Ihre Kunden strahlen, fühlen sich lebendig, erzählen anderen Leuten von Ihrer kleinen „Sensation". Allein, wenn man mit Respekt behandelt wird, ist man dankbar.
Großer Service ist immer in-the-zone. Seine Qualität ist allein von ihren sozialen Fähigkeiten abhängig: vom Coaching und Umgang mit anderen Menschen. Wenn Sie ein System schaffen, in dem alle aufeinander eingehen, in dem man sich in die Augen schaut, um in ihren Gesichtern die Wünsche abzulesen, dann haben Sie gewonnen. Service ist die Kunst des Unerwarteten. Wenn Sie andere Menschen mit Extras, Events und Erlebnissen überraschen und verwöhnen, tut die Mund-Zu-Mund-Propaganda ihr Übriges, um Ihr Unternehmen im Glanze blühen zu lassen. Die größte Überraschung, die Sie bieten können, ist es, wenn Sie es schaffen, Menschen zuzuhören. Meistens geben wir auf Fragen schlagfertige, also fertige Antworten, über die wir nicht lange nachdenken müssen. Wer aber zuhört, hört mehr. Wer nachfragt, bekommt andere Antworten. Umso erstaunter die Leute, die sich diese Dinge sagen hören. Auch wenn wir aufrichtig antworten, halten wir mit unseren wahren Begehren meistens hinterm Berg.

Service ist kein Allheilmittel. Der Dialog funktioniert nur dann zwischen Absender und Empfänger, wenn sie auch umgekehrt

Empfänger und Sender sind. Beide Teilnehmer - etwa Ihr Unternehmen und die Zielgruppe - müssen genug Neugier haben, um gegenseitiges Interesse zu hegen, wie es weitergeht. Service ist eine Einladung zum Spielen. Wenn Sie nur ans Geld denken, das Sie dabei verdienen können, fühlen sich die Menschen manipuliert. Wenn Sie etwas tun, das Ihnen selbst unglaublichen Spaß bereitet, werden Sie andere damit anstecken. Echter Service ist immer ein Stück Entertainment, eine echte Kunst. Es weckt Lebensgeister. Es lädt zum Verweilen und Genießen ein. Es ist - auch für Sie - der Eintritt in eine neue Dimension. Wenn es zunächst um das Wahre (Werte, Mission, Ziele) und bei Produkten und Leistungen um das Gute ging, dann geht es jetzt um das Schöne, die Ästhetik. Service ist Qualität, ist das Schöne. Es ist das schwerste Unternehmen, das Sie bisher meistern müssen. Aber Ihre Fähigkeit, andere Menschen zu begeistern, wird Ihr eigenes mentales Wachstum beflügeln. Sie werden über sich hinauswachsen.

Natürlich bieten Sie vom Start weg den besten denkbaren Service, den es gibt. Aber die Dinge verändern sich. Wenn Sie Ihre Produkte, Prozesse und Systeme etabliert haben, ist es Zeit, zu überlegen, wie Sie Ihren Service verbessern. Deshalb gehen große Leader immer wieder in den Service. Sie lernen immer wieder, direkt am Kunden zu arbeiten. Sie putzen die Stube aus oder kellnern. Ingvar Kamprad setzt sich bei jedem Besuch einer seiner IKEA-Filialen oft für ein paar Stunden selbst an die Kasse. Und, kleiner Geheimtipp, er empfiehlt dringend das IKEA-Frühstück, aber auf jeden Fall zu zweit, denn der Kaffee für den Partner ist kostenlos und unbegrenzt. Know what we mean?

Dienen heißt verstehen. In diesem Sinne der höchste Diener seines eigenen Unternehmens zu sein, ist das Höchste, was es im Bereich Leadership gibt. Die größten und beliebtesten Unternehmer sind oftmals nicht dominant oder charismatisch, sondern hemdsärmelig und offenherzig. Sie mögen den „plain talk" und hassen Affektiertheit. Sie reden niemals schlecht über andere, schon gar nicht über die Konkurrenz. Sie haben einfach Klasse. Über Millionen von Jahren waren grundsätzlich die stärksten, tapfersten, unerschrockensten Männer die Leader. Jetzt sind es diejenigen mit den größten sozialen Kompetenzen und dem größten Herz. Früher siegte man auf dem Schlachtfeld. Jetzt erntet diejenige den größten Ruhm, die den besten Service für die höchste Anzahl an Menschen bietet. Dies ist die Zeit der Frauen.

Am besten dienen Sie anderen, wenn Sie sich zunächst selbst dienen. Dann lernen Sie es. Bis Sie klar haben, was Service bedeutet, werden

Welcome back. Welcome in the zone.

Sie sich recht lange mit Höflichkeiten und Gefälligkeiten herumschlagen, bis Sie merken, dass die Leute enttäuscht sind. Service ist nicht die Extrawurst für den Kleinen an der Theke. Dienen Sie sich selbst, überraschen Sie sich selbst, und Sie werden dahinter kommen, wann es Momente gibt, die Ihr Herz erwärmen. Schenken Sie etwas her. Zum Beispiel Zeit. Oder Aufmerksamkeit. Tun Sie Dinge, von denen der andere berührt wird. Zeigen Sie sich. Seien Sie ehrlich. Amüsieren Sie. Seien Sie Sie selbst. Wenn Sie in jemanden verliebt sind, dann sorgen Sie dafür, dass dieser Jemand Sie liebt. Ein größeres Geschenk können Sie sich gar nicht machen. Jetzt haben Sie eine Ahnung davon, wie sehr Sie sich den Arsch aufreißen müssen, um in den Service zu gehen.

Service erfüllt unsere Wünsche und füllt unsere Sinne auf. Es bringt uns an die Grenzen unserer geistigen Leistungen. Denn Service bedeutet, sich immer in die Situation anderer zu versetzen und alles aus ihrem Blickwinkel zu betrachten. In unserer Ego-getriebenen Gesellschaft trifft es uns wie ein warmer Sonnenstrahl, wenn sich mal jemand mit uns beschäftigt. Für Seelenmassage geben manche Menschen enorm viel Geld aus. Aber bei Service muss es nicht beim Friseurbesuch bleiben. Service bringt die unvergesslichen Momente hervor. Wie bei einem Autounfall, wenn die Zeit plötzlich in Slow-Motion verläuft. Eine Minute geschenkte Aufmerksamkeit scheint eine Ewigkeit zu sein. Es macht große Leader aus, dass sie gelassen sind. Sie nehmen sich die Zeit, die es braucht, um sich in andere Personen zu versetzen.

Dadurch bekommen sie die besten Produkte zustande und das beste Personal zusammen. Je mehr man darüber nachdenkt, was ein echter Service ist, umso mehr ist man zur richtigen Zeit am richtigen Ort. Timing ist alles, besonders im Service. Denn wenn Sie die Idee nicht haben, hat sie ein anderer.

Denken Sie zeitlos. Versuchen Sie, sich aus dem Alltag auszuhebeln. Dann springt Ihre mentale Uhr an. Dinge kommen nach vorne, die wirklich wichtig sind. Die wesentlichen Dinge im Leben. Ihre Werte. Das sind diese Michael Jordan-Momente. Der berühmteste Basketballer aller Zeiten war bekannt dafür, dass er seine Würfe immer gerne bis zum letzten hinauszögerte - weil er zum Zeitpunkt des Abwurfs bereits wusste, dass der Ball im Korb landet.

Er selbst erzählte, dass in diesen „magic moments“ für ihn die Zeit stillsteht. Triathleten arbeiten auf den Moment hin, bis sie „in the zone“ sind, neudeutsch auch „Flow“ genannt.

Das Wahre ist das Schöne

Das ist die Zeitspanne, in der sie schwimmen, Rad fahren, laufen, und nicht mehr darüber nachdenken. In dieser Zone kommen oftmals die wichtigen, wesentlichen Momente in den Vordergrund. Zum Beispiel der berühmte Film vor Augen, der die wichtigsten Momente ihrer Biographie vorführt. Es sind die Augenblicke, für die manche einen Ironman absolvieren, nur um einmal dorthin zu kommen.

In diesen Zeitlupen-Situationen - es kann auch ein Autounfall, Sex oder ein Sonnenuntergang sein - werden Ihnen Ihre Werte bewusst. Sie wissen plötzlich, worauf es im Leben ankommt. Und so schließt sich der Kreis - vom Service zu den Werten. Sie sind schon weit gegangen.

Aber jetzt sehen Sie, wie viel noch zu tun ist. In unserer westlichen Kultur werden wir zum Glauben an die Mathematik erzogen, nicht zum Glauben an Magie. Aber es gibt nichts Schöneres als das Glück, in diesem Zustand zu sein. Sie sind nicht länger Sklave, sondern Meister über die Zeit. Das, was Sie wollen, geschieht, ohne dass Sie dafür viel tun müssen. Solange Sie nur tun, was Sie wollen.

Falls Sie glauben, Fantasie sei eine Sache, die in der Wirtschaft nichts zu suchen hat, dann hören Sie sich mal diese Geschichte an: Ein kanadischer Hippie, der mal mit Animationen in den Fußgängerzonen seiner Heimatstadt begonnen hat, leitet heute das größte und kommerziell erfolgreichste Theater der Welt.

Der Cirque du Soleil verkauft jeden Tag Eintrittskarten für eine Million Dollar. Die neueste Produktion kostete allein 185 Millionen Dollar. Inhaltlich ist zu erwähnen: Die kanadischen Hippies haben damit die gesamte Theaterszene Amerikas umgekrempelt. In der ganzen Welt sind permanent mehrere Scouts nach neuen Talenten unterwegs. In ihrer Basis in Las Vegas diktieren sie längst das Geschäft. Sie sind einer der größten Magneten für die Touristen aus aller Welt.

Guy Laliberté, so heißt der kanadische Hippie, hat sämtliche künstlerischen und finanziellen Freiheiten. Für seine Stücke lässt er sich eigene Theater bauen. Durch den Cirque du Soleil hat sich Las Vegas zur zweitwichtigsten Theaterstadt der Vereinigten Staaten nach New York entwickelt. Ja, Las Vegas, die Wüstenstadt mit den Kasinos. Da kommen die Leute heute nicht mehr hin, um ihr Geld zu verlieren, sondern einen Traum zu erleben. Das ist das Schöne am Schönen, dem „Göttlichen in uns“ (Hegel): „Wenn ich das Schöne erlebe, weiß ich, dass ich einen Platz habe in dieser Welt“ (Samuel Fleischacker).

Wenn Sie es schaffen, anderen Menschen das Schöne zu präsentieren, ihnen zu zeigen, dass sie einen Platz in dieser Welt haben, werden sie Sie umarmen und nicht mehr loslassen. Das ist alles. Das ist Service.

Sie sehen Lösungen, auf die niemand anderes kommt. Sie sehen Dinge, die andere nicht sehen. In diesen Momenten sind Sie mit der gleichen Intelligenz aller großen Köpfe verbunden, die auf diesem Planeten gelebt haben.

Quellen:
Friedell, Egon. Kulturgeschichte der Neuzeit. München 2005.
Oprah.com: Oprah Winfrey's Website about relationships, books, food, self-discovery, money, mind and body.

IHR TRAUM

„Das Schöne ist, dass wir in manchen Dingen gleich sind: Wir alle tragen Jeans und trinken Coca-Cola."

Elizabeth Taylor

Ach, Sie sind es. Wir hätten sie beinahe nicht wieder erkannt in Ihren bequemen Klamotten. Sie wirken so entspannt. Kein Wunder. Sie haben es nicht nur geschafft. Sie stehen vollkommen über den Dingen. Keine Kompromisse. Keine Termine. Kein Arbeitskorsett. Kein Wunder: Sie sind Ihre eigene Chefin. Sie haben alles in der Hand. Sie müssen nicht mehr arbeiten. Sie bestimmen das Geschehen. Sie haben nun endgültig beides: Zeit und Geld. Beides arbeitet unabhängig von Ihnen weiter. Sie können sich feiern lassen. Sie können sich ein schönes Haus kaufen. Sie können lange Urlaube buchen. Oder sich nun endgültig Dingen zuwenden, die Sie sonst noch interessieren. Auf diesem Wege lernen Sie die Leute kennen, von denen Sie immer in der Zeitung lesen. Ganz von selbst. Willkommen in der VIP Lounge des Lebens.

Der niederländische Arzt und Philosoph Bernard de Mandeville, seinerzeit der „bad boy" der Aufklärung im 18. Jahrhundert, hat die These aufgestellt, dass die reichen und netten Gutmenschen, die sich für karitative Zwecke einsetzen, dies nur aus schlechtem Gewissen tun, weil sie sich zuvor auf Kosten der Armen bereichert hätten. Sein bekanntester Slogan: „Private vice, public benefit." Ganz genau, und wenn schon, was soll's, entgegnete ihm sein Zeitgenosse, der Ethiker und Ökonom Adam

Smith. Das ist nur ein Beweis dafür, dass sich die freie Marktwirtschaft selbst organisiert und ausgleicht, und sei es, dass die Reichsten der Reichen aus dem puren schlechten Gewissen heraus für die Ärmsten der Armen da sind. Wir alle möchten nichts anderes als anerkannt werden. Diese eine Abhängigkeit wird immer bleiben: Bestätigung durch die Gesellschaft, dass wir ein guter Mensch sind.

Denn in den wesentlichen Dingen unterscheidet den Reichen nichts von den Armen. Die Queen geht angeblich abends mit dem Song „Good Night“ von den Beatles zu Bett. Man stelle sich das vor: Die Königin von England legt abends vor dem Schlafengehen eine CD ein, steigt ins Bett und liest vielleicht noch ein paar Seiten. Aber genau so ist es. Angela Merkel ist auch irgendwann ein Mensch, der sich barfuß ins Bett legt. In Unterwäsche sind wir alle relativ gleich - abgesehen von dem Schönheits- und Schlankheitswahn, der in seiner modernen, überzogenen Form geradezu nahe legt, dass man sich schuldig fühlen muss, wenn man nichts für seine Figur tut oder nicht zu ihr steht. In diesem Zusammenhang hat das Unternehmen „Dove“ Pionierarbeit geleistet. Es wirbt mit Frauen, die alles andere als Models sind, aber zu sich stehen und sich in ihrer Haut wohl fühlen. Das Tolle daran: „Dove“ ist mittlerweile so weit, dass es sich das Risiko leisten kann, einem medial gehypten Wert wie „Schönheit“ eine ganz neue, natürlichere Bedeutung geben zu können. Die coolsten Leute sind jene, die mega-erfolgreich, -reich oder -bekannt sind und vollkommen normal geblieben. Zitierte Beatles sind immer die Jungs aus Liverpool geblieben. Paul McCartney, einer der reichsten Menschen der Welt, steht heute noch auf der Bühne und „Please, please me“. Und vielen Menschen kommen bei Beatles-Liedern immer noch die Tränen.

Vielleicht ist Ihnen schon einmal aufgefallen, dass Leute, die richtig reich sind, sich oft in einer merkwürdigen Bescheidenheit äußern. Viele setzen sich für wohltätige Zwecke ein, und regelmäßig geben sie in Fragebögen zu Protokoll, dass das Wichtigste im Leben die Gesundheit sei. Menschen in solchen Situationen und Positionen wenden sich oft anderen, höheren Werten zu als den eigenen. Sie sind in der einzigartigen Lage, anderen helfen zu können. Bono leitet mit „U2“ die erfolgreichste Rockband der Welt. Aber eigentlich macht er das nur noch nebenberuflich. Er wendet die Lady Di-Taktik an: Wenn ich schon mal so populär bin, nutze ich das gnadenlos aus, um andere für wohltätige Zwecke unter Druck zu setzen. Weil sich durch den G7-Gipfel in Edinburgh so viele Politiker in Edinburgh einfinden, lädt er sie zu einem

Die vierte Dimension des Lebens

simultan stattfindenden U2-Konzert ein. Ein paar Minuten vor seinem Auftritt sitzen der Hollywood-Schauspieler George Clooney und bekennender Linker, und Paul Wolfowitz, Präsident der Weltbank und Architekt des Irakkrieges, nebeneinander auf einem Sofa hinter der Bühne, als Bono zu seinen Gästen kommt und sich lässig auf die Couchlehne setzt.

Bono kommt direkt zum Thema: Komplette Entschuldung aller Staaten der Dritten Welt. Keine Spenden. Keine Wohltätigkeit. Einfach nur allen die Chance geben, noch mal von vorne anfangen zu können. Schon stand er auf der Bühne und gab mit U2 seine gewohnt überragende, schweißtreibende Performance. „Es hätte ein wenig unbequem werden können", gab Clooney später zu Protokoll.

Wolfowitz meinte: „Pompösität und Arroganz sind die ärgsten Feinde, wenn man wirklich etwas auf die Reihe bekommen will. Aber Bono weiß, wie das geht." Wenig später ist Bono seinem Ziel ein großes Stück näher gekommen.

Bei Bob Geldofs weltweit ausgestrahltem Rockspektakel „Live8" werden die Politiker so stark unter Druck gesetzt, dass sie sich tatsächlich zu einer Entschuldung von Dritte-Welt-Ländern entscheiden. Kein Mensch zwingt einen Rocksänger zu solchen Aktivitäten. Egal, was seine Motive sind: Vielleicht tut er es einfach, weil er es kann. Das ist eine andere Dimension als alles, was Normalsterbliche erreichen können.

Wenn Service für Sie selbstverständlich wird, überwinden Sie die normale Zeitdimension. Ihre Aufmerksamkeit ist nicht weiter auf alltägliche Zwänge und Verpflichtungen eingeschränkt. Sie tun dann nur noch, was Sie tun wollen und für wichtig halten. Sie finden Ihren eigenen Lebensrhythmus. Zeit und Geld ist in ausreichenden Mengen da. Wenn Sie das ganze Leben über von diesen Faktoren diktiert wurden, sind Sie nun die Herrscherin.

Die meisten Menschen haben einen Höhepunkt in Ihrem Leben, vielleicht auch die berühmten 15 Minuten, in denen sie ein Star sind ... und in diesem Moment Ihren Zenith überschritten. Sie sinken wieder in Alltag, Nöte und Ängste zurück. Sie mögen zwar ihr Leben, aber können nicht mehr die Höhe erreichen, die sie einmal hatten, und fangen daher an, ihr Leben zu bedauern. Nur wer sich dagegen wehrt, bleibt auf der Höhe. Diese wenigen Menschen erleben ihr Leben als ständige Ausweitung der Möglichkeiten. Sie finden ihren inneren Rhythmus und betreten eine vierdimensionale Perspektive. Sie sind nicht mehr Individuen, auf sich bezogen, sondern „Durchgänge" (Johannes Gasser) für Erlebnisse und Begegnungen.

Diese vierte Dimension ist die Kür. Wir können auch gut durch drei Dimensionen navigieren und uns in ihr wohlfühlen. Wer aber alles erreicht hat und noch mehr Herausforderungen annehmen will, muss ja nicht gleich auf eine sinnfreie Weltreise gehen. Zahllos sind die Beispiel von Getty bis Michael Jackson, wo erfolgreiche nicht mehr wissen, was sie tun sollen oder den Bezug zur Realität verlieren - und sogar Gefahr laufen, wieder alles zu verlieren. Wir bewegen uns durch Höhen, Tiefen, in Breiten und Längen. In ihnen treffen wir unsere Entscheidungen und stellen die Weichen. Wir tun alles für Zeit und Geld. Beides fließt. Wer alles hat, sollte diese Dimension verlassen, um auf die einfachen Dinge zu kommen.

Obwohl man sich ständig bemüht, wach und aufmerksam durchs Leben zu gehen, verstrickt man sich schnell in eingeübte Muster und Rituale. Aber leider identifiziert man sich auch schnell mit der „Persönlichkeit", die sich über die Jahre daraus ergibt. Um es mit Nietzsche zu sagen: „Sei du selbst. Das bist du alles nicht, was du tust, meinst, begehrst." Überdenken Sie alles. Wagen Sie den Neustart. Hinterfragen Sie alles. Oftmals ist ein gutes Coaching der beste Weg, um den Weg zu sehen, auf dem man sich befindet. Ist es Ihr Weg?

Oft sind es kleine, einzelne Momente, in denen man sich der Fülle des Lebens bewusst wird, wo man lebt, wach und klar ist. Und sei es, dass man gerade mit Vollgeschwindigkeit auf einen Lastwagen zurast, der sich in die Quere stellt. Weil wir die meiste Zeit aber durch die Gegend rennen und Dinge tun und entscheiden, die scheinbar wichtig sind, kommen diese Momente eben nur in Schrecksekunden zum Vorschein. „Du hast ein Leben", sagen wir floskelhaft, wenn jemand von einem schönen Erlebnis berichtet oder durchschimmern lässt, dass man das Leben genießen kann, weil man genug Zeit und Geld dafür zur Verfügung hat. Gerne neigen wir aus Neid dazu, diesen Leuten das Leben madig zu machen, indem wir uns nach ihrer Rente oder anderen Methoden der Absicherung fragen. Wir wollen sie in Zweifel ziehen, weil ihr gutes Leben uns unerträglich ist. Die meisten wissen nicht einmal, dass es böse Absicht ist. Das Leben unter diesen Umständen ist ein Krabbenkorb: Sobald eine Krabbe versucht, ans Licht zu krabbeln, muss sie über die anderen hinwegkrabbeln. Und diese haben nichts Besseres zu tun, als die Krabbe davon abzuhalten und sie wieder zurück in die Tiefe zu ziehen. Mit den Krabben verhält es sich wie mit den Menschen in Platons Höhlengleichnis. Sie

Das Leben ist hart. Und schön.

haben eine falsche Vorstellung von der Wirklichkeit. Wenn Sie denn einmal das Licht der Welt erblicken, erscheint alles anders: Glänzend, schimmernd, farbig, lebendig, schön.

Es gibt eine schnelle Möglichkeit, die Welt in bunten Farben zu erleben, schön und fließend: Drogen. Wenn Sie diese tiefe Wahrnehmung der Welt mittels Alkohol, Tabletten oder anderem Stoff erleben wollen, ist das allerdings nur von kurzer Dauer. Das wirklich gelebte Leben ist auch eine Droge. Sie macht aber gesund, und so schnell kommen sie gar nicht von ihr herunter. Sie werden bewusster sein, dankbarer, glücklicher. Sie nehmen Dinge wahr, die andere Menschen nicht wahrnehmen. Kreativität ist die letzte Schranke auf dem Weg zur Glückseligkeit. Wenn Sie ein Spiel finden, das Ihre ganze Improvisationskunst und Ihren schöpferischen Geist abfordert, dann befinden Sie sich auf dem Weg nach Arkadien, Nirvana, Mandalay, Utopia, oder wie man den Ort nennen soll.

Sie sind da. Sie leben im Hier und Jetzt. Sie nehmen alles, was um Sie herum geschieht, zu hundert Prozent wahr. Sie sind selbst-aktualisiert. Sie beherrschen das Chaos. Sie sind brillant. Sie sind glücklich. Und Sie wissen es. Denn Glück, das ist vielleicht Reichtum und Ansehen. Aber Zufriedenheit und Einklang mit sich und der Welt, das ist das zahnlose Lächeln eines neugeborenen, nach einem warmen Brioche duftenden Babys.

Nun ist Ihre Laufbahn rund. Vielleicht sind Sie sich nach der Lektüre noch immer nicht sicher, was Sie beginnen sollen und was Sie wirklich mit dem Rest Ihres Lebens anfangen sollen, der jetzt gerade beginnt. Möglicherweise sind Sie noch der ungeschliffene Rohdiamant, jemand, dessen Neugier noch nicht herauspoliert wurde. Seien Sie nicht ungeduldig. Schenken Sie den Un- und Zwischenfällen in Ihrem Leben nicht zuviel Aufmerksamkeit. Grübeln Sie nicht darüber nach, warum und weshalb Sie verstockt, melancholisch, traurig, einsam, hysterisch oder unglücklich sind. Gehen Sie lieber in Aktion, um sich lebendig zu fühlen, egal, in welchem Stadium Sie sich befinden. Dann sehen Sie die Dinge von außen.

Viele Menschen sind einfach zu sehr mit sich selbst beschäftigt. Nur wenn man einmal aus sich herausgeht und sich mit etwas anderem beschäftigt, wird sich etwas in Ihrem Leben ändern. Wenn dieses Etwas etwas ganz Anderes ist, ändert sich möglicherweise das ganze Leben. Der Beruf, der Ort, die Freunde, der Beruf, all das sind die Medien unseres Lebens, die uns permanent beeinflussen. Mit ihnen ist es wie mit dem ersten Kind: Ändert sich eines, verändert sich das ganze Leben. Alle Parameter richten sich neu aus. Alles wird neu. Das Leben erscheint einem wie ein Frühling. Wir haben nun ein ganzes Buch lang über mentales Wachstum gesprochen. Auf dem Weg in eine höhere Dimension kommt es auf die Methode an. Egal, was Sie tun: Besser, als in sich hineinzugrübeln, ist es, in sich hineinzuhorchen. Schauen Sie nicht nur nach den Zahlen, sondern danach, wie Ihnen bei einer Sache zumute ist. Unterscheiden Sie, welche Leute Ihnen Energie bringen und welche sie herunterziehen. Fragen Sie sich permanent, was Sie wollen, und ob Sie in diesem Moment etwas spüren, das Ihnen Freude macht. Solange Sie neugierig und in Alarmbereitschaft sind, öffnen Sie sich für neue Möglichkeiten.

Viele Menschen suchen ihren Schlüssel dort, wo die Straßenlaterne leuchtet, obwohl sie ihn dort drüben im Dunkeln verloren haben. Sie gehen auf Nummer sicher. Sie machen lieber jeden Tag das Gleiche, als die Herausforderung anzunehmen, die sich ihnen stellt. Wer neugierig ist, geht dorthin, wo man nicht weiß, was einen erwartet. Wenn man meint, man könne etwas nicht schaffen, dann muss man sich fragen, ob das wirklich der Fall ist, oder nur eine faule Ausrede. Oder ob man sich durch die Kommentare anderer nur ins Bockshorn jagen lässt. Sehr oft sagen wir, dass etwas nicht möglich ist, weil wir glauben, dass andere Leute es nicht akzeptieren würden. Egal, ob Sie eine neue Karriere starten, eine Website einrichten oder einen Laden eröffnen, Sie werden sofort alle Zweifler und Kritiker auf den Plan bringen. Das sind Leute, die es „gut mit Ihnen meinen" und nicht ertragen können, dass sich ihre Wahrnehmung von Ihnen verändert.

Das Leben ist hart. Das bedeutet nicht, dass Sie sich abhärten sollen. Verletzbarkeit ist in Wirklichkeit eine große Stärke. Sie spüren besser als andere, was gerade in Ihnen, Ihrem Team und Ihrem Unternehmen vor sich geht. Sie erleben auch Enttäuschungen und Rückschläge intensiver. Je weiter Sie kommen, desto höher werden die Risiken. Aber je sensibler Sie sind, desto besser erleben Sie sich und nehmen Sie sich auf der mentalen Karriereleiter wahr. Leute, die Enttäuschungen in der Liebe vermeiden wollen, stumpfen in ihren Gefühlen ab und können nur noch sehr schwer in ihr emotionales Leben zurückgeholt werden. Wenn Sie direkt in Ihre Bedürfnisse und Wünsche hineinsteuern, werden Sie die ganze Abgestumpftheit und Ödnis um sich herum wahrnehmen, die die Erfahrung von Menschlichkeit und Lebendigkeit unmöglich machen.

Hören Sie auf, sich danach zu sehnen, Ihre Träume zu leben. Leben Sie sie. Verdienen Sie

Traum = Zeit & Raum

Geld dafür. Geben Sie Zeit aus. Haben Sie Freude an dem, was Sie tun. Es gibt nichts Wichtigeres als Sie und Ihren Traum. Alle Weisheiten erfolgreicher Menschen werden Ihnen dabei nichts nützen. Sie sind Ihren eigenen Weg gegangen, der sich nicht nachahmen lässt. Wie auch Sie Ihren eigenen Weg gehen müssen. Er ist der einzig Richtige. Am Ende zählt nur Ihre Persönlichkeit. Der Schlüssel zur richtigen Tür ist Ihre Brillanz. Der einzig richtige Schlüssel zum Erfolg. Überlegen Sie, was Ihr Leben vollkommen macht.

Ein paar Dinge im Leben werden sich niemals ändern. Sie werden mit ziemlicher Sicherheit morgen früh aufwachen, sich die Zähne putzen, frühstücken und Ihren Geschäften nachgehen. Sie müssen Ihr Leben lang mit anderen Leuten klar kommen. Die ganze Welt wird sich ändern, aber nicht unsere Art, die Dinge wahrzunehmen. Ein Set von Werten ist auch Ihr Mindset, mit dem Sie denken und arbeiten. Sie werden immer die gleichen Sorgen und Befürchtungen haben. Sie können gegen historische Einschnitte genau so wenig unternehmen wie gegen das Wetter. Es muss um etwas Anderes gehen. Egal, was geschieht, wichtiger ist es, das Leben das ganze Leben über in seiner ganzen Fülle zu genießen, nicht am Ende, sondern jeden Tag und in dem, was Sie tun und unternehmen.

Die vierte Dimension des Lebens ist Zeit und Raum. Hier sind wir unabhängig von örtlichen und zeitlichen Bedingungen und Umständen. Alles ergibt sich ohne Ritual, Arroganz und pompöse Auftritte. Nun steigen Sie in einem teuren, stilvollen Hotel ab und treffen aus dem Grund, da es teuer und stilvoll ist, auf Industrielle, Prominente und Politiker. Mit dem Unterschied, dass sie mit den Leuten in Ihrer Freizeit zusammen frühstücken oder am Pool abhängen, in die Sauna gehen oder neben ihnen im Bademantel am Buffet stehen. Dafür sollte man sich allerdings nicht die Orte auswählen, die man aus den Friseurzeitungen kennt. „In Orten wie St. Moritz stehen die Leute ständig unter Beobachtung“, sagt Christian Graf von Stolberg-Stolberg, Chef des Vier-Sterne-Hotels „Jagdschloss Kühtai“ und Ur-Urenkel des naturverbundenen Kaisers Franz Josef I., der das Anwesen 1893 erwarb und später seiner Enkelin zur Hochzeit schenkte. „Zu uns kommen die Leute, weil sie hier vollkommen normal sein können. Es ist alles bei weitem nicht so pompös und prätentiös, und genau das mögen die Leute. Es wird auch überhaupt kein Aufsehen um sie gemacht. Sie schätzen es, in Ruhe gelassen zu werden und mit jemandem am Skilift ins

Zeit und Geld, Gesundheit und Glück

Gespräch zu kommen, der keine Ahnung hat, wer sie sind." Der Chef des Hauses lebt sein Konzept vor. Er ist weltmännisch, hilfsbereit und „volksnah", wenn man so will. Das umgebaute Bauernhaus ist schlicht, der Graf immer präsent, unterhält sich mit seinen Gästen - wenn er die Gäste nicht sogar einen Abend lang allein unterhält. Der Herr des Hauses legt Wert darauf, dass man sich vollkommen normal verhält. Die Gäste haben verstanden und kommen gerne mal im Bademantel zum Frühstücksbuffet. Das dicke Gästebuch ist ein Who's Who des Adels und Geldadels. Auf einigen Bildern sieht man Kinder mit Zahnspangen, viele Seiten weiter erscheinen die gleichen Kinder mit Zigarette in der Hand. Als eines der ältesten und höchst gelegenen Gästehäuser Österreichs in einer atemberaubenden Umgebung wirkt das „Jagdschloss Kühtai" alles andere als „out of this world". Auch im Schloss Elmau bei Garmisch-Partenkirchen trifft man eine solche Atmosphäre an, allerdings bildungsbürgerlicher orientiert. Wenn man einen unvergesslichen Abend mit Anne-Sophie Mutter oder Herbie Hancock erleben will, kann man in die Philharmonie gehen. Will man mit denselben Leuten auch ein unvergessliches Frühstück einnehmen oder mit ihnen auf der Terrasse einen Tee trinken, fährt man an den Zauberberg nahe der Zugspitze. Das ist die andere Definition von Zeit und Raum. Sie kreieren Erlebnisse, die als „unvergessliche Erinnerung" Ihr Leben immateriell bereichern. Geld mag „fortune" bringen, Glück und Sicherheit. Zufriedenheit und Lebens-Wertzuwachs erfährt man durch ein Musikstück, durch ungewöhnliche Ereignisse, lebenswerte Momente, die Erfahrung von Liebe.

Freiheit meint Freiheit von Leiden. Ihre Aufmerksamkeit gilt nicht weiter den täglichen Sorgen, nicht einmal Ihrer kleinen Lebensgeschichte. Sie gehen aus Ihren Bedürfnissen heraus und fühlen sich viel mehr als natürliches Wesen, als Ursprung dieser Welt. Sie fühlen ein ästhetisches Moment, erfreuen sich am Schönen auf diesem Planeten. Ihre größte Freude im Leben ist das, was Ihnen selbst entsprungen ist, der Beweis für Ihre Existenz als natürliches Wesen: Ihre Kinder.

Sie sind Ihr Quell' der Freude, die Quellen der Neugier, immer auf der Suche nach dem Geheimnis hinter den Dingen. Ex negativo hat der Soziologe Neil Postman vollkommen Recht: Unsere Kindheit verschwindet, sobald sich die Geheimnisse dieser Welt offenbaren. Je mehr Print- und elektronische Medien daran arbeiten, wirklich keine Frage mehr offen zu lassen, umso schneller verschwindet die Kindheit.

Darauf folgt Orientierungslosigkeit, Unsicherheit, kein Halt, und eben das Streben nach Sicherheit in unserer künstlichen, von leeren Versprechungen gepflasterten Welt. Wenn wir darin unser Leben „gemeistert" haben, kehren wir zu unseren ursprünglichsten Werten zurück.

Für viele ist es allerdings dann zu spät. Die Überstrapazierung unserer natürlichen Rhythmen führen zu Herzinfarkten oder anderen Stress-Symptomen. Wer eine Karriere aufgebaut hat, die sich vollkommen nach der innersten Neugier richtet, dessen Basis ist schon immer die innere Zufriedenheit gewesen.

Das ist so, wie wenn man die Liebe seines Lebens heiratet. Sie erleben die Wahrheit Ihres Lebens. „Wahrheit ist Schönheit, und Schönheit Wahrheit. Wenn ich Schönheit erlebe, weiß ich, dass ich meinen Platz in dieser Welt habe", sagte der völlig unbekannte Philosophie-Professor Samuel Fleischacker einmal.

Möglicherweise war ihm gar nicht bewusst, welch tiefe, innere Weisheit in diesem Satz verborgen ist und die wir erst dann spüren, wenn wir Kants Ästhetik gelesen haben - oder das Wohlgefühl erleben, wenn wir vor dem mächtigen Meer oder einem unglaublichen Bergpanorama stehen. Wir spüren das Göttliche. Und wir spüren, dass wir dazugehören.

Als Melinda Gates noch ihren Geburtsnamen trug, war sie einmal die Sekretärin von Bill. Vom TIME Magazin wurde sie 2006 zusammen mit Bill und Bono zu den „Menschen des Jahres" gekürt. Mitte der Siebziger Jahre fummelte Bill in einer Garage einen Computer zusammen. 2005 besuchte Bill, mittlerweile der reichste Mann der Welt, im Rahmen des von seiner Frau gestarteten Hilfsprojektes eine Hütte in den Slums von Kalkutta, um sich ein Bild vom Leben einer armen indischen Familie zu machen. In gewisser Weise kann man zwischen der Garage und der Lehmhütte Parallelen ziehen: Bill back to the roots. Übrigens leben laut einer weltweiten Befragung die glücklichsten Menschen der Welt in Kalkutta.

Damit sind wir am Ende. Und Sie wieder am Anfang. Deshalb können Sie dieses Buch nun wieder von vorne beginnen - bei Ihrem Weg und Ihren Werten. Sie können sich wieder als Kind fühlen. Oder als Student:

Sie können machen, was Sie wollen. Auch damals waren Sie glücklich - obwohl Sie nichts hatten. Das zahnlose Lächeln Ihres Kindes ist viel mehr Wert als alles Geld auf dieser Welt.

Nur, weil Sie für dieses Geschöpf alles tun, würden, was in Ihrer Macht steht, und weil Sie

Ihre eigene Neugier in ihm wieder erkennen, haben Sie diesen Weg unternommen.

Nun ist Ihnen klar, dass Geld das Mittel zum Zweck war, aber selbst ein Selbstzweck ist, der nur mit Gier korreliert. Wenn Sie statt Gier Ihrer Neugier gefolgt sind, war Ihr Leben von Anfang an reich. Sie haben Menschen getroffen, Erfahrungen gehabt, eine Karriere gemacht, die Sie nie für möglich gehalten hätten. Das Leben hat Sie beschenkt. Ihr Traum hat sich erfüllt. Nun sind Sie an der Reihe. Sie sind schließlich hier die Chefin.

Quellen:
Mandeville, Bernard. Die Bienenfabel oder Private Laster, öffentliche Vorteile. Frankfurt/Main 1980.
Smith, Adam. Theorie der moralischen Gefühle. Hamburg 2004
TIME Magazine Dezember 26,2005/Januar 2, 2006: „Persons of the Year: The Good Samaritans."
Fleischacker, Samuel. The Third Concept of Liberty. Boston 1996.

SONJA BECKER

Eine Preußin in Bayern! Der Vater aus Niedersachsen, die Mutter aus Odessa. Sonja Becker ist am 26. Februar 1964 in Ostwestfalen geboren. Sie lebt im Süden von München am Starnberger See in zweiter Ehe und mit der jüngsten Tochter Joy. Sonja Becker ist mit Leib und Seele eine Chefin der Zukunft.

Als Mutter von sechs Kindern und schon Oma mit 42 Jahren ist sie vor allem Vorbild für Frauen, denen es gelingt, Business und Beziehung zu integrieren. Als Begründerin der UnternehmerInnen-Schulen macht sie Menschen Mut, ihren eigenen Weg in die Selbständigkeit zu gehen.

"Die Chefin" ist eine von vielen Rollen in Sonja Beckers Leben. Hier kennt sie sich aus, denn jeden ihrer anwendbaren Tipps hat sie selbst erlernt und erlebt. Sie inspiriert die Leser mit Fakten aus dem echten Alltag einer Chefin und fordert dabei sehr ermutigend zur Nachahmung auf.

Inspiration, Innovation und Integration sind die Themen Ihres Unternehmens Wailea mit Sitz in Iffeldorf südl. von München.

Ihr eigener Weg ist ein Trend, der sich ganz klar abzeichnet. Im 21. Jahrhundert wollen immer mehr Menschen mit all ihrer komplexen Vielfalt zum Ausdruck kommen. Ob in privaten oder professionellen Bereichen - sie wollen es wissen. Und vor allem tun! Menschen wollen Liebe leben - und das auch im Business. Besonders in unserer Zeit, in der Kriege immer noch akzeptiert werden. Neue Wege müssen beschritten werden und zwar von jedem individuell!

Selbständigkeit ist eine natürliche Konsequenz unserer Generation. Gerade in Europa wird eine neue Kernzelle von neuen Gesellschafts- und Businessformen entstehen.